STEPHEN KING

Sie

ROMAN

Deutsche Erstveröffentlichung

WILHELM HEYNE VERLAG
MÜNCHEN

Band-Nr. 41/2

Titel der amerikanischen Originalausgabe
MISERY
Deutsche Übersetzung von Joachim Körber

10. Auflage

Dieses Buch ist
für Stephanie und Jim Leonard,
die wissen, warum.

Junge, das *tun* sie.

Göttin

Afrika

Ich möchte mich gerne für die Hilfe von drei Medizinern bedanken, die mir im fachlichen Teil dieses Buches geholfen haben. Es sind:

Russ Dorr, P. A.
Florence Dorr, R. N.
Janet Ordway, M. D. und Doktor der Psychiatrie

Sie haben, wie immer, bei den Dingen geholfen, die eigentlich gar nicht auffallen. Wenn Sie einen dicken Fehler finden, dann ist der von mir.

Selbstverständlich existiert keine Novril genannte Droge, aber es gibt verschiedene Drogen auf Kodein-Basis, die damit vergleichbar sind, und unglücklicherweise sind Krankenhäuser und Apotheken manchmal nachlässig, wenn es darum geht, solche Drogen unter strengem Verschluß zu halten und genau darüber Buch zu führen.

Ort und Personen dieses Buches sind frei erfunden.

S. K.

I

ANNIE

Und wenn du lange in einen Abgrund blickst,
blickt der Abgrund auch in dich hinein

<small>FRIEDRICH NIETZSCHE</small>

1

ummmr nnnnss
  rrfnn ummr nnnnss
  fnnn
  Diese Laute: trotz der Benommenheit.

2

Aber manchmal wurden die Laute schwächer – wie die Schmerzen –, zurück blieb nur die Benommenheit. Er erinnerte sich an Dunkelheit: Undurchdringliche Dunkelheit war vor der Benommenheit gewesen. Bedeutete das, daß er Fortschritte machte? Es werde Licht (und sei es nur nebulös), und das Licht war gut, und so weiter, und so weiter? Hatten diese Laute in der Dunkelheit existiert? Er kannte auf keine dieser Fragen eine Antwort. War es überhaupt sinnvoll, sie zu stellen? Auch darauf wußte er die Antwort nicht.

Die Schmerzen waren irgendwo unter den Lauten. Die Schmerzen waren östlich der Sonne und südlich von seinen Ohren. *Mehr* wußte er nicht.

Eine gewisse Zeitspanne, die sehr lang zu sein schien (und es daher auch *war*, da die Schmerzen und die stürmische Benommenheit alles waren, das existierte), waren diese Laute die einzige externe Realität. Er hatte keine Ahnung, wer er war und wo er war, und es kümmerte ihn auch nicht. Er wünschte sich, er wäre tot, aber aufgrund der schmerzgetränkten Benommenheit, die seinen Verstand wie eine sommerliche Sturmwolke erfüllte, wußte er nicht, daß er es wünschte.

Im Laufe der Zeit stellte er fest, daß es Zeitspannen des Nichtschmerzes gab, und daß diese zyklischer Natur waren. Und zum ersten Mal, seit er aus der völligen Schwärze auftauchte, welche der Benommenheit vorangegangen war, hatte er einen Gedanken, der unabhängig von seiner, wie auch immer beschaffenen, momentanen Situation existierte. Dieser Gedanke galt einem abgebrochenen Zaunpfahl, welcher am Revere Beach aus dem Sand herausragte. Seine Mutter und sein Vater hatten ihn, als er noch ein Kind war, häufig zum Revere Beach mitgenommen, und er hatte stets darauf bestanden, daß sie ihre Decke an einer Stelle ausbreiteten, von wo er diesen Pfahl im Auge behalten konnte, der für ihn immer wie ein einzelner herausragender Fangzahn eines begrabenen Monsters ausgesehen hatte. Er saß gerne da und sah zu, wie die Flut kam und den Pfahl bedeckte. Stunden später dann, wenn Sandwiches und Kartoffelsalat gegessen waren und die letzten Tropfen Flüssigkeit aus Vaters großer Thermosflasche herausgekippt worden waren, kurz bevor Mutter sagte, es wäre an der Zeit, zusammenzupacken und wieder heimzufahren, da zeigte sich der verrottete Pfahl erneut – anfangs nur eine winzige Spitze zwischen den Wellen, dann immer mehr. Wenn sie ihre Abfälle in die große Tonne mit der Aufschrift HALTET DEN STRAND SAUBER geworfen hatten und Paulies Spielsachen zusammengesucht waren

(das ist mein Name Paulie ich bin Paulie und heute abend wird Mama Johnson's Öl auf meinen Sonnenbrand reiben dachte er im Innern des Brummschädels, in dem er jetzt hauste)

und sie die Decke zusammengelegt hatten, war der Pfahl fast vollständig wieder aufgetaucht, seine schwärzlichen, schlammglatten Seiten waren von schaumigen Gischtwölkchen umgeben. Das liegt an den Gezeiten, hatte sein Vater ihm zu erklären versucht, aber er hatte immer gewußt, daß es an dem Pfahl lag. **Die** Gezeiten kamen und gingen, der Pfahl blieb. Nur konnte man ihn manchmal nicht sehen. Ohne den Pfahl *gab* es keine Gezeiten.

Seine Erinnerung kreiste, kreiste schwindelerregend wie eine schwerfällige Fliege. Er versuchte, nach der Bedeutung zu greifen, aber lange Zeit unterbrachen ihn die Laute.

fnnn
lesssss lllllsss
ummmr nnnnss

Manchmal hörten die Laute auf. Manchmal hörte *er* auf.

Seine erste wirklich klare Erinnerung an dieses *Jetzt*, an dieses *Jetzt* außerhalb der stürmischen Benommenheit, war die an das Aufhören, an die plötzliche Erkenntnis, daß er keinen Atem mehr schöpfen konnte, und das war recht so, das war gut, das war eigentlich wunderbar; er konnte eine bestimmte Menge Schmerzen ertragen, aber genug war genug, und er war froh darüber, aus dem Rennen zu sein.

Dann wurde ein Mund über seinen gestülpt, ein Mund, der ohne jeden Zweifel einer Frau gehörte, trotz der harten, speichellosen Lippen, und der Wind aus dem Mund dieser Frau blies in seinen eigenen Mund und blähte die Lungen auf, und als die Lippen zurückgezogen wurden, da roch er seine Wärterin zum ersten Mal, roch sie mit dem Ausströmen des Atems, den sie in ihn gezwängt hatte wie ein Mann ein Teil von sich in eine unwillige Frau zwängen mochte, ein scheußlicher Geschmack, eine Mischung aus Vanilleplätzchen und Schokoladeneis und Hühnerklein und Erdnußbutterbrötchen.

Er hörte eine Stimme schreien: »Atmen Sie, gottverdammt! *Atmen Sie*, Paul!«

Die Lippen senkten sich wieder herab. Der Atem blies wieder seinen Hals hinunter. Blies hinunter wie der Sogwind, der einer schnellen Untergrundbahn folgt und Zeitungsblätter und Süßigkeitenpapier mit sich wirbelt, und die Lippen wurden zurückgezogen, und er dachte:

Um Himmels willen, laß nichts davon durch die Nase entweichen, aber er konnte nicht anders, und oh, dieser *Gestank*, dieser *Gestank*, dieser *verdammte GESTANK*.

»*Atmen Sie, gottverdammt!*« kreischte die unsichtbare Stimme, und er dachte: *Das werde ich, alles, aber bitte mach das nicht mehr, infiziere mich nicht mehr*, aber bevor er damit anfangen konnte, drückte sie erneut die Lippen auf seine, Lippen, die so trocken waren wie Streifen gesalzenen Leders, und sie vergewaltigte ihn wieder mit ihrem Atem.

Als sie die Lippen diesesmal wegnahm, *ließ* er den Atem nicht entweichen, sondern *stieß* ihn hinaus und schlang gierig von sich aus Luft hinein. Stieß ihn aus. Wartete darauf, daß sich seine unsichtbare Brust wieder von sich aus hob, wie sie es sein ganzes Leben lang getan hatte, ohne sein Zutun. Als sie es nicht tat, reagierte er mit einem weiteren keuchenden Einsaugen, und dann schließlich atmete er wieder aus eigenem Antrieb, und zwar so schnell er konnte, um ihren Geruch und Geschmack aus sich heraus zu bekommen.

Normale Luft hatte noch niemals so köstlich geschmeckt.

Er begann wieder in die Benommenheit zurückzusinken, aber bevor die trüber werdende Welt völlig verschwunden war, hörte er die Stimme der Frau murmeln: »*Puh!* Das war nahe dran!«

Nicht nahe genug, dachte er und schlief wieder ein.

Er träumte von dem Pfahl, und zwar so wirklichkeitsgetreu, daß er fast glaubte, er könnte die Hand ausstrecken und mit der Handfläche über die grünschwarze rissige Oberfläche streichen.

Als er zu seinem vorherigen Zustand des Halbbewußtseins zurückkehrte, gelang es ihm, die Verbindung zwischen dem Pfahl und seiner momentanen Situation herzustellen – er schien in seine Hand hinein zu schweben. Die Schmerzen waren nicht wie die Gezeiten. Das war die Lektion des Traumes, der in Wirklichkeit eine Erinnerung war. Die Schmerzen *schienen* nur zu kommen und zu gehen. Die Schmerzen waren wie dieser Pfahl, manchmal überspült und manchmal sichtbar, aber stets da. Wenn die Schmerzen ihn durch die dichte steingraue Wolke hindurch nicht peinigten, dann war er dafür sehr dankbar, aber er ließ sich nicht mehr zum Narren halten – sie waren immer noch da und warteten nur darauf zurückzukehren. Und es war nicht nur ein Pfahl, es waren deren *zwei*; die Schmerzen waren die Pfähle, und ein Teil von ihm wußte, lange bevor dieses Wissen seinem Verstand völlig zugänglich war, daß es sich bei den Pfählen um seine eigenen gebrochenen Beine handelte.

Aber dennoch dauerte es noch eine lange Zeit, bis es ihm möglich war, die getrocknete Schicht Speichel aufzubrechen, die seine Lippen zusammenhielt, und zu krächzen: »Wo bin ich?« Eine Frage, die an die Frau gerichtet war, welche mit einem Buch in der Hand neben dem Bett saß. Der Name des Mannes, der das Buch geschrieben hatte, war Paul Sheldon. Er identifizierte ihn ohne Überraschung als seinen eigenen.

»Sidewinder, Colorado«, sagte sie, als es ihm schließlich möglich war, die Frage zu artikulieren. »Mein Name ist Annie Wilkes. Und ich bin...«

»Ich weiß«, sagte er. »Sie sind mein Fan Nummer Eins.«

»Jawohl«, sagte sie lächelnd. »Ganz genau das bin ich.«

3

Dunkelheit. Dann die Schmerzen und die Benommenheit. Dann die Erkenntnis, daß die Schmerzen, obschon konstant, manches Mal doch durch einen unbehaglichen Kompromiß begraben wurden, den er für Erleichterung hielt. Die erste wirkliche Erinnerung: aufzuhören und vom stinkenden Atem der Frau ins Leben zurückvergewaltigt zu werden.

Die nächste wirkliche Erinnerung: ihre Finger, die ihm in regelmäßigen Abständen etwas in den Mund stopften, etwas Ähnliches wie Contac-Kapseln, aber da er kein Wasser im Mund hatte, lagen sie einfach nur da, und wenn sie schmolzen, dann nahm er einen unglaublich bitteren Geschmack wahr, der ein klein wenig an Aspirin erinnerte. Es wäre gut gewesen, diesen bitteren Geschmack auszuspucken, aber er wußte es besser. Denn dieser bittere Geschmack war es, welcher die Flut über den Pfahl hinwegspülen ließ.

(PFÄHLE, PFÄHLE es sind ZWEI okay es sind zwei na gut nur psst nur weißt du psssst ssssst)

und ihn eine Zeitlang vergessen sein ließ.

Das alles fand in weit auseinanderliegenden Intervallen statt, dann aber, als die Schmerzen selbst nicht zurückzuweichen, sondern zu erodieren begannen (wie der Pfahl am Revere Beach mittlerweile erodiert sein mußte, dachte er, denn nichts währt ewig – auch wenn das Kind, das er einst gewesen war, über eine solche Häresie gespottet haben würde), begannen die Dinge zunehmend rascher einzuwirken, bis schließlich die objektive Welt, mit all ihrem Ballast von Erinnerungen, Erfahrungen und Vorurteilen, sich weitgehend wieder stabilisiert hatte. Er war Paul Sheldon, er schrieb zwei Arten von Romanen, gute und Bestseller. Er war zweimal verheiratet gewesen, zweimal geschieden. Er rauchte zuviel (hatte er jedenfalls, bevor das alles, was immer ›das alles‹ auch sein mochte, begonnen hatte). Etwas sehr Schlimmes war ihm zugestoßen, aber er war noch am Leben. Die dunkelgraue Wolke begann, sich schneller und schneller aufzulösen. Es sollte noch eine Weile vergehen, bis sein Fan Nummer Eins ihm die alte klappernde Royal mit dem grinsenden Zahnlückenmund und der Ducky Daddles-Stimme brachte, aber Paul begriff schon lange vorher, daß er in einem verfluchten Schlamassel steckte.

4

Der vorhersehende Teil seines Verstandes sah sie schon, bevor er wußte, daß er sie sah, und er mußte sie ganz sicher verstanden haben, bevor er wußte, daß er sie verstand – weshalb sonst hätte er so strenge, geheimnisvolle Götzenbilder mit ihr assoziiert? Wann immer sie das Zimmer betrat, mußte er an die Gottheiten denken, welche von abergläubischen Afrikanern in den Romanen von H. Rider Haggard angebetet wurden, und an die Steine, an Untergang.

Das Ebenbild von Annie Wilkes als afrikanisches Götzenbild aus *Sie* oder *König Salomons Diamanten* war albern und auf seltsame Weise zutreffend zugleich. Sie war eine große Frau, die, abgesehen von der beachtlichen, aber abweisenden Rundung ihres Busens unter dem grauen Strickpullover, den sie ständig anhatte, überhaupt keine weiblichen Kurven zu haben schien – keine hervorstechende Rundung von Hüften oder Gesäßbacken oder auch nur Waden unter der endlosen Abfolge von Wollröcken, die sie im Haus trug (sie zog sich in ihr unsichtbares Schlafzimmer zurück und zog Jeans an, wenn sie Arbeiten draußen zu erledigen hatte). Ihr Körper war groß, jedoch nicht großzügig. Sah man sie an, mußte man unwillkürlich an Klumpen und Straßensperren, nicht an aufnahmebereite Körperöffnungen oder gar an entblößte Stellen, an Spalten, denken.

Am meisten aber vermittelte sie ihm das beunruhigende Gefühl von *Festigkeit*, als besäße sie keinerlei Blutgefäße oder innere Organe; als wäre sie nur von einer Seite zur anderen und von oben bis unten die solide Annie Wilkes. Mehr und mehr war er davon überzeugt, daß ihre Augen, die sich zu bewegen schienen, lediglich aufgemalt waren, und sie sich nicht mehr als die Augen von Porträts zu bewegen schienen, deren Blicke einen in dem Zimmer, in dem sie hängen, scheinbar in jeden Winkel verfolgen. Er hatte den Eindruck, würde er die ersten beiden Finger einer Hand zum V formen und in ihre Nasenlöcher bohren, so würde er kaum mehr als Bruchteile eines Zentimeters eindringen können, bevor er gegen ein solides (wenn auch etwas nachgiebiges) Hindernis stoßen würde; daß sogar ihr grauer Strickpullover und die altmodischen Hausröcke und verblichenen Jeans für draußen Teile dieses soliden, faserigen, blutgefäßlosen Körpers waren. Daher war der Eindruck, sie könnte ein Götzenbild in einem leidenschaftlichen Roman sein, eigentlich keineswegs überraschend. Wie eine Göttin vermittelte sie nur eines: ein Gefühl des Unbehagens, welches sich zunehmend zum Entsetzen hin steigerte. Alles andere nahm sie, ebenfalls wie eine Göttin.

Nein, Augenblick, das war nicht ganz gerecht. Sie *gab* in der Tat etwas. Sie gab ihm die Tabletten, welche die Flut über die Pfähle hinwegspülen ließen.

Die Tabletten waren die Gezeiten, Annie Wilkes war die lunare Präsenz, die sie ihm in den Mund schob. Alle sechs Stunden brachte sie ihm zwei, anfangs tat sich ihre Anwesenheit lediglich als ein Fingerpaar kund, welches in seinem Mund bohrte (und er lernte recht bald, begierig an diesen bohrenden Fingern zu saugen, obschon sie einen bitteren Geschmack hatten), später dann kam sie in ihrem Strickpullover und einem von ihrem halben Dutzend Röcken, für gewöhnlich mit einer Taschenbuchausgabe eines seiner Romane unter dem Arm. Nachts erschien sie ihm in einem fusseligen rosa Gewand, ihr Gesicht glänzte durch eine Art Creme (er konnte die vornehmliche Zutat dieser Creme ganz eindeutig erkennen, wenngleich er die Flasche niemals gesehen hatte, aus der sie sie herausnahm; der schafartige Geruch von Lanolin war stark und aufdringlich), und rüttelte ihn aus seinem betäubten, traumbedrängten Schlaf, die Tabletten in einer Hand; der blatternnarbige Mond räkelte sich im Fenster über einer ihrer soliden Schultern.

Nach einer Weile – nachdem seine Besorgnis zu groß geworden war, sie noch länger zu mißachten – gelang es ihm herauszufinden, was sie ihm einflößte. Es war ein schmerzstillendes Mittel auf Kodeinbasis mit der Bezeichnung Novril. Der Grund dafür, daß sie ihm die Bettpfanne so selten bringen mußte, war nicht nur der, daß er von einer Diät lebte, die fast ausschließlich aus Flüssigkeit und Brei bestand (zuvor, als er in der Wolke war, hatte sie ihn intravenös ernährt), sondern auch, daß Novril bei Patienten, die es einnahmen, zu Verstopfung führte. Eine weitere Nebenwirkung, zugegebenermaßen ernsterer Natur, war Atmungslähmung bei empfindlichen Patienten. Paul war nicht besonders empfindlich, aber er war fast achtzehn Jahre lang starker Raucher gewesen, und er hatte zumindest einmal *aufgehört* (vielleicht noch öfter, in der Benommenheit, an die er sich nicht erinnern konnte). Das war, als sie ihm die Mund-zu-Mund-Beatmung gegeben hatte. Es konnte sich um einen Zwischenfall gehandelt haben, wie sie sich eben manchmal zutragen, aber später begann er zu argwöhnen, daß sie ihn mit einer versehentlichen Überdosis fast umgebracht hatte. Sie wußte nicht soviel von dem, was sie tat, wie sie selbst glaubte. Das war nur eines an Annie, das ihm Angst machte.

Etwa zehn Tage, nachdem er aus der dunklen Wolke aufgetaucht war, fand er drei Dinge fast gleichzeitig heraus. Das erste war, daß Annie Wilkes über einen erheblichen Vorrat an Novril verfügte (tatsächlich hatte sie eine Vielzahl der verschiedensten Drogen). Das zweite war, daß er novrilsüchtig geworden war. Das dritte war, daß Annie Wilkes auf gefährliche Weise verrückt war.

5

Die Dunkelheit war den Schmerzen und der Sturmwolke vorausgegangen; er begann sich an das zu erinnern, was der Dunkelheit vorausgegangen war, als sie ihm erzählte, was ihm zugestoßen war. Das war kurz nachdem er die traditionelle Wenn-der-Schläfer-erwacht-Frage gestellt und sie ihm geantwortet hatte, daß er sich in der kleinen Stadt Sidewinder in Colorado befand. Des weiteren hatte sie ihm mitgeteilt, daß sie jeden seiner acht Romane mindestens zweimal gelesen hatte, ihre persönlichen Favoriten, die *Misery*-Romane, sogar vier-, fünf-, vielleicht sechsmal. Sie wünschte sich nur, er würde sie schneller schreiben. Sie sagte, sie hatte kaum glauben können, daß ihr Patient *wirklich der Paul Sheldon* war, auch nachdem sie seinen Ausweis in der Brieftasche gesehen hatte.

»Wo *ist* meine Brieftasche?« fragte er.

»Ich habe sie sicher für Sie verwahrt«, sagte sie. Ihr Lächeln brach plötzlich zu einer argwöhnischen Wachsamkeit zusammen, die ihm ganz und gar nicht gefiel – es war, als würde man eine tiefe, beinahe von Sommerblumen verdeckte Kluft auf einer strahlenden, fröhlichen Wiese finden. »Glauben Sie, ich hätte etwas daraus *gestohlen*?«

»Nein, selbstverständlich nicht. Es ist nur...« *Es ist nur, daß mein ganzes früheres Leben darin enthalten ist*, dachte er. *Mein Leben außerhalb dieses Zimmers. Außerhalb der Schmerzen. Außerhalb der Art und Weise, wie die Zeit sich zu dehnen scheint wie der lange rosa Faden eines Kaugummis, den ein Kind sich aus dem Mund zieht, wenn es sich langweilt. Denn genau so ist es in der letzten Stunde vor Verabreichung der Tabletten.*

»Was *dann*, Mister Man?« beharrte sie, und er stellte aufgeschreckt fest, daß der argwöhnische Gesichtsausdruck zunehmend finsterer wurde. Die *Kluft* wurde breiter, als würde hinter ihrer Stirn ein Erdbeben wüten. Er konnte das konstante, schrille Heulen des Windes draußen hören, und plötzlich sah er sie im Geiste, wie sie ihn aufhob und über ihre solide Schulter warf, wo er wie ein über eine Steinmauer geworfener Rupfensack hängen würde, ihn hinaustrug und in eine Schneeverwehung warf. Dort würde er erfrieren, aber bevor das geschah, würden seine Beine pulsieren und kreischen.

»Es ist nur, mein Vater hat mir immer eingeschärft, meine Brieftasche stets im Auge zu behalten«, sagte er und war selbst erstaunt, wie mühelos ihm diese Lüge über die Lippen kam. Sein Vater hatte eine Lebensphilosophie daraus gemacht, Paul so gut es ging *nicht* wahrzunehmen, und soweit Paul sich erinnern konnte, hatte er ihm nur einen einzigen Rat in seinem Leben gegeben. An Pauls vierzehntem Geburtstag hatte sein Vater ihm ein in Folie eingeschweißtes Red Devil Kondom gegeben. »Nimm das in deine Brieftasche«, hatte Roger Sheldon gesagt, »und wenn du draußen am Drive-In jemals erregt wirst, dann nimm dir eine Sekunde Zeit, wenn du erregt genug bist zu wollen, aber noch nicht erregt genug, daß dir alles scheißegal ist, und zieh das über. Es gibt schon zu viele Mistkerle auf der Welt, und ich möchte nicht, daß du mit sechzehn in die Armee flüchten mußt.«

Jetzt fuhr Paul fort: »Ich glaube, er hat mich so oft ermahnt, auf meine Brieftasche zu achten, daß es mir wirklich in Fleisch und Blut übergegangen ist. Wenn ich Sie beleidigt habe, dann tut mir das wirklich aufrichtig leid.«

Sie entspannte sich. Lächelte. Die *Kluft* schloß sich. Die Sommerblumen wiegten sich wieder fröhlich. Er stellte sich vor, wie er die Hand durch dieses Lächeln hindurchstieß und nichts als eine flexible Dunkelheit fand. »Sie haben mich nicht beleidigt. Sie ist an einem sicheren Ort. Warten Sie – ich habe etwas für Sie.«

Sie entfernte sich und kam mit einem dampfenden Teller Suppe zurück. Gemüse schwamm darin. Weich, aber *solide*. Er war nicht imstande, viel zu essen, aber er aß mehr, als er zuerst für möglich hielt. Sie schien zufrieden. Während er die Suppe aß, erzählte sie ihm, was geschehen war, und als sie es erzählte, erinnerte er sich an alles; er dachte sich, daß es gut war zu wissen, wieso man sich beide Beine gebrochen hatte, aber die Art und Weise, wie er dieses Wissen erfuhr, war abstoßend – als wäre er eine Person in einem Buch oder einem Theaterstück, eine Person, deren Erinnerung nicht wie Geschichte wiedergegeben, sondern wie Literatur erfunden wurde.

Sie war mit dem Geländewagen nach Sidewinder gefahren, um Futter für ihre Tiere und ein paar Lebensmittel einzukaufen... und um die Taschenbücher in Wilson's Drug Center durchzusehen – das war am Mittwoch vor mittlerweile fast zwei Wochen gewesen, und die neuen Taschenbücher wurden immer dienstags geliefert.

»Ich hatte sogar an Sie gedacht«, sagte sie und löffelte Suppe in seinen Mund; dann wischte sie professionell mit einer Serviette das ab, was ihm übers Kinn lief. »Deswegen ist es ja ein so bemerkenswerter Zufall, verstehen Sie? Ich hatte gehofft, *Miserys Kind* wäre endlich als Taschenbuch erschienen, aber ich hatte kein Glück.«

Es war ein Sturm aufgezogen, sagte sie, aber bis zum Nachmittag dieses Tages waren die Meteorologen sicher gewesen, daß er nach Süden weiterziehen würde, nach New Mexico und dem Sangre de Cristos.

»Ja«, sagte er und erinnerte sich tatsächlich, als er es sagte. »Sie meldeten, er würde abdrehen. Darum bin ich überhaupt erst aufgebrochen.« Er versuchte, seine Beine zu bewegen. Die Folge waren schreckliche Schmerzen, und er stöhnte.

»Tun Sie das nicht«, sagte sie. »Wenn Sie Ihre Beine zum Sprechen bringen, Paul, dann werden sie nicht mehr verstummen... und ich kann Ihnen erst in zwei Stunden wieder Tabletten geben. Ich gebe Ihnen ohnehin schon zuviel.«

Warum bin ich nicht in einem Krankenhaus? Das war eindeutig die Frage, die er stellen wollte, aber er war nicht sicher, ob es eine Frage war, die sie beide ausgesprochen wissen wollten. Jedenfalls noch nicht.

»Als ich zur Futtermittelhandlung kam, sagte Tony Roberts zu mir, daß ich besser auf die Tube drücken sollte, wenn ich vor dem Sturm zurückkehren wollte, und ich sagte...«

»Wie weit sind wir von dieser Stadt entfernt?« fragte er.

»Schon ein gutes Stück«, antwortete sie unbestimmt und sah zum Fenster. Es folgte ein eigentümliches Intervall des Schweigens, und Paul hatte Angst vor dem, woran er dachte. Er sah eine *Kluft* in einer alpinen Wiese, eine Schwärze, wo keine Blumen wuchsen, wo ein Sturz ewig dauern konnte. Es war das Gesicht einer Frau, die vorübergehend losgelöst von allen vitalen Stationen und Marksteinen ihres Lebens war, eine Frau, welche nicht nur die Erinnerung vergessen hatte, die sie gerade darbieten wollte, sondern die Erinnerung selbst. Er hatte einmal eine Nervenheilanstalt besucht – das war schon Jahre her, als er für *Misery* recherchiert hatte, das erste von vier Büchern, die in den vergangenen acht Jahren sein Haupteinkommen bestritten hatten – und da hatte er diesen Blick gesehen... besser gesagt, diesen Nichtblick. Das Wort, mit dem er definiert wurde, lautete *Katatonie*, doch das, was ihm angst machte, hatte kein so präzises Wort – es war vielmehr ein vager Vergleich: In diesem Augenblick glaubte er, daß ihre Gedanken genauso geworden waren wie ihr physisches Selbst: solide, faserig, ohne Lebenskanäle und ohne Öffnungen.

Dann wurde ihr Gesicht allmählich wieder klar. Die Gedanken schienen wieder in sie einzuströmen. Doch dann dachte er, daß *strömen* nicht ganz richtig war. Sie wurde nicht aufgefüllt, wie ein Swimming-pool oder ein Gezeitenbecken; sie *wärmte sich auf. Ja... sie wärmte sich auf wie ein kleines elektrisches Gerät. Ein Toaster, oder vielleicht ein Heizkissen.*

»Ich sagte zu Tony: ›Der Sturm wird nach Süden abdrehen.‹« Sie sprach anfangs langsam, beinahe benommen, aber dann erreichten ihre Worte wieder einen normalen Tonfall und den Fluß eines Gesprächs. Aber jetzt war er wachsam. *Alles*, was sie sagte, hörte sich ein wenig seltsam an, ein wenig außergewöhnlich. Wenn man Annie zuhörte, dann war das, als hörte man ein Lied, das in der falschen Tonart gespielt wurde.

»Aber er sagte: ›Er hat seine Meinung geändert.‹

›Ach je!‹ sagte ich. ›Dann schwinge ich mich besser auf mein Pferd und reite los.‹

›Ich würde in der Stadt bleiben, Miß Wilkes‹, sagte er. ›Sie sagen jetzt im Radio, daß es ein gehöriger Sturm werden wird, und niemand ist darauf vorbereitet.‹

Aber ich *mußte* selbstverständlich zurück – außer mir ist niemand da, der die Tiere füttern könnte. Die nächsten Nachbarn sind die Roydmans, und die wohnen Meilen von hier entfernt. Außerdem können die Roydmans mich nicht leiden.«

Als sie die letzten Worte aussprach, schielte sie ihn verschlagen an, und als er nicht antwortete, klopfte sie auf gebieterische Weise mit dem Löffel gegen den Rand der Schüssel.

»Fertig?«

»Ja, danke, ich bin satt. Es war sehr gut. Haben Sie viel Vieh?«

Weil, dachte er bereits, *wenn du das hast, dann mußt du auch eine Art Hilfe haben. Wenigstens einen Lohnarbeiter.* ›Hilfe‹ war auf jeden Fall das Zauberwort. Es schien jedenfalls das Zauberwort, da er gesehen hatte, daß sie keinen Ehering trug.

»Nicht sehr viel«, sagte sie. »Ein halbes Dutzend Legehennen. Zwei Kühe. Und Misery.«

Er blinzelte.

Sie lachte. »Sie werden mich nicht für besonders nett halten, eine Sau nach der tapferen und wunderschönen Frau zu nennen, die Sie erfunden haben. Aber das ist ihr Name, und ich wollte nicht respektlos sein.« Nachdem sie einen Augenblick nachgedacht hatte, fügte sie hinzu: »Sie ist sehr freundlich.« Die Frau rümpfte die Nase, und einen Moment lang *wurde* sie zur Sau, bis hinab zu den störrischen Barthaaren, die vereinzelt auf ihrem Kinn wuchsen. Sie gab die Laute eines Schweins von sich: *»Oiink! Oiiink! Chrrr-Chrrr!«*

Paul sah sie mit aufgerissenen Augen an.

Sie bemerkte es nicht, sie war wieder abwesend, ihr Blick war unscharf und nachdenklich. Nichts spiegelte sich in den Augen, abgesehen von der Nachttischlampe, und diese zweimal, beide Male leicht verschwommen.

Schließlich zuckte sie ein wenig zusammen und fuhr fort: »Ich kam etwa fünf Meilen weit, dann setzte der Schneefall ein. Es ging schnell – wenn es hier anfängt, geht es immer schnell. Ich kroch mit eingeschalteten Scheinwerfern dahin, und da sah ich Ihr Auto umgestürzt neben der Straße liegen.« Sie sah ihn mißbilligend an. »Sie hatten Ihre Scheinwerfer *nicht* eingeschaltet.«

»Ich wurde überrascht«, sagte er und erinnerte sich in diesem Augenblick daran, wie er überrascht worden war. Er erinnerte sich jedoch noch nicht daran, daß er gleichzeitig sehr betrunken gewesen war.

»Ich habe angehalten«, sagte sie. »Wäre es an einer hangaufwärts gelegenen Straßenstelle gewesen, hätte ich es sehr wahrscheinlich nicht getan. Nicht gerade sehr christlich, ich weiß, aber es lagen bereits sechs Zentimeter Schnee auf der Straße, und nicht einmal mit Allradantrieb kann man sicher sein, wieder anfahren zu können, wenn die Räder erst einmal stillstehen. Es ist viel einfacher, zu sich selbst zu sagen: ›Oh, wahrscheinlich konnten sie aus dem Wagen herausklettern und haben jemand gefunden, der Sie mitgenommen hat‹, und so weiter, und so weiter. Aber es war auf der Kuppe des dritten Hügels, schon am Hof der Roydmans vorbei, und dort ist es ein ganzes Stück lang flach. Daher hielt ich am Straßenrand an, und kaum war ich ausgestiegen, hörte ich ein Stöhnen. Das waren *Sie*, Paul.«

Sie bedachte ihn mit einem seltsamen, mütterlichen Grinsen.

Zum ersten Mal machte sich in Paul Sheldons Verstand deutlich ein Gedanke breit: *Ich bin hier in Schwierigkeiten. Mit dieser Frau stimmt etwas nicht.*

6

In jenem Zimmer, das möglicherweise ein Gästezimmer sein konnte, saß sie die nächsten zwanzig Minuten an seiner Seite und redete. Während sein Körper die Suppe verarbeitete, nahmen die Schmerzen in den Beinen wieder zu. Er zwang sich dazu, sich auf das zu konzentrieren, was sie sagte, aber damit war er nur teilweise erfolgreich. Sein Verstand hatte sich zweigeteilt. Mit einer Seite hörte er ihrem Bericht zu, wie sie ihn aus dem Wrack seines 74er Camaro gezogen hatte – das war die Seite, wo die Schmerzen pulsierten und pochten wie ein paar alte abgesplitterte Pfähle, welche zwischen den Wellen der zurückweichenden Flut gerade eben sichtbar zu werden begannen. Mit der anderen konnte er sich im Boulderado Hotel sehen, wo er seinen neuen Roman zu Ende schrieb, der – Gott sei Dank für diese kleine Gunst – nicht von Misery Chastain handelte.

Er hatte alle möglichen Gründe, nicht über Misery zu schreiben, aber einer ragte über alle anderen hinaus, in Metall gegossen und unerschütterlich. Misery – Gott sei Dank für diese *große* Gunst – war endlich tot. Sie war fünf Seiten vor dem Ende von *Miserys Kind* gestorben. Im ganzen Haus war kein Auge trocken geblieben, als *das* geschah, auch das von Paul nicht – aber die wenigen Tränen, die aus *seinen* Sehnerven herabtropften, wurden von hysterischem Gelächter verursacht.

Als er sein neues Buch beendet hatte, einen zeitgenössischen Roman über einen Autodieb, hatte er sich daran erinnert, wie er den letzten Satz von *Miserys Kind* getippt hatte: ›Und so verließen Ian und Geoffrey gemeinsam den Friedhof von Little Dunthorpe; sie gaben sich in ihrem Kummer gegenseitig Halt und waren entschlossen, ihr Leben wiederzufinden.‹ Während er diese Zeile schrieb, hatte er so heftig gekichert, daß es ihm schwergefallen war, die richtigen Tasten anzuschlagen – er hatte mehrmals verbessern müssen. Gott sei Dank für das gute alte IBM-Korrekturband. Er hatte ENDE darunter geschrieben, und dann war er durch das Zimmer gehüpft – eben das Zimmer im Boulderado Hotel – und hatte geschrien: ›*Endlich frei! Endlich frei! Großer Allmächtiger Gott, ich bin endlich frei! Das dumme Weib ist endlich in die ewigen Jagdgründe eingegangen!*‹

Der neue Roman trug den Titel *Schnelle Autos*, und als er den beendet hatte, hatte er nicht gelacht. Er saß einfach einen Augenblick vor der Schreibmaschine und dachte: *Damit hast du vielleicht gerade den nächstjährigen American Book Award gewonnen, mein Freund.* Und dann nahm er ...

»... einen kleinen Bluterguß an Ihrer rechten Schläfe, aber das sah nicht weiter schlimm aus. Es waren Ihre Beine ... ich sah auf der Stelle, wenngleich das Licht immer schwächer wurde, daß Ihre Beine nicht ...«

... den Telefonhörer und bestellte beim Zimmerkellner eine Flasche Dom Pérignon. Er erinnerte sich: Während er darauf wartete, ging er im Zimmer auf und ab, dort, wo er seit 1974 jedes seiner Bücher zu Ende geschrieben hatte; er erinnerte sich daran, daß er dem Kellner einen Fünfzigdollarschein als Trinkgeld gegeben und ihn gefragt hatte, ob er den Wetterbericht gehört hatte; er erinnerte sich daran, daß ihm der zufriedene, geschmeichelte und grinsende Kellner sagte, der Sturm, der sich momentan auf sie zu bewegte, solle nach Süden abdrehen, nach New Mexico; er erinnerte sich daran, wie kalt sich die Flasche anfühlte, erinnerte sich an das leise Plopp des Korkens, als er ihn herauszog; er erinnerte sich an den trockenen, herb-säuerlichen Geschmack des ersten Glases; wie er seine Reisetasche geöffnet und sein Flugticket nach New York betrachtet hatte; er erinnerte sich, wie er aus der Laune des Augenblicks heraus beschlossen hatte...

»...daß ich Sie am besten sofort nach Hause bringe! Es war eine Heidenarbeit, Sie zum Auto zu schleppen, aber ich bin eine große Frau – wie Sie vielleicht bemerkt haben –, und ich hatte einen Stapel Decken auf der Rückbank. Ich schaffte Sie hinein und wickelte Sie ein, und schon da dachte ich, trotz des düsteren Lichts, daß Sie mir *bekannt* vorkamen! Ich dachte mir, vielleicht...«

...den alten Camaro aus dem Parkhaus zu holen und einfach nach Westen zu fahren, anstatt das Flugzeug zu nehmen. Was, zum Teufel, erwartete ihn schon in New York? Die Stadtwohnung, verlassen, kahl, abweisend, wahrscheinlich ausgeraubt. *Scheiß drauf!* dachte er und trank noch mehr Champagner. *Nach Westen, junger Mann, nach Westen!* Der Einfall war so verrückt gewesen, daß er schon wieder logisch zu sein schien. Nur die Kleidung wechseln und sein...

»...Tasche, die ich gefunden habe. Die lud ich auch ein, aber sonst habe ich nichts gesehen, und ich hatte Angst, Sie könnten mir wegsterben oder so, daher feuerte ich die Old Bessie an und...«

...Manuskript von *Schnelle Autos* mitnehmen, und dann ab nach Vegas oder Reno oder vielleicht sogar die Stadt der Engel. Er erinnerte sich auch daran, daß ihm der Einfall anfangs ein wenig albern vorgekommen war – eine Reise, die der Knabe von vierundzwanzig Jahren, der er gewesen war, als er seinen ersten Roman verkaufte, vielleicht unternommen hätte, aber doch nicht ein Mann, dessen vierzigster Geburtstag schon zwei Jahre zurücklag. Nach einigen weiteren Gläsern Champagner schien der Einfall aber nicht mehr ganz so albern zu sein. Er schien beinahe nobel. Eine Art Große Odyssee nach Irgendwo, eine Methode, sich nach dem Fantasieterrain des Romans wieder an die Wirklichkeit zu gewöhnen. Und so war er...

»...vollkommen ohne Besinnung! Ich war sicher, daß Sie sterben würden... Ich meine, ich war *sicher*! Daher holte ich Ihre Brieftasche aus der Innentasche, holte den Führerschein heraus und sah den Namen, Paul Sheldon, und ich dachte mir: ›Oh, das muß ein Zufall sein‹, aber das Bild im Führerschein sah *auch* wie Sie aus, und da bekam ich solche Angst, daß ich am Küchentisch Platz nehmen mußte. Zuerst dachte ich, ich würde ohnmächtig werden. Nach einer Weile fing ich an zu denken, vielleicht war auch das *Bild* nur ein Zufall – diese Führerscheinfotos sehen ja nie jemandem ähnlich –, aber dann fand ich Ihre Mitgliedskarte der Writer's Guild, und eine vom PEN, und da wußte ich, Sie waren...«

...in Schwierigkeiten, als es anfing zu schneien, aber er war noch in die Boulderado Bar gegangen und hatte George zwanzig Dollar Trinkgeld gegeben, damit er ihm eine zweite Flasche Dom besorgte, und die hatte er getrunken, während er auf der I-70 in die Rockies fuhr, unter einem Himmel von der Farbe von Kanonenmetall, und irgendwo östlich vom Eisenhower Tunnel war er von der Schnellstraße abgebogen, weil die Straßen frei und trokken waren, der Sturm nach Süden abdrehte und er Angst vor dem gottverdammten Tunnel hatte. Er hatte eine alte Bo Diddley-Aufnahme auf dem Kassettenrecorder abgespielt, während er fuhr, und daher hörte er kein Radio, bis schließlich der Camaro ernstlich anfing zu rutschen und zu schlittern, und erst da war ihm klar geworden, daß es sich hier nicht um ein harmloses Landgewitter handelte, sondern um die Ausläufer des Sturms. Vielleicht zog der Sturm doch nicht nach Süden ab; vielleicht raste der Sturm direkt auf ihn zu, und er steckte bis über beide Ohren in Schwierigkeiten,

(So, wie du jetzt in Schwierigkeiten steckst)

aber er war gerade betrunken genug gewesen zu denken, daß er hindurchfahren konnte. Daher hatte er nicht in Cana angehalten und um Unterschlupf gebeten, sondern war weitergefahren. Er erinnerte sich daran, wie sich der Nachmittag in eine stumpfgraue Chromlinse verwandelt hatte. Er erinnerte sich daran, wie die Wirkung des Champagners nachließ. Er erinnerte sich daran, wie er sich nach vorne gebeugt hatte, um die Zigarettenpackung vom

Armaturenbrett zu nehmen, das war in dem Augenblick, als die letzte Bö begann und er versuchte, mittendurch zu fahren, aber es wurde immer schlimmer; er erinnerte sich an ein lautes, dumpfes Poltern, und dann tauschten das Oben und Unten der Welt die Plätze. Er hatte . . .

»...*geschrien!* Und als ich Sie schreien hörte, da wußte ich, daß Sie überleben würden. Sterbende schreien selten. Sie haben nicht die Energie dazu. Das weiß ich. Ich beschloß, Sie am Leben zu *halten*. Daher holte ich meine schmerzstillenden Mittel und brachte Sie dazu, welche einzunehmen. Danach sind Sie eingeschlafen. Als Sie erwachten, fingen Sie wieder an zu schreien, und ich gab Ihnen mehr. Eine Weile hatten Sie Fieber, aber das habe ich auch wegbekommen. Ich gab Ihnen Keflex. Sie waren ein- oder zweimal dicht dran, aber das ist jetzt vorbei, das verspreche ich Ihnen.« Sie stand auf. »Aber jetzt ist es Zeit, daß Sie sich ausruhen, Paul. Sie müssen wieder zu Kräften kommen.«

»Meine Beine schmerzen.«

»Ja, das kann ich mir denken. In einer Stunde bekommen Sie wieder Ihre Medizin.«

»Jetzt. Bitte.« Es beschämte ihn zu flehen, aber er konnte nicht anders. Die Flut war zurückgegangen, die gesplitterten Pfähle lagen bloß, sie waren spürbar und greifbar, Dinge, die er weder mißachten konnte noch beachten durfte.

»In einer Stunde.« Nachdrücklich. Mit Löffel und Suppenschüssel in der Hand ging sie zur Tür.

»Warten Sie!«

Sie drehte sich um und sah ihn mit einem strengen und zugleich liebevollen Ausdruck an. Der Ausdruck gefiel ihm nicht. Er gefiel ihm *ganz und gar* nicht.

»Es ist zwei Wochen her, seit Sie mich gefunden haben?«

Sie sah wieder unbestimmt und erbost drein. Er würde noch herausfinden, daß ihr Zeitgefühl alles andere als gut war. »Ungefähr.«

»Ich war bewußtlos?«

»Fast die ganze Zeit.«

»Was habe ich gegessen?«

Sie sah ihn an.

»IV«, sagte sie knapp.

»IV?« sagte er, und sie mißdeutete seine fassungslose Verblüffung als Unwissenheit.

»Ich habe Sie intravenös ernährt«, sagte sie. »Mit Schläuchen. Daher stammen die Narben an Ihrem Arm.« Sie sah ihn mit Augen an, die plötzlich ausdruckslos und abschätzend waren. »Sie verdanken mir Ihr Leben, Paul. Ich hoffe, Sie vergessen das nicht.«

Dann ging sie hinaus.

7

Die Stunde verging. Irgendwie verging die Stunde schließlich doch.

Er lag im Bett und schwitzte und zitterte gleichzeitig. Aus dem Nebenzimmer hörte er zuerst die Geräusche von Hawkeye und Hot Lips, dann die Stimme des Disc-Jockeys von WKRP, dem wilden und verrückten Rundfunksender in Cincinnati. Die Stimme eines Ansagers wurde laut, pries Ginsu-Messer an, nannte eine 800er Telefonnummer und informierte die Zuschauer in Colorado, die es gar nicht mehr erwarten konnten, ein Set Ginsu-Messer zu kaufen, daß die Telefonzentralen besetzt waren und warteten.

Auch Paul Sheldon wartete.

Als die Uhr im Nebenzimmer acht schlug, erschien sie prompt wieder und brachte zwei Kapseln und ein Glas Wasser.

Er stützte sich erwartungsvoll auf die Ellbogen, während sie sich auf das Bett setzte.

»Vor zwei Tagen habe ich *endlich* Ihr neues Buch bekommen«, sagte sie zu ihm. Eis klirrte in dem Glas. Es war ein nervtötendes Geräusch. »*Miserys Kind*. Gefällt mir... Es ist so gut wie alle anderen. Besser! Das beste!«

»Danke«, konnte er hervorstoßen. Er konnte den Schweiß auf der Stirn spüren. »Bitte... meine Beine... große Schmerzen...«

»Ich habe *gewußt*, daß sie Ian heiraten würde«, sagte sie und lächelte verträumt, »und ich glaube, daß Geoffrey und Ian irgendwann wieder Freunde werden. *Oder nicht?*« Aber sie fuhr sofort fort: »Nein, nicht verraten! Ich möchte es selbst herausfinden. Es soll von Dauer sein. Es dauert immer so lange, bis ein neues herauskommt.«

Die Schmerzen pulsierten in seinem Bein und bildeten einen Stahlreif um seinen Unterleib. Er berührte sich dort unten und glaubte zu spüren, daß sein Becken unversehrt war, aber es fühlte sich dennoch verdreht und unheimlich an. Unterhalb der Knie schien *nichts* intakt zu sein. Er wollte es nicht sehen. Er sah die verdrehten, leblosen Formen unter dem Laken, und das genügte ihm.

»Bitte? Miß Wilkes? Die Schmerzen...«

»Nennen Sie mich Annie. Das tun alle meine Freunde.«

Sie gab ihm das Glas. Es war kühl und feucht beschlagen. Die Kapseln behielt sie. Die Kapseln in ihrer Hand waren die Flut. Sie war der Mond, und sie hatte die Gezeiten mitgebracht, welche die Pfähle überschwemmen würden. Sie führte sie zu seinem Mund, den er auf der Stelle öffnete... und dann zog sie sie zurück.

»Ich habe mir die Freiheit genommen, in Ihre Tasche zu sehen. Das macht Ihnen doch nichts aus, oder?«

»Nein. Selbstverständlich nicht. Die Medizin...«

Die Schweißperlen auf seiner Stirn fühlten sich abwechselnd heiß und kalt an. Würde er schreien? Er hielt es nicht für ausgeschlossen.

»Ich habe gesehen, daß dort ein Manuskript ist«, sagte sie. Sie hielt die Kapseln in der rechten Hand, die sie jetzt ganz langsam kippte. Sie fielen in ihre linke Hand. Er folgte ihnen mit den Augen. »Es heißt *Schnelle Autos*. **Kein** *Misery*-Roman, das weiß ich.« Sie sah ihn ein klein wenig **mißbilligend** an – aber, wie schon zuvor, nicht ohne eine Spur Liebe. Es war ein *mütterlicher* Blick. »Im neunzehnten Jahrhundert gab es keine Autos, schnell oder langsam!« Sie kicherte über ihren kleinen Scherz. »Ich habe mir auch die Freiheit genommen, ein wenig darin zu blättern... Das stört Sie doch hoffentlich nicht?«

»Bitte«, stöhnte er. »Nein, aber bitte...«

Sie neigte die linke Hand. Die Kapseln rollten, zögerten, dann fielen sie mit einem kaum hörbaren Klickern wieder in die rechte Hand.

»Und wenn ich es lesen würde? Würde es Ihnen etwas ausmachen, wenn ich es lesen würde?«

»Nein...« Seine Knochen waren zerschmettert. Seine Beine waren mit eiternden Glassplittern gespickt. »Nein...« Er verzog das Gesicht – wie er hoffte – zu einem Lächeln. »Nein, selbstverständlich nicht.«

»Denn ohne Ihre Einwilligung würde ich so etwas selbstverständlich niemals tun«, sagte sie ernst. »Dazu respektiere ich Sie zu sehr. Es ist sogar so, Paul, daß ich Sie liebe.« Plötzlich und auf beunruhigende Weise wurde sie purpurrot. Eine der Kapseln fiel ihr aus der Hand und auf die Bettdecke. Paul griff danach, aber sie war schneller. Er stöhnte, aber sie bemerkte es nicht. Nachdem sie die Kapsel geschnappt hatte, wurde sie wieder abwesend und sah zum Fenster. »Ihren *Verstand*«, sagte sie. »Ihre *Kreativität*. Das habe ich gemeint.«

In seiner Verzweiflung sagte er, weil ihm nichts anderes einfiel: »Ich weiß. Sie sind mein Fan Nummer eins.«

Diesesmal erwärmte sie sich nicht nur, sie *entflammte*. »Das ist es!« rief sie aus. »Genau *das* ist es! Und es macht Ihnen nichts aus, wenn ich es in dieser Eigenschaft lese, nicht? Mit aller Liebe eines... eines Fans? Auch wenn mir Ihre anderen Bücher nicht so gut gefallen wie die *Misery*-Romane?«

»Nein«, sagte er und schloß die Augen. *Meinethalben kannst du Papierhütchen aus den Manuskriptseiten falten, wenn du möchtest, aber... bitte... ich sterbe hier drinnen...*

»Sie sind so *gütig*«, sagte sie sanft. »Ich habe immer gewußt, daß Sie das sein würden. Als ich Ihre Bücher gelesen habe, da wußte ich es. Ein Mann, der Misery Chastain erfinden konnte, der sie sich erst ausdenken und ihr dann *Leben* einhauchen konnte, der kann nicht anders sein.«

Plötzlich waren ihre Finger in seinem Mund, eine schockierend intime Geste, aber auf schmutzige Weise höchst willkommen. Er saugte die Kapseln zwischen ihnen heraus und schluckte sie, noch bevor sie ihm das Wasserglas an den Mund halten konnte.

»Wie ein Baby«, sagte sie, aber er konnte sie nicht sehen, weil er die Augen geschlossen hatte, und nun spürte er, wie seine Tränen zu fließen begannen. »Aber *gütig*. Ich möchte Sie so vieles fragen... möchte so vieles wissen.«

Die Federn knirschten, als sie aufstand.

»Wir werden hier sehr glücklich sein«, sagte sie, und wenngleich ein Blitzschlag des Entsetzens Pauls Herz zerriß, öffnete er immer noch nicht die Augen.

8

Er schwebte. Die Flut kam, und er schwebte. Im Nebenzimmer tönte das Fernsehgerät eine Weile, dann nicht mehr. Manchmal schlug die Uhr, und er versuchte, die Schläge zu zählen, aber er verzählte sich immer mittendrin.

IV. Durch Schläuche. Daher stammen die Narben an Ihrem Arm.

Er stützte sich auf einen Ellbogen und tastete nach der Lampe, und schließlich gelang es ihm, sie einzuschalten. Er betrachtete seine Arme und das Ellbogengelenk, und er sah verblassende Farbschattierungen, Purpur und Ocker, in der Mitte eines jeden Blutergusses ein mit schwarzem Blut gefülltes Loch.

Er legte sich zurück, starrte zur Decke empor und lauschte dem Heulen des Windes. Er befand sich beinahe auf dem Gipfel des Great Divide, es war Winter, er war in der Gewalt einer Frau, die nicht richtig im Kopf war, einer Frau, die ihn intravenös ernährt hatte, als er bewußtlos gewesen war, einer Frau, die einen offenbar unerschöpflichen Vorrat an Drogen besaß, einer Frau, die niemandem gesagt hatte, daß er hier war.

Das alles war wichtig, aber allmählich wurde ihm klar, daß etwas anderes noch wichtiger war: Die Flut ging bereits wieder zurück. Er begann auf das Läuten ihres Weckers oben zu warten. Er würde noch geraume Zeit nicht läuten, aber er mußte allmählich anfangen, darauf zu warten.

Sie war verrückt, aber er brauchte sie.

Oh, ich stecke in verdammten Schwierigkeiten, dachte er und starrte blind zur Decke hinauf, während sich auf seiner Stirn wieder Schweißtropfen bildeten.

9

Am nächsten Morgen brachte sie ihm wieder Suppe und teilte ihm mit, daß sie vierzig Seiten von dem gelesen hatte, was sie sein ›Manuskript-Buch‹ nannte. Sie sagte ihm, sie fände es nicht so gut wie seine anderen Bücher.

»Man kann nur schwer folgen. Es springt immer in der Zeit hin und her.«

»Technik«, sagte er. Er befand sich irgendwo zwischen ›Schmerzen‹ und ›keine Schmerzen‹, daher konnte er ein wenig besser über das nachdenken, was sie sagte. »Technik, das ist alles. Das Thema... das Thema diktiert die Form.« Auf unbestimmte Weise ging er davon aus, daß solche Tricks des Schreibens sie interessieren, vielleicht sogar faszinieren würden. Gott, er wußte, sie hatten die Teilnehmer der Schriftsteller-Workshops fasziniert, die er ab und zu abgehalten hatte, als er noch jünger war. »Sehen Sie, der Verstand des Jungen ist verwirrt, und daher...«

»Ja! Er ist *sehr* verwirrt, und das macht ihn weniger interessant. Nicht *un*interessant – ich bin sicher, Sie könnten sich gar keine uninteressante Person ausdenken –, aber *weniger* interessant. Und dann die Sprache! Jedes zweite Wort ist ein unanständiges Wort! Es hat...« Sie sprach unaufhörlich, während sie ihm die Suppe automatisch einflößte und, wenn er sabberte, fast ohne hinzusehen sein Kinn abwischte, wie eine erfahrene Sekretärin es nicht nötig hat, auf die Tastatur der Schreibmaschine zu sehen; daher begriff er plötzlich ohne Mühe, daß sie Krankenschwester war. Keine Ärztin, o nein; eine Ärztin hätte nicht gewußt, wann er sabbern würde, sie hätte auch nicht das Herabtropfen der Suppe so exakt vorhersehen können.

Wenn der Meteorologe, der diesen Sturm vorhergesagt hat, in seinem

Job nur halb so gut gewesen wäre wie Annie Wilkes in ihrem ist, dann wäre ich jetzt nicht in dieser verfluchten Scheißlage, dachte er verbittert.

»Es hat keine *Noblesse!*« schrie sie plötzlich, sprang auf und schüttete ihm beinahe die Rindfleischsuppe in sein blasses, aufwärts gerichtetes Gesicht.

»Ja«, sagte er geduldig. »Ich verstehe, was Sie meinen, Annie. Es ist richtig, daß Tony Bonasaro keine Noblesse hat. Er ist ein Junge aus den Elendsvierteln, der versucht, aus seiner schlimmen Umgebung herauszukommen, verstehen Sie, und was diese Worte anbelangt... jeder benützt diese Worte in...«

»Sicher *nicht!*« sagte sie und bedachte ihn mit einem warnenden Blick. »Was glauben Sie, mache ich, wenn ich in die Futtermittelhandlung gehe? Was sage ich dort? ›Komm, Tony, gib mir eine Tüte von diesem verdammten Schweinefutter, alter Hurenbock, dazu einen hurengroßen Sack Hühnermais und eine abgewichste Medizin gegen Ohrwürmer‹? Und was denken Sie, antwortet er mir? ›Hast verflucht recht, Annie, komm her, verflucht noch mal‹?«

Sie sah ihn an, und inzwischen sah ihr Gesicht aus wie ein Himmel, aus dem jeden Augenblick Tornados hervorspringen konnten. Er legte sich ängstlich zurück. Die Suppenschüssel zitterte in ihrer Hand. Ein oder zwei Tropfen fielen auf die Decke.

»Und dann gehe ich die Straße hinunter zur Bank und sage zu Mrs. Bollinger: ›Hier ist ein verdammt großer Scheißkerl von 'nem Scheck, und Sie geben mir jetzt besser fünfzig beschissene Dollars, so abgewichst schnell Sie nur können‹? Glauben Sie, als sie mich dort in den Zeugenstand schleppten, oben in Den...«

Ein Strahl schlammfarbener Rindfleischsuppe ergoß sich auf die Decke. Sie sah den Fleck an, dann ihn, und ihr Gesicht wurde runzlig wie ein schmutziges Laken. »Da! Sehen Sie, was ich durch Ihre Schuld gemacht habe!«

»Tut mir leid.«

»*Sicher! Sollte es auch!*« kreischte sie und schleuderte die Schüssel in eine Ecke, wo sie zerschellte. Suppe spritzte an der Wand empor. Er sperrte den Mund auf.

Da schaltete sie ab. Sie saß vielleicht dreißig Sekunden vollkommen reglos da. Während dieser Zeit schien Paul Sheldons Herz überhaupt nicht zu schlagen.

Sie erwachte stufenweise wieder zum Leben, und plötzlich kicherte sie.

»Mein *Temperament*«, sagte sie.

»Tut mir leid«, sagte er mit trockener Kehle.

»Sollte es auch.« Ihr Gesicht erschlaffte wieder, und sie sah geistesabwesend zur Wand. Er dachte, sie würde wieder ausrasten, aber statt dessen hob sie ihre Nase vom Bett.

»In den *Misery*-Büchern müssen Sie solche Ausdrücke nicht benützen, weil man damals solche Ausdrücke überhaupt nicht kannte. Sie waren noch gar nicht erfunden. Schlimme Zeiten brauchen schlimme Wörter, nehme ich an, aber das damals war eine *bessere* Zeit. Sie sollten bei Ihren *Misery*-Büchern bleiben, Paul. Ich sage das im völligen Ernst. Als Ihr Fan Nummer eins.«

Sie ging zur Tür, wo sie sich zu ihm umdrehte. »Ich werde dieses Manuskript-Buch wieder in Ihre Tasche tun und statt dessen *Miserys Kind* weiterlesen. Vielleicht nehme ich mir das andere wieder vor, wenn ich damit fertig bin.«

»Tun Sie das nicht, wenn es Sie zu sehr aufregt«, sagte er. Er versuchte zu lächeln. »Es gefällt mir nicht, wenn Sie sich so aufregen. Wissen Sie, ich bin nämlich von Ihnen abhängig.«

Sie erwiderte sein Lächeln nicht. »Ja«, sagte sie. »Das sind Sie. Das sind Sie, nicht, Paul?«

Sie ging hinaus.

10

Die Flut ging zurück. Die Pfähle waren wieder sichtbar. Er wartete darauf, daß der Wecker klingeln würde. Die Wanduhr schlug zweimal. Er lag auf dem aufgeschüttelten Kissen und behielt die Tür im Auge. Sie kam herein. Sie trug eine Schürze über dem Strickpullover und einem ihrer Röcke. In einer Hand hielt sie einen Putzeimer.

»Ich nehme an, Sie möchten Ihre Schlummermedizin«, sagte sie.

»Ja, bitte.« Er gab sich Mühe, sie gewinnend anzulächeln und empfand wieder diese Scham – er kam sich selbst grotesk vor, ein Fremder.

»Ich habe sie«, sagte sie. »Aber zuerst muß ich den Schlamassel in der Ecke aufwischen. Den Schlamassel, den *Sie* gemacht haben. Sie müssen warten, bis ich das getan habe.«

Er lag im Bett, seine Beine bildeten unter der Decke ein Muster wie abgebrochene Zweige, kalter Schweiß rann ihm in kleinen Strömen am Gesicht herunter; er sah ihr zu, wie sie in die Ecke ging, den Eimer abstellte und sich dann niederkniete, um die Scherben der Schüssel aufzuheben, und sie brachte sie hinaus und sie kam zurück und kniete neben dem Eimer nieder und fischte darin nach etwas und holte einen seifigen Lappen heraus und wrang ihn aus und begann, die angetrocknete Suppe von der Wand zu reiben. Er lag da und sah ihr zu und begann zu zittern, und das Zittern machte seine Schmerzen schlimmer, aber er konnte nichts dafür. Einmal drehte sie sich um und sah ihn zittern und das Bettlaken mit seinem Schweiß tränken, da sah sie ihn mit einem so verschlagenen und wissenden Lächeln an, daß er sie ohne weiteres hätte umbringen können.

»Es ist angetrocknet«, sagte sie und drehte das Gesicht wieder in die Ecke. »Ich fürchte, das wird eine Weile dauern, Paul.«

Sie schrubbte. Der Fleck verschwand langsam von der Wand, aber sie tauchte immer wieder den Lappen ein, wrang ihn aus, schrubbte und wiederholte dann den ganzen Vorgang. Er konnte ihr Gesicht nicht sehen, aber die Vorstellung – die *Gewißheit* –, daß sie wieder weggetreten war und die Wand noch stundenlang schrubben konnte, peinigte ihn.

Schließlich – kurz bevor die Uhr einmal schlug, also kurz vor zwei Uhr dreißig – stand sie auf und ließ den Lappen ins Wasser fallen. Ohne ein Wort trug sie den Eimer aus dem Zimmer. Er lag im Bett und lauschte dem Ächzen der Dielen, anhand dessen er abschätzen konnte, wo sich ihre Masse gerade befand, er hörte, wie sie das Wasser aus dem Eimer schüttete – und, unglaublich, das Aufdrehen des Hahns, als sie neues einließ. Er fing lautlos an zu weinen. Die Flut war noch niemals so weit zurückgegangen; er sah nichts anderes als trocknende Lehmfladen und die gesplitterten Pfähle, welche ihre ewigen schmerzenden Schatten warfen.

Sie kam zurück und blieb nur einen Augenblick unter der Tür stehen, wobei sie sein nasses Gesicht mit dem bekannten Ausdruck der Mischung aus Strenge und mütterlicher Liebe betrachtete. Dann glitt ihr Blick in die Ecke, wo keine Spur des Suppenflecks mehr zu sehen war.

»Jetzt muß ich nachwischen«, sagte sie, »sonst wird die Seife einen dunklen Fleck hinterlassen. Ich muß alles machen; ich muß alles richtig machen. Wenn man allein lebt, so wie ich, ist das keine Entschuldigung, etwas schlampig auszuführen. Meine Mutter hatte einen Leitspruch, Paul, und nach dem lebe ich. ›Einmal böse, nie mehr gut‹, pflegte sie zu sagen.

»Bitte«, stöhnte er. »Bitte, die Schmerzen, ich sterbe.«

»Nein. Sie sterben nicht.«

»Ich schreie«, sagte er und begann heftiger zu weinen. Das Weinen tat weh. Es tat seinen Beinen weh, und seinem Herzen. »Ich kann nicht anders.«

»Dann schreien Sie«, sagte sie. »Aber vergessen Sie nicht, daß *Sie* diese Schweinerei gemacht haben. Es ist einzig und allein Ihre Schuld.«

Irgendwie gelang es ihm, nicht zu schreien. Er sah zu, wie sie tauchte und wrang und spülte, tauchte und wrang und spülte. Dann endlich, als die Uhr – im Wohnzimmer, wie er vermutete – drei schlug, stand sie auf und ergriff den Eimer.

Sie wird jetzt hinausgehen. Sie wird jetzt hinausgehen, und ich werde hören, wie sie das Spülwasser in den Ausguß kippt, und dann kommt sie vielleicht stundenlang nicht zurück, weil sie noch nicht fertig ist, mich zu bestrafen.

Aber anstatt zu gehen, kam sie ans Bett und suchte in der Tasche ihrer Schürze. Sie holte nicht zwei Kapseln heraus, sondern drei.

»Hier«, sagte sie zärtlich.

Er warf sie sich in den Mund, und als er aufsah, konnte er sehen, wie sie ihm den gelben Plastikeimer entgegenhielt. Er füllte schließlich sein ganzes Gesichtsfeld aus, einem herabstürzenden

Mond nicht unähnlich. Graues Wasser schwappte über den Rand auf die Bettdecke.

»Spülen Sie sie damit hinunter«, sagte sie. Ihre Stimme war immer noch zärtlich.

Er sah sie an, sein Gesicht war ganz Augen.

»Los doch«, sagte sie. »Ich weiß, daß Sie sie trocken hinunterschlucken können, aber glauben Sie mir, ich kenne Mittel und Wege dafür zu sorgen, daß sie gleich wieder hochkommen. Schließlich ist es nur Wischwasser. Es wird Ihnen nicht schaden.«

Sie ragte wie ein Monolith über ihm auf und hielt den Eimer ein wenig geneigt. Er konnte sehen, wie sich der Lappen langsam in der grauen Brühe drehte wie ein ertrunkener Kadaver; er sah die dünne Schicht Seife obenauf schwimmen. Ein Teil von ihm stöhnte innerlich, aber nichts in ihm zögerte. Er trank hastig, spülte die Tabletten hinunter und stellte fest, daß der Geschmack wie damals war, wenn seine Mutter ihn gelegentlich gezwungen hatte, sich die Zähne mit Seife zu putzen.

Sein Magen drehte sich, und er gab einen erstickten Laut von sich.

»Ich würde mich nicht übergeben, Paul. Vor neun Uhr gibt es keine mehr.«

Sie sah ihn einen Moment mit ihrem leeren, nichtssagenden Blick an, dann leuchtete ihr Gesicht auf, und sie lächelte.

»Sie werden mich nie mehr so aufregen, nicht wahr?«

»Nein«, flüsterte er. Den Mond erzürnen, welcher die Gezeiten brachte? Was für eine Vorstellung! Was für eine *schlimme* Vorstellung!

»Ich liebe Sie«, sagte sie und küßte ihn auf die Wange. Sie ging, ohne sich noch einmal umzudrehen, und trug den Putzeimer so, wie eine kräftige Bäuerin eine Milchkanne tragen mochte, ohne eingehend darüber nachzudenken – etwas vom Körper weg, damit nichts verschüttet wurde.

Er legte sich zurück und schmeckte Schrot und Gips in Mund und Kehle. Schmeckte Seife.

Ich werde nicht kotzen . . . ich werde nicht kotzen . . . ich werde nicht kotzen.

Schließlich spürte er, wie dieser Gedanke weniger dringend wurde, und ihm wurde klar, daß er schlafen würde. Er hatte alles lange genug unten gehalten, damit die Medizin ihre Wirkung tun konnte. Er hatte gewonnen.

Diesmal.

11

Er träumte, daß er von einem Vogel gefressen wurde. Es war kein guter Traum. Es tat einen Knall, und er dachte: *Ja, gut, weiter so! Erschießt ihn! Erschießt das verdammte Vieh!*

Dann erwachte er und wußte, es war lediglich Annie Wilkes, die die Hintertür zugeschlagen hatte. Sie war hinausgegangen, um die Hausarbeiten zu erledigen. Er hörte das Knirschen ihrer Schritte im Schnee. Sie ging an seinem Fenster vorbei; sie hatte eine Parka an und die Kapuze übergezogen. Ihr Atem wehte vor ihr her, bis er von ihrem sich vorwärts bewegenden Gesicht geteilt wurde. Sie sah nicht zu ihm herein, er vermutete, daß sie sich ganz auf die Arbeiten im Stall konzentrierte. Die Tiere füttern, den Stall ausmisten, vielleicht ein paar Zaubersprüche aufsagen – bei ihr hätte ihn das nicht verwundert. Der Himmel hatte eine dunkle Purpurfärbung – Sonnenuntergang. Siebzehn Uhr dreißig, vielleicht achtzehn Uhr.

Die Flut war noch nicht zurückgegangen, und er hätte wieder einschlafen können – er *wollte* wieder einschlafen –, aber er mußte über diese bizarre Situation nachdenken, solange er noch vernünftig denken konnte.

Das schlimmste war seine Entdeckung, daß er nicht einmal, wenn er konnte, darüber nachdenken wollte, wenngleich ihm bewußt war, daß er der Situation nur dann ein Ende würde machen können, *wenn* er darüber nachdachte. Sein Verstand versuchte, das Thema von sich zu schieben, wie ein kleines Kind seinen Teller von sich schiebt, obwohl man ihm gesagt hat, daß es erst vom Tisch aufstehen darf, wenn es aufgegessen hat.

Er wollte nicht darüber nachdenken, weil es schon schlimm genug war, die Situation am eigenen Leib zu *erleben*. Er wollte nicht darüber nachdenken, weil ihn stets beunruhigende Gedanken heimsuchten, wenn er es tat – daß sie ausrasten könnte, daß er, wenn er sie sah, stets an Götzenstatuen und Steinbilder denken mußte, und jetzt der gelbe Plastikeimer, der wie ein Mond vor seinen Augen aufgegangen war. Wenn er *daran* dachte, so änderte das an seiner Situation nichts, tatsächlich war es sogar schlimmer, als überhaupt nichts zu denken, aber wenn er sich Annie Wilkes und seine Situation in ihrem Haus vergegenwärtigte, dann drängten sich ihm diese Gedanken unwillkürlich auf und verdrängten alle anderen. Sein Herz begann, zu schnell zu schlagen, größtenteils aufgrund seiner Angst, aber teilweise auch wegen seiner Scham. Er sah immer wieder, wie er die Lippen an diesen gelben Eimer preßte, er sah das Spülwasser mit dem Seifenfilm und dem Putzlappen, der darin schwamm, das alles sah er, und dennoch hatte er getrunken und keinen Sekundenbruchteil gezögert. Er würde niemals jemandem davon erzählen, sollte er hier jemals wieder herauskommen, und er vermutete, er würde auch versuchen, sich selbst zu belügen, aber er wußte auch, daß es ihm niemals gelingen würde.

Doch so elend ihm war (sehr elend), er wollte dennoch leben.

Denk darüber nach, gottverdammt! Jesus Christus, bist du schon so feige geworden, daß du es nicht einmal mehr versuchen *kannst?*

Nein – aber *fast* so feige.

Dann kam ihm ein seltsamer, zorniger neuer Gedanke: *Sie mag das neue Buch nicht, weil sie zu dumm ist, es zu verstehen.*

Der Gedanke war nicht nur seltsam; unter den gegebenen Umständen war es ziemlich einerlei, was sie von *Schnelle Autos* hielt. Aber über das nachzudenken, was sie gesagt hatte, war immerhin eine neue Richtung, und auf sie wütend zu sein, war besser als vor ihr *Angst* zu haben, und daher konzentrierte er sich mit ziemlichem Eifer auf diese neuen Gedanken.

Zu dumm? Nein. Zu festgefahren. Nicht nur nicht bereit, sich zu verändern, sondern allein der Vorstellung *einer Veränderung gegenüber ablehnend.*

Ja. Und wenngleich sie verrückt war, unterschied sich ihre Aufnahme seines schriftstellerischen Werks wirklich so sehr von den Hunderttausenden anderer Menschen des Landes – neunzig Prozent davon Frauen –, die es kaum erwarten konnten, die neue fünfhundertseitige Episode aus dem turbulenten Leben des Findelkinds zu erfahren, das sich aufgemacht hatte, einen Edelmann aus der Gegend zu heiraten? Nein, überhaupt nicht. Sie wollten Misery, Misery, Misery. Jedesmal, wenn er eine Pause von einem oder zwei Jahren gemacht hatte, um einen der anderen Romane zu schreiben – die er als seine ›ernsthaften‹ Arbeiten betrachtete, und zwar anfangs mit Gewißheit, dann mit Hoffnung, und schließlich mit einer Art von grimmiger Verzweiflung –, hatte er eine wahre Flut von Protestbriefen von diesen Frauen erhalten, von denen viele ihrerseits als ›Ihr Fan Nummer eins‹ unterschrieben. Der Tonfall dieser Briefe variierte von Bestürzung (irgendwie schmerzten die immer am meisten) über Mißbilligung bis hin zu offenem Zorn, aber die Aussage war stets dieselbe: *Es ist nicht das, was ich erwartet hatte, es ist nicht das, was ich* wollte. *Bitte schreiben Sie wieder über Misery. Ich möchte wissen, was Misery weiter tut.* Er konnte ein modernes *Unter dem Vulkan*, *Tess D'Urbeville* oder *Schall und Wahn* schreiben; es wäre einerlei. Sie wollten Misery, Misery, Misery.

Man kann nur schwer folgen ... das macht ihn weniger interessant ... Und dann die Sprache!

Wut loderte in ihm empor. Wut über ihre verstockte Festigkeit, Wut darüber, daß sie ihn tatsächlich hatte entführen können – daß sie ihn hier als Gefangenen halten und ihn zu der Entscheidung zwingen konnte, schmutziges Wischwasser aus einem Putzeimer zu trinken oder unter den Schmerzen seiner gebrochenen Beine zu leiden – und dann, zu alledem – auch noch die Dreistigkeit aufzubringen, das Beste zu kritisieren, das er jemals geschrieben hatte.

»Scheiß auf dich und die unanständigen Worte, die du nicht leiden kannst«, sagte er, und mit einem Mal fühlte er sich besser, fühlte sich wieder als *er selbst*, auch wenn er wußte, daß dieses Rebellieren bemitleidenswert und sinnlos war – sie war im Stall, wo sie ihn nicht hören konnte, und die Flut hatte die Pfähle sicher überspült. Dennoch ...

Er erinnerte sich daran, wie sie hier hereingekommen war, ihm die Kapseln vorenthalten hatte und um die Erlaubnis bat, das Manuskript von *Schnelle Autos* lesen zu dürfen. Er spürte, wie Scham und Demütigung sein Gesicht heiß werden ließen, aber nun hatte sich *echte* Wut dazugesellt: Sie war von einem Funken zu einem lodernden Flammenmeer geworden. Er hatte *niemals* jemandem ein Manuskript gezeigt, bevor er es korrigiert und neu abgetippt hatte. *Niemals*. Nicht einmal Bryce, seinem Agenten. *Niemals*. Er hatte nicht einmal...

Einen Augenblick brach seine Gedankenkette einfach ab. Er hörte das leise Muhen einer Kuh.

Nun, er hatte nicht einmal eine *Kopie* gemacht, bevor er die korrigierte Fassung fertig hatte.

Das Manuskript von *Schnelle Autos*, das sich jetzt in Annie Wilkes' Besitz befand, war tatsächlich die einzige Kopie auf der ganzen Welt. Er hatte sogar seine Notizen verbrannt.

Zwei Jahre harter Arbeit; es gefiel ihr nicht, und sie war verrückt.

Sie mochte Misery; Misery war ihr ein und alles, nicht irgendein fluchender kleiner Autodieb aus Spanish Harlem.

Er erinnerte sich daran, daß er gedacht hatte: *Meinethalben kannst du Papierhütchen aus den Manuskriptseiten falten, wenn du möchtest, aber... bitte...*

Wut und Demütigung brandeten wieder heran und weckten das erste dumpfe Pochen in seinen Beinen. Ja. Die Arbeit, der Stolz auf die Arbeit, der Wert der Arbeit selbst... das alles verblaßte zu den Laterna Magica-Schatten, die sie im Grunde genommen waren, wenn die Schmerzen schlimm genug wurden. Daß sie ihm das antat – daß sie ihm das antun *konnte*, wo er doch sein gesamtes Erwachsenenleben mit der Gewißheit verbracht hatte, daß das Wort *Schriftsteller* die wichtigste Definition seiner selbst war –, ließ sie vollkommen monströs erscheinen, ein Ding, dem er entkommen *mußte*. Sie war tatsächlich ein Götze, und wenn sie ihn nicht umbrachte, dann sicher das, was *in* ihm war.

Jetzt hörte er das gierige Grunzen des Schweins – sie hatte gedacht, es würde ihn kränken, aber er fand, Misery war ein ausgezeichneter Name für ein Schwein. Er erinnerte sich daran, wie sie es nachgeahmt hatte, wie sie die Oberlippe zur Nase hin hochgewölbt hatte, wie die Wangen scheinbar flacher geworden waren, wie sie einen Augenblick *tatsächlich* wie ein Schwein ausgesehen hatte: *Oiink! OIIINKK!*

Aus dem Stall vernahm er ihre Stimme: »*Schweiiiin-chen! Put-put-put!*«

Er legte sich zurück, bedeckte die Augen mit einem Arm und versuchte, sich an seine Wut zu klammern, denn mit dieser Wut fühlte er sich tapfer. Ein tapferer Mann konnte denken. Ein Feigling nicht.

Er hatte es mit einer Frau zu tun, die Krankenschwester gewesen war – dessen war er ganz sicher. War sie noch Krankenschwester? Nein, denn sie ging nicht zur Arbeit. Weshalb ging sie ihrem Beruf nicht mehr nach? Das schien auf der Hand zu liegen. Sie hatte eindeutig nicht mehr alle Tassen im Schrank. Und wenn er das selbst durch den Schleier der Schmerzen, in denen er lebte, bemerkt hatte, dann mußte es ihren Kollegen sicher auch aufgefallen sein.

Zudem verfügte er über ein paar zusätzliche Informationen, wie *viele* Tassen bei ihr nicht im Schrank waren, oder? Sie hatte ihn aus dem Wrack seines Autos gezerrt, und anstatt die Polizei oder einen Krankenwagen zu rufen, hatte sie ihn in ihr Gästezimmer gebracht, hatte ihm Injektionsnadeln in den Arm gestochen und eine ganze Menge Drogen in seinen Körper gepumpt. So viel, daß er mindestens einmal eine Atmungslähmung gehabt hatte, wie sie es ausdrückte. Sie hatte niemandem erzählt, daß er hier war, und daß sie das bisher nicht getan hatte, bedeutete zwangsläufig auch, daß sie es auch weiterhin nicht vorhatte.

Hätte sie ebenso gehandelt, wenn sie Joe Blow aus Kokomo am Unfallort gefunden hätte? Nein. Nein, das glaubte er nicht. Sie hatte *ihn* bei sich behalten, weil er Paul Sheldon war, und *sie*...

»Sie ist mein Fan Nummer eins«, murmelte Paul und bedeckte die Augen wieder mit dem Arm.

Dort, in der Dunkelheit, erblühte eine schreckliche Erinnerung: Seine Mutter hatte ihn mit in den Zoo in Boston genommen, und er hatte einen riesengroßen Vogel angesehen. Er hatte die schönsten Federn – rot, purpurn und königsblau – gehabt, die er jemals gesehen hatte ... und die traurigsten Augen. Er hatte seine Mutter gefragt, woher der Vogel stammte, und als sie *Afrika* geantwortet hatte, da war ihm klar geworden, daß das Tier dazu verdammt war, in diesem Käfig zu sterben, fern von dort, wo es **nach Gottes** Fügung eigentlich sein sollte, und er hatte geweint, **und seine** Mutter hatte ihm eine Eistüte gekauft, und eine Weile **hatte er auf**gehört zu weinen, aber dann war es ihm wieder eingefallen, **und** er hatte wieder angefangen, und sie hatte ihn nach Hause gebracht und hatte ihm während der Fahrt in der Straßenbahn erzählt, daß er eine Heulsuse und ein Schwächling war.

Die Federn. Die *Augen.*

Das Pulsieren in seinen Beinen begann sich zu beschleunigen.

Nein. Nein, nein.

Er preßte die Ellbogenbeuge fester auf die Augen. Aus dem Stall konnte er in Abständen polternde Geräusche vernehmen. Selbstverständlich konnte er unmöglich erkennen, was sie waren, aber in seiner Fantasie

(Ihren VERSTAND Ihre KREATIVITÄT Das habe ich gemeint)

konnte er sehen, wie sie mit den Absätzen Heuballen vom Dachschober herunterkickte, konnte sie auf den Stallboden poltern sehen.

Afrika. Dieser Vogel kommt aus Afrika. Aus ...

Dann hörte er in Gedanken plötzlich ihre schrille, schreiende Stimme, die seine Gedanken vorher wie mit einem Messer abschnitt: *Glauben Sie, als sie mich dort in den Zeugenstand schleppten, oben in Den ...*

In den Zeugenstand. Als sie mich in den Zeugenstand schleppten, oben in Denver.

Schwören Sie, die Wahrheit zu sagen, die reine Wahrheit, und nichts als die Wahrheit, so wahr Ihnen Gott helfe?

(›Ich weiß gar nicht, woher er das hat.‹)

Ich schwöre.

(›Er schreibt IMMER solche Sachen auf.‹)

Nennen Sie uns Ihren Namen.

(›Niemand in MEINEM Zweig der Familie hatte eine so blühende Fantasie.‹)

Annie Wilkes.

(›*So Lebhaft!*‹)

Mein Name ist Annie Wilkes.

Er wollte sie dazu bringen, mehr zu sagen; sie wollte nicht.

»Komm schon«, murmelte er, den Arm über den Augen – so konnte er am besten denken, konnte sich am besten etwas *vorstellen*. Seine Mutter erzählte Mrs. Mulvaney auf der anderen Seite des Zauns gerne, was für eine blühende, lebhafte Fantasie er hatte, was für reizende kleine Geschichten er immer aufschrieb (ausgenommen natürlich, wenn sie ihn eine Heulsuse und einen Schwächling nannte). »Komm schon, komm schon, komm schon.«

Er konnte den Gerichtssaal in Denver sehen, konnte Annie Wilkes im Zeugenstand sehen, sie trug jetzt keine Jeans, sondern ein rustikales purpur-schwarzes Kleid und einen gräßlichen Hut. Er konnte sehen, daß der Gerichtssaal voll von Zuschauern war, daß der Richter kahlköpfig war und eine Brille aufhatte. Der Richter hatte einen weißen Schnurrbart. Unter dem weißen Schnurrbart hatte er ein Muttermal. Der weiße Schnurrbart bedeckte es größtenteils, aber nicht ganz.

Annie Wilkes.

(›*Mit drei konnte er schon lesen! Können Sie sich das vorstellen!*‹)

Dieser Geist von . . . von Fan-Liebe . . .

(›*Er schreibt ständig etwas auf, denkt sich ständig etwas aus.*‹)

Jetzt muß ich nachwischen.

(›*Afrika. Dieser Vogel kommt aus*‹)

»Komm *schon*«, flüsterte er, aber er kam nicht weiter. Der Verteidiger bat sie, ihren Namen zu nennen, und sie wiederholte immer wieder, daß sie Annie Wilkes war, aber mehr sagte sie nicht; sie saß mit ihrem faserigen und soliden, geheimnisvollen Körper, der die Luft verdrängte, einfach nur da und sagte immer wieder ihren Namen, aber mehr nicht.

Während er immer noch darüber nachdachte, weshalb die ehemalige Krankenschwester, die ihn als Gefangenen hielt, eines Tages in Denver im Zeugenstand gewesen war, schlief Paul Sheldon ein.

12

Er befand sich in einem Krankenhaus. Große Erleichterung überkam ihn – so stark, daß er fast geweint hätte. Etwas war geschehen, während er schlief, jemand war gekommen, oder vielleicht hatte Annie es sich doch irgendwie anders überlegt. Es spielte keine Rolle. Er war im Haus der Monsterfrau eingeschlafen, und er war im Krankenhaus aufgewacht.

Aber sie hätten ihn doch sicher nicht in eine so große Station gebracht? Sie war ja so groß wie ein Flugzeughangar! Und voll von identischen Reihen von Männern (mit identischen Flaschen voll Nährlösung, die von identischen IV-Gestellen neben ihren Betten herabhingen). Er richtete sich auf und sah, daß die Männer ebenfalls alle identisch waren – sie alle waren *er*. Dann hörte er in der Ferne eine Uhr schlagen, und er begriff, daß das Läuten von jenseits der Mauer des Schlafes zu ihm drang. Dies war ein Traum. Seine Erleichterung wurde von Traurigkeit abgelöst.

Die Tür am anderen Ende der riesigen Station wurde geöffnet, und Annie Wilkes kam herein – aber sie hatte ein langes Schürzenkleid an und trug eine Pelzmütze auf dem Kopf; sie war wie Misery in *Miserys Liebe* angezogen. Über einem Arm hielt sie einen Weidenkorb. Der Inhalt war mit einem Handtuch zugedeckt. Unter seinen Blicken schlug sie das Handtuch zurück. Sie griff hinein, holte eine Handvoll einer Substanz heraus und schleuderte sie dem ersten schlafenden Paul Sheldon ins Gesicht. Er sah, daß es sich um Sand handelte – dies war Annie Wilkes, die so tat, als wäre sie Misery Chastain, die so tat, als wäre sie der Sandmann. Die Sand*frau*.

Dann sah er, daß das Gesicht des ersten Paul Sheldon zu etwas abstoßend Weißem verbrannte, als es von dem Sand berührt wurde, und Angst ergriff ihn und riß ihn aus dem Traum heraus und ins Schlafzimmer, wo Annie Wilkes über ihn gebeugt dastand. In einer Hand hielt sie das umfangreiche Taschenbuch *Miserys Kind*. Das Lesezeichen verriet, daß sie etwa zwei Drittel davon gelesen hatte.

»Sie haben gestöhnt«, sagte sie.

»Ich hatte einen schlechten Traum.«

»Wovon?«

Er sagte das erste, was ihm einfiel, das nicht der Wahrheit entsprach.

»Afrika.«

13

Am nächsten Morgen kam sie zu spät, ihr Gesicht hatte die Farbe von Asche. Er hatte gedöst, aber er wurde auf der Stelle wach und stützte sich auf den Ellbogen.

»Miss Wilkes? Annie? Alles in O...«

»Nein.«

Herrgott, sie hatte einen Herzanfall, dachte er und war einen Augenblick in Panik, was sich jedoch unverzüglich in Freude verwandelte. *Sollte* sie doch einen haben. Einen *schweren*! Einen ganz verdammten Brustaufreißer! Er wäre mehr als froh, könnte er auf dem Boden zum Telefon kriechen, wie sehr es auch schmerzen würde. Er würde über Glasscherben zum Telefon kriechen, sollte es erforderlich sein.

Und es *war* ein Herzanfall, aber nicht der richtige.

Sie kam auf ihn zu, nicht gerade taumelnd, aber *schlingernd*, ein wenig wie ein Matrose, der nach einer langen Fahrt übers Meer zum ersten Mal wieder Land unter den Füßen spürt.

»Was...« Er versuchte sich vor ihr zu ducken, aber es gab kein Entkommen. Er hatte das Kopfteil des Bettes hinter sich, und dahinter die Wand.

»*Nein!*« Sie kam an die Seite des Bettes, stieß dagegen, schwankte und drohte einen Augenblick, auf ihn zu fallen. Dann stand sie einfach nur da, sah mit einem papierweißen Gesicht auf ihn herunter, die Sehnen in ihrem Nacken standen hervor, und eine Ader pulsierte mitten auf ihrer Stirn. Sie öffnete schnappend die Hände, ballte sie zu soliden felsähnlichen Fäusten und öffnete sie wieder.

»Sie... Sie... Sie *Schmutzfink!*«

»Was... ich verstehe nicht...« Aber dann verstand er, und seine gesamte Körpermitte schien mit einem Mal hohl zu werden und dann ganz zu verschwinden. Er erinnerte sich daran, wo gestern abend ihr Lesezeichen gewesen war, sie hatte zwei Drittel hinter sich gehabt. Sie hatte es zu Ende gelesen. Sie wußte jetzt alles, was sie wissen mußte. Sie wußte, daß Misery gar nicht die Unglückliche war, sondern *Ian.* Saß sie in ihrem Wohnzimmer, das er immer noch nicht zu Gesicht bekommen hatte, und hatte den Mund klaffend aufgesperrt und die Augen aufgerissen, als Misery schließlich die Wahrheit erkannte, ihre Entscheidung fällte und zu Geoffrey ging? Hatten sich ihre Augen mit Tränen gefüllt, als ihr klar wurde, daß Misery und Geoffrey keineswegs eine heimliche Affäre hinter dem Rücken des Mannes hatten, den sie beide liebten, sondern versuchten, ihm das größte Geschenk zu machen, dessen sie fähig waren – das Geschenk eines Kindes, welches er für sein eigenes halten würde? Hatte ihr Herz schneller geschlagen, als Misery Ian offenbarte, daß sie schwanger war, und Ian sie an sich gepreßt und immer wieder gemurmelt hatte, während ihm Tränen aus den Augen liefen: »Meine Liebste, o meine Liebste!«? In diesen wenigen Sekunden war er sicher, daß alles genau so gewesen war. Aber anstatt vor fassungslosem Kummer zu weinen, was sie hätte tun sollen, als Misery auf dem Kindbett ihr Leben aushauchte, als sie den Jungen gebar, den Ian und Geoffrey wahrscheinlich gemeinsam großziehen würden, war sie wie von Sinnen vor Zorn.

»*Sie kann nicht tot sein!*« schrie Annie Wilkes ihn an. Ihre Hände öffneten und schlossen sich in einem immer schnelleren Rhythmus. »*Misery Chastain KANN NICHT TOT SEIN!*«

»Annie... Annie, bitte...«

Auf dem Nachttisch stand ein Glaskrug voll mit Wasser. Sie ergriff ihn und schüttete den Inhalt auf ihn. Kaltes Wasser spritzte ihm ins Gesicht. Ein Eiswürfel landete neben seinem linken Ohr und rutschte auf dem Kissen hinab und in die Wölbung an seiner Schulter. In Gedanken

(»*So lebhaft!*«)

sah er, wie sie mit dem Krug auf sein Gesicht einschlug, sah sich an Schädelbasisbruch und Gehirnblutung inmitten einer kalten Flut von Eiswasser sterben, während sich Gänsehaut auf seinem Leib bildete.

Sie wollte es tun; darin bestand kein Zweifel.

Im allerletzten Augenblick jedoch riß sie den Krug von ihm weg und schleuderte ihn statt dessen zur Tür, wo er zerschellte wie tags zuvor die Suppenschüssel.

Sie sah ihn wieder an und strich sich mit den Handrücken das graumelierte Haar aus dem Gesicht – zwei harte kleine Flecken Rot waren inzwischen in dem Weiß erblüht.

»Schmutzfink!« keuchte sie. »Oh, Sie elender Schmutzfink, wie *konnten* Sie nur!«

Sie sprach hastig und gepreßt, ihre Augen blitzten wie auf dem Gesicht angebrachte Nieten – er war sich in diesem Augenblick ganz sicher, daß sein Leben davon abhing, was er in den nächsten zwanzig Sekunden sagte.

»Annie, im Jahre 1871 kam es *nicht selten* vor, daß Frauen im Kindbett starben. Misery gab ihr Leben für ihren Mann und ihren besten Freund und ihr Kind. Der Geist von Misery wird immer...«

»Ich will nicht ihren *Geist*!« kreischte sie, formte die Finger zu Krallen und fuchtelte vor seinem Gesicht herum, als wollte sie ihm die Augen auskratzen. »Ich möchte *sie*! Sie haben sie *umgebracht*! Sie haben sie *ermordet*!« Sie ballte die Hände wieder zu Fäusten und stieß die Arme wie Kolben herunter, auf jeder Seite seines Kopfes einen. Sie bohrten sich tief in die Kissen, und er wurde herumgeschleudert wie eine Flickenpuppe. Seine Beine loderten, und er schrie auf.

»*Ich habe sie nicht umgebracht!*« schrie er.

Sie erstarrte und betrachtete ihn mit diesem verkniffenen schwarzen Gesichtsausdruck – dem Ausdruck der *Kluft*.

»*Natürlich* nicht«, sagte sie verbittert und sarkastisch. »Und wenn nicht Sie, Paul Sheldon, wer dann?«

»Niemand«, sagte er leiser. »Sie ist einfach gestorben.«

In letzter Überlegung, wußte er, entsprach das der Wahrheit. Wäre Misery Chastain eine tatsächlich lebende Person gewesen, hätte er, darüber war er sich im klaren, durchaus von der Polizei gebeten werden können, ›die Polizei bei ihren Ermittlungen zu unterstützen‹, wie die offizielle Formulierung lautete. Schließlich hatte er ein Motiv – er hatte sie gehaßt. Seit dem dritten Buch hatte er sie gehaßt. Vor vier Jahren hatte er zum ersten April privat eine schmale Broschüre binden lassen, die er an ein Dutzend enger Freunde verschickt hatte. Sie trug den Titel *Miserys Hobby*. Darin verbrachte Misery ein ausgelassenes Wochenende auf dem Lande, wo sie Growler, Ians geliebten, irischen Setter, bumste.

Er hätte sie ermorden können... aber er hatte es nicht getan. Letztendlich war Miserys Tod, wenngleich er sie zunehmend verabscheute, eine Überraschung für ihn gewesen. Er war sich selbst bis zuletzt treu geblieben und hatte die Kunst das Leben nachahmen lassen, wie blaß auch immer, bis Miserys abgedroschene Abenteuer endeten. Sie war eines sehr unerwarteten Todes gestorben. Auch seine fröhlichen Kapriolen konnten daran nichts ändern.

»Sie lügen«, flüsterte Annie. »Ich dachte, Sie wären *gütig*, aber das sind Sie *nicht*. Sie sind nichts weiter als ein verlogener alter Schmutzfink.«

»Sie ist entschlafen, das ist alles. Das passiert manchmal. Wie im wirklichen Leben, wenn jemand plötzlich...«

Sie warf den Nachttisch neben dem Bett um. Die flache Schublade fiel heraus. Seine Armbanduhr und das Kleingeld, das er in der Tasche gehabt hatte, fiel mit heraus. Er drängte sich noch weiter von ihr weg.

»Sie müssen denken, ich sei von *vorgestern*«, sagte sie. Sie rollte die Lippen von den Zähnen zurück. »Ich habe während meiner Arbeit Dutzende Menschen sterben sehen – *Hunderte*, wenn ich genau darüber nachdenke. Manchmal gehen sie schreiend, und manchmal gehen sie im Schlaf – sie entschlafen einfach, genau wie Sie gesagt haben.

Aber Personen in Büchern entschlafen NICHT einfach so! Gott holt uns zu sich, wenn er findet, daß unsere Zeit gekommen ist, und für die Personen in seiner Geschichte ist der Schriftsteller Gott, er hat sie gemacht, so wie Gott UNS gemacht hat, und niemand kann sich direkt an Gott wenden und verlangen, daß er eine Erklärung gibt, gut, okay, aber was Misery anbelangt, so will ich Ihnen eines sagen, Sie Schmutzfink, ich will Ih-

nen sagen, daß Gott zufällig zwei gebrochene Beine hat und sich in MEI-NEM Haus aufhält und MEIN Essen ißt . . . und . . .«

Da schaltete sie wieder ab. Sie richtete sich auf, die Arme hingen schlaff an ihren Seiten herab, und sie sah zur Wand, wo eine alte Fotografie des Triumphbogens hing. Sie stand da, und Paul lag in dem Bett, runde Abdrücke im Kissen neben seinen Ohren, und sah zu ihr auf. Er konnte das Wasser aus dem Krug auf den Boden tropfen hören, und er dachte darüber nach, daß er einen Mord begehen konnte. Das war eine Frage, die er sich von Zeit zu Zeit gestellt hatte, selbstverständlich rein akademisch, aber jetzt war sie das nicht mehr, und er wußte die Antwort. Wenn sie den Krug nicht geworfen hätte, dann hätte er ihn selbst auf dem Boden zerschmettert und versucht, ihr mit einer Scherbe die Kehle aufzuschlitzen, während sie so reglos wie ein Schirmständer über ihn gebeugt gewesen war.

Er sah nach unten, was sich aus der Schublade ergossen hatte, aber da war nur das Kleingeld, ein Kugelschreiber, ein Kamm und seine Uhr. Keine Brieftasche. Noch entscheidender: kein Schweizer Armeemesser.

Sie kam stufenweise und allmählich wieder zurück, und nun war immerhin ihr Zorn verraucht. Sie sah traurig auf ihn herab.

»Es ist wohl besser, wenn ich jetzt gehe. Ich glaube, ich sollte Ihnen eine Zeitlang aus dem Weg gehen. Bei Ihnen zu bleiben wäre nicht gerade . . . klug.«

»Gehen? Wohin?«

»Spielt keine Rolle. Einen Ort, den ich kenne. Wenn ich hier bleibe, werde ich etwas Unkluges tun. Ich muß nachdenken. Auf bald, Paul.«

Sie durchquerte das Zimmer.

»Kommen Sie zurück, um mir meine Medizin zu geben?« fragte er aufgeschreckt.

Sie ergriff den Türknopf und zog die Tür zu, ohne ihm eine Antwort zu geben. Zum ersten Mal hörte er, wie ein Schlüssel umgedreht wurde.

Er hörte ihre Schritte den Flur entlang verschwinden; er zuckte zusammen, als er sie wütend herumbrüllen hörte – Worte, die er nicht verstehen konnte – und wieder etwas zerschellte. Eine Tür wurde zugeschlagen. Ein Motor keuchte und sprang an. Das leise, knirschende Quietschen von Reifen, die auf festgestampftem Schnee anfahren. Dann wurde der Motorenlärm leiser. Er wurde zu einem Brummen, dann zu einem Summen, dann war er gar nicht mehr zu hören.

Er war allein.

Allein in Annie Wilkes' Haus, in diesem Zimmer eingesperrt. An dieses Bett gefesselt. Die Entfernung zwischen hier und Denver war wie... nun, wie die Entfernung zwischen dem Zoo von Boston und Afrika.

Er lag auf dem Bett und sah zur Decke, seine Kehle war trocken und sein Herzschlag raste.

Nach einer Weile schlug die Uhr im Wohnzimmer Mittag, und die Flut begann zurückzugehen.

14

Einundfünfzig Stunden.

Er wußte es genau dank des Kugelschreibers, des Flair Fine-Liners, den er zum Zeitpunkt des Unfalls in der Tasche gehabt hatte. Es war ihm gelungen, sich zum Boden zu beugen und ihn aufzuheben. Jedesmal, wenn die Uhr schlug, machte er ein Zeichen auf seinem Arm – vier vertikale Linien, dann eine Diagonale, die das Quintett vervollständigte. Als sie zurückkam, hatte er zehn Fünferblöcke und einen Extrastrich. Die kleinen Gruppen waren anfangs ordentlich, wurden aber zunehmend verwackelter, als seine Hände zu zittern angefangen hatten. Er glaubte nicht, daß ihm eine einzige Stunde entgangen war. Er hatte gedöst, aber niemals richtig geschlafen. Das Läuten der Uhr weckte ihn jedesmal, wenn eine Stunde verstrichen war.

Nach einer Weile begann er Hunger und Durst zu verspüren – trotz der Schmerzen. Es wurde zu einer Art Pferderennen. Anfangs lag König des Schmerzes Längen voraus, Ich Habe Hunger lag zwölf Pferdelängen zurück. Verdammt Durstig war im Staub fast nicht zu sehen. Dann, bei Sonnenuntergang am Tag nachdem sie fortgegangen war, ließ Ich Habe Hunger den bislang führenden König des Schmerzes sogar ein wenig hinter sich zurück.

Den größten Teil der Nacht hatte er abwechselnd gedöst oder war in kalten Schweiß gebadet und von der Gewißheit erfüllt erwacht, daß er sterben würde. Nach einer Weile begann er zu *hoffen*, daß er sterben würde. Alles wäre ihm recht gewesen, um aus seiner Lage zu entfliehen. Er hatte bisher keine Ahnung gehabt, wie schlimm Schmerzen werden konnten. Die Pfähle wuchsen und wuchsen. Er konnte die Muskeln sehen, welche sie verkrusteten, konnte bleiche, ertrunkene Dinge erkennen, die in den Fugen des Holzes lagen. Sie gehörten zu den Glücklichen. Für sie hatte das Leid ein Ende. Gegen drei Uhr hatte er einen sinnlosen Schreikrampf.

Am Nachmittag des zweiten Tages – vierundzwanzigste Stunde – wurde ihm schließlich klar, daß ihn noch etwas anderes quälte, so schlimm die Schmerzen in seinen Beinen und dem Becken auch waren. Das war der Entzug. Dieses Pferd konnte er Junkies Rache nennen, wenn er wollte. Er brauchte die Kapseln in mehr als einer Hinsicht.

Er dachte daran, zu versuchen vom Bett aufzustehen, aber der Gedanke an den Sturz und die damit verbundene Eskalation des Schmerzes hielt ihn letztendlich davon ab. Er konnte sich nur zu gut vorstellen,

(»*So lebhaft!*«)

wie es sein würde. Er hätte es vielleicht dennoch versucht, aber sie hatte die Tür abgeschlossen. Was anderes konnte er tun, als wie eine Schlange dorthin zu kriechen und dann davor liegenbleiben?

In seiner Verzweiflung schlug er zum ersten Mal mit den Händen die Decke zurück und hoffte, daß es nicht so schlimm sein würde wie die Formen unter der Decke ahnen ließen. Es war nicht *so* schlimm; es war schlimmer. Voller Entsetzen starrte er das an, was unterhalb der Knie aus ihm geworden war. In Gedanken hörte er die Stimme von Ronald Reagan in *King's Row*, die kreischte: ›Wo ist der Rest von mir?‹

Der Rest von ihm war da, und es bestand vielleicht die Hoffnung, es zu überstehen; die Aussichten darauf schienen nun ferner denn je, aber er vermutete, daß es technisch möglich war... doch es war durchaus möglich, daß er nie wieder gehen konnte – sicherlich nicht bevor seine Beine nochmals gebrochen worden waren, möglicherweise an mehreren Stellen gleichzeitig, mit Stahl aneinandergeklammert, gnadenlos geschient und fünfzig anderen schmerzenden Unwürdigkeiten unterzogen.

Sie hatte sie geschient – selbstverständlich hatte er das gewußt, hatte er doch die starren, unnachgiebigen Schienen gespürt, aber bis jetzt hatte er nicht gewußt, womit sie es gemacht hatte. Seine Schienbeine waren mit kurzen Stahlrohren geschient worden, die wie abgesägte Teile von Aluminiumkrücken aussahen. Diese Rohre hatte sie dicht mit Klebeband umwickelt, so daß er knieabwärts ein wenig wie Im-Ho-Tep aussah, als dieser in seiner Gruft gefunden wurde. Die Beine ähnelten bis zu den Knien auf seltsame Weise Meandern: hier ein Knick nach außen, dort nach innen verdreht. Sein linkes Knie – ein pulsierendes Schmerzzentrum – schien überhaupt nicht mehr zu existieren. Da war ein Schienbein, ein Schenkel, und dazwischen ein übelkeitserregendes Etwas, das an eine Salzkuppel erinnerte. Die Schenkel waren böse geschwollen und schienen ein klein wenig nach außen gekrümmt zu sein. Schenkel, Schritt, sogar sein Penis waren immer noch mit verblassenden Blutergüssen bedeckt.

Er hatte gedacht, seine Schienbeine wären gebrochen. Das war nicht so, wie sich herausstellte. Sie waren *pulverisiert*.

Stöhnend und weinend zog er die Decke wieder darüber. Es war unmöglich, sich aus dem Bett zu wälzen. Es war besser, hier zu sterben, besser, diese Ebene des Schmerzes zu akzeptieren, so unerträglich sie auch war, bis aller Schmerz ein Ende hatte.

Gegen vier Uhr des zweiten Tages holte Verdammt Durstig schließlich auf. Er hatte schon eine ganze Weile bemerkt, wie trocken sein Mund und die Kehle waren, aber nun schien das Gefühl deutlicher zu werden. Seine Zunge fühlte sich zu dick und zu groß an. Geschwollen und schmerzend. Er fing an, an den Krug zu denken, den sie ausgeschüttet hatte.

Er döste, erwachte, döste.

Der Tag ging zu Ende. Es wurde Nacht.

Er mußte urinieren. Er legte die Bettdecke über den Penis, um einen behelfsmäßigen Filter zu bilden, und urinierte durch diesen hindurch in die hohlen und zitternden Hände. Er versuchte, es als Recycling zu sehen und trank das wenige, das er hatte halten können, aus der hohlen Hand, dann leckte er sich die feuchten Handflächen ab. Auch das war etwas, wovon er keinem etwas erzählen würde, sollte es ihm jemals gelingen, aus dieser mißlichen Lage zu entkommen.

Er fing an zu glauben, daß sie tot war. Sie war zutiefst labil, und labile Menschen nahmen sich manchmal das Leben. Er sah sie mit Old Bessie an den Straßenrand fahren, eine Kaliber 44 unter dem Sitz hervorholen, sie in den Mund schieben und sich damit erschießen. »*Wenn Misery tot ist, möchte ich auch nicht mehr leben. Adieu, grausame Welt!*« *schrie Annie durch den Schleier ihrer Tränen und zog den Abzug.*

Er kicherte, dann stöhnte er, dann schrie er. Der Wind schrie mit ihm... aber ansonsten nahm er keine Notiz von ihm.

Oder ein Unfall? War das möglich? Oh, ja, Sir! Er sah sie, wie sie grimmig und viel zu schnell fuhr, und dann...

(»*Von MEINER Seite der Familie hat er das nicht!*«)

schaltete sie plötzlich ab und kam sofort von der Straße ab. Abwärts, abwärts, abwärts. Ein Aufprall, dann explodierte sie zu einem Feuerball und starb, ohne es überhaupt zu merken.

Wenn sie tot war, dann würde er auch hier sterben, wie eine Ratte in der Falle.

Er hoffte darauf, daß die Bewußtlosigkeit kommen und ihn erlösen würde; aber die Bewußtlosigkeit dachte gar nicht daran; statt dessen kam Stunde Dreißig, dann Stunde Vierzig; jetzt verschmolzen König des Schmerzes und Verdammt Durstig zu einem einzigen Pferd (Ich Habe Hunger war schon lange zurückgefallen und weit abgeschlagen im Staub), und er fühlte sich wie ein Stück lebendes Gewebe auf einem Träger oder ein Wurm am Haken – jedenfalls wie etwas, das sich endlos wand und krümmte und nur darauf wartete zu sterben.

15

Als sie hereinkam, da dachte er zuerst, sie müßte ein Traum sein, aber dann gewann die Realität – oder lediglich das nackte Überleben – die Oberhand, und er fing an zu stöhnen und zu betteln und zu flehen, alles gebrochen, alles aus einem tiefen Brunnen der Unwirklichkeit heraus. Das einzige, was er deutlich sah, war, daß sie ein dunkelblaues Kleid trug und einen Hut mit Zweigen aufhatte – ganz genau die Kleidung, in der er sie sich im Zeugenstand in Denver vorgestellt hatte.

Sie hatte eine gesunde Gesichtsfarbe, ihre Augen funkelten vor Lebhaftigkeit und Vitalität. Sie war so hübsch wie Annie Wilkes es wohl überhaupt sein konnte, und wenn er später versuchte, sich an diese Szene zu erinnern, dann sah er in aller Deutlichkeit nur die leuchtenden Wangen und den Hut mit den Zweigen vor sich. Aus einem letzten Bollwerk geistiger Gesundheit und klarer Urteilsfähigkeit heraus hatte der rationale Paul Sheldon gedacht: *Sie sieht aus wie eine Witwe, die nach zehn Jahren Enthaltsamkeit gerade zum ersten Mal wieder gefickt worden ist.*

In der Hand hielt sie ein Glas Wasser – ein großes Glas Wasser.

»Trinken Sie das«, sagte sie und schob ihm eine vom Aufenthalt draußen noch kühle Hand unter den Nacken, damit er sich aufrichten und ohne sich zu verschlucken trinken konnte. Er trank drei gierige Schlucke, die Poren auf der trockenen Wüste seiner Zunge weiteten sich und tobten unter dem Schock des Wassers, ein wenig davon rann ihm am Kinn hinab und auf das T-Shirt, das er anhatte, und dann zog sie es ihm weg.

Er flehte danach und streckte die zitternden Hände aus.

»Nein«, sagte sie. »Nein, Paul. Kleine Schlucke, sonst werden Sie sich übergeben.«

Nach einer Weile gab sie es ihm zurück und gestattete ihm zwei weitere Schlucke.

»Das Mittel«, sagte er hustend. Er saugte an seinen Lippen, strich mit der Zunge über sie, dann saugte er an der Zunge. Er konnte sich undeutlich daran erinnern, wie er seine eigene Pisse getrunken hatte, wie warm und salzig sie gewesen war. »Die Kapseln ... Schmerzen ... bitte, Annie, bitte, um Gottes willen, helfen Sie mir, *die Schmerzen sind so schlimm* ...«

»Ich weiß, aber Sie müssen mir zuhören«, sagte sie und betrachtete ihn mit dem strengen aber mütterlichen Ausdruck. »Ich mußte fortgehen und nachdenken. Ich habe lange nachgedacht, und ich hoffe, ich habe gut nachgedacht. Ich war nicht ganz sicher; meine Gedanken sind häufig durcheinander, das weiß ich. Ich akzeptiere es. Daher konnte ich mich nicht erinnern, wo ich in der Zeit gewesen war, nach der sie mich dauernd fragten. Daher betete ich. Es *gibt* einen Gott, wissen Sie, und er antwortet auf Gebete. Immer. Daher betete ich. Ich sagte: ›Lieber Gott, Paul Sheldon könnte tot sein, wenn ich zurückkomme.‹ Aber Gott sagte: ›Er wird nicht tot sein. Ich verschone ihn, damit du ihm den Weg weisen kannst.‹«

Sie sprach ›weisen‹ fast wie ›weinen‹ aus, aber er konnte sie kaum noch hören; seine Augen verschlangen das Glas Wasser. Sie gab ihm noch drei Schlucke. Er schlabberte wie ein Pferd, rülpste, dann schrie er auf, als Krämpfe ihn schüttelten.

Während all dessen sah sie ihn gütig an.

»Ich werde Ihnen Ihre Medizin geben und Ihren Schmerzen ein Ende bereiten«, sagte sie, »aber zuerst müssen Sie etwas tun. Ich bin gleich wieder da.«

Sie stand auf und ging zur Tür.

»*Nein!*« schrie er.

Sie achtete gar nicht darauf. Er lag im Kokon seines Schmerzes im Bett und versuchte, nicht zu stöhnen, aber er stöhnte dennoch.

16

Zuerst dachte er, er wäre ins Delirium verfallen. Was er sah, war zu bizarr, um wirklich sein zu können. Als Annie zurückkam, schob sie einen Holzkohlegrill vor sich her.

»Annie, ich habe schreckliche Schmerzen.« Tränen rannen an seinen Wangen herab.

»Ich weiß, mein Liebster.« Sie küßte seine Wange, die Berührung ihrer Lippen war so sanft wie der Fall einer Feder. »Bald.«

Sie ging wieder hinaus, und er sah den Holzkohlegrill verständnislos an, etwas, das für eine sommerliche Veranda bestimmt war und jetzt in seinem Zimmer stand und unablässige Bilder von Götzen und Opfergaben heraufbeschwörte.

Und natürlich hatte sie auch an ein Opfer gedacht – als sie zurückkam, hatte sie das Manuskript von *Schnelle Autos* bei sich, das einzige existierende Resultat von zwei Jahren harter Arbeit. In der anderen Hand hielt sie eine Packung Diamond Blue Tip Streichhölzer.

17

»Nein«, sagte er weinend und zitternd. Ein Gedanke arbeitete in ihm, brannte wie Säure in ihm: Für weniger als hundert Piepen hätte er das Manuskript in Boulder fotokopieren können. Jeder – Bryce, seine beiden Ex-Frauen, verdammt, sogar seine Mutter – hatte ihm immer wieder gesagt, daß es verrückt war, nicht mindestens eine Kopie seiner Arbeit zu machen und sicher zu deponieren; schließlich konnte das Boulderado abbrennen, oder seine New Yorker Wohnung; es konnte einen Tornado oder eine Überschwemmung oder eine andere Naturkatastrophe geben. Er hatte sich ohne vernünftigen Grund stets beharrlich geweigert: Ihm war immer gewesen, als wäre es ein Unheil, Kopien zu machen.

Nun, hier waren Unheil und Naturkatastrophe in einem vereinigt; hier war der Hurrikan Annie. In ihrer Unschuld war ihr offenbar nie der Gedanke gekommen, daß es irgendwo eine andere Kopie von *Schnelle Autos* geben könnte, und wenn er nur auf sie *gehört* hätte, wenn er die lumpigen hundert Dollar investiert hätte...

»Doch«, antwortete sie und hielt ihm die Streichhölzer hin. Das Manuskript, sauberes weißes Hammermill Bond, die Titelseite obenauf, lag in ihrem Schoß. Ihr Gesicht war immer noch ruhig und gelassen.

»Nein«, sagte er und wandte sein brennendes Gesicht von ihr ab.

»Doch. Es ist schmutzig. Davon abgesehen ist es auch nicht gut.«

»Sie würden das Gute nicht erkennen, wenn es auf Sie zukommen und Ihnen die Nase abbeißen würde!« schrie er sie an, ohne an die Konsequenzen zu denken.

Sie lachte sanft. Ihr Temperament war offensichtlich in Urlaub gegangen. Aber, dachte Paul, der Annie Wilkes kannte, es konnte jeden Augenblick völlig unerwartet zurückkehren, die Koffer in den Händen: *Konnte es nicht ertragen, weg zu sein! Wie geht es euch?*

»Zunächst einmal«, sagte sie, »würde das Gute mir *nicht* die Nase abbeißen. Das *Böse* ja, aber nicht das Gute. Zweitens, ich erkenne das Gute, wenn ich es sehe – Sie sind gut, Paul. Sie brauchen nur ein wenig Hilfe. Und jetzt nehmen Sie die Streichhölzer.«

Er schüttelte den Kopf steif hin und her. »Nein.«

»Doch.«

»Nein!«

»Doch.«

»Nein, gottverdammt!«

»Gebrauchen Sie ruhig schlimme Wörter. Ich habe sie alle schon einmal gehört.«

»Ich werde es nicht tun.« Er schloß die Augen.

Als er sie wieder öffnete, hielt sie ihm ein Stück Karton entgegen, auf dem mit hellblauen Buchstaben das Wort NOVRIL zu lesen war. Unter der Artikelbezeichnung stand in roten Buchstaben das Wort MUSTER. Dann: VERSCHREIBUNGSPFLICHTIG. Unter dieser Warnung befanden sich vier eingeschweißte Kapseln. Er griff danach. Sie zog den Karton aus seiner Reichweite.

»Wenn Sie es verbrannt haben«, sagte sie, »gebe ich Ihnen die Kapseln – alle vier, glaube ich –, und die Schmerzen werden vergehen. Sie werden sich wieder besser fühlen, und wenn Sie sich wieder gefaßt haben, werde ich das Bettzeug wechseln – wie ich gesehen habe, haben Sie sich naß gemacht, und das muß unangenehm für Sie sein. *Sie* werde ich auch umziehen. Danach werden Sie hungrig sein, und ich kann Ihnen etwas Suppe geben. Viel-

leicht ein wenig unbestrichenen Toast. Aber bevor Sie es nicht verbrannt haben, Paul, kann ich gar nichts tun. Tut mir leid.«

Seine Zunge wollte sagen: *Ja! Ja, einverstanden!* und daher biß er
darauf. Er rollte sich wieder von ihr weg – weg von dem lockenden
Pappkarton, der ihn in den Wahnsinn trieb, den weißen Kapseln
in ihren durchsichtigen Folien. »Sie sind der Teufel«, sagte er.

Wieder erwartete er Wut und erntete statt dessen ein mitleidi-
ges Lächeln mit einem Unterton wissender Traurigkeit.

»Oh, ja! *Ja!* Das denkt ein Kind, wenn Mami in die Küche
kommt und es mit dem Reinigungsmittel aus der Spüle spielen
sieht. Selbstverständlich sagt es das nicht *auf diese Weise*, weil es
nicht über unseren Bildungsstand verfügt. Es sagt einfach: ›Mami,
du bist böse!‹«

Ihre Hand strich ihm das Haar aus der heißen Stirn. Die Finger
glitten an seiner Wange hinab und über den Nacken, dann drückten sie kurz seine Schulter, voller Mitgefühl, bevor sie weggezogen wurde.

»Die Mutter fühlt sich schlecht, wenn das Kind zu ihr sagt, daß
sie böse ist, oder wenn es über das weint, was ihm weggenommen
wurde, so wie Sie jetzt weinen. Aber sie weiß, daß sie recht hat,
und so tut sie ihre Pflicht. Wie ich meine tue.«

Ein dreifaches dumpfes Pochen, als Annie mit den Knöcheln
auf das Manuskript klopfte – 190000 Worte und fünf Leben, für
die der gesunde, schmerzfreie Paul Sheldon viel empfunden
hatte, 190000 Worte und fünf Leben, die er mit jedem verrinnen-
den Augenblick entbehrlicher fand.

Die Tabletten. Die Tabletten. Er mußte die verfluchten Tabletten haben.

»Paul?«

»*Nein!*« schluchzte er.

Das leise Klappern der Kapseln in ihrer Folie – Stille –, dann das
hölzerne Rasseln der Streichhölzer in der Schachtel.

»Paul?«

»*Nein!*«

»Ich warte, Paul.«

*O warum in Christi Namen ziehst du diese beschissene Horatio-an-der-
Brücke-Schau ab und wen, um Himmels willen, willst du damit beein-*

drucken? Glaubst du, dies ist ein Film oder ein Fernsehspiel und irgend ein Publikum bewundert deine Tapferkeit? Du kannst tun, was sie verlangt, oder du kannst durchhalten. Wenn du durchhältst, dann wirst du sterben, und sie wird das Manuskript so oder so verbrennen. Was also hast du vor? Hier zu liegen und für ein Buch zu leiden, von dem halb so viele Exemplare verkauft werden würden wie von dem wenigst erfolgreichen Misery-Buch, das du jemals geschrieben hast, und auf das Peter Prescott in seiner feinsten, vornehmsten, verächtlichmachendsten Weise scheißen würde, wenn er es für das große literarische Orakel Newsweek bespricht? Komm schon, komm schon, sei schlau! Selbst Galileo hat widerrufen, als er sah, daß es ihnen ernst war!

»Paul? Ich warte. Ich kann nicht den ganzen Tag warten. Wenngleich ich befürchte, daß Sie über kurz oder lang ins Koma fallen werden; Sie befinden sich augenblicklich, glaube ich, in einem beinahe komatösen Stadium, und ich habe eine Menge...«

Ihre Stimme dröhnte weiter.

Ja! Gib mir die Streichhölzer! Gib mir einen Flammenwerfer! Gib mir eine Baby Huey und eine Ladung Napalm! Ich werde einen taktischen Atomsprengkopf darauf abwerfen, wenn du das möchtest, du abgefickte feine Dame!

So sprach der Opportunist, der überleben wollte. Aber ein anderer Teil von ihm, sterbend, fast selbst schon komatös, heulte weiter in der Dunkelheit: *Hundertneunzigtausend Worte! Fünf Leben! Zwei Jahre Arbeit!* Und der eigentliche Hauptgrund: Die Wahrheit: *Was du von der VERDAMMTEN WAHRHEIT gewußt hast!*

Die Bettfedern knirschten, als sie aufstand.

»Nun! Ich muß schon sagen, Sie sind ein wirklich verstockter kleiner Junge, und ich kann nicht die ganze Nacht an Ihrem Bett sitzen, auch wenn ich es gerne tun würde! Immerhin bin ich fast eine Stunde lang gefahren und habe mich beeilt, hierher zu gelangen. Ich werde in einer Weile noch mal hereinschauen und sehen, ob Sie Ihre M...«

»Dann verbrennen *Sie* es doch!« rief er ihr nach.

Sie drehte sich um und sah ihn an. »Nein«, sagte sie, »ich kann es nicht tun, so gerne ich Ihnen auch den Schmerz ersparen würde, den Sie empfinden müssen.«

»Warum nicht?«

»Weil«, sagte sie steif, »Sie es aus eigenem freien Willen tun müssen.«

Da begann er zu lachen, und ihr Gesicht lief zum ersten Mal, seit sie zurückgekommen war, dunkelrot an, und sie verließ das Zimmer mit dem Manuskript und den Streichhölzern.

18

Als sie eine Stunde später zurückkam, nahm er die Streichhölzer.

Sie legte die Titelseite auf den Grill. Er versuchte, eines der Blue Tips anzuzünden, konnte es aber nicht, weil er entweder die Reibfläche verfehlte oder sie ihm aus der Hand fielen.

Daher nahm Annie die Schachtel und zündete ein Streichholz an und drückte ihm das angezündete Streichholz in die Hand, und er berührte eine Ecke des Papiers und ließ dann das Streichholz in den Grill fallen und sah fasziniert zu, wie die Flamme erst züngelte und dann verschlang. Diesesmal hatte sie eine Fleischgabel bei sich, und als das Blatt anfing, sich zu rollen, stieß sie es mit der Gabel durch das Gitter des Grills.

»Das wird ewig dauern«, sagte er. »Ich kann nicht...«

»Nein, wir werden es beschleunigen«, sagte sie. »Aber Sie müssen ein paar der Seiten selbst verbrennen, Paul – als Symbol dafür, daß Sie verstehen.«

Jetzt legte sie die erste Seite von *Schnelle Autos* auf den Grill, Worte, die er, wie er sich erinnerte, vor etwa vierundzwanzig Monaten in seiner New Yorker Wohnung geschrieben hatte: »›Ich habe keine Reifen‹, sagte Tony Bonasaro und trat zu dem Mädchen, das die Stufen herunterkam, ›und ich lerne nur langsam, aber ich fahre schnell.‹«

Oh, das brachte diesen Tag wieder zurück wie der richtige Golden Oldie im Radio. Er erinnerte sich, wie er in der Wohnung von Zimmer zu Zimmer gegangen war, voll großer Einfälle für sein Buch, mehr als groß, *erhaben*, und dann das schmerzvolle Ausarbeiten. Er erinnerte sich, daß er an eben diesem Tag einen BH von

Joan unter dem Sofakissen gefunden hatte, was deutlich zeigte, wie die Reinigungsfirma ihrer Arbeit nachging; er erinnerte sich, den Verkehr von New York gehört zu haben, und leise das monotone Läuten einer Kirchenglocke, welche die Gläubigen zur Messe rief.

Er erinnerte sich daran, wie er sich gesetzt hatte.

Wie immer empfand er die gesegnete Erleichterung des Beginns, ein Gefühl, als fiele er in ein mit hellem Licht gefülltes Loch.

Wie immer das düstere Wissen, daß er nicht so gut schreiben würde wie er schreiben wollte.

Wie immer das Entsetzen, es nicht fertigstellen zu können, gegen eine leere Wand zu beschleunigen.

Wie immer das wunderbare, freudige, nervige Gefühl einer *begonnenen Reise*.

Er sah Annie Wilkes an und sagte deutlich, aber nicht laut: »Annie, bitte zwingen Sie mich nicht dazu.«

Sie hielt das Streichholz unbeweglich vor ihm und sagte: »Sie können tun, was Sie wollen.«

Also verbrannte er das Buch.

19

Sie ließ ihn die erste Seite, die letzte Seite und neun Seitenpaare aus verschiedenen Stellen des Manuskripts verbrennen – weil neun, sagte sie, die Zahl der Macht war, und neun verdoppelt bedeutete Glück. Er sah, daß sie die Schimpfwörter mit schwarzem Filzstift übermalt hatte, jedenfalls so weit, wie sie gelesen hatte.

»Gut«, sagte sie, als das neunte Paar verbrannt war. »Sie waren ein guter Junge und ein echter Sportsmann, und ich weiß, daß Sie das fast ebenso schmerzt wie Ihre Beine, daher möchte ich es nicht mehr länger hinausziehen.«

Sie schob den Grill beiseite und warf den Rest des Manuskripts hinein, wobei sie die verkohlten schwarzen Überreste der Seiten, die er bereits verbrannt hatte, niederdrückte. Im Zimmer stank es nach Streichhölzern und verbranntem Papier. *Riecht wie die Um-kleidekabine des Teufels*, dachte er halb im Delirium, und wenn es in der runzligen Walnuß, zu der sein Magen geschrumpft war, etwas gegeben hätte, dann hätte er es ganz gewiß ausgekotzt.

Sie zündete ein weiteres Streichholz an und gab es ihm in die Hand. Irgendwie gelang es ihm, sich hinüber zu beugen und das Streichholz in den Grill zu werfen. Es spielte keine Rolle mehr. Es spielte keine Rolle.

Sie stieß ihn an.

Er öffnete erschöpft die Augen.

»Ist ausgegangen.« Sie zündete ein weiteres Streichholz an und gab es ihm in die Hand.

Und irgendwie gelang es ihm, sich noch einmal hinüber zu beugen, rostige Motorsägen wüteten in seinen Beinen, als er es tat, und das Streichholz an eine Ecke des Manuskriptstapels zu halten. Diesesmal breitete sich die Flamme aus und erlosch nicht gleich am Streichholz wieder.

Er lehnte sich zurück, schloß die Augen, lauschte dem Prasseln, spürte die volle, kochende Hitze.

»Meine Güte!« rief sie erschrocken.

Er öffnete die Augen und sah, daß verkohlte Papierstücke von den Luftströmungen über dem heißen Grill in die Höhe gewirbelt wurden.

Annie hastete aus dem Zimmer. Er konnte hören, wie Wasser aus dem Hahn in den Putzeimer lief. Er sah benommen zu, wie ein großes Stück Glut sich auf einem der Vorhänge niederließ. Er sah einen kurzen Funken – er hatte Zeit zu überlegen, ob das Zimmer vielleicht Feuer fangen würde –, der einmal aufleuchtete und dann ausging, wobei er ein winziges Loch in dem Gazestoff hinterließ, wie von einer Zigarette. Asche regnete auf sein Bett. Ein wenig landete auf seinen Armen. Es war ihm so oder so einerlei.

Annie kam zurück, ihre Augen versuchten überall gleichzeitig hinzusehen, sie versuchten, die Spur jeder verbrannten Seite zu verfolgen, die emporstob und herumwirbelte. Flammen loderten über den Rand des Grills.

»Meine Güte«, sagte sie nochmals, hielt den Wassereimer hoch und sah sich um, während sie abzuschätzen versuchte, wo sie hinschütten sollte und ob sie überhaupt schütten mußte. Ihre Lippen zitterten und waren feucht vom Speichel. Während Paul sie betrachtete, schnellte ihre Zunge heraus und befeuchtete sie erneut. »Meine Güte! Meine Güte!« Mehr schien sie nicht sagen zu können.

Trotz seiner Schmerzen, die ihn fest im Griff hatten, verspürte Paul einen Augenblick intensivster Freude – so also sah Annie Wilkes aus, wenn sie Angst hatte. Es war ein Anblick, an den sie sich gewöhnen konnte.

Eine weitere Seite wurde emporgewirbelt, an dieser züngelten noch blaue Flämmchen, und das überzeugte sie. Mit einem weiteren »Meine Güte!« schüttete sie den Inhalt des Eimers in den Grill. Es zischte gewaltig, und eine Dampfwolke stieg empor. Der Geruch war naß und gräßlich, verkohlt und dennoch irgendwie sahnig.

Als sie hinausging, schaffte er es ein letztes Mal, sich auf die Ellbogen aufzurichten. Er sah in den Grill und erblickte etwas, das wie ein verkohlter Holzstamm aussah, der in einem Brackwasser trieb.

Nach einer Weile kam Annie Wilkes zurück.

Es war unglaublich, aber sie summte.

Sie richtete ihn auf und schob ihm die Kapseln in den Mund.

Er schluckte sie, legte sich zurück und dachte: *Ich werde sie umbringen.*

20

»Essen Sie«, sagte sie aus weiter Ferne, und er empfand einen stechenden Schmerz. Er öffnete die Augen und sah sie neben sich sitzen – zum ersten Mal befand er sich tatsächlich auf einer Ebene mit ihr und sah ihr ins Gesicht. Er erkannte auch voll betäubter, ferner Überraschung, daß er zum ersten Mal seit ungezählten Äonen wirklich saß... wirklich aufgerichtet saß.

Wer gibt 'nen Scheißdreck drauf? dachte er und ließ die Lider wieder zufallen. Die Flut war gekommen. Die Pfähle waren bedeckt. Die Flut war schließlich doch noch gekommen, und wenn sie wieder zurück ging, dann ging sie vielleicht für immer zurück, daher ritt er die Wellen, so lange es Wellen zu reiten gab, er konnte später über das Sitzen nachdenken...

»*Essen Sie!*« sagte sie, diesesmal folgte ein erneuter Schmerz. Er summte gegen die linke Seite seines Kopfes und ließ ihn winseln und versuchen, zurückzuweichen.

»Essen Sie, Paul! Sie müssen hinreichend aufwachen, um etwas zu essen, oder...«

Zzzzzing! Sein Ohrläppchen. Sie kniff es.

»'Kay«, murmelte er. »'*Kay!* Reißen Sie es nicht ab, um Himmels willen.«

Er zwang sich, die Augen zu öffnen. Jedes Lid fühlte sich an, als würde ein Betonblock daran hängen. Auf der Stelle war der Löffel in seinem Mund und schüttete heiße Suppe seinen Hals hinab. Er schluckte, um nicht zu ertrinken.

Plötzlich und wie aus dem Nichts – *das erstaunlichste Comeback, das der Sprecher jemals gesehen hat, meine Damen und Herren!* – galoppierte Ich Habe Hunger ins Blickfeld. Es war, als hätte der erste Löffel Suppe seine Eingeweide in hypnotische Trance versetzt. Den Rest verschlang er, so schnell er ihn in den Mund löffeln konnte, und während er schlang und schlürfte, schien er immer mehr Hunger zu haben, anstatt weniger.

Er erinnerte sich sehr vage daran, wie sie den bedrohlichen, rauchenden Grill hinausgerollt und dafür etwas hereingerollt hatte, das er in seinem drogenumnebelten, schwindenden Bewußtsein als einen Einkaufswagen angesehen hatte. Dieser Eindruck hatte ihn weder überrascht noch verwundert; immerhin war er bei *Annie Wilkes*. Grills, Einkaufswagen; morgen vielleicht eine Parkuhr oder ein Atomsprengkopf. Wenn man im Tollhaus lebte, nahm der Irrwitz einfach nie ein Ende.

Er war eingenickt, aber jetzt wurde ihm klar, daß der Einkaufswagen ein zusammengeklappter Rollstuhl gewesen war. In ihm saß er jetzt, seine steifen gebrochenen Beine ragten waagerecht vor ihm auf, seine Beckengegend fühlte sich unangenehm geschwollen und nicht sehr glücklich über die neue Haltung an.

Sie hat mich hineingesetzt, während ich weggetreten war, dachte er. *Mich hochgehoben. Totes Gewicht. Herrgott, muß sie kräftig sein.*

»Fertig!« sagte sie. »Es freut mich zu sehen, wie brav Sie Ihre Suppe gegessen haben, Paul. Ich glaube, Sie werden genesen. Wir wollen nicht sagen ›so gut wie neu‹ – freilich nicht –, aber wenn wir keine mehr von diesen… diesen *Widerwärtigkeiten* haben… werden Sie sicher bestens genesen. Jetzt werde ich Ihr häßliches altes Bettzeug wechseln, und wenn das geschehen ist, wechsle ich *Ihre* häßlichen alten Sachen, und wenn Sie dann keine allzu großen Schmerzen und immer noch Hunger haben, dann werde ich Ihnen etwas Toast geben.«

»Danke, Annie«, sagte er unterwürfig und dachte: *Deine Kehle, Annie. Wenn ich kann, dann werde ich dir eine Chance geben, die Lippen zu lecken und ›Meine Güte!‹ zu sagen. Aber nur einmal, Annie.*

Nur einmal.

21

Vier Stunden später war er wieder in seinem Bett, und er hätte *alle* seine Bücher für nur eine einzige Kapsel Novril verbrannt. Während er saß, hatte ihm das Sitzen nichts ausgemacht – da war genügend Stoff in seinem Blutkreislauf gewesen, um die halbe preußische Armee einzuschläfern –, aber jetzt fühlte es sich an, als wäre im unteren Teil seines Körpers ein ganzer Bienenschwarm losgelassen worden.

Er schrie sehr laut – das Essen mußte *irgendwie* angeschlagen haben, denn er konnte sich nicht daran erinnern, daß er, seit er aus der dunklen Wolke herausgekommen war, so laut hatte schreien können.

Er spürte, daß sie lange Zeit vor der Schlafzimmertür stand, bevor sie tatsächlich hereinkam, regungslos, abgeschaltet, mit herausgezogenem Stecker, ohne mehr zu sehen als den Türknauf oder vielleicht das Muster der Linien ihrer Handflächen.

»Hier.« Sie gab ihm seine Medizin – diesesmal zwei Kapseln.

Er schluckte sie und hielt ihr Handgelenk, damit sie ihm das Glas halten konnte.

»Ich habe Ihnen in der Stadt zwei Geschenke gekauft«, sagte sie, als sie sich aufrichtete.

»Tatsächlich?« krächzte er.

Sie deutete auf den Rollstuhl, der in einer Ecke brütete, die Beinschienen aus Stahlrohr starr ausgefahren.

»Das andere werde ich Ihnen morgen zeigen. Und nun schlafen Sie, Paul.«

22

Aber er konnte lange Zeit nicht schlafen. Er schwebte auf der Droge und dachte über die Situation nach, in der er sich befand. Jetzt schien sie sich ein wenig entspannt zu haben. Er konnte leichter darüber nachdenken als über das Buch, das er geschaffen und dann vernichtet hatte.

Dinge... isolierte Dinge gleich Stoffstücken, welche man zusammennähen konnte, um eine Steppdecke zu machen.

Sie waren Meilen von Nachbarn entfernt, die sie, wie Annie behauptete, nicht leiden konnten. Wie hießen sie? Boynton. Nein, *Roydman.* Das war es. Roydman. Und wie weit von der Stadt entfernt? Sicher nicht zu weit. Er befand sich in einem Kreis, dessen kleinster Durchmesser fünfzehn Meilen und dessen größter Durchmesser fünfundvierzig Meilen betragen konnte. Annie Wilkes' Haus befand sich in diesem Kreis, ebenso das der Roydmans, die Stadt Sidewinder, wie erbarmenswert klein sie auch sein mochte...

Und mein Auto. Mein Camaro ist auch irgendwo in diesem Kreis. Hat die Polizei ihn gefunden?

Er glaubte nicht. Er war weithin bekannt; wenn ein auf seinen Namen zugelassenes Auto gefunden worden wäre, dann hätten einige grundlegende Nachforschungen ergeben, daß er in Boulder gewesen und dann verschwunden war. Die Entdeckung seines schrottreifen und verlassenen Autos hätte eine Suche ausgelöst, Schlagzeilen in den Zeitungen...

Sie hört sich niemals die Nachrichten im Radio an oder sieht sie im Fernsehen – es sei denn, sie macht es mit einem Ohrstöpsel oder Kopfhörern.

Es war alles ein wenig wie mit dem Hund in der Sherlock-Holmes-Geschichte, der nicht bellte. Sein Auto war nicht gefunden worden, weil die Polizei nicht hier gewesen war. *Wäre es gefunden worden,* dann hätten sie sicher jeden in diesem hypothetischen Kreis untersucht, oder nicht? Und wie viele Menschen konnten sich in diesem Kreis aufhalten, so nahe am Westhang? Die Roydmans, Annie Wilkes, vielleicht zehn oder zwölf andere?

Und die Tatsache, daß man es bisher nicht gefunden hatte, bedeutete nicht, daß man es überhaupt nicht finden würde.

Seine lebhafte Fantasie (die er von niemandem aus der *mütterlichen* Seite der Familie geerbt hatte) übernahm jetzt das Ruder. Der Polizist war groß und auf eine kalte Weise hübsch, die Koteletten vielleicht ein wenig länger als die Dienstvorschriften zuließen. Er hatte eine dunkle Brille auf, in der sich die Person, die er verhörte, sehen konnte. Seine Stimme hatte den leichten Akzent des Mittelwestens.

Unten am Humbuggy Mountain haben wir ein umgestürztes Auto gefunden, das einem berühmten Schriftsteller namens Paul Sheldon gehört. Es wurde etwas Blut auf dem Sitz und dem Armaturenbrett gefunden, aber keine Spur von ihm selbst. Muß herausgekrochen sein, vielleicht ist er sogar unter Schock davongelaufen...

Das war ein Witz, wenn man den Zustand seiner Beine betrachtete, aber selbstverständlich konnten sie nicht wissen, welche Verletzungen er davongetragen hatte. Sie würden lediglich vermuten, daß er noch kräftig genug gewesen war, sich wenigstens eine gewisse Strecke fortzuschleppen, da er nicht aufzufinden war. Die Richtung ihrer Ermittlungen würde eine so unwahrscheinliche Möglichkeit wie Entführung nicht berücksichtigen, anfangs jedenfalls nicht, und später wahrscheinlich auch nicht.

Erinnern Sie sich, ob Sie am Tag des Sturms jemanden auf der Straße gesehen haben? Ein großer Mann, zweiundvierzig Jahre alt, sandfarbenes Haar? Trug wahrscheinlich Blue Jeans und ein kariertes Flanellhemd und eine Parka? Könnte einen verstörten Eindruck gemacht haben? Verdammt, wußte vielleicht nicht einmal, wer er war?

Annie würde dem Polizisten in der Küche einen Kaffee servieren; Annie würde sorgsam darauf achten, daß alle Türen zwischen seinem Schlafzimmer und der Küche geschlossen waren, falls er stöhnte.

Aber nein, Officer – ich habe keine Menschenseele gesehen. Ich fuhr, so schnell ich konnte, von der Stadt nach Hause, als Tony Roberts mir gesagt hatte, daß dieser böse alte Sturm doch nicht nach Süden abdrehen würde.

Der Polizist stellte die Kaffeetasse ab und stand auf: *Nun, wenn Sie jemanden sehen sollten, auf den die Beschreibung paßt, Ma'am, dann werden Sie uns hoffentlich verständigen, und zwar so schnell Sie können. Er ist eine große Berühmtheit. War im* People-*Magazin. Und in ein paar anderen.*

Das werde ich ganz bestimmt, Officer!

Und damit würde er sich verabschieden.

Vielleicht war so etwas Ähnliches *bereits geschehen* und er wußte es nur nicht. Vielleicht hatte das wirkliche Gegenstück seines Polizisten, oder seine wirklichen Gegenstücke, Annie Wilkes besucht, während er bewußtlos war. Weiß Gott, er hatte eine Menge Zeit bewußtlos oder unter Drogen verbracht. Eingehenderes Nachdenken überzeugte ihn aber davon, daß das unwahrscheinlich war. Er war *nicht* Joe Blow aus Kokomo, kein unterwegs verlorengegangener Durchreisender. Er war in *People* gewesen (erster Bestseller), und in *Us* (erste Scheidung); an einem Sonntag war in Walter Scotts *Personality Parade* eine Frage über ihn gestellt worden. Es hätte sicher vergewissernde Rückfragen gegeben, möglicherweise telefonisch, möglicherweise von den Polizisten persönlich. Wenn eine Berühmtheit – selbst eine Quasi-Berühmtheit, so wie ein Schriftsteller – verschwand, liefen die Räder heiß.

Du stellst nur Mutmaßungen an, Mann.

Vielleicht Mutmaßungen, vielleicht Schlußfolgerungen. Wie auch immer, es war besser, als nur hier zu liegen und gar nichts zu tun.

Was war mit der Leitplanke?

Er versuchte sich zu erinnern, aber es gelang ihm nicht. Er konnte sich nur erinnern, daß er nach seinen Zigaretten gegriffen hatte, dann die erstaunliche Art und Weise, wie Boden und Himmel die Plätze vertauscht hatten, dann Dunkelheit. Aber wieder führten ihn seine Schlußfolgerungen (oder gebildete Rückschlüsse, wenn man patzig sein wollte) zu der angenehmen Überzeugung, daß mehr an der Sache sein mußte. Zerschmetterte Planken und umgefahrene Katzenaugen wären den Straßenarbeitern sicher aufgefallen.

Also was genau *war* geschehen?

Er hatte an einer Stelle die Kontrolle über das Fahrzeug verloren, wo es keine nennenswerte Böschung gab – gerade soviel, daß ein Auto sich überschlagen konnte. Wäre die Böschung steiler gewesen, hätten Leitplanken dort sein müssen. Wäre die Böschung steiler gewesen, wäre es für Annie Wilkes schwerer, wenn nicht gar unmöglich gewesen, ihn zu holen, geschweige denn zur Straße zurückzuschleppen.

Also wo war sein Auto? Selbstverständlich unter Schnee begraben.

Paul legte den Arm über die Augen und sah einen Schneepflug die Straße entlangfahren, wo er vor zwei Stunden seinen Unfall gehabt hatte. Der Pflug ist am Ende dieses Tages ein schwacher orangefarbener Fleck im dichten Schneetreiben. Der Mann, der ihn fährt, ist bis auf die Augen eingemummt, auf dem Kopf hat er eine altmodische Bahnarbeitermütze aus blauweißem gefütterten Stoff. Rechts von ihm, am Fuß eines flachen Hügels, welcher sich nicht weit von hier zu einer typischen Hochlandschlucht vertiefen wird, liegt Paul Sheldons Camaro, der blaßblaue HART FÜR PRESIDENT-Aufkleber ist ungefähr das hellste dort unten. Der Bursche, der den Schneepflug fährt, sieht das Auto nicht; der Aufkleber an der Stoßstange ist schon zu verblichen um aufzufallen. Die Pflüge beeinträchtigen seinen Sehbereich zur Seite, außerdem ist es schon fast dunkel, und er ist geschafft. Er möchte nur diese letzte Fahrt hinter sich bringen, damit er den Schneepflug abgeben und sich etwas Heißes hinter die Binde kippen kann.

Er fährt vorüber, und der Schneepflug schleudert Schneemassen an den Straßenrand. Der Camaro, der ohnedies schon bis zu den Fenstern eingesunken ist, ist jetzt bis fast zum Dach zugedeckt. Später, im tiefsten Zwielicht des Sturms, wenn selbst die

Dinge direkt vor einem unwirklich aussehen, kommt der Mann der zweiten Schicht vorbei, der in die Gegenrichtung fährt und ihn vollends zudeckt.

Paul öffnete die Augen und sah zur Gipsdecke hinauf. Dort oben befanden sich eine ganze Reihe haarfeiner Risse, die ein Trio ineinander verschlungener H zu bilden schienen. Im Verlauf der endlosen Tage, die er hier liegen mußte, sind sie ihm schon sehr vertraut geworden, und jetzt fährt er sie mit den Augen wieder nach und denkt dabei müßig an H-Worte wie *Haß* und *Hirnstörung* und *Hexe* und *Hilflosigkeit*.

Ja.

So könnte es gewesen sein. Könnte so gewesen sein.

Hatte sie daran gedacht, was passieren würde, wenn sein Auto gefunden wurde?

Vielleicht. Sie war verrückt, aber das machte sie noch lange nicht dumm.

Dennoch war ihr der Gedanke nicht gekommen, daß er einen Durchschlag von *Schnelle Autos* haben könnte.

Ja. Und sie hatte recht. Die Nutte hatte recht. Ich hatte keinen.

Bilder der verkohlten Seiten drängten an die Oberfläche, die Laute, der Geruch der Vernichtung – er knirschte mit den Zähnen, um die Bilder zu vertreiben und seinen Verstand vor ihnen zu verschließen; *lebhaft* war nicht immer *gut*.

Nein, du hattest keinen, aber neun von zehn Schriftstellern hätten einen gehabt – wenigstens dann, wenn sie soviel Geld bekommen würden wie du, selbst für deine Nicht-Misery-Bücher. Sie hat nicht einmal daran gedacht.

Sie ist kein Schriftsteller.

Und sie ist auch nicht dumm, darin sind wir uns beide einig. Ich glaube, sie ist sehr von sich überzeugt – sie hat nicht nur ein großes Ego, sondern eines, das eindeutig grandios ist. Das Manuskript zu verbrennen, schien für sie das einzig Richtige zu sein, und die Vorstellung, daß ihr Wissen, was richtig ist, von so etwas Nebensächlichem wie einem Fotokopierer oder ein paar Rollen Vierteldollarmünzen kurzgeschlossen werden könnte . . . dieses Piepsen ist ganz einfach nie über ihren Radarschirm gewandert, mein Freund.

Ja. Seine anderen Schlußfolgerungen glichen vielleicht Häusern, die auf Treibsand erbaut waren, aber diese Ansicht von Annie Wilkes schien für ihn so fest wie der Fels von Gibraltar zu sein. Aufgrund seiner Recherchen für *Misery* verfügte er über mehr als nur ein durchschnittliches Wissen über Neurosen und Psychosen, und er wußte, daß ein am Rande psychotischer Mensch einander abwechselnde Perioden tiefster Depressionen und fast aggressiver Fröhlichkeit und Ausgelassenheit haben konnte, das aufgeblähte und beeinträchtigte Ego beherrschte alles, eindeutig davon überzeugt, daß aller Augen auf ihm oder ihr ruhten, eindeutig davon überzeugt, daß er oder sie die Hauptrolle in einem gewaltigen Drama spielte, auf dessen Ausgang Millionen mit angehaltenem Atem warteten.

Ein solches Ego unterdrückte ganz einfach bestimmte Denkweisen. Diese Denkweisen waren vorhersehbar, weil sie alle in dieselbe Richtung verliefen: von der labilen Persönlichkeit zu Objekten, Situationen oder anderen Personen außerhalb des Einflußbereichs des Subjekts (oder der Fantasie: für den neurotischen Menschen mochte es einige Unterschiede geben, aber für den psychotischen waren sie ein und dasselbe).

Annie Wilkes hatte gewollt, daß *Schnelle Autos* vernichtet wurde, daher hatte es für sie nur dieses eine Exemplar gegeben.

Vielleicht hätte ich das verdammte Ding retten können, wenn ich ihr gesagt hätte, daß noch mehr Kopien davon existieren. Sie hätte eingesehen, daß es sinnlos ist, das Manuskript zu vernichten. Sie...

Sein Atem, der allmählich schläfrig, langsamer geworden war, blieb ihm plötzlich im Halse stecken, und er riß die Augen auf.

Ja, sie hätte eingesehen, daß es sinnlos war. Sie hätte sich eingestehen müssen, daß es hier etwas gab, das sich ihrem Einfluß entzog. Ihr Ego hätte verletzt und keifend reagiert...

Mein Temperament!

Wenn sie unzweifelhaft vor der Tatsache gestanden hätte, daß sie sein ›schmutziges Buch‹ nicht vernichten konnte, hätte sie sich dann nicht dafür entscheiden können, statt dessen seinen schmutzigen Verfasser zu vernichten? Schließlich existierte keine Kopie von Paul Sheldon.

Sein Herzschlag raste. Im Nebenzimmer begann die Uhr zu schlagen, und oben hörte er ihre polternden Schritte über der

Decke. Das leise Rauschen ihres Urinierens. Die Toilettenspülung. Das schwere Stapfen ihrer Schritte, als sie wieder zu Bett ging. Das Ächzen von Bettfedern.

Sie werden mich nie mehr so aufregen, nicht wahr?

Sein Verstand versuchte plötzlich, in einen Galopp auszubrechen, wie ein überzüchteter Traber, der Tempo machen will. Was, wenn überhaupt, bedeutete all diese Groschenroman-Psychoanalyse bezüglich seines Autos? Wenn es gefunden wurde? Was bedeutete das für *ihn*?

»Einen Moment mal«, flüsterte er in der Dunkelheit. »Einen Moment mal, bleib dran. Langsam.«

Er legte die Hand auf die Augen und beschwor wieder den Polizisten mit der dunklen Sonnenbrille und den zu langen Koteletten herauf. *Unten am Humbuggy Mountain haben wir ein umgestürztes Auto gefunden*, sagte der Polizist, und blah-blah-blah.

Aber *dieses Mal* bittet Annie ihn nicht auf einen Kaffee herein. Diesesmal fühlt sie sich erst wieder sicher, als er das Haus verlassen hat und schon ein gutes Stück die Straße hinabgefahren ist. Sogar in der Küche, sogar durch zwei geschlossene Türen zwischen ihnen und dem Gästezimmer, und mit einem Gast, der bis unters Kinn mit Drogen vollgepumpt ist, könnte der Polizist ein Stöhnen hören.

Wenn sein Auto gefunden wurde, dann würde Annie Wilkes wissen, daß sie in Schwierigkeiten war; und unwillkürlich begann er sehr leise zu wimmern, aber im aufkeimenden Entsetzen seiner Erkenntnis bemerkte er es fast nicht.

Sie würde keine Schwierigkeiten bekommen, weil sie ihn mit in ihr Haus genommen hatte, besonders dann nicht, wenn es näher war als Sidewinder (was Paul vermutete); dafür würden sie ihr wahrscheinlich einen Orden und eine lebenslange Mitgliedschaft im Misery Chastain Fan Club geben (zu Pauls endlosem Verdruß gab es diesen tatsächlich). Das Problem *war*, sie hatte ihn in ihr Haus gebracht und im Gästezimmer einquartiert und niemand etwas davon erzählt. Nicht einmal ein Anruf im hiesigen Krankenhaus: ›Hier spricht Annie von der Humbuggy Mountain Road, und ich habe einen Burschen hier, der ein bißchen aussieht, als hätte King Kong ihn zum Trampolinspringen benutzt.‹ Das

Problem *war*, sie hatte ihn mit Stoff vollgepumpt, zu dem sie ganz sicher keinen Zugriff haben durfte – jedenfalls nicht, wenn er nur halb so süchtig geworden war wie er vermutete. Das Problem *war*, sie hatte den Drogen eine seltsame Behandlung folgen lassen und seine Beine mit abgesägten Aluminiumröhren von Krücken geschient. Das Problem *war*, Annie Wilkes war oben in Denver im Zeugenstand gewesen... *und ganz bestimmt nicht als Zeugin*, dachte Paul. *Ich würde das Haus und eine ganze Menge darauf wetten*.

Sie sieht also dem Polizisten nach, der mit seinem spiegelblanken Schlitten die Straße hinabfährt (das heißt, spiegelblank bis auf die verkrusteten Brocken Salz und Schnee, die in den Radkästen und unterhalb der Stoßstangen kleben), und sie fühlt sich wieder sicher... aber nicht *allzu* sicher, denn mittlerweile ist sie wie ein aufgeschrecktes Tier. Sehr, *sehr* aufgeschreckt.

Die Polizei wird suchen, suchen, suchen, weil er eben nicht nur der gute alte Joe Blow aus Kokomo ist; er ist Paul Sheldon, der literarische Zeus, dessen Stirn Misery Chastain entsprang, Liebling der Wühltische und Herzblatt der Supermärkte. Wenn sie ihn nicht finden, stellen sie vielleicht die Suche ein oder suchen anderswo, aber vielleicht hat einer der Roydmans sie in jener Nacht vorbeifahren sehen und etwas Seltsames auf der Rückbank von Old Bessie bemerkt, etwas in eine Steppdecke Gewickeltes, etwas vage Menschenähnliches. Und selbst, wenn sie nichts gesehen hatten, sie würde es den Roydmans durchaus zutrauen, sich eine Geschichte auszudenken, die sie in Schwierigkeiten bringen würde; sie konnten sie nicht ausstehen.

Die Polizei konnte möglicherweise zurückkommen, und nächstesmal war ihr Hausgast vielleicht nicht mehr so ruhig.

Er erinnerte sich daran, wie ihre Augen unruhig hin und her geflitzt waren, als das Feuer im Grill um ein Haar außer Kontrolle geraten wäre. Er konnte sehen, wie sie sich mit der Zunge die Lippen leckte. Er konnte sehen, wie sie hin und her ging und dabei die Fäuste ballte und öffnete, wie sie alle paar Augenblicke in das Gästezimmer schaute, wo er weggetreten in seiner Wolke lag. Hin und wieder stieß sie ein ›Meine Güte!‹ hervor, in das leere Zimmer hinein.

Sie hatte einen seltenen Vogel mit wunderschönen Federn gestohlen – einen seltenen Vogel, der aus Afrika kam.

Und was würden sie tun, wenn sie es herausfanden?

Nun, selbstverständlich würden sie sie wieder in den Zeugenstand rufen. Sie wieder nach Denver in den Zeugenstand rufen. Und diesesmal kam sie vielleicht nicht mehr als freier Mensch heraus.

Er nahm den Arm von den Augen. Er betrachtete die ineinander verschlungenen H, die trunken über die Decke torkelten. Er mußte den Ellbogen nicht über die Augen legen, um den Rest zu sehen. Sie würde vielleicht noch einen Tag oder eine Woche zu ihm halten. Es erforderte vielleicht noch einen Anruf oder einen Besuch der Polizei, bis sie beschloß, ihre *rara avis* loszuwerden. Aber letztendlich würde sie es tun, so wie wilde Hunde anfangen, ihre zu unrecht getötete Beute zu vergraben, wenn man sie lange genug gejagt hat.

Sie würde ihm statt zwei Tabletten fünf geben oder ihn vielleicht mit einem Kissen ersticken; vielleicht würde sie ihn einfach erschießen. Sicher verwahrte sie irgendwo ein Gewehr – fast jeder, der im Hochland lebte, hatte eines –, und das würde dem Problem ein Ende bereiten.

Nein – nicht das Gewehr.

Zu gefährlich.

Konnte Spuren hinterlassen.

Bisher war nichts davon eingetreten, weil niemand das Auto gefunden hatte. Man suchte vielleicht in New York oder L. A. nach ihm, aber ganz bestimmt nicht in Sidewinder, Colorado.

Aber im Frühling.

Die H torkelten über die Decke. *Hilflos. Hoffnungslos. Hinüber.*

Das Pochen in seinen Beinen wurde beharrlicher; wenn die Uhr das nächste Mal schlug, würde sie kommen, aber er hatte fast Angst davor, daß sie ihm seine Gedanken im Gesicht ablesen konnte, wie die knappe Synopse einer Kurzgeschichte, die zu grausam ist, niedergeschrieben zu werden. Sein Blick wanderte nach links. Dort hing ein Kalender an der Wand. Das Bild zeigte einen Jungen, der mit dem Schlitten einen Berg hinunterfuhr. Laut diesem Kalender war es Februar, aber wenn seine Berechnungen richtig waren, mußte es bereits Anfang März sein. Annie Wilkes hatte einfach vergessen, die Seite abzureißen.

Wie lange würde es noch dauern, bis der schmelzende Schnee den Camaro freilegte, dessen New Yorker Nummernschild und die Zulassung im Handschuhfach, die auf den Namen Paul Sheldon lautete? Wie lange noch, bis dieser Polizist sie anrief oder sie es in der Zeitung las? Wie lange noch bis zum Tauwetter?

Sechs Wochen? Fünf?

So lange könnte ich noch zu leben haben, dachte Paul und begann zu zittern. Inzwischen waren seine Beine hellwach, erst als sie hereingekommen war und ihm eine weitere Dosis Medizin gegeben hatte, konnte er einschlafen.

23

Am nächsten Abend brachte sie ihm die Royal. Es war eine Büromaschine aus einer Zeit, als solche Gegenstände wie elektrische Schreibmaschinen, Farbfernsehgeräte und Selbstwähltelefone noch Science-fiction waren. Sie war so schwarz und proper wie ein Paar Halbschuhe. In die Seiten waren Glasplatten eingelassen, die einen Blick auf die Federn, Schalter, Typen und Zahnräder der Maschine freigaben. An einer Seite ragte der mangels Benutzung stumpf gewordene Griff, mittels dessen man den Wagen zurückschieben konnte, wie der Daumen eines Anhalters nach vorne. Die Walze war staubig, die gummierte Oberfläche rauh und zerschrammt. Die Buchstaben ROYAL verliefen halbkreisförmig an der Front der Maschine. Sie stellte sie grunzend ans Fußende des Bettes, zwischen seine Beine, nachdem sie ihm einen Augenblick zur Inspizierung hingehalten hatte.

Er starrte sie an.

Grinste sie?

Gütiger Himmel, es sah beinahe so aus.

Wie auch immer, er spürte förmlich, wie sich Ärger anbahnte. Das Band war ein verblichenes Zweifarbenband, rot und schwarz.

Er hatte vergessen, daß es solche Farbbänder überhaupt *gab*. Der Anblick von diesem hier rief keine angenehmen nostalgischen Gefühle in ihm wach.

»Nun?« Sie lächelte erwartungsvoll. »Was meinen Sie?«

»Hübsch!« sagte er sofort. »Eine echte Antiquität.«

Ihr Lächeln wurde umwölkt. »Ich habe sie nicht als Antiquität gekauft. Ich habe sie aus zweiter Hand gekauft. *In gutem Zustand.*«

Er reagierte mit sofortiger Nervosität. »He! Es *gibt* gar keine antiken Schreibmaschinen – wenn man es sich genauer überlegt. Eine gute Schreibmaschine kann ewig halten. Diese alten Büro-Babies sind *Panzer*!«

Hätte er sie erreichen können, hätte er sie getätschelt. Hätte er sie erreichen können, hätte er sie *geküßt*.

Ihr Lächeln kehrte zurück. Sein Herz schlug ein wenig langsamer.

»Ich bekam sie bei Used News. Ist das nicht ein alberner Name für ein Geschäft? Aber Nancy Dartmonger, das ist die Inhaberin, ist ja auch eine alberne Person.« Annie wurde ein wenig dunkler, aber er erkannte sofort, daß sie nicht seinetwegen dunkler wurde – der Überlebensinstinkt, fand er heraus, mochte durchaus nur ein Instinkt sein, aber er erzeugte einige Phänomene, die telepathischer Wahrnehmung schon verdächtig nahe kamen. Er stellte fest, daß er sich an ihre Launen und Stimmungsumschwünge, an ihre Zyklen, gewöhnte; er lauschte ihrem Ticken, als wäre sie eine aufgezogene Uhr.

»Nicht nur albern, sondern *schlecht*. Dartmonger! Eigentlich müßte sie Hurenmonger heißen! Zweimal geschieden, und jetzt lebt sie mit einem *Barkeeper* zusammen! Daher habe ich, als Sie sagten, sie wäre eine Antiquität...«

»Sieht gut aus«, sagte er.

Sie machte eine lange Pause, und dann sagte sie, gleichsam wie ein Geständnis: »Das N fehlt.«

»Tatsächlich?«

»Ja – sehen Sie?«

Sie neigte die Schreibmaschine so, daß er den Halbkreis der Typen sehen und die fehlende Type erkennen konnte, die aussah wie eine Zahnlücke in einem ansonsten altersschwachen aber intakten Mund.

»Ich sehe.«

Sie stellte sie wieder hin. Das Bett schwankte ein wenig. Paul schätzte, daß die Schreibmaschine gute fünfzig Pfund wiegen konnte. Sie stammte aus einer Zeit, als es keine Legierungen gab, keine Kunststoffe... und keine sechsstelligen Vorschüsse für Bücher, keine Bücher zum Film, kein *USA Today*, kein *Entertainment Tonight*, keine Berühmtheiten, die Werbespots für Kreditkarten und Wodka machten.

Die Royal grinste ihn an und verhieß Unheil.

»Sie wollte fünfundvierzig Dollar, hat sie mir dann aber für vierzig überlassen. Wegen dem fehlenden N.« Sie lächelte ihn derb an. Keine Närrin, sollte dieses Lächeln sagen.

Er lächelte auch. Die Flut war da. Das machte das Lächeln und das Lügen einfacher. »Für vierzig überlassen? Sie meinen, Sie haben gar nicht gefeilscht?«

Annie plusterte sich ein wenig auf. »Ich habe ihr gesagt, N wäre ein wichtiger Buchstabe«, räumte sie ein.

»Gut für Sie! *Verdammt!*« Das war eine neue Entdeckung. Speichelleckerei war einfach, wenn man sich erst einmal daran gewöhnt hatte.

Ihr Lächeln wurde verschlagen, sie forderte ihn auf, an ihrem köstlichen Geheimnis teilzuhaben.

»Ich sagte ihr, N wäre ein Buchstabe im Namen meines Lieblingsschriftstellers.«

»*Zwei* Buchstaben im Namen meiner Lieblings*krankenschwester*.«

Ihr Lächeln wurde zu einem Strahlen. Es war unglaublich, aber ihre soliden Wangen erröteten sogar. *So muß es aussehen*, dachte er, *wenn man im Mund eines Götzenbildes aus einem H. Rider Haggard-Roman einen Ofen einbauen würde. So würde es dann in der Nacht aussehen.*

»Sie *Schmeichler!*« sagte sie einfältig.

»Bin ich nicht!« sagte er. »Überhaupt nicht.«

»Nun!« Sie sah einen Augenblick weg, nicht leer, sondern einfach zufrieden und ein wenig geschmeichelt, und sie ließ sich einen Augenblick Zeit, um ihre Gedanken zu sammeln. Paul hätte sich sogar ein wenig an der Situation erfreuen können, wäre da nicht die Schreibmaschine gewesen, die so solide wie die Frau wirkte und ebenfalls einen Schaden hatte; sie saß mit ihrem Zahnlückengrinsen da und verhieß Unheil.

»Der Rollstuhl war viel teurer«, sagte sie. »Die Preise für Klinikzubehör sind förmlich *explodiert*, seit ich...« Sie verstummte, runzelte die Stirn, räusperte sich. Dann sah sie ihn wieder lächelnd an. »Aber es wird *Zeit*, daß Sie aufrecht sitzen, und ich trauere dem Geld kein bißchen nach. Selbstverständlich können Sie nicht im Liegen tippen, oder?«

»Nein...«

»Ich habe ein Brett... auf die richtige Größe gesägt... und Papier... warten Sie!«

Sie stürmte wie ein junges Mädchen aus dem Zimmer und ließ Paul und die Schreibmaschine einander anstarrend zurück. Sein Grinsen verschwand in dem Augenblick, als sie ihm den Rücken zudrehte. Das der Royal freilich blieb gleich. Später ging er davon aus, daß er ganz genau gewußt hatte, worauf das hinauslaufen würde, so wie er gewußt hatte, wie sich die Schreibmaschine anhören würde, wie sie durch die Lücke klappern würde wie Ducky Daddles, diese alte Trickfilmfigur.

Sie kam mit einer Packung Gorrasable Bond und einem etwa neunzig Zentimeter breiten und einen Meter zwanzig langen Brett zurück.

»Sehen Sie!« Sie legte das Brett auf die Armlehnen des Rollstuhls, der wie das Skelett eines feierlichen Besuchers neben dem Bett stand. Er konnte schon den Geist seiner selbst hinter diesem Brett sehen, eingezwängt wie ein Gefangener.

Sie stellte die Schreibmaschine so auf das Brett, daß sie dem Geist zugewendet war, und legte die Packung Corrasable Bond – das Schreibmaschinenpapier, welches er am meisten auf der Welt haßte, weil die Buchstaben immer so verschmierten, wenn man die Seiten zusammenschob – daneben. Nun hatte sie eine Art Arbeitszimmer für einen Krüppel geschaffen.

»Was meinen Sie?«

»Sieht gut aus«, sagte er und sprach die größte Lüge seines Lebens ohne Schwierigkeiten aus, dann stellte er die Frage, deren Antwort er bereits kannte. »Und was, glauben Sie, werde ich dort schreiben?«

»Oh, aber Paul!« sagte sie, drehte sich zu ihm um und ließ die Augen aufgeregt in ihrem geröteten Gesicht tanzen. »Ich *glaube* nicht, ich *weiß* es! Sie werden mit dieser Schreibmaschine einen neuen Roman schreiben! Ihren besten Roman! *Miserys Rückkehr!*«

24

Miserys Rückkehr. Er empfand überhaupt nichts. Er vermutete, daß ein Mann, der sich gerade mit einer Motorsäge die Hand abgesägt hatte, dieselbe Art von Nichts verspüren konnte, während er mit benommener Überraschung den abgetrennten Stumpf betrachtete.

»Ja!« Ihr Gesicht strahlte wie ein Scheinwerfer. Sie hatte die kräftigen Hände vor der Brust ineinander verhakt. »Ein Buch nur für mich, Paul! Meine Bezahlung dafür, daß ich Sie wieder gesund gemacht habe! Die einzige Kopie des neuesten *Misery*-Buchs! Ich werde etwas haben, das niemand sonst auf der Welt haben wird, so sehr sie es sich auch wünschen mögen! Stellen Sie sich das einmal vor!«

»Annie, Misery ist tot.« Aber auf unglaubliche Weise dachte er: *Ich könnte sie zurückbringen.* Der Gedanke erfüllte ihn mit müdem Widerwillen, aber nicht mit Überraschung. Ein Mann, der es fertigbrachte, aus einem Putzeimer zu trinken, sollte es eigentlich auch fertigbringen, eine Auftragsarbeit zu schreiben.

»Nein, ist sie nicht«, antwortete Annie verträumt. »Selbst als ich wütend auf Sie war, da wußte ich, daß sie nicht wirklich tot ist. Ich wußte, daß Sie sie nicht umbringen könnten. Weil Sie *gut* sind.«

»Bin ich das?« sagte er und betrachtete die Schreibmaschine. Sie grinste ihn an. *Wir werden zusammen herausfinden, wie gut du wirklich bist, Kumpel*, flüsterte sie.

»Ja!«

»Annie, ich weiß nicht, ob ich auf diesem Rollstuhl sitzen kann. Beim letzten Mal...«

»Beim letzten Mal hatten Sie Schmerzen. Das kann ich mir denken. Und beim nächsten Mal werden Sie wieder Schmerzen haben. Vielleicht sogar noch ein wenig größere. Aber der Tag wird kommen – und das wird nicht mehr lange dauern, auch wenn es Ihnen vielleicht länger erscheinen mag als es ist –, da werden die Schmerzen nachlassen. Nachlassen. Nachlassen.«

»Annie, verraten Sie mir eines?«

»Natürlich, mein Guter!«

»Wenn ich diese Story für Sie schreibe...«

»*Roman!* Einen schön dicken, wie die anderen – vielleicht sogar noch dicker!«

Er schloß die Augen einen Moment, dann öffnete er sie wieder. »Okay – wenn ich diesen *Roman* für Sie schreibe, werden Sie mich dann gehen lassen, wenn ich fertig bin?«

Einen Augenblick umwölkte Unbehagen ihr Gesicht, dann sah sie ihn vorsichtig und argwöhnisch an. »Das hört sich an, als würde ich Sie wie einen *Gefangenen* hier halten, Paul.«

Er sagte nichts, sah sie nur an.

»Ich glaube, wenn Sie damit fertig sind, werden Sie... werden Sie der Belastung, wieder unter Menschen zu gehen, gewachsen sein«, sagte sie. »Wollten Sie das hören?«

»Das wollte ich hören, ja.«

»Also wirklich! Ich weiß, Schriftstellern sagt man Egomanie nach, aber bisher wußte ich nicht, daß das auch Undankbarkeit bedeutet!«

Er sah sie weiter unverwandt an, und nach einigen Augenblikken wandte sie sich ungeduldig und ein wenig verschnupft ab.

Schließlich sagte er: »Ich brauche alle *Misery*-Bücher, wenn Sie sie haben, weil ich keine Konkordanz habe.«

»Selbstverständlich habe ich sie!« sagte sie. Dann: »Was ist eine Konkordanz?«

»Das ist ein Ordner mit losen Blättern, in dem ich alles *Misery*-Material aufbewahre«, sagte er. »Personen und Schauplätze, mehr nicht, aber mit drei- bis vierfachen Querverweisen. Zeittafeln. Historischer Hintergrund...«

Er sah, daß sie ihm kaum zuhörte. Dies war das zweite Mal, daß sie keinerlei Interesse an einem Kniff des Berufes zeigte, der eine ganze Klasse von Möchtegern-Schriftstellern in Bann gehalten hätte. Der Grund, dachte er, war schlicht und einfach. Annie Wilkes war das perfekte Publikum, eine Frau, die Geschichten liebte, ohne das geringste Interesse für die Mechanismen aufzubringen, wie sie zustande kamen. Sie war die Verkörperung des viktorianischen Archetyps des Dauerlesers. Sie wollte nichts von seiner Konkordanz und seinen Tabellen hören, weil für sie Misery und die Personen um sie herum vollkommen real waren. Tabellen bedeuteten ihr nichts. Hätte er von der Volkszählung in Little Dunthorpe erzählt, hätte sie das wahrscheinlich mehr interessiert.

»Ich werde dafür sorgen, daß Sie die Bücher bekommen. Sie sind ein wenig eselsohrig, aber das ist schließlich ein Zeichen dafür, daß ein Buch häufig gelesen und geliebt wurde, nicht?«

»Ja«, sagte er. Diesesmal brauchte er nicht zu lügen. »Ja, das ist es.«

»Ich werde versuchen, das Buchbinden zu lernen«, sagte sie verträumt. »Ich werde *Miserys Rückkehr* selbst binden. Abgesehen von der Bibel meiner Mutter, wird es das einzige *richtige* Buch sein, das ich besitze.«

»Das ist gut«, sagte er, nur um etwas zu sagen. Er fühlte sich ein wenig übel im Magen.

»Ich gehe jetzt hinaus, damit Sie Ihre Denkerkappe aufsetzen können«, sagte sie. »Ist das aufregend! Finden Sie nicht?«

»Doch, Annie. Finde ich auch.«

»In einer halben Stunde bringe ich Ihnen etwas Hühnchenbrust, Kartoffelbrei und Erbsen. Sogar ein wenig Pudding, weil Sie so ein artiger Junge gewesen sind. Und ich werde dafür sorgen, daß Sie Ihre Medizin rechtzeitig bekommen. Sie können sogar eine zusätzliche Tablette für die Nacht haben, wenn Sie möchten. Ich möchte sicher sein, daß Sie gut schlafen, denn morgen früh müssen Sie sich an die Arbeit machen. Sie werden schneller genesen, wenn Sie arbeiten, da bin ich ganz sicher!«

Sie ging zur Tür, dort blieb sie einen Augenblick stehen, dann warf sie ihm groteskerweise eine Kußhand zu. Die Tür fiel hinter ihr ins Schloß. Er wollte die Schreibmaschine nicht ansehen, und eine Zeitlang widerstand er dem Wunsch auch, es dennoch zu tun, aber schließlich wendete sich sein Blick hilflos in ihre Richtung. Sie saß grinsend auf dem Brett. Sie anzusehen war ein wenig, als würde er ein Folterinstrument ansehen – Eisenschuh, Streckbank, Rad –, das außer Betrieb war, jedoch nur vorläufig.

Ich glaube, wenn Sie damit fertig sind, werden Sie ... werden Sie der Belastung, wieder unter Menschen zu gehen, gewachsen sein.

Ach Annie, du hast uns beide belogen. Ich wußte es, und du wußtest es auch. Ich habe es deinen Augen angesehen.

Das begrenzte Panorama, welches sich jetzt vor ihm auftat, war außerordentlich unangenehm: Noch sechs Wochen zu leben, in denen er unter seinen gebrochenen Beinen leiden und seine Bekanntschaft mit Misery Chastain, geborene Carmichael, erneuern mußte, anschließend ein hastiges Begräbnis im Hinterhof. Oder vielleicht würde sie seine sterblichen Überreste an Misery das Schwein verfüttern – *das* würde eine gewisse Gerechtigkeit bedeuten, so schwarz und teuflisch sie auch sein mochte.

Dann tu es eben nicht. Mach sie wütend. Sie ist so schon eine wandelnde Flasche Nitroglyzerin. Stoß sie ein wenig herum. Bring sie zum Explodieren. Das ist besser, als leidend hier zu liegen.

Er versuchte, zu den verschlungenen H hinaufzusehen, aber nicht lange danach sah er wieder zu der Schreibmaschine. Sie stand stumm und klobig auf dem Brett, voller Worte, die er nicht schreiben wollte, und sie grinste mit ihrem Zahnlückenmaul.

Ich glaube nicht, daß das dein Ernst ist, alter Junge. Ich glaube, du möchtest am Leben bleiben, auch wenn es wirklich schmerzt. Wenn es bedeutet, Misery noch einmal auferstehen zu lassen, wirst du es tun. Jedenfalls wirst du es versuchen – aber vorher wirst du dich mit mir auseinandersetzen müssen ... und ich glaube, ich mag dein Gesicht nicht.

»Gleichstand«, krächzte Paul.

Diesesmal versuchte er, aus dem Fenster zu sehen, wo gerade wieder Schnee fiel. Es dauerte jedoch nicht lange, da sah er die Schreibmaschine wieder mit einer widerwärtigen Faszination an, und er vermochte nicht einmal zu sagen, wann er den Blick wieder auf sie gerichtet hatte.

25

In den Rollstuhl zu gelangen, tat nicht so sehr weh, wie er vermutet hatte, und das war gut so, denn er wußte aus Erfahrung, daß es hinterher *verdammt* weh tun würde.

Sie stellte ein Tablett mit Essen auf das Brett, dann schob sie den Rollstuhl zum Bett. Sie half ihm, sich aufzurichten – ein dumpfer, stechender Schmerz flackerte in seinem Becken auf, ließ aber wieder nach –, dann beugte sie sich zur Seite, und ihr Hals preßte sich gegen seine Schulter wie der Hals eines Pferdes. Einen Augenblick konnte er das Pochen ihres Pulses fühlen, und er verzog angewidert das Gesicht. Dann hatte sie ihm den rechten Arm fest um die Schultern gelegt und den linken unter die Gesäßbacken geschoben.

»Versuchen Sie, sich unterhalb der Knie nicht zu bewegen, während ich das mache«, sagte sie und hob ihn dann einfach auf den Stuhl. Sie tat es so mühelos, als würde sie ein Buch in die freie Stelle ihres Bücherregals schieben. Ja, sie war kräftig. Auch wenn er in guter Verfassung gewesen wäre, wäre der Ausgang eines Kampfes zwischen ihm und Annie fraglich gewesen. In seinem jetzigen Zustand wäre es, als würde man Wally Cox gegen Boom Boom Mancini antreten lassen.

Sie legte das Brett vor ihn. »Sehen Sie, wie gut es paßt?« sagte sie und ging das Essen holen.

»Annie?«

»Ja?«

»Ich frage mich, ob Sie diese Schreibmaschine herumdrehen könnten, so daß sie zur Wand hin steht.«

Sie runzelte die Stirn. »Warum, um alles in der Welt, sollte ich das tun?«

Weil ich nicht möchte, daß sie mich die ganze Nacht hindurch angrinst.

»Ein alter Aberglaube von mir«, sagte er. »Ich drehe immer die Schreibmaschine zur Wand, bevor ich zu schreiben anfange.« Er machte eine Pause, dann fügte er hinzu: »Sogar jeden Abend *während* ich schreibe.«

»Eine alte Gewohnheit also«, sagte sie. »Ich bemühe mich immer, alte Gewohnheiten zu respektieren.« Sie drehte sie herum, so daß sie nur die leere Wand angrinste. »Besser?«

»Viel besser.«

»Sie sind so ein *Dummerchen*«, sagte sie, kam zu ihm und begann ihn zu füttern.

26

Er träumte von Annie Wilkes am Hofe eines legendären arabischen Kalifen, wo sie Dämonen und Dschinns heraufbeschwor und dann mit einem fliegenden Teppich durch den Palast flog. Als der Teppich an ihm vorbeiraste (das Haar **wehte hinter** ihr her, ihre Augen waren so leuchtend und hart **wie die eines** Schiffskapitäns, der zwischen Eisbergen navigiert), **sah er, daß** er nur aus grünen und weißen Fäden **geknüpft** war; das Muster war **ein** Nummernschild aus Colorado.

Es war einmal, rief Annie **ihm zu.** *Es* **war** *einmal eine Zeit, da es sich zutrug. Dies geschah in den* **Tagen, als** *der Großvater meines Großvaters noch ein kleiner Junge war. Dies ist die Geschichte, wie ein armer Junge. Ich hörte sie von einem Mann, der. Es war einmal. Es war einmal.*

27

Als er erwachte, schüttelte Annie ihn, und grelles Sonnenlicht strahlte zum Fenster herein – es hatte aufgehört zu schneien.

»Aufwachen, Schlafmütze!« trällerte Annie beinahe. »Ich habe Joghurt und ein schönes gekochtes Ei für Sie, und dann wird es Zeit, daß Sie anfangen.«

Er betrachtete ihr erwartungsvolles Gesicht und verspürte ein seltsames neues Gefühl – Hoffnung. Er hatte geträumt, daß Annie

Wilkes Scheherezade war, ihr solider Körper war in wallende Gewänder gekleidet gewesen, die großen Füße steckten in rosa verzierten Pantoffeln mit Schnäbeln, während sie auf ihrem fliegenden Teppich flog und die Beschwörungen sang, welche die Türen seiner besten Geschichten öffneten. Aber natürlich war nicht *Annie* Scheherezade. *Er* war es. Und wenn das, was er schrieb, gut genug war, wenn sie es nicht über sich bringen konnte, ihn umzubringen, bevor sie herausgefunden hatte, wie alles aufgelöst wurde, einerlei wie laut und wie sehr ihre tierischen Instinkte schrien, daß sie es tun sollte, daß sie es tun *mußte*...

Könnte er dann nicht eine Chance haben?

Er sah an ihr vorbei und stellte fest, daß sie die Schreibmaschine herumgedreht hatte, bevor sie ihn weckte; sie grinste ihn mit ihrem fehlenden Zahn freudestrahlend an und sagte ihm, daß es schön war zu hoffen und gut, sich ewig strebend zu bemühen, aber letzten Endes war es allein der Untergang, der etwas galt.

28

Sie schob ihn ans Fenster, so daß zum ersten Mal seit Wochen die Sonne auf ihn schien, und er hatte den Eindruck, als würde seine blasse Haut, die stellenweise ein wenig wundgelegen war, murmelnd ihre Freude und ihre Dankbarkeit bekunden. Eine Spur Frost hatte sich auf den Innenseiten der Fenster niedergeschlagen, und wenn er die Hand ausstreckte, konnte er die Kälte wie eine Kuppel um das Fenster herum spüren. Dieses Gefühl war erfrischend und irgendwie nostalgisch, wie ein Brief von einem alten Freund.

Zum ersten Mal seit Wochen – ihm kam es wie Jahre vor – konnte er eine Geographie sehen, welche sich von der seines Zimmers mit seinen unveränderlichen Parametern unterschied – blaue Tapete, Bild des Triumphbogens, der lange, lange Monat Februar, symbolisiert durch den Jungen, der mit dem Schlitten bergab fuhr (er glaubte, daß sein Verstand sich jedesmal an diesen

Jungen erinnern würde, wenn der Januar dem Februar wich, auch wenn er diesen Monatswechsel noch fünfzigmal erleben durfte). Er sah angestrengt in diese Welt hinaus, wie er damals, als Kind, seinen ersten Film – *Bambi* – angesehen hatte.

Der Horizont war ganz nahe; das war in den Rockies immer so, da weite Panoramen unweigerlich von aufragendem Felsgestein abgeschnitten wurden. Der Himmel hatte eine makellose frühmorgendliche Farbe, unschuldig und wolkenlos. Ein Teppich aus grünem Wald erstreckte sich am nächstgelegenen Hügel empor. Zwischen dem Haus und dem Waldrand lagen schätzungsweise dreihundert Hektar offenes Gelände – die Schneedecke darüber war makellos weiß. Man konnte unmöglich sagen, ob das Land darunter beackert wurde oder eine offene Wiese war. Nur ein einziges Gebäude unterbrach den Blick auf dieses weite Gelände: ein sauberer roter Stall. Wenn sie von ihrem Vieh gesprochen hatte, oder wenn er sie grimmig am Fenster hatte vorbeistapfen sehen, wobei sie ihre Atemwölkchen mit dem undurchdringlichen Bug ihres Gesichts zerteilte, hatte er sich immer ein baufälliges Gebilde vorgestellt, wie eine Illustration aus einem Kinderbuch mit Geistergeschichten – der Dachfirst von der jahrelangen Schneelast gebeugt, die Fensterscheiben leer und staubig, ein paar zerbrochen und mit Karton behelfsmäßig geflickt, hohe Doppeltüren, die vielleicht aus den Angeln und nach außen hingen. Dieses saubere und ordentliche Bauwerk jedoch sah mit der dunkelroten Farbe und den schmucken cremefarbenen Verzierungen wie die Großgarage eines wohlhabenden Landedelmannes aus. Davor stand ein Jeep Cherokee, der etwa fünf Jahre alt sein mochte, aber gut gepflegt war. Auf einer Seite stand ein Fisher-Pflug in einem selbstgezimmerten Holzverschlag. Um den Pflug am Jeep zu befestigen, mußte sie lediglich vorsichtig bis zu dem Holzverschlag zurückstoßen, so daß sich die Haken am Jeep in die Ösen am Pflug einführen ließen, und dann den Sicherungsschalter am Armaturenbrett drücken. Das perfekte Gespann für eine alleinstehende Frau, die keinen Nachbarn hatte, den sie um Hilfe bitten konnte (abgesehen natürlich von diesen Schmutzfinken von Roydmans, und von denen hätte Annie wahrscheinlich keinen Teller Schweinefleisch angenommen, selbst wenn sie am Verhungern gewesen wäre). Der Boden neben dem Weg war sauber gepflügt, ein Beweis für die Tatsache, daß sie den Pflug tatsächlich benützte, aber die Straße konnte er nicht sehen – hier behinderte das Haus selbst sein Gesichtsfeld.

»Wie ich sehe, bewundern Sie meinen Stall, Paul.«

Er drehte sich verblüfft herum. Die hastige und unwillkürliche Bewegung weckte seine Schmerzen aus ihrem Schlummer. Sie knurrten dumpf in dem, was von seinen Schienbeinen übrig war, und in der geschwollenen Salzkuppel seines linken Knies. Sie drehten sich um und peinigten ihn mit Nadelstichen in ihrem Gefängnis aus Knochen, dann schlummerten sie ganz langsam wieder ein.

Sie hatte Nahrung auf dem Tablett. Weiche Nahrung, Invalidennahrung... aber sein Magen knurrte, während er sie betrachtete. Als sie zu ihm ging, stellte er fest, daß sie weiße Schuhe mit Kreppsohlen anhatte.

»Ja«, sagte er. »Er ist sehr schön.«

Sie legte das Brett auf die Armlehnen des Rollstuhls, dann stellte sie das Tablett darauf. Sie zog einen Stuhl an seine Seite und sah ihm zu, wie er zu essen begann.

»Utschibutschi! Ohne Fleiß kein Preis, pflegte meine Mutter immer zu sagen. Ich halte ihn so ordentlich, weil die Nachbarn zu tratschen anfangen würden, wenn ich es nicht täte. Sie suchen ständig nach einem Weg, es mir zu zeigen oder Gerüchte über mich in die Welt zu setzen. Daher halte ich alles ordentlich. Den Schein zu wahren, ist sehr, sehr wichtig. Was den Stall anbelangt, so ist es wirklich nicht viel Arbeit, wenn man immer hinterher ist. Dafür zu sorgen, daß der Schnee nicht durchs Dach bricht, ist das pupsigste Problem.«

Das pupsigste Problem, dachte er. *Das mußt du dir für das Annie-Wilkes-Lexikon in deinen Memoiren merken – wenn du je Gelegenheit haben solltest, deine Memoiren zu schreiben, heißt das. Zusammen mit Schmutzfink und utschibutschi und allen anderen, die im Laufe der Zeit ganz sicher noch dazu kommen werden.*

»Vor zwei Jahren ließ ich Billy Haversham Heizbänder in das Dach einbauen. Man legt nur den Schalter um, dann werden sie heiß und schmelzen das Eis. *Diesen* Winter werde ich sie nicht mehr lange brauchen – sehen Sie, wie das Eis schon von alleine zu schmelzen beginnt?«

Die Gabel mit Ei hatte den halben Weg zum Mund zurückgelegt. Dort verharrte sie, während er zum Stall hinaussah. Entlang der Dachkante sah er eine Reihe Eiszapfen. Die Spitzen der Eiszapfen tropften – tropften schnell. Jeder Tropfen funkelte, wenn er in einen schmalen Kanal im Eis auf dem Boden fiel.

»Wir haben schon sieben Grad, und es ist noch nicht einmal neun Uhr!« Annie plapperte unverdrossen weiter, während Paul sich vorstellte, wie die hintere Stoßstange des Camaro allmählich im schmelzenden Schnee sichtbar wurde, so daß die Sonne sich darin spiegeln konnte. »Selbstverständlich wird das Wetter nicht halten – wir haben noch zwei oder drei harte Tage vor uns, und möglicherweise noch einmal einen Sturm. Aber der Frühling kommt, Paul, und meine Mutter pflegte immer zu sagen, die Hoffnung des Frühlings ist wie die Hoffnung des Himmels.«

Er legte die Gabel mit dem Ei auf den Teller zurück.

»Möchten Sie den letzten Bissen nicht? Schon satt?«

»Satt«, stimmte er zu, und in Gedanken sah er derweil die Roydmans von Sidewinder nach Hause fahren, sie sahen ein grelles Aufblitzen, das Mrs. Roydman blendete, so daß sie blinzelte und schützend die Hand hob – *Was ist denn dort unten, Ham? . . . Sag mir nicht, daß ich verrückt bin, dort unten war etwas! Die Spiegelung hat mich fast blind gemacht! Fahr zurück, das möchte ich mir noch einmal ansehen!*

»Dann nehme ich das Tablett mit«, sagte sie, »und Sie können anfangen.« Sie betrachtete ihn mit einem sehr warmen Gesichtsausdruck. »Sie können sich gar nicht vorstellen, wie aufgeregt ich bin, Paul.«

Sie ging hinaus und ließ ihn sitzen und die Eiszapfen am Rand des Daches betrachten, von denen Wasser hinab auf den Boden tropfte.

29

»Ich hätte gerne anderes Papier, wenn Sie welches besorgen können«, sagte er, als sie zurückkam und Schreibmaschine und Papier auf das Brett beförderte.

»Ein anderes als dieses?« fragte sie und klopfte auf die in Zellophan eingehüllte Packung Corrasable Bond. »Aber das war das teuerste von *allen*! Ich habe mich extra *erkundigt*, als ich im Schreibwarengeschäft war!«

»Hat Ihre Mutter Ihnen nie beigebracht, daß das teuerste nicht unbedingt immer das beste ist?«

Annies Stirn verfinsterte sich. Ihre anfangs defensive Haltung war Gekränktheit gewichen. Paul vermutete, daß Wut folgen würde.

»Nein, das hat sie *nicht*. Sie *hat* mir jedoch gesagt, Mr. Neunmalklug, daß man billig *bekommt*, wenn man billig *kauft*.«

Das Klima in ihr, hatte er herausgefunden, war wie das Frühlingswetter im Mittelwesten. Sie war wie eine Frau voller Tornados, die nur aufs Losbrechen warteten, und wäre er ein Farmer gewesen, der zum Himmel schaute, wie er nun in Annies Gesicht sah, hätte er auf der Stelle seine Familie geholt und sie in den Sturmkeller geführt. Ihre Stirn war zu weiß. Ihre Nasenflügel hoben und senkten sich regelmäßig, wie die eines Tieres, das Feuer wittert. Ihre Hände hatten wieder angefangen, wie von Federn getrieben aufzuspringen und sich zu ballen, sie fingen Luft ein und zerquetschten sie.

Die Tatsache, daß er sie so sehr brauchte und daß er so verwundbar war, schrie ihn an, damit aufzuhören und sie zu besänftigen, so lange es noch Zeit war – wenn überhaupt noch Zeit war –, wie ein Stamm in einem Rider Haggard-Roman seine Göttin besänftigt haben würde, wenn sie zornig war, indem er ihrem Abbild ein Opfer darbrachte.

Aber es gab noch einen anderen Teil in ihm, berechnender und nicht so feige, der ihn daran erinnerte, daß er nicht Scheherezade spielen konnte, wenn er jedesmal, wenn sie innerlich kochte, ängstlich und unterwürfig wurde. Wenn er das tat, würde sie nur

um so mehr kochen. *Wenn du nicht etwas hättest, das sie über alle Ma-*
ßen hinaus haben möchte, führte dieser Teil von ihm aus, *hätte sie dich*
unverzüglich ins Krankenhaus gebracht oder dich später getötet, um sich
vor den Roydmans zu schützen – denn für Annie ist die Welt voll von
Roydmans, für Annie lauern sie hinter jedem Gebüsch. Und wenn du die-
ses Miststück jetzt nicht in die Schranken weist, Paulie, dann wirst du es
nie mehr können.

Sie begann schneller zu atmen, beinahe zu hyperventilieren;
auch der Rhythmus ihrer sich ballenden und öffnenden Hände
wurde schneller, und er wußte, in wenigen Augenblicken würde
sie an ihm vorüber sein.

Er nahm daher allen Mut zusammen, den er noch besaß, und
bemühte sich um exakt den richtigen Tonfall aus scharfer und
doch fast beiläufiger Gereiztheit, als er sagte: »Sie können getrost
damit aufhören. Wütend zu werden, wird nicht das geringste ändern.«

Sie erstarrte, als hätte er sie geschlagen, und sah ihn verletzt
an.

»Annie«, sagte er, »das ist keine große Angelegenheit.«

»Es ist ein Trick«, sagte sie. »Sie wollen mein Buch nicht schreiben, und daher denken Sie sich Tricks aus, damit Sie nicht anfangen müssen. Das habe ich genau gewußt. Oh, Junge. Aber es wird
Ihnen nichts nützen. Es...«

»Das ist dummes Zeug«, sagte er. »Habe ich gesagt, daß ich
nicht anfangen werde?«

»Nein... nein, aber...«

»Sehen Sie. Ich *werde* es nämlich tun. Und wenn Sie hierher
kommen und es sich ansehen, dann werde ich Ihnen zeigen, was
das Problem ist. Bringen Sie bitte diesen Webster-Becher mit.«

»Den was?«

»Den kleinen Becher mit Kugelschreibern und Filzstiften«,
sagte er. »In Zeitungen nennt man sie manchmal Webster-Becher.
Nach Daniel Webster.« Das war eine Lüge, die er sich ganz spon-
tan ausgedacht hatte, aber sie hatte den beabsichtigten Effekt – sie
sah verwirrter denn je drein und fühlte sich offensichtlich in einer
Welt von Spezialisten verloren, zu der sie keinen Zugang hatte.
Die Verwirrung hatte ihrer Wut die Heftigkeit (und damit den

Zündstoff) genommen; er sah jetzt, daß sie nicht mehr sicher war, ob sie überhaupt das *Recht* hatte, wütend zu sein.

Sie brachte den Becher mit den Schreibwerkzeugen und knallte ihn auf das Brett, und er dachte: *Gottverflucht! Ich habe gewonnen!* Nein – das stimmte nicht. *Misery* hatte gewonnen.

Aber das ist auch nicht ganz richtig. Es war Scheherezade. Scheherezade hat gewonnen.

»Was«, sagte sie knurrend.

»Sehen Sie her.«

Er riß die Packung Corrasable auf und holte ein Blatt heraus. Er griff nach einem frisch gespitzen Bleistift und zog eine Linie auf dem Papier. Dann nahm er einen Kugelschreiber und zog darunter eine zweite Linie. Dann strich er mit dem Daumen über die etwas rauhe Oberfläche des Papiers. Beide Linien verschmierten in die Richtung seiner Daumenbewegung, die Bleistiftlinie etwas mehr als die, die er mit Kugelschreiber gezogen hatte.

»Sehen Sie?«

»Na und?«

»Farbband wird genauso verschmieren«, sagte er. »Nicht ganz so schlimm wie die Bleistiftlinie, aber schlimmer als die Kugelschreiberlinie.«

»Haben Sie vor, über jede Seite mit dem Daumen zu streichen?«

»Über einen Zeitraum von Wochen, selbst Tagen hinweg, wird das Zusammenschieben der Blätter ausreichen, die Buchstaben hinreichend zu verschmieren«, sagte er, »und wenn ein Manuskript in Arbeit ist, dann wird häufig darin geblättert. Man muß immer irgendwo nachlesen, um einen Namen oder ein Datum zu suchen. Mein Gott, Annie, das erste, was man in diesem Geschäft herausfindet, ist die Tatsache, daß Lektoren Manuskripte, die auf Corrasable Bond geschrieben wurden, beinahe ebenso sehr hassen wie sie handgeschriebene Manuskripte hassen.«

»Nennen Sie es nicht so. Ich hasse es, wenn Sie es so nennen.«

Er sah sie aufrichtig verwirrt an. »*Was* so nennen?«

»Wenn Sie das Talent, welches Gott Ihnen gegeben hat, pervertieren, indem Sie es ein *Geschäft* nennen. Das *hasse* ich.«

»Tut mir leid.«

»Mit Fug und Recht«, erwiderte sie steinern. »Sie könnten sich ebenso gut eine Hure nennen.«

Nein, Annie, dachte er und wurde plötzlich wütend. *Ich bin keine Hure. Schnelle Autos drehte sich nur darum, keine Hure zu sein. Dieses Miststück Misery sterben zu lassen, drehte sich auch darum, wenn ich darüber nachdenke. Ich fuhr an die Westküste, um meine Befreiung von der Hurerei zu feiern. Was du getan hast, war schlicht und einfach, mich aus dem Autowrack zu ziehen, nachdem ich den Unfall hatte, und mich wieder in die Krippe zu stecken. Zwei Dollar normal, für vier Dollar wird dir Hören und Sehen vergehen. Und ab und zu sehe ich ein Flackern in deinen Augen, das mir verrät, daß ein Teil in dir das auch weiß. Ein Geschworenengericht könnte dich vielleicht wegen geistiger Unzurechnungsfähigkeit freisprechen, Annie, aber ich nicht. Nicht dieser Junge.*

»Ein interessanter Kritikpunkt«, sagte er. »Und um wieder auf das Thema Papier zurückzukommen...«

»Ich bringe Ihnen Ihr utschibutschi Papier«, sagte sie mürrisch. »Sagen Sie mir nur, was ich holen soll, dann hole ich es.«

»Solange Sie wissen, daß ich auf Ihrer Seite bin...«

»Daß ich nicht lache. Seit dem Tod meiner Mutter vor zwanzig Jahren ist niemand mehr auf meiner Seite gewesen.«

»Dann glauben Sie, was Sie wollen«, sagte er. »Wenn Sie so unsicher sind, daß Sie glauben, ich wäre Ihnen nicht dankbar dafür, daß Sie mir das Leben gerettet haben, dann ist das Ihr Problem.«

Er betrachtete sie verschlagen und sah wieder ein Flackern von Unsicherheit, von Glauben-Wollen, in ihren Augen. Gut. Sehr gut. Er sah sie mit aller Aufrichtigkeit an, die er zustande bringen konnte; dabei stellte er sich in Gedanken wieder vor, wie er eine Glasscherbe in ihren Hals drückte und ein für allemal das Blut abließ, welches ihr verrücktes Gehirn versorgte.

»Wenigstens sollten Sie glauben können, daß ich auf der Seite des *Buches* bin. Sie sagten, Sie wollten es binden lassen. Ich nehme an, Sie möchten das Manuskript binden? Die getippten Seiten?«

»Selbstverständlich habe ich das gemeint.«

Kann ich mir denken. Denn wenn du das Manuskript zu einem Drukker bringen würdest, könnte man Fragen stellen. Du magst naiv sein, was die Welt von Büchern und Verlagen anbelangt, aber nicht so naiv. Paul

Sheldon ist verschwunden, und der Drucker könnte sich daran erinnern, daß er ein Romanmanuskript erhalten hat, in dem Paul Sheldons berühmteste Figur die Hauptrolle spielte – und das etwa zu der Zeit, als der Mann verschwunden ist, nicht? Und er würde sich ganz sicher an die Anweisungen erinnern – Anweisungen, die so ungewöhnlich sind, daß jeder Drucker sich daran erinnern würde. Ein gedrucktes Exemplar von einem Romanmanuskript.

Nur eines.

›Wie sie ausgesehen hat, Officer? Nun, sie war eine große Frau. Sah ein wenig wie ein steinernes Götzenbild aus einem H. Rider Haggard-Roman aus. Einen Augenblick, ich habe ihren Namen und die Anschrift hier in der Kartei... Lassen Sie mich den Rechnungsdurchschlag heraussuchen...‹

»Auch dagegen ist nichts einzuwenden«, sagte er. »Ein gebundenes Manuskript kann verdammt gut aussehen. Sieht wie eine gute Faksimileausgabe aus. Aber ein Buch sollte lange halten, Annie, und wenn ich es auf Corrasable schreibe, dann werden Sie in etwa zehn Jahren nichts weiter haben als ein Bündel leere Seiten. Es sei denn, natürlich, Sie stellen es nur ins Regal.«

Aber das würde sie natürlich nicht tun, oder? Himmel, nein. Sie würde es jeden Tag herausholen wollen, vielleicht sogar alle paar Stunden. Herausnehmen und es bewundern.

Ihr Gesicht hatte einen seltsamen Ausdruck angenommen. Ihm gefiel diese Verstocktheit nicht, dieser beinahe ostentative Ausdruck von Halsstarrigkeit. Er machte ihn nervös. Ihre Wut konnte er mittlerweile abschätzen, aber dieser neue Ausdruck hatte etwas an sich, das ebenso undeutbar wie kindisch war.

»Sie müssen nichts mehr sagen«, meinte sie. »Ich habe Ihnen bereits zugesagt, daß Sie Ihr Papier bekommen. Was für eine Sorte?«

»In diesem Schreibwarenladen, wo Sie kaufen...«

»Im Paper Patch.«

»Ja, Paper Patch. Sagen Sie ihnen, Sie möchten zwei Ries – ein Ries, das sind fünfhundert Blatt...«

»Das weiß ich, Paul. Ich bin nicht dumm.«

»Ich weiß, daß Sie nicht dumm sind«, sagte er und wurde noch nervöser. Die Schmerzen in seinen Beinen hatten wieder zu murmeln begonnen, und in seinem Becken schrien sie bereits vernehmlich – er saß jetzt fast eine Stunde lang, und die Brüche dort unten begannen, sich darüber zu beschweren.

Bleib ruhig, um Himmels willen – du darfst nicht alles aufs Spiel setzen, was du erreicht hast!

Aber habe ich etwas erreicht? Oder ist das nur Wunschdenken?

»Verlangen Sie zwei Ries weißes holzfreies SM-Papier. Hammermill Bond ist eine gute Marke; Triad Modern auch. Zwei Ries SM werden weniger als diese Packung Corrasable kosten, und sie dürften ausreichen, das Buch zu entwerfen und in die Endfassung zu tippen.«

»Ich gehe sofort«, sagte sie und stand unvermittelt auf.

Er sah sie erschrocken an und begriff, daß sie wieder gehen wollte, ohne ihm seine Medikamente zu geben; und diesesmal saß er aufrecht. Das Sitzen schmerzte bereits; wenn sie zurückkam, würden die Schmerzen unerträglich sein, auch wenn sie sich beeilte.

»Das müssen Sie nicht«, sagte er hastig. »Das Corrasable genügt für den Anfang – schließlich werde ich es ohnehin noch einmal überarbeiten müssen...«

»Nur ein Dummkopf würde versuchen, gute Arbeit mit schlechten Werkzeugen anzufangen.« Sie ergriff die Packung Corrasable Bond, dann nahm sie das Blatt mit den beiden verschmierten Linien und knüllte es zu einem Ball zusammen. Beides warf sie in den Papierkorb, dann drehte sie sich wieder zu ihm um. Dieser steinerne, verstockte Ausdruck bedeckte ihr Gesicht wie eine Maske. Ihre Augen glitzerten wie polierte Münzen.

»Ich werde jetzt gehen«, sagte sie. »Ich weiß, Sie wollen so schnell wie möglich anfangen, da Sie *auf meiner Seite* sind« – die letzten Worte sprach sie mit einem ätzenden Sarkasmus aus (und, vermutete Paul, mit mehr Haß auf sich selbst, als sie jemals verspürt hatte) – »daher werde ich mich nicht einmal damit aufhalten, Sie wieder ins Bett zu legen.«

Sie lächelte, ein Zurückziehen der Lippen, das auf groteske Weise marionettenhaft wirkte, und kam mit den lautlosen weißen Krankenschwesterschuhen an seine Seite. Ihre Finger berührten sein Haar. Er zuckte zusammen. Er versuchte, es nicht zu tun, aber es gelang ihm nicht. Ihr tot-lebendiges Lächeln wurde noch breiter.

»Ich befürchte zwar, wir werden den tatsächlichen Start von *Miserys Rückkehr* um einen Tag verschieben müssen ... vielleicht zwei ... vielleicht sogar drei. Ja, es könnte drei Tage dauern, bis Sie wieder sitzen können. Wegen der Schmerzen. Zu schade. Ich hatte bereits Champagner im Kühlschrank. Ich werde ihn wieder auf das Regal zurückstellen müssen.«

»Annie, ich kann wirklich anfangen, wenn Sie ...«

»Nein, Paul.« Sie ging zur Tür, dort drehte sie sich um und sah ihn mit ihrem steinernen Gesicht an. Nur ihre Augen, die polierten Münzen, waren unter dem Wulst der Brauen lebhaft. »Ich möchte Sie gerne mit einem Gedanken hier zurücklassen. Sie denken vielleicht, Sie können mich zum Narren halten oder austricksen; ich weiß, ich sehe langsam und dumm aus. Aber ich bin nicht dumm, Paul; und nicht langsam.«

Plötzlich brach ihr Gesicht entzwei. Die steinerne Verstocktheit barst, darunter kam die Fratze eines bis zum Irrsinn wütenden Kindes zum Vorschein. Einen Augenblick glaubte Paul, das Ausmaß seines Entsetzens würde ihn umbringen. Hatte er geglaubt, er hätte die Oberhand gewonnen? Hatte er das wirklich? Konnte man tatsächlich Scheherezade spielen, wenn man sich in der Gewalt einer Verrückten befand?

Sie raste durch das Zimmer auf ihn zu, die feisten Schenkel flogen, die Knie bogen sich, die Ellbogen schossen in der abgestandenen Luft wie Kolben hin und her. Das Haar wippte und flog ihr ums Gesicht, nachdem es sich von der Haarnadel gelöst hatte. Jetzt war ihre Annäherung nicht lautlos; sie war wie die Ankunft von Goliath, der ins Tal der Gebeine stapfte. Das Bild des Triumphbogens erzitterte ängstlich an der Wand.

»*Hiiiii-jahhh!*« kreischte sie, dann schlug sie die Faust mit aller Gewalt auf die Salzkuppel, die einst Paul Sheldons linkes Knie gewesen war.

Er warf den Kopf zurück und heulte, die Adern an Stirn und Nacken traten deutlich vor. Schmerzen explodierten in seinem Knie und hüllten ihn wie in ein Leichentuch, weiß, grell strahlend, eine Supernova.

Sie riß die Schreibmaschine von dem Brett und stellte sie knallend auf den Kaminsims, wobei sie das tote Gewicht hob, als wäre es ein leerer Pappkarton.

»Sie werden einfach hier sitzen bleiben«, sagte sie und zog die Lippen zu diesem an Leichenstarre gemahnenden Grinsen zurück, »und Sie werden darüber nachdenken, wer hier das Sagen hat, und über alles, was ich tun kann, um Ihnen Schmerzen zuzufügen, sollten Sie versuchen, mich zu übertölpeln oder auszutricksen. Sie werden hier sitzen, und Sie können gerne schreien, wenn Sie möchten, weil niemand Sie hören wird. Niemand kommt hierher, weil alle wissen, daß Annie Wilkes verrückt ist, sie wissen alle, was sie getan hat, auch wenn sie freigesprochen wurde.«

Sie ging wieder zur Tür und drehte sich wieder um, und er, in Erwartung eines neuerlichen bullenmäßigen Angriffs, schrie auch wieder, was ihr Grinsen noch breiter machte.

»Ich will Ihnen noch etwas sagen«, meinte sie leise. »Sie denken, ich sei damit davongekommen, und da haben Sie recht. Denken Sie darüber nach, Paul, während ich in der Stadt bin und Ihr utschibutschi Papier kaufe.«

Sie ging hinaus und schlug die Zimmertür so heftig zu, daß das ganze Haus erzitterte. Dann hörte er, wie das Schloß klickte.

Er lehnte sich am ganzen Leib zitternd im Rollstuhl zurück, versuchte aber, nicht zu zittern, weil das schmerzte, aber er konnte nicht anders. Tränen rannen an seinen Wangen herab. Immer wieder sah er sie durch das Zimmer stürmen, immer wieder sah er, wie sie die Faust auf die zerschmetterten Überreste seines Knies schlug, wobei sie alle Kraft eines Betrunkenen aufbrachte, der auf einen Eichenbalken hämmert; immer wieder wurde er von dieser schrecklichen blauweißen Nova des Schmerzes verschluckt.

»Bitte, lieber Gott, bitte«, stöhnte er, als draußen der Cherokee mit einem Poltern und einem Brüllen angelassen wurde. »Bitte, lieber Gott, bitte – hol mich hier heraus oder töte mich ... hol mich hier heraus oder töte mich.«

Das Brüllen des Motors verschwand die Straße hinab, und der

liebe Gott tat weder das eine noch das andere, und so saß er tränenüberströmt und mit seinen Schmerzen da, die mittlerweile zur Gänze erwacht waren und durch seinen Körper wüteten.

30

Viel später dachte er, daß die Welt, in ihrer nimmermüden Perversion, das, was er als nächstes machte, wahrscheinlich als heldenhafte Tat einstufen würde. Und er hätte es wahrscheinlich zugelassen, aber im Grunde genommen war sein Vorgehen nichts weiter als ein allerletzter Versuch der Selbsterhaltung.

Leise, weit entfernt schien er die irrwitzig enthusiastische Stimme eines Sportreporters zu hören – Howard Cosell oder Warner Wolfe oder vielleicht der ständig ausgeflippte Johnny Most –, der die Szene beschrieb, als wären seine Bemühungen, an ihren Drogenvorrat heranzukommen, bevor die Schmerzen ihn umbrachten, ein seltsames Sportereignis – vielleicht ein probeweiser Ersatz für *Monday Night Football*. Wie sollte man eine solche Sportart überhaupt nennen? *Wettlauf zur Droge?*

»Ich *kann* einfach nicht glauben, welche Courage dieser Sheldon heute aufbringt!« ereiferte sich der Sportreporter in Paul Sheldons Kopf. »Ich glaube nicht, daß irgend jemand im Annie Wilkes Stadion – oder daheim an den Bildschirmen – glaubte, er hätte nur die geringste Chance, nach dem Schlag, den er einstecken mußte, diesen Rollstuhl in Gang zu bringen, aber ich glaube ... ja, so ist es! Er bewegt sich! Schauen wir uns einmal die Wiederholung an!«

Schweiß rann ihm an der Stirn hinab und lief stechend in seine Augen. Er leckte sich eine Mischung aus Salz und Tränen von den Lippen. Das Zittern hörte nicht auf. Die Schmerzen waren wie das Ende der Welt. Er dachte: *Es kommt der Punkt, da wird selbst die Erörterung des Schmerzes überflüssig. Niemand weiß, daß es Schmerzen dieses Ausmaßes auf der Welt gibt. Niemand. Es ist, als wäre man von Dämonen besessen.*

Einzig und allein der Gedanke an die Tabletten, an das Novril, welches sie im Haus aufbewahrte, trieb ihn zum Handeln an. Die abgeschlossene Schlafzimmertür... die Möglichkeit, daß sie die Droge gar nicht unten im Badezimmer aufbewahrte, wie er vermutete, sondern sie irgendwo im Haus versteckt hatte... die Möglichkeit, daß sie zurückkommen und ihn ertappen und wieder von vorne wütend werden konnte... das alles zählte nicht, das alles waren lediglich Schatten hinter den Schmerzen. Er würde sich jedem Problem stellen, wenn es eintrat, oder er würde sterben. Das war alles.

Wenn er sich bewegte, sank das Feuerband unter der Taille und in den Beinen noch tiefer ein, es umklammerte seine Beine wie mit glühenden, nach innen gerichteten Stacheln versehene Gürtel. Aber der Rollstuhl *bewegte* sich. Er begann sehr langsam, sich zu bewegen.

Er konnte ihn etwa vier Schritte weit rollen, bis ihm klar wurde, daß er den Rollstuhl lediglich an der Tür vorbei und sinnlos in die Ecke des Zimmers rollen würde, wenn es ihm nicht gelang, ihn zu drehen.

Er umklammerte das rechte Rad und erschauerte,

(denk an die Tabletten, denk an die Erlösung durch die Tabletten)

dann stieß er so heftig nach unten wie er konnte. Gummi quietschte kaum hörbar auf dem Boden, dem Piepsen von Mäusen nicht unähnlich. Er drückte noch einmal, seine einstmals kräftigen Muskeln zitterten wie Gallert, die Lippen zog er über die Zähne zurück. Der Rollstuhl drehte sich ganz langsam.

Er umklammerte beide Räder und brachte den Stuhl wieder ins Rollen. Diesesmal kam er fünf Schritte weit, bevor er seine Richtung wieder korrigieren mußte. Nachdem er das bewerkstelligt hatte, schaltete er ab.

Fünf Minuten später schwamm er in die Wirklichkeit zurück und vernahm wieder die leise, anstachelnde Stimme des Sportreporters im Kopf: ›Er versucht erneut, ins Rennen zu kommen! Ich kann gar nicht glau-*ben*, was dieser Sheldon für einen Mut aufbringt!‹

Der vordere Teil seines Verstandes kannte nur die Schmerzen; es war der hintere Teil, der seine Augen dirigierte. Er sah sie nahe bei der Tür und rollte darauf zu. Er streckte die Hand danach aus, aber seine Fingerspitzen reichten nur bis fünf Zentimeter über den Boden, wo eine ihrer Haarnadeln hingefallen war, als sie ihn an-gegriffen hatte. Er biß sich auf die Lippen und bemerkte gar nicht, wie der Schweiß ihm über Gesicht und Nacken lief und das Pyja-maoberteil dunkel färbte.

›Ich glaube nicht, daß er diese Nadel aufheben kann, Leute – es war eine fan-*ta*-stische Anstrengung, aber ich fürchte, damit sind wir am Ende.‹

Nun, vielleicht nicht.

Er ließ sich im Rollstuhl ein wenig nach rechts kippen, wobei er zunächst nicht auf die Schmerzen in der rechten Seite achtete – Schmerzen, die sich wie eine ständig anschwellende Druckblase anfühlten, nicht unähnlich einem schmerzenden Zahn –, aber dann gab er nach und schrie. Wie sie gesagt hatte, war ohnehin niemand da, der ihn hören konnte.

Seine Fingerspitzen waren immer noch zwei Zentimeter vom Fußboden entfernt, sie glitten kurz über der Haarnadel dahin, und seine Hüfte fühlte sich auf der rechten Seite nun tatsächlich an, als würde sie mit einer Detonation von abstoßender, schädli-cher Knochenmasse nach außen explodieren.

O Gott bitte bitte hilf mir . . .

Trotz der Schmerzen neigte er sich noch weiter hinüber. Seine Finger berührten die Nadel, schoben sie aber lediglich einen hal-ben Zentimeter weiter. Immer noch nach rechts gebeugt, glitt Paul im Rollstuhl ein wenig nach unten und schrie erneut wegen der Schmerzen in den Beinen. Die Augen quollen ihm aus den Höh-len, sein Mund war offen, die Zunge hing zwischen seinen Zäh-nen herunter wie die Zugschnur an einer Jalousie. Speicheltrop-fen troffen ihm aus dem Mund und fielen auf den Boden.

Er nahm die Haarnadel zwischen die Finger, schob sie höher, hätte sie um ein Haar fallen lassen . . . dann hatte er sie sicher in der geballten Faust.

Als er sich aufrichtete, führte das zu neuerlichen Schmerzen; als er wieder normal saß, konnte er eine ganze Weile nichts an-deres tun, als sitzen und keuchen und den Kopf so weit nach hin-ten neigen, wie es die harte Lehne des Rollstuhls zuließ. Die Haarnadel lag auf dem Brett über den Armlehnen des Rollstuhls.

Eine Weile war er ganz sicher, daß er kotzen würde, aber das gab sich.

Was machst du? schalt ein Teil seines Verstandes nach einer Weile erschöpft. *Wartest du darauf, daß die Schmerzen nachlassen? Werden sie nicht. Sie zitiert immer ihre Mutter, aber deine Mutter hatte auch ein paar kluge Sprüche auf Lager, nicht?*

Ja. Hatte sie.

Während er dasaß, den Kopf zurückgelegt hatte, das Gesicht schweißnaß und glänzend, das Haar an die Stirn geklebt, sprach Paul einen Laut aus, gleichsam als Zauberspruch: »Es gibt vielleicht Feen, es gibt vielleicht Elfen, doch Gott hilft denen, die sich selber helfen.«

Ja. Also hör auf zu warten, Paulie – die einzige Elfe, die sich hier sehen lassen wird, ist das beispiellose Schwergewicht, Annie Wilkes.

Er bewegte sich wieder, schob den Rollstuhl langsam durch das Zimmer zur Tür. Sie hatte sie abgeschlossen, aber er glaubte, sie öffnen zu können. Tony Bonasaro, der jetzt nur noch viele schwarze Ascheflöckchen war, war Autodieb gewesen. Als Teil seiner Vorbereitungen, *Schnelle Autos* zu schreiben, hatte Paul die Methoden des Autodiebstahls mit einem zähen alten Polizisten namens Tom Twyford durchgesprochen. Tom hatte ihm gezeigt, wie man die Zündung kurzschloß, wie man die dünnen und flexiblen Metallstreifen, die Autodiebe ›Slim Jims‹ nannten, dazu benützte, ein Schloß aufzubrechen, wie man einen Diebstahlalarm abschaltete.

Oder, hatte Tom an einem Frühlingstag in New York vor ungefähr zweieinhalb Jahren gesagt, *angenommen, Sie wollen überhaupt kein Auto stehlen. Sie haben ein Auto, aber das Benzin wird knapp. Sie haben einen Schlauch, aber das Auto, das Sie sich als unfreiwilligen Spender ausgesucht haben, hat einen abschließbaren Tankdeckel. Ist das ein Problem? Überhaupt nicht, wenn man Bescheid weiß; denn die meisten Tankdeckelschlösser sind Mickey Maus. Man braucht nur eine Haarnadel.*

Paul brauchte fünf endlose Minuten des Rangierens, bis er den Rollstuhl genau dort hatte, wo er ihn haben wollte, so daß der linke Reifen fast die Tür berührte.

Das Schlüsselloch war altmodisch und erinnerte ihn an die Illustrationen von John Tenniel für *Alice im Wunderland*, welche in der Mitte einer matten Schlüsselplatte angebracht waren. Er glitt im Rollstuhl ein Stück nach unten – wobei er ein einziges bellendes Stöhnen von sich gab – und sah hindurch. Er sah einen kurzen Flur, der ganz eindeutig zum Wohnzimmer führte: ein dunkelroter Teppich auf dem Boden, ein mit ähnlichem Material gepolstertes altmodisches Sofa, eine Stehlampe, von deren Schirm Quasten herunterhingen.

Links, auf halbem Weg des Flurs, befand sich eine Tür, die halb offen stand. Pauls Puls schlug schneller. Das war mit ziemlicher Sicherheit das untere Badezimmer – er hatte gehört, wie sie hier Wasser einließ (auch damals, als sie den Putzeimer gefüllt hatte, aus dem er so enthusiastisch getrunken hatte), und war das nicht auch die Stelle, von der sie immer kam, wenn sie ihm seine Medizin brachte?

Er glaubte, daß es so war.

Er umklammerte die Haarnadel. Sie fiel ihm aus den Fingern, auf das Brett und rutschte auf dessen Rand zu.

»*Nein!*« schrie er heiser und schlug mit der Hand darauf, bevor sie herunterfallen konnte. Er schloß die Faust darum und schaltete wieder ab.

Wenngleich er es nicht sicher sagen konnte, war er der Meinung, daß er diesesmal länger weggetreten war. Die Schmerzen schienen – abgesehen von der qualvollen Pein in seinem linken Knie – ein wenig nachgelassen zu haben. Die Haarnadel lag auf dem Brett auf den Armlehnen des Rollstuhls. Diesesmal entkrampfte er die Finger der rechten Hand mehrmals, bevor er sie aufhob.

Jetzt, dachte er, während er sie in der rechten Hand hielt und geradebog. *Du wirst nicht zittern. Konzentriere dich auf diesen Gedanken. DU WIRST NICHT ZITTERN.*

Er streckte die Hand mit der Haarnadel aus und steckte sie ins Schlüsselloch, während er zuhörte,

(so lebhaft!)

wie der Sportreporter in seinem Kopf sein Vorgehen beschrieb.

Schweiß rann ihm wie Öl unablässig das Gesicht hinab. Er lauschte... aber mehr noch *fühlte* er.

Die Zuhaltung in einem billigen Schloß ist nichts weiter als ein Kipphe-

bel, hatte Tom Twyford gesagt und die Hand bewegt, um es zu de-
monstrieren. *Sie wollen einen Schaukelstuhl umkippen? Nichts leichter
als das, nicht? Sie packen einfach die Kufen und herum mit der Mutter...
nichts weiter. Und mit so einem Schloß muß man es genauso machen. Den
Kipphebel nach oben drücken und dann schnell den Tankdeckel aufmachen, bevor er wieder zurückschnappen kann.*

Er hatte den Kipphebel zweimal, aber in beiden Fällen glitt die
Haarnadel ab und der Kipphebel schnappte zurück, bevor er auch
nur versuchen konnte, ihn zu öffnen. Die Haarnadel war bereits
verbogen. Er befürchtete, daß sie nach weiteren zwei bis drei Versuchen brechen würde.

»Bitte, Gott«, sagte er und schob sie wieder hinein. »Bitte, Gott,
was meinst du? Nur einmal Erfolg für den Jungen, mehr verlange
ich nicht.«

(›Leute, Sheldon hat sich heute wirklich tapfer geschlagen, aber
dies wird sein letzter Versuch sein. Die Zuschauer halten gebannt
den Atem an...)‹

Er schloß die Augen, die Stimme des Sportreporters wurde un-
hörbar, während er angestrengt auf die leisen Geräusche der
Haarnadel im Schloß hörte. Jetzt! Er spürte Widerstand! Der Kipphebel! Er konnte sehen, wie er da drinnen lag wie die gekrümmte
Kufe eines Schaukelstuhls, auf die Zunge des Schlosses drückte
und sie festhielt, *ihn* festhielt.

Mickey Maus, Paul. Nur ruhig bleiben.

Wenn man solche Schmerzen hatte, fiel es einem schwer, ruhig
zu bleiben.

Er hielt den Türknopf mit der linken Hand – um das zu bewerkstelligen, mußte er unter dem rechten Arm durchgreifen – und begann, sanften Druck auf die Haarnadel auszuüben. Noch etwas... noch etwas...

In Gedanken konnte er sehen, wie sich die Zuhaltung in ihrem
staubigen kleinen Alkoven bewegte; er konnte sehen, wie die
Zunge des Schlosses zurückwich. Sie mußte nicht ganz zurückge-
hen, gütiger Himmel, nein, es war unnötig, den Schaukelstuhl
herumzuwirbeln, um bei Tom Twyfords Vergleich zu bleiben.
Nur der Augenblick, wenn das Schloß frei war... dann ein
Ruck...

Die Nadel fing gleichzeitig an, sich zu biegen und abzurutschen. Er spürte es und drückte in seiner Verzweiflung so fest er konnte, drehte den Knauf und drückte gegen die Tür. Er hörte ein Schnappen, als die Nadel brach und ein Teil ins Schloß hineinfiel, und er dachte einen trüben Augenblick über seinen Mißerfolg nach, bevor er feststellte, daß sich die Tür langsam öffnete und die Zunge des Schlosses aus der Platte herausragte wie ein Stahlfinger.

»Christus«, flüsterte er. »Christus, ich danke dir.«

Sehen wir uns die Wiederholung an! brüllte Warner Wolfe ausgelassen in seinen Gedanken, während Tausende im Annie Wilkes Stadion – ganz zu schweigen von den Millionen an den heimischen Fernsehgeräten – in donnernden Beifall ausbrachen.

»Noch nicht, Warner«, krächzte er und begann mit der langwierigen und erschöpfenden Tätigkeit, den Rollstuhl so hinzumanövrieren, daß er direkt vor der Tür stand.

31

Er erlebte einen schlimmen – nein, nicht nur schlimmen, einen gräßlichen, entsetzlichen – Augenblick, als er dachte, der Rollstuhl würde nicht durch die Tür passen. Er war nicht mehr als fünf Zentimeter zu breit, aber das waren fünf Zentimeter zuviel. *Sie brachte ihn zusammengeklappt herein, deshalb hast du ihn zuerst für einen Einkaufswagen gehalten,* informierte ihn sein Verstand niedergeschlagen.

Schließlich gelang es ihm doch noch, sich durchzuquetschen – gerade so –, indem er sich im rechten Winkel vor die Tür stellte und dann die Hände ausstreckte, so daß er sich am Türrahmen festhalten und ziehen konnte. Die Naben der Räder schabten am Holz, aber es gelang ihm hinauszukommen.

Danach schaltete er wieder ab.

32

Ihre Stimme redete durch die Benommenheit auf ihn ein. Er öffnete die Augen und sah, daß sie eine Schrotflinte auf ihn gerichtet hatte. Ihre Augen blitzten aufgebracht. Speichel glänzte feucht auf ihren Zähnen.

»Wenn Sie Ihre Freiheit so sehr wollen, Paul«, sagte Annie, »dann werde ich sie Ihnen gerne gewähren.«

Sie spannte beide Hähne.

33

Er zuckte zusammen und wartete auf den Knall der Schrotflinte. Aber selbstverständlich war sie gar nicht da; sein Verstand hatte den Traum bereits als solchen erkannt.

Kein Traum – eine Warnung. Sie könnte jederzeit zurückkommen. Jederzeit.

Das Licht, welches durch die halb offenstehende Badezimmertür hereinfiel, hatte sich verändert; es war heller geworden. Es sah wie Nachmittagslicht aus. Er wünschte sich, die Uhr würde schlagen, damit er wußte, wie spät es wirklich war, aber die Uhr war auf gehässige Weise stumm.

Beim letztenmal ist sie fünfzig Stunden weggeblieben.

Das ist sie. Und diesesmal könnte sie achtzig wegbleiben. Du könntest den Cherokee aber auch in fünf Sekunden vorfahren hören. Falls du es nicht weißt, mein Freund, die Meteorologen können Tornados vorhersagen, aber wenn es darum geht zu bestimmen, wann und wo sie genau zuschlagen, dann wissen sie einen Scheißdreck.

»Weiß Gott«, sagte er und rollte den Rollstuhl zum Bad. Er sah hinein und erblickte einen schlichten Raum mit sechseckigen Fußbodenkacheln. Eine Badewanne stand auf Tatzenpfoten darin, unter den Wasserhähnen verliefen rostige Spuren. Daneben stand ein stoffbespannter Wäscheschrank. Gegenüber der Wanne befand sich ein Waschbecken. Über dem Waschbecken war das Medizinkästchen.

Der Putzeimer stand in der Wanne – er konnte den gelben Rand sehen.

Der Flur war so breit, daß er den Rollstuhl herumrangieren und direkt vor die Badezimmertür bringen konnte, aber mittlerweile schmerzten seine Arme vor Erschöpfung. Er war ein schwächliches Kind gewesen, daher hatte er sich als Erwachsener bemüht, in Form zu bleiben, aber seine Muskeln waren jetzt die eines Invaliden, das schwächliche Kind war wieder da, als wären all die Liegestütze, das Jogging und das Training an der Nautilus-Maschine nur ein Traum gewesen.

Wenigstens war diese Tür breiter – nicht viel, aber ausreichend, so daß das Durchkommen weniger haarsträubend war. Paul holperte über die Schwelle, dann rollten die Räder mühelos über die glatten Fliesen. Er roch etwas Saures, das er sofort mit Krankenhaus assoziierte – möglicherweise Lysol. Hier war keine Toilette, aber das hatte er vermutet – die Wasserspülung hörte er nur von oben, und jetzt, wo er darüber nachdachte, fiel ihm auf, daß er jedesmal, wenn er die Spülung hörte, selbst die Bettpfanne gebracht bekam. Hier befanden sich nur Badewanne, Waschbecken und der Wäscheschrank, dessen Tür offen stand.

Er betrachtete kurz die ordentlichen Stapel Handtücher und Waschlappen – beide kannte er von den Gelegenheiten, da sie ihn gewaschen hatte –, dann konzentrierte er seine Aufmerksamkeit auf das Medizinschränkchen über dem Waschbecken.

Es war außerhalb seiner Reichweite.

So sehr er sich auch anstrengte, es war dennoch gut zwanzig Zentimeter von seinen Fingerspitzen entfernt. Er sah es, dennoch streckte er die Arme aus, weil er nicht glauben wollte, daß das Schicksal oder Gott oder wer auch immer so grausam sein konnte. Er erinnerte an einen Außenfeldspieler, der verzweifelt einem ›home-run‹-Ball hinterherläuft, den er unmöglich erwischen kann.

Paul gab einen verletzten, bestürzten Laut von sich, senkte die Hand und lehnte sich keuchend zurück. Die graue Wolke senkte sich über ihn. Er hinderte sich mit reiner Willenskraft daran, wieder abzuschalten, dann sah er sich nach etwas um, womit er die Tür des Medizinschränkchens öffnen konnte, und erblickte einen O-Cedar-Mop, der mit seiner blauen Stange steif in der Ecke lehnte.

Den möchtest du dazu nehmen? Wirklich? Nun, ich glaube, das könntest du. Öffne die Tür des Medizinschranks und stoße einfach einen Teil des Inhalts ins Waschbecken. Aber die Fläschchen werden zerbrechen, und selbst wenn keine Fläschchen drinnen sind, was unwahrscheinlich ist, weil jeder mindestens eine Flasche Listerine oder Scope im Medizinschrank hat, wirst du das, was du heruntergeschlagen hast, nicht wieder hineintun können. Und wenn sie zurückkommt und das Durcheinander sieht, was dann?

»Ich werde ihr sagen, daß es Misery war«, krächzte er. »Ich sage ihr, sie hat die Sachen heruntergeworfen, als sie nach einem Elixier suchte, das sie wieder zum Leben erwecken konnte.«

Dann brach er in Tränen aus – aber selbst durch die Tränen hindurch suchte er den Raum ab und hielt nach einer Möglichkeit Ausschau, irgend etwas, einer Möglichkeit, einer beschissenen Mög...

Er sah noch einmal in den Wäscheschrank, und plötzlich stand sein keuchender Atem still. Er riß die Augen auf.

Sein erster flüchtiger Blick hatte die Stapel der Handtücher und Waschlappen und zusammengelegter Bett- und Kissenbezüge wahrgenommen. Jetzt sah er auf den Boden des Schranks, und dort standen ein paar rechteckige Pappkartons. Ein paar trugen die Aufschrift UPJOHN. Ein paar trugen die Aufschrift LILLY. Ein paar trugen die Aufschrift CAM PHARMACEUTICALS.

Er drehte den Rollstuhl heftig herum, wobei er sich weh tat, aber er achtete nicht darauf.

Bitte, lieber Gott, mache, daß es nicht ihr Vorrat an Shampoo ist oder ihre Tampons oder Bilder ihrer heiligen toten Mutter oder...

Er tastete nach einem der Kartons, zog ihn heraus und öffnete die Klappen. Kein Shampoo, keine Avon-Pröbchen. Ganz im Gegenteil. In dem Karton befand sich ein wüstes Durcheinander verschiedener Medikamente, die meisten in kleinen Packungen mit der Aufschrift MUSTER. Ganz unten rollten ein paar Tabletten verschiedener Farbe offen herum. Einige davon, etwa Motrim und Lopressor, die Hypertonietabletten, die sein Vater in den letzten Lebensjahren genommen hatte, waren ihm bekannt, von anderen hatte er noch nie etwas gehört.

»Novril«, murmelte er und wühlte hektisch in dem Karton herum, während Schweiß an seinem Gesicht herabrann, und seine Beine pochten und pulsierten. »Novril, wo ist das beschissene *Novril*?«

Kein Novril. Er klappte den Karton wieder zu und schob ihn in den Schrank zurück, wobei er nur einen halbherzigen Versuch unternahm, ihn wieder genau so hinzustellen, wie er ihn vorgefunden hatte. Dürfte einerlei sein, sah sowieso wie eine verfluchte Müllkippe aus...

Indem er sich weit nach links beugte, gelang es ihm, einen zweiten Karton zu holen. Er machte ihn auf und konnte kaum glauben, was er sah.

Darvon. Darvocet. Darvon Compound. Morphose und Morphose Complex. Librium. Valium. Und Novril. Dutzende und Aberdutzende Probepäckchen. Reizende Päckchen. Herrliche Päckchen. O liebliche reizende gesegnete Päckchen. Er riß eines auf und sah die Kapseln, die sie ihm alle sechs Stunden gab, in ihrer Folie.

VERSCHREIBUNGSPFLICHTIG, stand auf der Packung.

»Gütiger Heiland, ich verschreibe sie mir!« schluchzte Paul. Er riß das Zellophan mit den Zähnen auf und zerbiß drei der Kapseln, ohne auf den bitteren Geschmack zu achten. Er hielt inne, betrachtete die fünf, die noch in Zellophan eingeschweißt waren, und schluckte eine vierte.

Er sah sich rasch um, mit auf die Brust gepreßtem Kinn und lebhaften, ängstlichen Augen. Er wußte zwar, daß es zu früh war, irgend eine Linderung zu spüren, aber er spürte sie *dennoch* – die Tabletten zu *besitzen*, schien wichtiger zu sein, als die Tabletten zu *nehmen*. Es war, als hätte man ihm die Herrschaft über den Mond und die Gezeiten verliehen – oder als hätte er einfach nach oben gegriffen und sie sich genommen. Es war ein unermeßlicher Gedanke, ehrfurchtgebietend... aber auch erschreckend, mit einem Beigeschmack von Schuld und Blasphemie.

Wenn sie jetzt zurückkommt...

»Schon gut – okay. Ich habe die Botschaft verstanden.«

Er sah in den Karton und versuchte abzuschätzen, wie viele Proben er mitnehmen konnte, ohne daß sie bemerkte, wie eine kleine Maus namens Paul Sheldon ihre Vorräte angeknabbert hatte.

Über diesen Gedanken kicherte er, ein schriller, erleichterter Laut, und er spürte, daß das Medikament nicht nur in seinen Beinen wirkte. Er hatte seinen Schuß bekommen, wenn man es mit dem üblichen Begriff ausdrücken wollte.

Beweg dich, Idiot. Du hast keine Zeit, dich darüber zu freuen, wie high du bist.

Er nahm fünf der Packungen – insgesamt dreißig Kapseln. Er mußte sich zwingen, nicht mehr zu nehmen. Die verbleibenden Proben mischte er durcheinander und hoffte, das Ergebnis würde so kunterbunt aussehen, wie er alles vorgefunden hatte. Er klappte den Karton zu und schob ihn wieder in den Wäscheschrank.

Ein Auto kam näher.

Er schreckte mit weit aufgerissenen Augen hoch. Er ließ die Hände auf die Armlehnen des Rollstuhls fallen und umklammerte sie mit äußerster Heftigkeit. Wenn es Annie war, dann war er ertappt, und das dürfte alles gewesen sein. Es würde ihm niemals gelingen, dieses klobige, übergroße Ding rechtzeitig ins Schlafzimmer zurückzubringen. Vielleicht gelang es ihm, sie einmal mit dem O-Cedar-Mop zu schlagen, bevor sie ihm wie einem Huhn den Hals herumdrehte.

Er saß mit den Probepackungen Novril auf dem Schoß im Rollstuhl, betrachtete die steif ausgestreckten Beine und wartete darauf, ob das Auto in die Einfahrt einbiegen oder weiterfahren würde.

Der Motorenlärm schwoll endlos an... dann wurde er wieder leiser.

Okay. Brauchst du noch eine deutlichere Warnung, Paul-Baby?

Ganz gewiß nicht. Er sah die Kartons zum letzten Mal an. Er hatte den Eindruck, als würden sie genau so aussehen wie vorher, bevor er sie durchsucht hatte – wenngleich er sie durch den Nebel des Schmerzes hindurch gesehen hatte und nicht ganz sicher sein konnte –, aber er wußte genau, die Anordnung der Kartons war vielleicht nicht so zufällig wie er vermutete, oh, ganz und gar nicht. Sie hatte die **über**deutliche Wahrnehmung einer zutiefst neurotischen Person; es konnte sein, daß sie sich die Lage jedes einzelnen Kartons genau eingeprägt hatte. Sie warf vielleicht nur einen flüchtigen Blick herein und bemerkte auf eine geheimnisvolle Weise sofort, was geschehen war. Diese Gedanken verursachten jedoch keine Furcht in ihm, sondern vielmehr ein Gefühl der Resignation – er hatte die Medizin gebraucht, und es war ihm irgendwie gelungen, aus seinem Zimmer herauszukommen und sie sich zu beschaffen. Wenn das zu Konsequenzen führte, zu einer Bestrafung, dann konnte er sich ihr immerhin mit dem sicheren Wissen stellen, daß er nicht anders als eben so gehandelt haben konnte. Von allem, was sie ihm angetan hatte, war diese Resignation eindeutig ein Symptom des schlimmsten – sie hatte ihn in ein schmerzzerrüttetes Tier verwandelt, das keinerlei moralische Wahlfreiheit mehr hatte.

Langsam rollte er mit dem Stuhl rückwärts aus dem Badezimmer hinaus, wobei er sich häufig umsah, ob er nicht etwa vom Kurs abkam. Vorher hätte ihn jede einzelne dieser Bewegungen vor Schmerzen aufschreien lassen, aber jetzt verschwanden die Schmerzen unter einer wunderbaren glasigen Oberfläche.

Er rollte auf den Flur, als ihm ein schrecklicher Gedanke kam: Wenn der Boden im Bad feucht gewesen war, oder gar ein wenig schmutzig...

Er starrte ihn an, und einen Augenblick war die Vorstellung, er mußte Spuren hinterlassen haben, so überzeugend, daß er sie tatsächlich *sah*. Er schüttelte den Kopf und sah noch einmal hin. Keine Spuren. Aber die Tür stand weiter offen als vorher. Er rollte vorwärts und lenkte den Rollstuhl ein wenig nach rechts, so daß er an den Türknopf herankommen konnte, und zog die Tür halb zu. Er betrachtete sie, dann zog er sie noch etwas näher zum Rahmen. So. Das sah gut aus.

Er griff nach den Rädern und wollte den Stuhl drehen, so daß er in sein Zimmer zurückrollen konnte, als ihm klar wurde, daß er mehr oder weniger in Richtung Wohnzimmer stand, und im Wohnzimmer hatten die meisten Menschen ihr Telefon, und...

Licht flammte in seinem Verstand auf wie Sonnenschein über einer nebelverhangenen Wiese.

›Hallo, Polizeirevier Sidewinder, Officer Humbuggy am Apparat.‹

›Hören Sie mir gut zu, Officer Humbuggy. Hören Sie mir ganz genau zu und unterbrechen Sie mich nicht, denn ich weiß nicht, wieviel Zeit ich habe. Mein Name ist Paul Sheldon. Ich rufe von Annie Wilkes' Haus an. Ich bin seit mindestens zwei Wochen, vielleicht sogar seit einem Monat ihr Gefangener. Ich...‹

›Annie Wilkes!‹

›Kommen Sie sofort hierher. Schicken Sie einen Krankenwagen. Und seien Sie um Himmels willen hier, bevor sie zurückkommt...‹

»Bevor sie zurückkommt«, stöhnte Paul. »Oh, ja. Unbedingt.«

Wie kommst du darauf, daß sie überhaupt ein Telefon besitzt? Hast du jemals jemanden anrufen hören? Wen sollte sie anrufen? Ihre guten Freunde, die Roydmans?

Aus der Tatsache, daß sie niemanden hat, mit dem sie den ganzen Tag tratschen kann, folgt noch lange nicht, daß sie nicht einsehen kann, wie schnell ein Unfall geschehen ist; sie könnte die Treppe herunterfallen und sich einen Arm oder ein Bein brechen, der Stall könnte Feuer fangen...

Wie oft hast du dieses mutmaßliche Telefon schon läuten hören?

Also besteht da eine gewisse Mindestanforderung, ja? Das Telefon muß mindestens einmal täglich läuten, sonst kommt die Firma Mountain Bell und nimmt es wieder mit? Darüber hinaus warst du ohnedies sehr selten bei Bewußtsein.

Du versuchst dein Glück. Du weißt genau, daß du dein Glück versuchst.

Ja. Das wußte er, aber der Gedanke an das Telefon, das Gefühl des kühlen schwarzen Plastik unter den Fingern, das er sich vorstellte, das Klicken der Wählscheibe oder das anhaltende Freizeichen, wenn er die 0 wählte – das alles waren Verführungen, denen er nicht widerstehen konnte.

Er drehte den Rollstuhl so herum, daß er direkt in Richtung Wohnzimmer stand, dann schob er ihn an.

Das Zimmer roch muffig, ungelüftet und seltsam müde. Die Vorhänge vor dem halbrunden Fenster waren zwar nur halb zugezogen, man konnte das aufregende Panorama der Berge dahinter sehen, und dennoch schien es in dem Zimmer viel zu dunkel zu sein –, weil die Farben zu dunkel waren, dachte er. Rot war vorherrschend, als hätte jemand eine große Menge Blut hier herinnen verschüttet.

Über dem Kaminsims hing die getönte Fotografie einer strengen Frau, deren winzige Äuglein in dem fleischigen Gesicht zu verschwinden schienen. Der Rosenknospenmund war geschürzt. Das Foto, welches sich in einem vergoldeten Rokokorahmen befand, hatte die Größe des Präsidentenfotos in einem sehr großen Postamt. Paul mußte niemand fragen, um zu wissen, daß dies Annies heilige Mutter war.

Er rollte weiter in das Zimmer. Die linke Seite seines Rollstuhls stieß gegen ein kleines Kaffeetischchen, auf dem Nippesfiguren standen. Sie erzitterten klappernd, und eine davon – ein Keramikpinguin, der auf einem Keramikeisblock saß – fiel herunter.

Ohne nachzudenken streckte er die Hand aus und fing ihn auf. Die Geste war fast beiläufig... aber dann setzte die Reaktion ein. Er hielt den Pinguin fest in der geschlossenen Hand und versuchte, sein Beben zu unterdrücken. *Du hast ihn aufgefangen, ohnehin kein Grund zur Sorge, weil ein Teppich darunter liegt, wahrscheinlich wäre er ohnehin nicht zerschellt...*

Aber WENN er zerschellt wäre! kreischte sein Verstand als Antwort, *WENN er zerschellt wäre! Bitte, du mußt wieder in dein Zimmer gehen, bevor du etwas hinterläßt, eine Spur...*

Nein. Noch nicht. Noch nicht, wie groß seine Angst auch sein mochte. Denn dies hatte ihn zuviel gekostet. Wenn es einen Lohn dafür gab, dann wollte er ihn haben.

Er sah sich in dem Zimmer um, das mit schweren, klobigen Möbeln ausgestattet war. Es hätte von den Fenstern und dem atemberaubenden Panorama der Rockies dahinter beherrscht sein sollen; statt dessen wurde es vom Bild dieser dicken Frau beherrscht, die in dem abscheulichen Rahmen mit seinen Verzierungen und Schnörkelchen und vergoldeten Kinkerlitzchen gefangen war.

Auf dem Tisch am anderen Ende des Sofas, wo sie beim Fernsehen sitzen würde, stand ein schlichtes normales Wählscheibentelefon.

Sanft, wobei er kaum zu atmen wagte, stellte er den Keramikpinguin (JETZT IST MEINE GESCHICHTE ERZÄHLT! lautete die

Inschrift auf dem Eisblock) wieder auf den Nippes-Tisch und rollte sich durch das Zimmer auf das Telefon zu.

Vor dem Sofa stand ein Tisch, um den er in einem weiten Bogen herumfuhr. Auf diesem stand ein Strauß Trockenblumen in einer häßlichen grünen Vase, und das Ganze sah mehr als toplastig aus, als würde es umkippen, wenn er nur sanft darüber hinweg strich.

Draußen waren keine Autos zu hören – nur das Pfeifen des Windes.

Er griff mit einer Hand nach dem Telefonhörer und nahm ihn langsam ab.

Ein seltsam vorausahnendes Gefühl der Hoffnungslosigkeit überfiel ihn, noch bevor er den Hörer ans Ohr gehalten und nichts gehört hatte. Er legte den Hörer langsam wieder auf, und eine Strophe aus einem alten Roger Miller-Song fiel ihm ein, die einen gewissen sinnlosen Sinn ergab: *No phone, no pool, no pets... I ain't got no cigarettes...*

Er folgte der Telefonleitung mit den Augen und sah die kleine rechteckige Steckdose in der Ecke, sah auch, daß der Stecker steckte. Alles sah perfekt und funktionstüchtig aus.

Wie der Stall mit seinen Heizbändern.

Den Schein zu wahren, ist sehr, sehr wichtig.

Er schloß die Augen und sah Annie, die den Stecker herausnahm und Leim in das Loch in der Steckdose drückte. Sah sie den Stecker in den weißen Leim drücken, wo er erstarren und für ewige Zeiten festfrieren würde. Die Telefongesellschaft würde niemals erfahren, daß etwas nicht stimmte, es sei denn, jemand rief Annie an und meldete, daß die Leitung gestört war. Aber niemand rief Annie jemals an, oder? Sie bekam jeden Monat eine Rechnung für ihr totes Telefon, die sie prompt bezahlte, aber das Telefon war nichts weiter als ein Bühnenrequisit, Bestandteil ihres niemals endenden Bemühens, *den Schein zu wahren*, wie der saubere Stall mit der frischen roten Farbe und den cremefarbenen Verzierungen und den Heizbändern, um im Winter das Eis abzuschmelzen. Hatte sie das Telefon für den Fall einer Expedition wie dieser unbrauchbar gemacht? Hatte sie die Möglichkeit vorhergesehen, daß er aus dem Zimmer herauskommen könnte? Das bezweifelte er. Das Telefon – das *funktionierende* Telefon – wäre ihr sicher schon lange vor seiner Ankunft auf die Nerven gegangen. Sicher hatte sie nachts wach gelegen und zur Decke gestarrt, hatte dem Hochlandheulen des Windes gelauscht und sich alle Menschen vorgestellt, die mit Mißfallen oder offener Boshaftigkeit an sie dachten – alle Roydmans dieser Welt –, Menschen, die, jeder und jederzeit, sie anrufen und ins Telefon schreien konnten: *Du hast es getan, Annie! Sie haben dich nach Denver gebracht, und wir wissen, daß du es getan hast! Man wird nicht nach Denver gebracht, wenn man unschuldig ist.* Sie hätte selbstverständlich eine Geheimnummer verlangen können und hätte sie auch bekommen – jeder, der eines nicht unerheblichen Verbrechens angeklagt worden und freigesprochen worden war, hätte das getan (und wenn die Verhandlung in Denver gewesen war, dann mußte es etwas Großes gewesen sein) –, aber selbst eine Geheimnummer hätte eine zutiefst neurotische Person wie Annie Wilkes nicht lange beruhigt. *Sie* hatten sich alle gegen sie verschworen, *sie* konnten die Nummer herausfinden, wenn *sie* wollten, wahrscheinlich gaben die Anwälte der Anklage sie mit Freuden jedem, der sie haben wollte, und jemand *würde* sie haben wollen, oh, ja – denn sie sah die Welt als dunklen Ort voll von regsamen Menschenmassen, Meeren gleich, ein riesiges böses Universum um eine winzige Bühne herum, auf der ein einziger greller Scheinwerfer nur eines beleuchtete – sie selbst. Daher war es am besten, das Telefon abzuschalten, es zum Schweigen zu bringen, wie sie *ihn* zum Schweigen bringen würde, wenn sie wüßte, daß er bis hierher gekommen war.

Panik breitete sich schrill in seinem Denken aus und sagte ihm, daß er von hier verschwinden und in sein Zimmer zurück mußte, er mußte die Tabletten irgendwo verstecken und zu seinem Platz am Fenster zurückkehren, damit sie, wenn sie zurückkam, *keinen Unterschied feststellen konnte, überhaupt keinen Unterschied*, und diesesmal stimmte er der Stimme zu. Er stimmte ihr von ganzem Herzen zu. Er rollte sich behutsam von dem Telefon weg, und als er den einzigen freien Fleck des Zimmers erreicht hatte, begann er mit der mühevollen Aufgabe, den Rollstuhl herumzudrehen, wobei er peinlich genau darauf achtete, nicht gegen den Tisch zu stoßen.

Er hatte die Drehung beinahe ausgeführt, als er ein Auto näher kommen hörte und wußte, einfach *wußte*, daß sie es war, die aus der Stadt zurückkehrte.

34

Er verlor in diesem größten Entsetzen, welches er jemals verspürt hatte, beinahe das Bewußtsein, einem Entsetzen, das von tiefen und unmännlichen Schuldgefühlen beherrscht wurde. Plötzlich erinnerte er sich an das einzige Ereignis seines Lebens, das in seiner verzweifelten emotionalen Beschaffenheit diesem entfernt nahe kam. Er war zwölf Jahre alt gewesen. Es war in den Sommerferien, sein Vater arbeitete, seine Mutter wollte den Tag mit Mrs. Kaspbrack von gegenüber in Boston verbringen. Er hatte ihre Packung Zigaretten gesehen und sich eine angezündet. Er rauchte sie und fühlte sich dabei elend und prächtig zugleich; er dachte sich, daß sich Einbrecher so fühlen mußten, wenn sie eine Bank ausgeraubt hatten. Als er die Zigarette halb geraucht und das Zimmer sich mit Rauch gefüllt hatte, hörte er, wie sie unten die Eingangstür öffnete. *»Paulie? Ich bin es – ich habe meine Geldbörse vergessen!«* Er hatte wie von Sinnen den Rauch weggefächelt, wußte aber, daß es keinen Sinn haben würde, wußte, daß er erwischt werden würde, wußte, daß er eine Tracht Prügel bekommen würde.

Diesmal würde er mehr als eine Tracht Prügel bekommen.

Er erinnerte sich an den Traum, den er während seiner Bewußtlosigkeit gehabt hatte: Annie, die die beiden Hähne der Schrotflinte spannte und sagte: *Wenn Sie Ihre Freiheit so sehr wollen, Paul, dann werde ich sie Ihnen gerne gewähren.*

Der Motorenlärm wurde leiser, als das heranfahrende Auto verlangsamte. Sie *war* es.

Paul griff mit Händen, die er kaum spüren konnte, nach den Rädern des Rollstuhls und rollte sich auf den Flur hinaus. Einen Blick erübrigte er für den Keramikpinguin auf seinem Eisblock. Stand er am selben Platz wie vorher? Er konnte es nicht sagen. Er würde einfach hoffen müssen.

Er rollte mit zunehmender Geschwindigkeit den Flur entlang zur Tür seines Zimmers. Er hatte gehofft, mühelos hindurchschießen zu können, war aber etwas von der Bahn abgekommen. Nur ein wenig... aber die Tür war so eng, daß ein wenig genügte. Der Rollstuhl prallte gegen den rechten Türrahmen und sprang ein Stück zurück.

Hast du die Farbe abgekratzt? kreischte sein Verstand. *O Jesus Christus, hast du die Farbe abgekratzt, hast du eine Spur hinterlassen?*

Keine abgeblätterte Farbe. Er sah eine winzige Delle, aber keine abgeblätterte Farbe. Gott sei Dank. Er stieß ein Stück zurück und navigierte hektisch, um durch die schmale Öffnung zu gelangen.

Der Automotor wurde lauter, er kam immer näher, verlangsamte immer noch. Jetzt konnte er das Knirschen der Winterreifen hören.

Sachte... Sachte geht es besser...

Er rollte vorwärts, und dann verkanteten sich die Radnaben am Rahmen der Schlafzimmertür. Er stieß heftiger, wußte aber, daß es nichts nützen würde, er steckte im Türrahmen fest wie der Korken in einer Weinflasche, konnte weder vor noch zurück...

Er versuchte es mit einer letzten Anstrengung, die Muskeln in seinen Armen zitterten wie zu stark gespannte Violinsaiten, dann passierte der Rollstuhl mit einem leisen, knirschenden Geräusch die Tür.

Der Cherokee bog in die Einfahrt ein.

Sie hat Päckchen bei sich, bibberte sein Verstand, *das Schreibmaschinenpapier, vielleicht ein paar andere Dinge zusätzlich, und sie wird vorsichtig gehen, weil alles vereist ist; du bist jetzt im Zimmer, das Schlimmste ist überstanden, es ist noch Zeit, noch Zeit...*

Er rollte weiter ins Zimmer und wendete dann in einem ungeschickten Halbkreis. Als er den Rollstuhl parallel zur offenen Schlafzimmertür rollte, hörte er, wie der Motor des Cherokee ausgemacht wurde.

Er beugte sich zur Seite, ergriff den Türknauf und versuchte, die Tür zu schließen. Die Zunge des Schlosses, die immer noch wie ein steifer Stahlfinger hervorragte, prallte gegen den Türrahmen.

Er drückte mit dem Daumen dagegen. Sie begann sich zu bewegen, dann verharrte sie. Verharrte felsenfest und verhinderte, daß die Tür geschlossen werden konnte.

Er starrte sie einen Augenblick dümmlich an und dachte dabei an den alten Armeespruch: *Was schiefgehen KANN, das GEHT auch schief.*

Bitte, lieber Gott, nichts mehr, war es nicht genug, daß sie das Telefon unbrauchbar gemacht hat?

Er ließ die Zunge los. Sie schnalzte wieder ganz heraus. Er drückte sie wieder hinein und stellte dasselbe Hindernis fest. Im Innern des Schlosses hörte er ein seltsames Rasseln, und da begriff er. Das war der Teil der Haarnadel, der abgebrochen war. Er war irgendwo so hineingefallen, daß die Zunge des Schlosses sich nicht mehr zurückschieben ließ.

Er hörte, wie die Tür des Cherokee geöffnet wurde. Er hörte sie sogar grunzen, als sie ausstieg. Er hörte das Rascheln von Papiertüten, als sie ihren Einkauf zusammensuchte.

»Komm *schon*«, flüsterte er und begann, die Zunge langsam hin und her zu schieben. Sie ließ sich jedesmal etwa einen halben Zentimeter hineinschieben, dann war Schluß. Er konnte die verdammte Haarnadel im Schloß rasseln hören. »Komm schon… komm schon… komm schon…«

Er weinte wieder, merkte es aber gar nicht, Schweiß und Tränen vermischten sich auf seinen Wangen; er merkte lediglich ganz am Rande, daß er immer noch starke Schmerzen hatte, trotz der Drogen, die er geschluckt hatte; daß er einen hohen Preis für seinen kleinen Ausflug bezahlen mußte.

Nicht so hoch wie der Preis, den sie dich zahlen lassen wird, wenn du diese gottverdammte Tür nicht wieder zu bekommst, Paulie.

Er hörte ihre vorsichtigen, knirschenden Schritte, während sie durch die Einfahrt zum Haus ging. Das Rascheln von Tüten… dann das Klirren der Hausschlüssel, als sie sie aus der Tasche holte.

»Komm schon… komm schon… komm schon…«

Als er diesesmal drückte, vernahm er ein Klicken im Schloß, und die Zunge ließ sich einen halben Zentimeter ins Schloß schieben. Noch nicht genug, um es wieder zu schließen, aber beinahe.

»Bitte... komm *schon*...«

Er begann, die Zunge schneller hin und her zu schieben, wakkelte daran und hörte, wie sie die Küchentür aufmachte. Dann, wie eine häßliche Reminiszenz an den Tag, als seine Mutter ihn beim Rauchen erwischt hatte, rief Annie fröhlich: »Paul? Ich bin es! Ich habe Ihr Papier!«

Ertappt! Ich bin ertappt! Bitte, lieber Gott, laß nicht zu, daß sie mir weh tut, Gott...

Er preßte den Daumen krampfhaft gegen die Zunge des Schlosses und hörte ein gedämpftes Schnappen, als die Haarnadel brach. Die Zunge glitt ganz in das Schloß hinein. In der Küche hörte er ein Surren, als sie den Reißverschluß ihres Parka öffnete.

Er schloß die Schlafzimmertür. Die Zunge rastete klickend ein –

(hat sie das gehört? Sie muß es gehört haben!)

so laut wie ein Startschuß aus einer Pistole.

Er rollte den Rollstuhl in Richtung Fenster. Er rollte und rangierte immer noch, als er ihre Schritte bereits auf dem Flur hören konnte.

»Ich habe Ihr Papier, Paul! Sind Sie wach?«

Niemals... niemals rechtzeitig... sie wird es hören...

Er führte eine allerletzte Drehung aus und rollte vor das Fenster, als sie den Schlüssel ins Schloß steckte.

Wird nicht funktionieren... die Haarnadel... sie wird argwöhnisch werden...

Aber das Stück Fremdmetall mußte ganz bis zum Grund des Schlosses gefallen sein, denn der Schlüssel funktionierte perfekt. Er saß in seinem Stuhl, hatte die Augen halb geschlossen und hoffte mit aller Verzweiflung, daß er genau dort stand, wo er vorher gestanden hatte (oder zumindest so nahe daran, daß sie es nicht bemerken würde), er hoffte, sie würde sein schweißnasses Gesicht und den zitternden Körper einfach als Anzeichen dafür werten, daß er seine Medizin zu lange nicht bekommen hatte, am allermeisten jedoch hoffte er, daß er keine Spuren hinterlassen hatte...

In dem Augenblick, als die Tür aufschwang, sah er nach unten und stellte fest, daß er bei seiner verzweifelten Suche nach einzel-

nen Fährten den breitesten Trampelpfad vollkommen übersehen
hatte: die Päckchen mit dem Novril lagen immer noch in seinem
Schoß.

35

Sie hatte zwei Packungen Papier, und sie hielt in jeder Hand eine
hoch und lächelte. »Genau das, was Sie verlangt hatten, nicht?
Triad Modern. Hier sind zwei Ries, und zwei habe ich noch unten
in der Küche. Für alle Fälle. Sie sehen also...«

Sie verstummte, runzelte die Stirn und sah ihn an.

»Sie *triefen* vor Schweiß... und Ihre Gesichtsfarbe ist *sehr* hektisch.« Sie machte eine Pause. »Was haben Sie hier drinnen gemacht?«

Und wenngleich das die leise Piepsestimme der Panik in ihm
wieder zum Kreischen brachte und ihm einzureden versuchte,
daß er ertappt war und aufgeben konnte, daß er gestehen und auf
Gnade hoffen sollte, gelang es ihm, ihrem argwöhnischen Blick
mit ironischer Gelassenheit zu begegnen.

»Ich glaube, Sie wissen genau, was ich gemacht habe«, sagte er.
»Ich habe gelitten.«

Sie holte ein Kleenex aus der Rocktasche und strich ihm damit
über die Stirn. Das Kleenex war naß. Sie lächelte ihn mit dieser
schrecklichen falschen Mütterlichkeit an.

»War es sehr schlimm?«

»Ja. Ja, das war es. Kann ich jetzt...«

»Ich habe Ihnen *gesagt*, Sie sollen mich nicht wütend machen.
Leben und lernen, sagt man das nicht so? Nun, wenn Sie leben,
dann werden Sie schon noch lernen.«

»Kann ich jetzt meine Tabletten haben?«

»In einer Minute«, sagte sie. Ihr Blick ruhte ununterbrochen auf
seinem schwitzenden Gesicht, der wächsernen Farbe und den
hektischen roten Flecken. »Zuerst möchte ich mich vergewissern,
ob es nicht *noch etwas* gibt, das Sie brauchen. Nichts, das die

dumme alte Annie Wilkes vergessen hat, weil sie nicht versteht, wie ein Mister Neunmalklug ein Buch schreibt. Ich möchte sicher sein, daß Sie mich nicht wieder in die Stadt schicken, um Ihnen ein Diktiergerät zu bringen, oder vielleicht ein spezielles Paar Schreibhausschuhe oder so etwas. Denn wenn Sie es wollen, dann gehe ich. Ihr Wunsch ist mir Befehl. Ich werde Ihnen selbstverständlich vorher Ihre Tabletten geben. Ich werde sofort Old Bessie anwerfen und losfahren. Also, Mister Neunmalklug, was sagen Sie? Ist jetzt alles bereit?«

»Alles bereit«, sagte er. »Annie, bitte...«

»Und Sie werden mich nicht mehr wütend machen?«

»Nein. Ich werde Sie nicht mehr wütend machen.«

»Denn wenn ich wütend bin, dann bin ich nicht mehr ich selbst.« Sie senkte den Blick. Sie betrachtete seine Hände, die er fest über die Probepäckchen Novril preßte. Sie sah sehr lange hin.

»Paul?« fragte sie leise. »Paul, warum halten Sie die Hände so?«

Er begann zu weinen. Es waren die Schuldgefühle, die ihn weinen ließen, und das war am schlimmsten für ihn: Zusätzlich zu allem, was diese monströse Frau ihm angetan hatte, erzeugte sie auch noch Schuldgefühle in ihm. Daher weinte er schuldbewußt... aber auch aufgrund einer kindlichen Niedergeschlagenheit.

Er sah zu ihr auf, während Tränen flossen, und spielte die allerletzte Karte, die er in der Hand hatte.

»Ich möchte meine Tabletten«, sagte er, »und ich möchte die Bettflasche. Ich habe es die ganze Zeit gehalten, während Sie weg waren, Annie, aber ich kann es nicht mehr lange halten, und ich möchte mich nicht wieder naß machen.«

Sie lächelte zärtlich und strahlend und strich ihm das wirre Haar aus der Stirn. »Mein armer Kleiner. Annie hat Sie eine Menge durchmachen lassen, nicht? Zu viel! Böse alte Annie! Ich werde beides sofort holen.«

36

Er hätte es nicht gewagt, die Tabletten unter dem Teppich zu verstecken, auch wenn er der Meinung gewesen wäre, er hätte genügend Zeit, bis sie zurückkam – die Päckchen waren klein, aber die Wölbungen wären dennoch deutlich gewesen. Als er hörte, wie sie ins Bad ging, nahm er sie, griff unter Schmerzen um seinen Körper herum und schob sie sich hinten in die Unterhose. Die scharfen Kartonkanten stachen in die Spalte zwischen seinen Gesäßbacken.

Sie kam mit der Bettflasche zurück, einer altmodischen Vorrichtung aus Blech, die auf absurde Weise wie ein Fön aussah. In der anderen Hand hielt sie zwei Kapseln Novril und ein Glas Wasser.

Zwei weitere zu denen, die du vor einer halben Stunde genommen hast, könnten dich in ein Koma fallen lassen und umbringen, dachte er, und eine zweite Stimme in ihm antwortete: *Soll mir recht sein.*

Er nahm die Tabletten und schluckte sie mit Wasser.

Sie hielt ihm die Bettflasche hin. »Brauchen Sie Hilfe?«

»Ich kann es alleine«, sagte er.

Sie wandte sich diskret ab, während er seinen Penis in die kalte Röhre fummelte und urinierte. Er sah sie zufällig an, als das hohle plätschernde Geräusch begann, und stellte fest, daß sie lächelte.

»Fertig?« fragte sie Augenblicke später.

»Ja.« Er hatte wirklich ziemlich dringend urinieren müssen – in aller Aufregung hatte er keine Zeit gehabt, an so etwas zu denken.

Sie nahm ihm die Bettflasche ab und stellte sie vorsichtig auf den Boden. »Und jetzt wollen wir Sie wieder ins Bett legen«, sagte sie. »Ihre Beine müssen ja schon eine Oper singen.«

Er nickte, wenngleich er in Wirklichkeit überhaupt nichts spürte – die Medikamente zusätzlich zu denen, die er selbst genommen hatte, schleuderten ihn mit alarmierender Geschwindigkeit in Richtung Bewußlosigkeit, er begann bereits, das Zimmer durch graue Gazeschleier hindurch zu sehen. An einen Gedanken klammerte er sich – sie würde ihn ins Bett legen, und wenn sie das tat, mußte sie blind und ohne Tastsinn sein, um nicht zu spüren, daß die Rückseite seiner Unterwäsche mit winzigen Päckchen vollgestopft war.

Sie rollte ihn neben das Bett.

»Nur noch einen Augenblick, Paul, dann können Sie ein Nikkerchen machen.«

»Annie, könnten Sie noch fünf Minuten warten?« stieß er hervor.

Sie sah ihn an, und ihr Blick wurde wieder mißtrauisch.

»Ich dachte, Sie hätten große Schmerzen, Kumpel.«

»Habe ich«, sagte er. »Es tut weh... zu sehr weh. Hauptsächlich das Knie. Wo Sie... äh, wo Sie die Beherrschung verloren haben. Ich kann noch nicht liegen. Könnten Sie mir noch fünf Minuten Zeit geben, um ... um...«

Er wußte, was er sagen wollte, aber es entglitt ihm immer wieder. Entglitt ihm in das Grau hinein. Er sah sie hilflos an und wußte, daß er doch noch erwischt werden würde.

»Um die Medizin wirken zu lassen?« fragte sie, und er nickte dankbar.

»Selbstverständlich. Ich werde den Einkauf verstauen und dann zurückkommen.«

Kaum hatte sie das Zimmer verlassen, griff er hinter sich, holte die Päckchen heraus und stopfte eines nach dem anderen unter die Matratze. Die grauen Gazeschleier wurden dichter, ihre Farbe veränderte sich unaufhaltsam von Grau zu Schwarz.

Ich muß sie so weit hinunterschieben, wie ich kann, dachte er blind. *Sehr weit, damit sie sie nicht mit dem Bettlaken herauszieht, wenn sie das Bett macht. So weit hinunter, wie du... wie du...*

Er schob das letzte unter die Matratze, dann sah er zur Decke empor, wo die H einen trunkenen Tanz vollführten.

Afrika, dachte er.

Jetzt muß ich nachwischen, dachte er.

Oh, ich bin in solchen Schwierigkeiten hier, dachte er.

Spuren, dachte er. *Habe ich Spuren hinterlassen? Habe ich...*

Paul Sheldon verlor das Bewußtsein. Als er wieder erwachte, waren vierzehn Stunden verstrichen, und draußen schneite es wieder.

II

MISERY

Das Schreiben verursacht *kein Leid,*
es wird aus Leid geboren.

MONTAIGNE

1

MISERYS RÜCKKEHR

Von Paul Sheldon

Für Annie Wilkes

KAPITEL 1

Wenngleich Ian Carmichael nicht für alle Juwelen aus dem Gold-
schatz der Queen aus Little Dunthorpe weggezogen wäre, mußte
er sich eingestehen, wenn es in Cornwall regnete, dann regnete
es heftiger als sonstwo in England.

An einem Haken in der Diele hing ein altes Stück Handtuch,
und nachdem er den tropfnassen Mantel aufgehängt und die
Stiefel ausgezogen hatte, nahm er es, um sich das dunkelblonde
Haar zu frottieren.

Aus dem Wohnzimmer konnte er leise, wie aus der Ferne,
die Klänge von Chopin hören, und er verharrte, das Stück
Handtuch immer noch in der linken Hand, um zuzuhören.

Die Feuchtigkeit, die nun seine Wange hinabrann , war
kein Regen mehr, sondern Tränen.

Er erinnerte sich noch, wie Geoffrey einmal zu ihm gesagt
hatte: Du darfst niemals vor ihren Augen weinen, alter Junge
-- das ist das einzige, was du niemals tun darfst!

Geoffrey hatte selbstverständlich recht gehabt -- der
gute alte Geoffrey hatte fast immer recht -- aber manchmal,

wenn er alleine war, wurde ihm auf schreckliche Art und Weise bewußt, wie knapp Misery dem Sensenmann entkommen war, und dann war es ihm beinahe unmöglich, die Tränen zurückzuhalten. Er liebte sie so sehr; ohne sie würde er sterben. Ohne Misery würde es schlicht und einfach kein Leben mehr für ihn und in ihm geben.

Die Geburt war lang und schwer gewesen, aber nicht länger oder schwerer als bei vielen anderen jungen Damen, hatte ihm die Hebamme gesagt. Erst nach Mitternacht, nachdem Geoffrey bereits eine Stunde weggeritten war, um den Doktor zu holen, obwohl ein Sturm aufgezogen war, wurde die Hebamme besorgt. Das war, als die Blutungen angefangen hatten.

"Guter alter Geoffrey!" Diesesmal sagte er es laut, während er in die riesige und mollig warme West Country Küche hineinging.

"Haben 'se was gesagt, junger Sair?" fragte ihn Mrs. Ramage, die schrullige aber liebenswerte Haushälterin der Carmichaels, als sie aus der Waschküche kam. Wie immer saß ihr Häubchen schief auf dem Kopf, und sie roch nach dem Getränk, welches sie immer noch, nach all den Jahren, für ihr geheimes Laster hielt.

"Nicht bewußt, Mrs. Ramage", sagte Ian.

"So, wie man Ihren Mantel draußen tropfen hört, sind Sie zwischen den Ställen und dem Haus ja beinahe ertrunken!"

"Aye, bin ich beinahe", sagte Ian und dachte: <u>Wenn Geoffrey nur zehn Minuten später mit dem Doktor gekommen wäre, ich glaube, sie wäre gestorben.</u> Das war ein Gedanke, den er stets mit aller Anstrengung von sich zu weisen suchte -- er war sinnlos und grausam zugleich --, aber der Gedanke an ein Leben ohne Misery war so schrecklich, daß er ihn manchmal ganz einfach nicht verdrängen konnte, wenn er sich verstohlen aufdrängte und ihn überraschte.

Nun, mitten hinein in seine düsteren Gedanken, erscholl das herzhafte Quäken eines Kindes -- seines Sohnes, der nun wach und mehr als bereit für sein Mittagsmahl war. Ganz leise konnte er Annie Wilkes geschäftig hantieren hören, die tüchtige Krankenschwester, die sofort begann, ihn zu beruhigen und sein Lätzchen zu wechseln.

"Der junge Stammhalter scheint heute bei guter Stimme zu sein", bemerkte Mrs. Ramage. Ian hatte noch einen Augenblick Zeit, sich mit unablässiger Verwunderung zu vergegenwärtigen, daß er der Vater eines Sohnes war, dann hörte er die Stimme seiner Frau unter der Tür:

"Hallo, Liebling."

Er sah auf, sah seine Misery an, sein Herzblatt. Sie stand ein wenig geneigt unter dem Torbogen, ihr kastanienrotes Haar mit dem geheimnisvollen tiefroten Funkeln, das an sterbenden Bernstein erinnerte, fiel aufregend über ihre Schultern. Ihre Gesichtsfarbe war immer noch zu blaß, aber die Wangen bekamen allmählich wieder Farbe, wie Ian sehen konnte. Ihre Augen waren dunkel und tief, der Schein der Küchenlampe funkelte in jedem, winzigen und wertvollen Diamanten gleich, welche auf dunkelstem Juweliersfilz blitzten.

"Mein Liebling!" rief er aus und lief auf sie zu wie an jenem Tag in Liverpool, als ihn die Gewißheit erfüllt hatte, daß die Piraten sie entführt hatten, wie Mad Jack Wickersham gedroht hatte.

Mrs. Ramage erinnerte sich plötzlich an etwas, das sie noch in der Waschküche erledigen mußte, und ließ sie alleine

131

-- aber sie entfernte sich mit einem Lächeln im Gesicht.
Auch Mrs. Ramage hatte ihre Augenblicke, da sie darüber nachdachte, wie das Leben weitergegangen wäre, wenn der Doktor
und Geoffrey in jener dunklen und stürmischen Nacht vor zwei
Monaten eine Stunde später gekommen wären, oder wenn die
riskante Bluttransfusion, bei der ihr junger Herr so tapfer
sein eigenes Blut in Miserys ausgeblutete Adern gepumpt hatte, nicht funktioniert hätte.

"Oh, Mädchen", sagte sie zu sich selbst, während sie den
Flur entlang hastete. "Über manche Sachen sollte man besser
gar nicht nachdenken." Ein guter Rat -- ein Rat, den Ian
sich auch schon selbst gegeben hatte. Aber sie hatten beide
feststellen müssen, daß guter Rat sich manchmal leichter
geben als befolgen ließ.

In der Küche zog Ian Misery dicht an sich, er spürte
seine Seele leben und sterben und wieder leben, während er
den süßen Geruch ihrer warmen Haut einatmete.

Er berührte die Rundung ihrer Brüste und spürte das
starke und gleichmäßige Schlagen ihres Herzens.

"Wenn du gestorben wärst, wäre ich mit dir gestorben",
flüsterte er.

Sie legte ihm die Arme um den Nacken und preßte ihre festen Brüste noch mehr gegen seine Hände. "Pssst, Liebling",
flüsterte Misery, "und sein nicht albern. Ich bin hier... direkt hier. Und jetzt küß mich! Wenn ich sterbe, dann wahrscheinlich an Verlangen nach dir."

Er drückte den Mund auf ihre Lippen und vergrub die Hände tief in den Locken ihres kastanienroten Haares, und ein
paar Augenblicke lang existierte gar nichts, außer ihnen
beiden.

2

Annie legte die drei Manuskriptseiten neben ihm auf den Nachttisch, und er wartete gespannt, was sie dazu sagen würde. Er war
neugierig, aber eigentlich nicht nervös – es hatte ihn tatsächlich
selbst überrascht, wie leicht es ihm gefallen war, sich wieder in
Miserys Welt zu versetzen. Ihre Welt war simpel und melodramatisch, aber das änderte nichts an der Tatsache, daß die Rückkehr
dorthin keineswegs so abgeschmackt gewesen war, wie er befürchtet hatte; es war sogar einigermaßen beruhigend gewesen,
als würde man ein Paar ausgetretene Hausschuhe anziehen. Daher klappte sein Kiefer herunter, und er war aufrichtig aus dem
Häuschen, als sie sagte:

»Das ist nicht richtig.«

»Es... es gefällt Ihnen nicht?« Er konnte es kaum glauben. Wie
konnten ihr die anderen *Misery*-Romane gefallen haben, und dies
hier nicht? Es war so sehr *misery*mäßig, daß es schon fast eine Kari-
katur war – die matronenhafte Mrs. Ramage süffelte Fusel in der
Waschküche, Ian und Misery begrapschten sich wie geile Schul-
kinder, die gerade von einer freitagabendlichen Tanzveranstal-
tung nach Hause kamen, und...

Jetzt war *sie* diejenige, die bestürzt aussah.

»*Gefallen*? Selbstverständlich gefällt es mir. Es ist wunderschön.
Als Ian sie in die Arme nahm, da weinte ich. Ich konnte nicht anders.« Ihre Augen waren tatsächlich ein wenig rot. »Und daß Sie
Baby Thomas' Krankenschwester nach mir benannt haben... das
war sehr reizend.«

Er dachte: *Und klug – wenigstens hoffe ich das. Und übrigens, Tussie,
der Name des Babys sollte Sean sein, falls es dich interessiert; ich habe ihn
geändert, weil ich sonst zu viele von diesen beschissenen N nachtragen
müßte.*

»Dann fürchte ich, daß ich nicht verstehe...«

»Nein, offensichtlich nicht. Ich habe nicht gesagt, daß es mir
nicht *gefällt*, ich sagte, es ist nicht *richtig*. Es ist ein Schwindel. Sie
müssen es ändern.«

Hatte er sie einmal für das perfekte Publikum gehalten?

O Junge. *Eines muß man dir lassen, Paul – wenn du einen Fehler machst, dann aber richtig.* Aus dem Dauerleser war ein gnadenloser Lektor geworden.

Ohne daß er es überhaupt bemerkt hätte, nahm Pauls Gesicht unwillkürlich den Ausdruck tiefer und aufrichtiger Konzentration aus, den es immer hatte, wenn er einem Lektor zuhörte. Er bezeichnete ihn als seinen Kann-ich-Ihnen-behilflich-sein-Lady-Gesichtsausdruck. Das lag daran, daß die meisten Lektoren wie Frauen waren, die an eine Tankstelle fahren und dem Mechaniker sagen, er möge bitte das beseitigen, was unter der Motorhaube klopfte oder *wonk-wonk* unter dem Armaturenbrett machte, und zwar bitte, wenn möglich, sofort. Aufrichtige Konzentration war gut, weil sie ihnen schmeichelte, und wenn Lektoren geschmeichelt waren, gaben sie manchmal einige ihrer albernen Ansichten auf.

»Inwiefern ist es ein Schwindel?« fragte er.

»Nun, Geoffrey ist weggeritten, um den Doktor zu holen«, sagte sie. »*Das* ist soweit richtig. Das geschah in Kapitel 38 von *Miserys Kind*. Aber der Doktor kam nicht, wie Sie genau wissen, weil Geoffreys Pferd mit dem Huf am Tor des elenden Mr. Cranthorpe hängenblieb – ich hoffe, daß *dieser* Schmutzfink seine gerechte Strafe in *Miserys Rückkehr* abbekommt, Paul, das hoffe ich wirklich –, als es darüber hinwegspringen wollte, und Geoffrey brach sich die Schulter und ein paar Rippen und lag die ganze Nacht dort im Regen, bis der Schäferjunge daherkam und ihn fand. Also konnte der Doktor nicht kommen. Sehen Sie?«

»Ja.« Plötzlich war es ihm unmöglich, den Blick von ihrem Gesicht abzuwenden.

Er hatte geglaubt, sie würde sich den Lektorenhut aufsetzen – vielleicht sogar den Zylinder des Ko-Autors – und versuchen, ihm zu sagen, was er schreiben sollte und wie er es schreiben sollte. Aber das war nicht der Fall. Zum Beispiel Mr. Cranthorpe. Sie *hoffte*, Mr. Cranthorpe würde seine gerechte Strafe bekommen, aber sie verlangte es nicht. Sie sah den kreativen Verlauf der Geschichte als etwas außerhalb ihres Einflusses an, wenngleich sie *ihn* ganz offensichtlich in ihrem Einflußbereich hatte. Aber manche Dinge ließen sich einfach nicht bewerkstelligen. Kreativität oder mangelnde Kreativität hatten damit nichts zu tun; dies zu tun, war so unsinnig, als würde man die Aufhebung der Schwerkraft verkünden oder versuchen, mit einem Backstein Tischtennis zu spielen. Sie *war* wirklich seine Dauerleserin, aber Dauerleserin hieß nicht Dauertrottel.

Sie gestattete ihm nicht, Misery zu töten... aber gleichzeitig gestattete sie ihm auch nicht, sie vermittels eines Tricks wieder zum Leben zu erwecken.

Gütiger Himmel, dachte er, *ich habe sie aber sterben lassen. Was soll ich denn jetzt tun?*

»Als ich ein Mädchen war«, sagte sie, »wurden in den Kinos noch Serials gezeigt. Pro Woche eine Folge. Masked Avenger, Flash Gordon, sogar eines über Frank Buck, den Mann, der nach Afrika reiste, um wilde Tiere zu fangen, und der Löwen und Tiger zähmen konnte, indem er sie nur ansah. Erinnern Sie sich an diese Serials?«

»Ich erinnere mich an sie, aber *Sie* können doch nicht so alt sein, Annie – Sie müssen sie im Fernsehen gesehen haben, oder Sie hatten einen älteren Bruder oder eine Schwester, die ihnen davon erzählt hat.«

An ihren Mundwinkeln wurden ganz kurz Grübchen in dem soliden Fleisch sichtbar, dann verschwanden sie wieder. »Ach, hören Sie auf, Sie Schmeichler! Aber ich hatte wirklich einen älteren Bruder, und wir gingen jeden Samstagnachmittag zusammen ins Kino. Das war in Bakersfield, Kalifornien, wo ich aufgewachsen bin. Mir gefielen die Wochenschau und die Trickfilme und der Hauptfilm immer sehr gut, aber worauf ich mich wirklich freute, das waren die neuesten Folgen der Serials. Ich dachte die ganze Woche lang in den unmöglichsten Augenblicken daran. Wenn der Unterricht in der Schule langweilig war oder ich bei Mrs. Krenmitz' vier Bälgern unten Babysitter spielen mußte. Ich haßte diese kleinen Bälger.«

Annie verfiel in ein nachdenkliches Schweigen und sah in eine Ecke. Sie hatte wieder abgeschaltet. Es war das erste Mal seit einigen Tagen, daß das passierte, und er überlegte, ob sie wieder im unteren Teil ihres Zyklus war. Wenn ja, dann tat er besser daran, alle seine Luken dicht zu machen.

Schließlich kam sie wieder zu sich, wie stets mit einem leicht überraschten Ausdruck, als hätte sie gar nicht damit gerechnet, daß die Welt noch da war.

»Rocket Man war mein Lieblingsserial. Am Ende von Folge 6, ›Tod am Himmel‹, lag er bewußtlos in seinem Flugzeug, während dieses dem Boden entgegentrudelte. Oder am Ende von Folge 8, ›Feuertod‹, war er in einem brennenden Lagerhaus an einen Stuhl gefesselt. Manchmal war es ein Auto ohne Bremsen, manchmal Giftgas, manchmal Elektrizität.«

»Cliff-Hanger nennt man das«, sagte er.

Sie sah ihn stirnrunzelnd an. »Das weiß ich, Mister Neunmalklug. Herrje, manchmal denke ich, Sie müssen mich für schrecklich dumm halten.«

»Nein, Annie, wirklich nicht.«

Sie winkte ungeduldig mit der Hand, und er begriff, daß es besser war – zumindest heute –, sie nicht zu unterbrechen. »Es machte immer Spaß sich vorzustellen, wie er aus dieser Lage entkommen konnte. Manchmal gelang mir das, manchmal nicht. Es machte mir nichts aus, solange sie fair spielten. Die Leute, die sich die Geschichten ausdachten.«

Sie sah ihn durchdringend an, um sicherzustellen, daß er begriffen hatte, was sie sagen wollte. Paul war der Meinung, daß er es kaum hätte überhören können.

»Etwa, als er bewußtlos in dem Flugzeug lag. Er wachte auf, und unter dem Sitz war ein Fallschirm. Er zog ihn an und sprang aus dem Flugzeug, und das war fair.«

Tausende Englischlehrer wären da anderer Meinung, meine Liebe, dachte er. *Was du meinst, das nennt man* deus ex machina, *den Gott aus der Maschine, der erstmals in griechischen Amphitheatern eingeführt wurde. Wenn der Stückeschreiber seinen Helden in eine ungewöhnliche Lage gebracht hatte, dann wurde von oben ein blumengeschmückter Stuhl herabgelassen. Der Held setzte sich darauf und wurde von der Gefahr entfernt. Das dümmste Schwein hätte den Symbolgehalt begreifen können – der Held war von Gott gerettet worden. Aber der* deus ex machina, *manchmal auch bekannt als der alte Fallschirm-unter-dem-Sitz-Trick, kam um das Jahr 1700 schließlich aus der Mode. Aber natürlich nicht in solchem Schund wie Rocket Man oder den Nan-*

cy-Drew-Büchern. *Ich glaube, du hast die Entwicklung verschlafen, Annie.*

Einen gräßlichen, unvergeßlichen Augenblick lang befürchtete Paul, er würde einen Lachanfall bekommen. Wenn er ihre heutige Laune bedachte, hätte das zweifellos eine unangenehme und schmerzhafte Strafe nach sich gezogen. Er hob rasch eine Hand zum Mund, um das dort beginnende Lächeln zu verbergen, und simulierte einen Hustenanfall.

Sie schlug ihm so fest auf den Rücken, daß es schmerzte.

»Besser?«

»Ja, danke.«

»Kann ich jetzt fortfahren, oder gedenken Sie auch noch einen Niesanfall zu bekommen, Paul? Soll ich Ihnen den Eimer holen? Ist Ihnen, als müßten Sie sich ein paarmal übergeben?«

»Nein, Annie. Bitte fahren Sie fort. Was Sie sagen, ist faszinierend.«

Sie sah ein wenig versöhnt aus – nicht sehr, aber ein wenig. »Als er den Fallschirm unter dem Sitz fand, war das fair. Vielleicht nicht unbedingt besonders *realistisch*, aber fair.«

Er dachte verblüfft darüber nach – ihre gelegentlichen brillanten Einsichten verblüfften ihn immer – und stellte fest, daß das stimmte. *Fair* und *realistisch* mochten in der besten aller Welten Synonyme sein, aber wenn nicht, dann war das nicht diese Welt.

»Aber es gab eine andere Folge, Paul«, sagte sie, »und sie demonstriert *ganz genau* das, was mit dem, was Sie geschrieben haben, nicht in Ordnung ist, also hören Sie gut zu.«

»Ich bin ganz Ohr.«

Sie sah ihn scharf an, ob er sie veralberte. Aber sein Gesicht war blaß und ernst – ganz das Gesicht eines aufmerksamen Schülers. Der Drang zu lachen war verschwunden, als ihm klar geworden war, daß Annie alles über den *deus ex machina* wußte, abgesehen vom Namen. »Also gut«, sagte sie. »Das war die Folge mit dem Auto ohne Bremsen. Die Bösen sperrten Rocket Man – aber es war Rocket Man in seiner Tarnidentität – in ein Auto ohne Bremsen, dann schweißten sie die Türen zu und ließen das Auto diese gewundene Bergstraße hinabrollen. Ich kann Ihnen sagen, an diesem Tag hatte ich Mühe stillzusitzen.«

Sie saß auf der Bettkante, Paul jenseits des Zimmers im Rollstuhl. Seit seiner Expedition ins Bad und ins Wohnzimmer waren fünf Tage vergangen, und er hatte sich schneller, als er es für möglich gehalten hätte, von diesem Vorfall erholt. Die Tatsache, daß sie ihn nicht erwischt hatte, dachte er, war ein großartiges Heilmittel. Sie sah abwesend zum Kalender, wo ein lachender Junge auf seinem Schlitten durch einen endlosen Februar fuhr.

»Also saß der arme alte Rocket Man ohne seinen Raketenrucksack und ohne seinen Spezialhelm in dem Auto und versuchte, gleichzeitig zu lenken und das Auto anzuhalten und die Tür zu öffnen. Ich kann Ihnen sagen, er war beschäftigter als ein einarmiger Tapezierer.«

Ja, Paul konnte es sich vorstellen – und auf instinktive Weise wurde ihm sofort klar, wie man aus einer solchen Szene, so absurd melodramatisch sie sein mochte, Spannung beziehen konnte. Die Einstellung, gefährlich abwärts geneigt, draußen raste alles mit halsbrecherischer Geschwindigkeit vorbei. Schnitt auf die Bremse, die sich widerstandslos bis zum Boden durchtreten ließ, als der Fuß des Mannes (er sah den Fuß deutlich vor sich – in einen Fliegerstiefel der vierziger Jahre gekleidet) darauf stampfte. Schnitt auf seine Schulter, die gegen die Tür rammt. Schnitt auf das Äußere, wo man eine Schweißnaht sieht, wo der Türspalt sein sollte. Sicher, dumm – ganz sicher nicht literarisch –, aber man konnte eine Menge damit herausholen. Man konnte den Puls des Publikums damit beschleunigen. Kein Chevas Regal; dies war das künstlerische Gegenstück zu selbstgebranntem Fusel.

»Plötzlich sah man das Ende der Straße an einer Klippe«, sagte sie, »und jeder im Kino wußte, wenn Rocket Man nicht aus dem alten Hudson herauskam, bevor er den Rand der Klippe erreichte, dann war es um ihn geschehen. Mann, o Mann! Und da kam das Auto angerast, und Rocket Man versuchte immer noch, zu lenken, zu bremsen und die Tür zu öffnen, und dann... raste das Auto über die Klippe. Es flog einen weiten Bogen, dann fiel es. Auf halbem Weg prallte es auf der Klippe auf und explodierte zu einem Feuerball, dann fiel es ins Meer, und dann kam der Nachspann und verkündete: NÄCHSTE WOCHE FOLGE 11: DER DRACHEN FLIEGT.«

Sie saß auf der Bettkante, hatte die Hände ineinander verschlungen, ihr gewaltiger Busen hob und senkte sich rapide.

»Nun«, sagte sie, sah aber nicht ihn an, sondern nur die Wand, »danach habe ich den Hauptfilm so gut wie gar nicht gesehen. Ich dachte nicht nur ein- oder zweimal in dieser Woche an Rocket Man, ich dachte *ununterbrochen* an ihn. Wie konnte er herausgekommen sein? Ich konnte es mir einfach nicht vorstellen.

Am nächsten Sonntag stand ich schon um zwölf Uhr vor dem Kino, wenngleich der Kartenverkauf erst um dreizehn Uhr dreißig begann, und die Vorstellung begann erst um vierzehn Uhr. Aber, Paul... was geschehen ist... darauf werden Sie nie kommen!«

Paul sagte nichts, aber er konnte es sich denken. Er begriff, wie ihr das, was er geschrieben hatte, gefallen und sie es trotzdem nicht richtig finden konnte – wie sie es wissen und aussprechen konnte, und zwar nicht mit der manchmal nicht vertrauenswürdigen literarischen Bildung eines Lektors, sondern mit der schlichten, unerschütterlichen Gewißheit des Dauerlesers. Er begriff es und war überrascht, daß er sich selbst schämte. Sie hatte recht. Er hatte *betrogen*.

»Die neue Folge fing stets mit dem Ende der letzten an. Sie zeigten, wie er den Hügel hinabraste, sie zeigten die Klippe, sie zeigten ihn, wie er gegen die Tür stieß und versuchte, sie zu öffnen. Dann, kurz bevor das Auto über die Klippe raste, wurde die Tür aufgerissen, und er sprang heraus! Das Auto flog über den Klippenrand, und alle Kinder im Kino kreischten, weil Rocket Man entkommen war, aber ich kreischte nicht, Paul. Ich war *wütend!* Ich fing an zu schreien: ›Das ist letzte Woche nicht passiert! Das ist letzte Woche nicht passiert!‹«

Annie sprang auf und begann, rasch im Zimmer auf und ab zu gehen, sie hatten den Kopf gesenkt, Haarsträhnen fielen ihr unordentlich in die Stirn, mit einer Faust schlug sie in die Handfläche der anderen Hand, ihre Augen blitzten.

»Mein Bruder versuchte, mich zu beruhigen, und da das nichts half, versuchte er, mir die Hand vor den Mund zu halten, aber ich biß ihn und schrie weiter: ›Das ist letzte Woche nicht passiert! Seid ihr alle so dumm, daß ihr euch nicht erinnern könnt? Leidet ihr alle an Gedächtnisschwund?‹ Und mein Bruder sagte: ›Du bist verrückt, Annie!‹ Aber ich wußte, daß ich das nicht war. Und der Kinobesitzer kam und sagte zu mir, wenn ich nicht still sein würde, müßte ich das Kino verlassen, und ich sagte: ›Sie können sich darauf verlassen, daß ich gehen werde, denn das war ein billiger Betrug, das ist letzte Woche nicht passiert!‹«

Sie sah ihn an, und Paul erblickte unverhohlene Mordlust in ihren Augen.

»Er kam nicht aus dem utschibutschi Auto heraus! Es fiel über den Rand, und er saß immer noch drinnen! Begreifen Sie das?«

»Ja«, sagte Paul.

»BEGREIFEN SIE DAS?«

Plötzlich sprang sie mit dieser unbeherrschten Wut auf ihn los, und wenngleich er sicher war, daß sie ihm wehtun wollte, wie schon einmal, wahrscheinlich, weil sie diesen Schmutzfink von einem Drehbuchautor nicht erwischen konnte, der betrogen und Rocket Man aus dem Auto herausgeholt hatte, bevor es über die Klippe fiel, bewegte er sich nicht – er sah die Saat ihrer Instabilität in dem Fenster zur Vergangenheit, das sie gerade für ihn aufgestoßen hatte, und er fürchtete sich davor. Die Ungerechtigkeit, die sie empfand, war, so kindisch sie sein mochte, unanfechtbar real.

Sie schlug ihn nicht; sie packte den Kragen der Jacke, die er anhatte, und zog ihn nach vorne, bis sein Gesicht beinahe ihres berührte.

»WIRKLICH?«

»Ja, Annie, ja.«

Sie sah ihn mit ihrem wütenden schwarzen Blick an und schien zu spüren, daß er die Wahrheit sagte, denn nach einem Augenblick stieß sie ihn fast verächtlich auf den Rollstuhl zurück.

Er verzog das Gesicht wegen der schlimmen, stechenden Schmerzen, und nach einer Weile ließen sie nach.

»Dann wissen Sie, was nicht stimmt«, sagte sie.

»Ich glaube schon.« *Aber der Teufel soll mich holen, wenn ich weiß, was ich dagegen tun soll.*

Und die andere Stimme ergriff sofort das Wort: *Ich weiß nicht, ob du von Gott verflucht oder erlöst worden bist, Paulie, aber eines weiß ich genau: Wenn du nicht einen Weg findest, Misery wieder zum Leben zu er-*

wecken – einen Weg, den sie glauben kann –, dann wird sie dich umbringen.

»Dann verbessern Sie es«, sagte sie kurz angebunden und ging aus dem Zimmer.

3

———

Paul sah zu der Schreibmaschine. Die Schreibmaschine war da. Die N! Er hatte sich nie Gedanken darüber gemacht, wie viele N es in einer durchschnittlichen Tippzeile gab.

Ich dachte, du wärst gut, sagte die Schreibmaschine – sein Verstand hatte sie mit einer höhnischen und dennoch unreifen Stimme ausgestattet: der Stimme eines Teenager-Revolvermanns in einem Hollywood-Western, ein Junge, der darauf aus war, sich hier in Deadwood rasch einen Ruf zu erwerben. *Du bist gar nicht gut. Verflucht, du kannst nicht einmal eine übergewichtige ehemalige Krankenschwester zufriedenstellen. Vielleicht hast du bei diesem Unfall auch deinen Schreibknochen gebrochen, aber dieser Knochen wird nicht heilen.*

Er lehnte sich so weit zurück, wie es der Rollstuhl gestattete, und schloß die Augen. Ihre Ablehnung dessen, was er geschrieben hatte, würde einfacher zu ertragen sein, wenn er es auf die Schmerzen schieben könnte, aber in Wahrheit hatten die Schmerzen sogar ein wenig nachgelassen.

Die gestohlenen Tabletten hatte er sicher zwischen der Matratze und dem Bettrost versteckt. Bisher hatte er keine genommen – das Wissen, daß er sie als eine Art Annie-Versicherung in Reserve hatte, war ausreichend. Sie würde sie finden, wenn sie es sich in den Kopf setzte, die Matratze umzudrehen, dachte er, aber das war ein Risiko, das einzugehen er bereit war.

Seit der Unstimmigkeit wegen des Schreibmaschinenpapiers war es zu keiner Auseinandersetzung mehr zwischen ihnen gekommen. Er bekam seine Medizin regelmäßig, und er nahm sie. Er fragte sich, ob sie wußte, daß er danach süchtig war.

Ach, kommen Sie, Paul, das ist doch ein wenig übertrieben, nicht?

Nein, war es nicht. Vor drei Nächten, als er sicher war, daß sie sich oben aufhielt, hatte er eine der Probepackungen hervorgekramt und alles gelesen, was darauf stand, obwohl er der Meinung war, er wüßte bereits alles, als er den hauptsächlichen Wirkstoff von Novril las. *Erleichterung* buchstabierte man vielleicht R-O-L-A-I-D-S, aber Novril buchstabierte man K-O-D-E-I-N.

Tatsache ist, daß du genest, Paul. Unterhalb der Knie sehen deine Beine aus wie die Kritzelei eines Vierjährigen, aber du genest. Mittlerweile würde dir Aspirin oder Empirin genügen. Nicht du brauchst das Novril; du fütterst es dem Affen auf deinem Rücken.

Er mußte zurückschrauben, er mußte einige der Kapseln verschwinden lassen. Wenn er das nicht tat, hatte sie ihn nicht nur im Rollstuhl, sondern auch an der Kette – einer Kette, die aus Novrilkapseln bestand.

Okay, eine von zwei Kapseln, die sie mir bringt, nehme ich künftig nicht mehr. Ich lege sie unter die Zunge, wenn ich die andere schlucke, und wenn sie das Wasserglas hinausbringt, verstecke ich sie bei den anderen unter der Matratze. Aber heute noch nicht. Heute fühle ich mich noch nicht dazu bereit. Ich werde morgen anfangen.

Nun hört er in Gedanken die Stimme der roten Königin, die Alice eine Moralpredigt hielt: *Hier unten haben wir gestern aufgeräumt, und wir haben vor, morgen aufzuräumen, aber wir räumen niemals heute auf.*

Ho-ho, Paulie, du bist ein echter Pfundskerl, sagte die Schreibmaschine mit der Stimme des zähen Killers, die er sich für sie ausgedacht hatte.

»Wir Schmutzfinken sind nicht immer so komisch, aber wir geben nie auf, es zu versuchen – das mußt du mir zugute halten«, murmelte er.

Nun, du solltest besser anfangen, über die Menge an Drogen nachzudenken, die du einnimmst, Paul. Und du solltest besser sehr ernst darüber nachdenken.

Plötzlich beschloß er, aus der Laune des Augenblicks heraus, daß er einen Teil der Tabletten verschwinden lassen würde, sobald er ein erstes Kapitel geschrieben hatte, das Annie gefallen würde – ein Kapitel, das in Annies Augen kein Betrug war.

Ein Teil von ihm – der Teil nämlich, der sich die guten Vorschläge von Lektoren nur mit Mißvergnügen anhörte – protestierte, daß die Frau verrückt war, daß sich unmöglich vorhersagen ließ, was sie akzeptieren würde und was nicht, daß alles, was er versuchen würde, lediglich ein Fehlentwurf sein würde.

Aber ein anderer Teil – ein ungleich sensiblerer Teil – stimmte dem nicht zu. Er würde die richtige Lösung erkennen, wenn er sie gefunden hatte. Diese richtige Lösung würde den Unsinn, den er Annie gestern abend zu lesen gegeben hatte, den Unsinn, für den er drei Tage und zahllose Fehlstarts gebraucht hatte, im Vergleich wie einen Haufen Hundescheiße neben einem Silberdollar aussehen lassen. Hatte er nicht gewußt, daß das alles nicht stimmte? Es war nicht seine Art, sich so schwer zu tun oder einen ganzen Papierkorb mit angefangenen Seiten zu füllen, welche mit Zeilen endeten wie: ›Misery drehte sich mit glänzenden Augen zu ihm um, und ihre Lippen sprachen die Zauberworte: ›O du beschissener Dummkopf, DAS WIRD NICHT FUNKTIONIEREN!!!‹‹ Er hatte das auf die Schmerzen zurückgeführt, und darauf, daß er sich in einer Situation befand, in der er nicht für sein täglich Brot schrieb, sondern um sein Leben zu retten. Diese Gedanken freilich waren wenig mehr gewesen als plausible Lügen; auch die Vorstellung, daß er schlecht geworden war, weil er betrog und es selbst genau wußte.

Nun, sie hat dich durchschaut, Scheiße-im-Kopf, sagte die Schreibmaschine mit ihrer garstigen, vorwurfsvollen Stimme. *Oder etwa nicht? Also, was wirst du jetzt tun?*

Er wußte es nicht, aber er vermutete, er würde sich schnell etwas einfallen lassen müssen. Heute morgen war ihm nichts an ihrer Stimmung gelegen. Er vermutete, er konnte sich glücklich schätzen, daß sie ihm die Beine nicht mit einem Baseballschläger erneut gebrochen oder ihn mit der Batteriesäure manikürt hatte, um ihr Mißfallen über die Art und Weise zu bekunden, wie er ihr Buch angefangen hatte – solche Reaktionen waren immer denkbar, wenn man Annies einmalige Weltsicht bedachte. Wenn er lebend hier herauskam, würde er Christopher Hale vielleicht einen Brief schreiben. Hale rezensierte Bücher für die *New York Times*. In dem Brief würde stehen: ›Wenn mein Lektor mich anrief und mir mitteilte, daß Sie eines meiner Bücher in der *Times* besprechen wollten, dann schlugen mir meist die Knie gegeneinander – Sie haben mir ein paar gute Besprechungen geliefert, Chris, alter Freund, aber Sie haben mir auch mehr als einmal eine vor den Latz gedonnert, wie Sie selbst genau wissen. Wie dem auch sei, ich wollte Ihnen nur mitteilen: Machen Sie weiter und geben Sie Ihr Schlimmstes – ich habe gerade eine völlig neue Form von Literaturkritik kennenlernen dürfen. Wir könnten sie die ›Colorado-Grill-und-Putzeimer-Schule‹ nennen. Dagegen nimmt sich das, was Ihr Jungs schreibt, so gefährlich wie eine Karussellfahrt im Central Park aus.‹

Das ist alles sehr amüsant, **Paul, Kritikern** *kleine* billetsdoux *im Kopf zu schreiben, sorgt immer für einen Lacher, aber du solltest dir allmählich wirklich einen Topf suchen und ihn zum Kochen bringen, meinst du nicht auch?*

Ja. Ja, wirklich.

Die Schreibmaschine stand da und grinste ihn an.

»Ich hasse dich«, sagte Paul düster und sah zum Fenster hinaus.

4

Der Schneesturm, der bei Pauls Erwachen nach seiner Expedition ins Bad wütete, hatte zwei Tage gedauert – es waren mindestens zwanzig Zentimeter Neuschnee gefallen, hohe Schneeverwehungen türmten sich auf. Als die Sonne endlich wieder herauskam, war Annies Cherokee wenig mehr als ein Schneeberg auf dem Hof.

Nun jedoch schien die Sonne wieder, und der Himmel war wieder klar. Die Sonne gleißte nicht nur, sie war auch warm – er spürte sie im Gesicht und auf den Händen, wenn er am Fenster saß. Die Eiszapfen am Stall tropften wieder. Er dachte kurz an sein im Schnee begrabenes Auto, dann nahm er ein Blatt Papier und spannte es in die Royal ein. Er tippte die Worte MISERYS RÜCK-KEHR in die obere linke Ecke, die Zahl 1 in die obere rechte. Er ließ den Wagentransporthebel viermal schnalzen, zentrierte den Wagen und tippte KAPITEL 1. Er schlug heftiger als notwendig auf die Tasten, damit sie hören konnte, daß er wenigstens *etwas* tippte.

Nun hatte er die weiße Fläche unter KAPITEL 1 vor sich, die aussah wie eine Schneeverwehung, in die er hineinstürzen und sterben konnte, erfrieren.

Afrika.

Solange er fair spielte.

Dieser Vogel kommt aus Afrika.

Es war ein Fallschirm unter seinem Sitz.

Afrika.

Jetzt muß ich nachwischen.

Er schweifte ab und wußte, das sollte er nicht – wenn sie hereinkam und feststellte, daß er müßig herumsaß, anstatt zu tippen, würde sie wütend werden –, aber er ließ dennoch geschehen, daß er abschweifte. Er döste jedoch nicht nur; auf eine seltsame Weise dachte er nach. Überlegte. *Suchte.*

Wonach suchst du denn, Paulie?

Aber das lag auf der Hand. Das Flugzeug war im Sturzflug. Er suchte nach dem Fallschirm unter dem Sitz. Okay? Ist das fair?

Fair. Wenn er den Fallschirm unter dem Sitz fand, war das fair. Vielleicht nicht unbedingt besonders realistisch, aber fair.

Eine Reihe von Sommern hatte seine Mutter ihn tageweise ins Malden Community Center geschickt. Dort hatten sie ein Spiel gespielt... sie saßen im Kreis, und dieses Spiel war beinahe so, wie Annies Serials, und er hatte fast gewonnen... Wie hieß dieses Spiel doch gleich?

Er konnte fünfzehn kleine Jungs und Mädchen sehen, die in einem schattigen Teil des Spielplatzes im Kreis saßen, alle mit Malden-Community-T-Shirts an, alle hörten aufmerksam zu, als die Aufsicht erklärte, wie das Spiel gespielt wurde. *Kannst du?, so hieß dieses Spiel, Kannst du?, und es war tatsächlich wie diese Cliffhanger von Republic, das Spiel, das du gespielt hast, hieß Kannst du?, Paulie, und so heißt auch das Spiel, das du jetzt spielst, nicht?*

Ja, dachte er. Wahrscheinlich schon.

In Kannst du? begann die Aufsicht eine Geschichte um einen

Burschen namens Sonny Sorglos. Sorglos hat sich in den unerforschten Dschungeln Südamerikas verirrt. Plötzlich sieht er sich um und stellt fest, daß Löwen hinter ihm sind... Löwen sind neben ihm... und, bei Gott, Löwen sind vor ihm. Sonny Sorglos ist von Löwen umzingelt... und sie kommen auf ihn zu. Es ist erst fünf Uhr nachmittags, aber das ist für die Kleinen kein Problem; was südamerikanische Löwen anbelangt, so ist das Acht-Uhr-Abendessen nichts weiter als Bockmist.

Die Aufsicht hatte eine silberne Taschenuhr gehabt, und Paul Sheldons dösender Verstand sah sie mit erstaunlicher Deutlichkeit vor sich, wenngleich er das silberne Gewicht zum letzten Mal vor mehr als dreißig Jahren in der Hand gehalten hatte. Er konnte die feine Kupferplatte des Zifferblatts sehen, den kleineren Zeiger unten, der Zehntelsekunden maß, er konnte den eingeprägten Markennamen sehen: ANNEX.

Die Aufsicht sah sich in dem Kreis um und suchte sich einen Aus. »Daniel«, hieß es dann. »Kannst du?« Und kaum war das *Kannst du?* heraus, drückte sie auf die Stoppuhr.

Daniel hatten dann genau zehn Sekunden Zeit, die Geschichte weiterzuerzählen. Wenn er in diesen zehn Sekunden nichts sagte, mußte er den Kreis verlassen. Aber wenn er Sorglos vor den Löwen retten konnte, dann sah die Aufsicht wieder in den Kreis und stellte die zweite Frage des Spiels, die ihm seine derzeitige Situation wieder deutlich ins Gedächtnis rief: *War es so?*

Die Spielregeln dieses Spiels waren ganz genau die von Annie. Realismus war nicht nötig; aber Fairneß. Daniel konnte zum Beispiel sagen: »Zum Glück hatte Sorglos seine Winchester bei sich und ausreichend Muni. Damit erschoß er drei Löwen, und die anderen liefen weg.« In diesem Fall *war es so*. Er bekam die Stoppuhr und durfte mit seinem Teil der Geschichte fortfahren, und er konnte damit aufhören, daß Sorglos bis zu den Hüften in Treibsand steckte oder etwas ähnliches, dann würde er jemand anderen fragen, ob er oder sie konnte, um sofort auf die Stoppuhr zu drücken.

Aber zehn Sekunden waren nicht lang, und man konnte leicht steckenbleiben oder betrügen. Das nächste Kind konnte etwas sagen wie: »In diesem Augenblick kam ein riesiger Vogel geflogen –

ich glaube, es war ein Kondor. Sorglos packte ihn am Hals und ließ sich von ihm aus dem Treibsand herausziehen.«

Wenn die Aufsicht fragte: *War das so?*, hob man die Hand für ja und ließ sie unten für nein. Im Falle des Kondors wäre das Kind zweifelsohne aufgefordert worden, den Kreis zu verlassen.

Kannst du, Paul?

Klar. Davon lebe ich. Daher kann ich mir Wohnungen in New York und L. A. leisten, und mehr rollendes Blech als man bei manchem Gebrauchtwagenhändler findet. Weil ich kann, *und das ist etwas, wofür ich mich nicht entschuldigen muß, verdammt noch mal. Es gibt eine ganze Menge Leute, die schreiben bessere Prosa als ich, die verstehen besser, wie die Menschen wirklich sind und was die Menschheit sein sollte – verflucht, das weiß ich. Aber wenn die Aufsicht für diese Leute* War das so? *fragt, dann heben manchmal nur sehr wenige die Hände. Aber sie heben die Hände für mich . . . oder für Misery . . . und im Endeffekt ist das ja ein und dasselbe, nicht? Kann ich? Klar. Aber ganz gewiß. Es gibt Millionen Dinge auf dieser Welt, die ich nicht tun kann. Konnte keinen angeschnittenen Ball treffen, nicht einmal in der High School. Kann keinen tropfenden Wasserhahn reparieren. Kann nicht Rollschuhlaufen oder einen F-Akkord auf der Gitarre anschlagen, der sich nicht beschissen anhört. Ich habe zweimal versucht, eine Ehe zu führen, und konnte es beide Male nicht. Aber wenn Sie möchten, daß ich Sie entführe, Ihnen Angst mache oder Sie zum Lachen oder Mitfühlen bringe, ja, das kann ich. Ich kann es so lange mit Ihnen machen, bis Sie alt und grau werden. Ich bringe es. ICH KANN.*

Die anmaßende Revolvermann-Stimme der Schreibmaschine flüsterte in seinen tiefer werdenden Traum hinein:

Was du hier vor dir hast, mein Freund, ist eine ganze Menge von zwei Dingen – große Worte und weißes Papier.

Kannst du?

Ja. *Ja!*

War *es so?*

Nein. Er hat betrogen. In Miserys Kind ist der Doktor nicht gekommen. Ihr anderen habt vielleicht vergessen, was letzte Woche passiert ist, aber die Göttin aus Stein vergißt niemals. Paul muß den Kreis verlassen. Verzeihung, bitte. Jetzt muß ich nachwischen. Jetzt muß ich . . .

»...nachwischen«, murmelte er und drehte sich nach rechts. Das verdrehte sein linkes Bein ein wenig, und der stechende Schmerz in seinem zertrümmerten Knie reichte aus, um ihn aufzuwecken. Weniger als fünf Minuten waren verstrichen. Er konnte Annie hören, die in der Küche Geschirr spülte. Normalerweise sang sie, wenn sie ihre Hausarbeiten erledigte. Heute sang sie jedoch nicht; es war nur das Klappern der Teller und das gelegentliche Gurgeln des Spülwassers zu hören. Auch ein schlechtes Zeichen. *Und hier haben wir eine besondere Wetterdurchsage für alle Bewohner von Sheldon County — bis siebzehn Uhr ist mit einem Tornado zu rechnen. Ich wiederhole, mit einem Tornado...*

Aber es wurde Zeit, mit den Spielchen aufzuhören und sich ans Werk zu machen. Sie wollte, daß Misery von den Toten auferstand, aber es mußte fair sein. Nicht unbedingt realistisch, aber fair. Wenn ihm das heute morgen gelang, dann konnte er vielleicht die Übellaunigkeit abwenden, die er in ihr spürte, bevor sie ganz zum Ausbruch kam.

Paul sah zum Fenster hinaus und stützte das Kinn auf die Handfläche. Jetzt war er hellwach und dachte schnell und angestrengt nach, aber er war sich dieses Vorgangs eigentlich nicht bewußt. Die obersten zwei oder drei Schichten seines bewußten Denkens, die sich mit solchen Themen befaßten, wie, wann er zum letzten Mal die Haare gewaschen hatte oder ob Annie rechtzeitig mit seinen Tabletten kommen würde, schienen sich vollkommen vom Schauplatz des Geschehens verabschiedet zu haben. Dieser Teil seines Verstandes war leise hinausgegangen, um sich ein Rauchfleisch mit Whiskey zu holen oder so etwas. Es erfolgten Sinneswahrnehmungen, aber er fing nichts damit an — er sah nicht, was er sah, er hörte nicht, was er hörte. Ein anderer Teil von ihm entwickelte hektisch Einfälle, verwarf sie, versuchte sie zu kombinieren, verwarf die Kombinationen. Er spürte, daß alles das geschah, hatte aber keinen direkten Kontakt dazu und wollte auch keinen. Es war schmutzig dort unten, in der Fabrik.

Ihm war klar, was er momentan tat, war VERSUCHEN, EINEN

EINFALL ZU HABEN. VERSUCHEN, EINEN EINFALL ZU HABEN, war nicht dasselbe wie EINEN EINFALL HABEN. EINEN EINFALL HABEN hieß mit einfacheren Worten ausgedrückt: *Ich bin inspiriert,* oder: *Eureka! Meine Muse hat gesprochen!*

Den Einfall zu *Schnelle Autos* hatte er eines Tages in New York City gehabt. Er war weggegangen und hatte nur einen Videorecorder für seine Wohnung in der 83sten Straße kaufen wollen. Er war an einem Parkplatz vorbeigekommen und hatte gesehen, wie sich ein Mann Zugang zu einem parkenden Auto verschaffen wollte. Das war alles. Er hatte keine Ahnung, ob das, was er gesehen hatte, rechtmäßig oder unrechtmäßig gewesen war, und als er zwei oder drei Blocks weitergegangen war, interessierte ihn diese Frage auch nicht mehr. Aus dem Mann war Tony Bonasaro geworden. Er wußte alles über Tony, außer seinem Namen, den er später aus dem Telefonbuch heraussuchte. Die halbe Geschichte existierte bereits ausgereift in seinem Verstand, der Rest fügte sich rasend schnell zusammen. Er fühlte sich aufgekratzt, glücklich, beinahe trunken. Die Muse war gekommen, und er freute sich so darüber wie über einen unerwarteten Scheck in der Post. Er war weggegangen, um einen Videorecorder zu kaufen, und statt dessen hatte er etwas viel Besseres bekommen. Er hatte EINEN EINFALL GEHABT.

Dieser andere Vorgang – VERSUCHEN, EINEN EINFALL ZU HABEN – war keineswegs so aufregend oder beseligend, aber ebenso geheimnisvoll... und ebenso notwendig. Denn wenn man einen Roman schreibt, dann steht man unweigerlich irgendwann einmal vor einer Straßensperre, und es hat keinen Sinn weiterzuschreiben, bis man EINEN EINFALL HAT.

Sein übliches Vorgehen, wenn es nötig ist, EINEN EINFALL ZU HABEN, war das, seinen Mantel anzuziehen und einen Spaziergang zu machen. Wenn es nicht nötig war, EINEN EINFALL ZU HABEN, wenn er spazierenging, dann nahm er ein Buch mit. Spazierengehen war eine gute Übung, aber es war langweilig. Man hatte niemanden, mit dem man reden konnte, wenn man spazierenging, daher war das Buch notwendig. Aber wenn man EINEN EINFALL HABEN mußte, dann konnte Langeweile für einen Roman das sein, was Chemotherapie für einen Krebspatienten war.

Etwa in der Mitte von *Schnelle Autos* hatte Tony Lieutenant Gray umgebracht, als dieser versucht hatte, ihm in einem Kino am Times Square Handschellen anzulegen. Paul wollte, daß Tony trotz des Mordes davonkam – jedenfalls eine Weile –, denn wenn Tony im Knast saß, konnte es keinen dritten Teil geben. Dennoch konnte Tony Lieutenant Gray nicht einfach mit dem Messer unter der linken Armbeuge im Kino sitzen lassen, weil mindestens drei Personen wußten, daß Gray in das Kino gegangen war, um sich mit Tony zu treffen.

Das Problem war, die Leiche loszuwerden, und Paul hatte nicht gewußt, wie er es lösen sollte. Das war eine Straßensperre: Es war: *Sorglos hatte gerade diesen Burschen in dem Kino am Times Square umgebracht, und nun mußte er die Leiche in sein Auto schaffen, ohne daß jemand sagte: »He, Mister, ist dieser Kerl da so tot, wie er aussieht, oder hat er nur einen Anfall oder so etwas gehabt?« Wenn er Grays Leiche ins Auto bekommt, dann kann er mit ihr nach Queens fahren und sie in dieses verlassene Gebäude schleppen, das er dort kennt. Paulie? Kannst du?*

Selbstverständlich hatte er mehr Zeit als zehn Sekunden – er hatte keinen Vertrag für das Buch, er hatte es auf eigene Faust geschrieben, daher mußte er sich auch nicht wegen eines Abgabetermins Sorgen machen. Aber es gab *immer* einen Termin, nach dem man den Kreis verlassen mußte, und die meisten Schriftsteller wußten das auch. Wenn ein Buch lange genug vor der Straßensperre blieb, dann begann es zu verfaulen, auseinanderzufallen; dann wurden all die kleinen Tricks und Illusionen sichtbar.

Er war spazierengegangen und hatte versucht, an gar nichts zu denken, wie er jetzt auch versuchte, an nichts zu denken. Er war drei Meilen gegangen, als jemand aus seiner unterirdischen Denkfabrik eine Flamme emporlodern ließ: *Angenommen, er legt Feuer im Kino?*

Das sah aus, als könnte es funktionieren. Er empfand keinen Kitzel, keine wahre Inspiration. Er kam sich wie ein Zimmermann vor, der ein Stück Holz betrachtet und denkt, daß es seinen Zwecken genügen könnte.

Er könnte den Sitz neben seinem anzünden, wie wäre das? Die verdammten Sitze in diesen Kinos sind doch immer aufgeschlitzt. Es würde rauchen. Sogar gewaltig. Er könnte so lange wie möglich durchhalten und

Gray dann mit hinausschleppen. Er könnte Gray als Opfer einer Rauch-
vergiftung ausgeben. Was meinst du?

Er meinte, daß es machbar war. Nicht großartig, und es gab
zahlreiche Einzelheiten, die noch ausgearbeitet werden mußten,
aber es schien hinzuhauen. Er hatte EINEN EINFALL GEHABT.
Die Arbeit konnte weitergehen.

Er hatte noch nie EINEN EINFALL HABEN müssen, um ein
Buch *anzufangen*, aber er dachte, daß auch das machbar sein würde.

Er saß schweigend im Rollstuhl, hatte das Kinn auf eine Hand
gestützt und betrachtete den Stall. Wenn er gehen könnte, wäre er
jetzt draußen auf dem Feld. Er saß schweigend da, fast dösend,
und wartete darauf, daß etwas passieren würde, ohne eigentlich
etwas mitzubekommen, abgesehen davon, daß unter der Oberfläche Dinge geschahen, daß ganze Öffnungen der Glaubwürdigkeit
erkundet, beurteilt, verworfen und binnen Sekundenbruchteilen
wieder zugeschüttet wurden. Zehn Minuten vergingen. Fünfzehn. Jetzt hörte er den Staubsauger im Wohnzimmer (aber sie
sang immer noch nicht). Er hörte ihn, verarbeitete diesen Hörvor-
gang aber nicht; es war ein zusammenhangloses Geräusch, welches in seinen Kopf hineinlief und wieder hinaus, wie Wasser
durch ein Rohr.

Schließlich schleuderten die Jungs unten in der Denkfabrik eine
Erleuchtung nach oben, wie sie es letztendlich immer taten. Die
armen Hunde dort unten hörten nie auf, sich abzurackern, und er
beneidete sie nicht um diese Tätigkeit.

Paul saß schweigend da und begann, EINEN EINFALL ZU HA-
BEN. Sein bewußtes Denken setzte wieder ein – DER DOKTOR
IST *ANWESEND* – und griff den Einfall auf wie einen Brief, der
durch den Briefschlitz in der Tür geschoben wurde (oder, in diesem Fall, durch den Boden). Er begann, ihn zu begutachten. Er
verwarf ihn beinahe (hörte er da ein Stöhnen von unten, aus der
Denkfabrik?), überlegte es sich noch einmal, entschied, daß etwa
die Hälfte davon gerettet werden konnte.

Eine zweite Erleuchtung, diese noch greller als die erste.

Paul begann, mit den Fingerspitzen unruhig auf den Fenstersims zu trommeln.

Gegen elf Uhr begann er zu tippen. Anfangs ging es sehr langsam – individuelles Rattern, dem lange Intervalle der Stille folgten, die mitunter bis zu fünfzehn Sekunden dauerten. Das war das Aura-Äquivalent einer Inselgruppe, die aus der Luft gesehen wurde – eine Kette flacher Hügel unterbrochen von breiten blauen Streifen.

Nach und nach wurden die Intervalle des Schweigens kürzer, dann konnte man gelegentliche Tippsalven hören – mit Pauls elektrischer Schreibmaschine hätte es sich wie Morsetöne angehört, doch das Klacken der Royal war heftiger, unangenehmer.

Aber eine Zeitlang bemerkte Paul die Ducky-Daddles-Stimme der Schreibmaschine nicht. Als er die erste Seite vollgeschrieben hatte, begann er, sich für seinen Stoff zu erwärmen. Als er die zweite Seite fertig hatte, lief er zur Bestform auf.

Nach einer Weile schaltete Annie den Staubsauger ab und blieb unter der Tür stehen, wo sie ihm zusah. Paul merkte gar nicht, daß sie da war – er wußte nicht einmal mehr, wo er sich befand. Er war endlich durch das Loch gefallen. Er war auf dem Friedhof von Little Dunthorpe, atmete die feuchte Nachtluft ein, roch Moos und Erde und Nebel; er hörte die Uhr im Turm der presbyterianischen Kirche zwei Uhr schlagen und verarbeitete sie in der Geschichte, ohne innezuhalten. Wenn es sehr gut lief, konnte er durch das Papier hindurch sehen. Momentan lief es sehr gut.

Annie sah ihn lange an, ihr derbes Gesicht lächelte nicht, aber sie schien irgendwie zufrieden zu sein. Nach einer Weile entfernte sie sich. Ihr Gang war schwer, aber auch das hörte Paul nicht.

Er arbeitete bis drei Uhr an diesem Nachmittag, und um acht Uhr abends bat er sie, ihm wieder in den Rollstuhl zu helfen. Er schrieb weitere drei Stunden, wenngleich die Schmerzen um zehn Uhr ziemlich schlimm wurden. Annie kam um elf herein. Er bat um weitere fünfzehn Minuten.

»Nein, Paul, das reicht jetzt. Sie sind weiß wie Mehl.«

Sie legte ihn ins Bett, und er war innerhalb von drei Minuten eingeschlafen. Zum ersten Mal, seit er aus der grauen Wolken herausgekommen war, schlief er die ganze Nacht durch und träumte nicht.

Er hatte im Wachsein geträumt.

6

MISERYS RÜCKKEHR

Von Paul Sheldon

Für Annie Wilkes

KAPITEL 1

Einen Augenblick war Geoffrey Alliburton nicht sicher, wer
der alte Mann an der Tür war, und das lag nicht nur daran ,
daß die Klingel ihn aus einem tiefen Schlummer geweckt hatte. Das Ärgerliche am Dorfleben, dachte er, war die Tatsache
daß nicht genügend Menschen hier lebten, als daß es völlig
Fremde hätte geben können; es gab gerade so viele, daß man
im ersten Augenblick nicht wußte, wer viele der Dorfbewohner
waren. Manchmal konnte man lediglich auf eine gewisse Fami-
lienähnlichkeit zurückgreifen -- aber diese Ähnlichkeit
schloß natürlich niemals völlig die unwahrscheinliche aber
denkbare Möglichkeit illegitimer Nachkommenschaft aus. Normalerweise wurde man mit solchen Augenblicken fertig -- einerlei, wie sehr man denken mochte, daß man ins Greisenalter
kam, wenn man sich mit einer Person unterhielt, an deren Namen man sich erinnern sollte, es aber nicht konnte; die Dinge nahmen nur dann einen wahrhaft kosmischen Rahmen der
Peinlichkeit an, wenn gleich <u>zwei</u> dieser vertrauten Gesichter gleichzeitig ankamen und man sich befleißigt fühlte,
sich einander vorzustellen.

"Ich hoffe, ich störe Sie nicht, Sair", sagte dieser Besucher. Er drehte eine billige Stoffmütze unablässig in den Händen, und im Licht der Lampe, die Geoffrey in die Höhe hielt, sah sein Gesicht zerfurcht und gelb und schrecklich besorgt aus -- sogar ängstlich. "Es ist nur, ich wollte nicht zu Dr. Bookings gehen, und ich wollte Seine Lordschaft nicht stören. Zumindest nicht, bis ich mit Ihnen gesprochen habe, wenn Sie mich verstehen, Sair."

Was nicht der Fall war, aber plötzlich wußte Geoffrey eines -- wer dieser nächtliche Besucher war. Die Erwähnung von Dr. Bookings, dem Pastor, hatte die Erinnerung geweckt. Vor drei Tagen hatte Dr. Bookings auf dem Friedhof hinter der Pfarrei das letzte Ritual für Misery abgehalten, und dieser Mann war dabei gewesen -- auch wenn er sich immer im Hintergrund gehalten hatte, wo er nicht so leicht auffallen konnte.

Sein Name war Colter. Er war einer der Küster der Kirche. Um es ganz unverblümt zu sagen, der Mann war Totengräber.

"Colter", sagte er. "Was kann ich für Sie tun?"

Colter sprach nur zögernd. "Es ist wegen der Geräusche, Sair. Den Geräuschen auf dem Friedhof. Ihre Ladyschaft ruht nicht in Frieden, Sair, das tut sie nicht, und ich habe Angst. Ich--"

Geoffrey war zumute, als hätte ihm jemand einen Schlag in den Magen verpaßt. Er sog heftig die Luft ein, und heisse Schmerzen stachen in seine Seite, wo Dr. Shinebone die Rippen fest verbunden hatte. Shinebones düstere Diagnose war gewesen, daß Geoffrey fast sicher eine Erkältung bekommen würde, nachdem er fast die ganze Nacht im kalten Regen

im Straßengraben gelegen hatte, aber inzwischen waren drei
Tage verstrichen, und er hatte weder Fieber noch Husten bekommen. Er hatte selbstverständlich gewußt, daß er nichts
bekommen würde -- Gott entließ die Schuldigen nicht so einfach. Er glaubte, daß Gott ihn noch sehr, sehr lange leben
lassen würde, damit er die Erinnerung an seine arme verschiedene Geliebte noch ebenso lange in sich tragen konnte.

"Geht es Ihnen gut, Sair?" fragte Colter. "Wie ich gehört habe, waren Sie in einer schrecklichen Verfassung, in
der besagten Nacht." Er machte eine Pause. "In der Nacht, als
sie selbst gestorben ist."

"Mir geht es gut", sagte Geoffrey langsam. "Colter,
diese Geräusche, die Sie angeblich hören... Sie wissen, daß
Sie sich die nur einbilden, nicht?"

Colter sah ihn schockiert an.

"Einbilden?" fragte er. "Sair! nächstesmal sagen'se
mir, daß 'se nich' an Jesus Christus und das ewige Leben
glauben! Hat Duncan Fromsley nicht den alten Patterson zwei
Tage nach seiner Beerdigung gesehen, so leuchtend weiß wie
ein Irrlicht (und genau das ist es wahrscheinlich auch gewesen, dachte Geoffrey, ein Irrlicht, plus das, was aus der
Flasche des alten Fromsley gekommen ist)? Und hat nicht die
halbe verdammte Stadt diesen alten Papistenmönch gesehen,
der auf den Zinnen von Ridgeheath Manor entlanggeht? Sie
haben sogar ein paar Damen der verfluchten Londoner Psychic
Society hergeschickt, um sich das anzusehen!"

Geoffrey kannte die Damen, die Colter meinte: ein paar
hysterische feine Ladies, die wahrscheinlich an den ab-
wechselnden Ruheperioden und Monsunen der mittleren Jahre
litten, und sie waren beide so zerstreut gewesen wie das

Memory-Spiel eines Kindes.

"Geister sind ebenso wirklich wie Sie oder ich, Sair",
sagte Colter im vollen Ernst. "Mir macht die Vorstellung von
ihnen nichts aus, aber diese Geräusche sind grauenerregend,
das sind sie, und ich wage mich kaum noch in die Nähe des
Friedhofs -- dabei muß ich morgen ein Grab für das kleine
Baby der Roydmans ausheben, das muß ich."

Geoffrey sprach ein innerliches Gebet um Geduld. Sein
Wunsch, diesen armen Küster anzuschreien, war fast über-
mächtig. Er hatte friedlich vor dem Kamin gedöst, ein Buch
auf dem Schoß, als dieser Colter gekommen war und ihn geweckt hatte... und mit jedem Augenblick wurde er wacher,
und damit kam das Wissen, daß sein Herzblatt nicht mehr war.
Sie lag seit drei Tagen im Grab, bald würde es eine Woche
sein... ein Monat... ein Jahr... zehn Jahre. Der Kummer,
dachte er, war wie ein Fels an der Meeresküste. Wenn man
schlief, dann war es, als wäre die Flut da, das war eine
gewisse Erleichterung. Der Schlaf war wie die Flut, welche
den Felsen des Kummers überspülte. Wenn man erwachte, dann
jedoch ging die Flut zurück, und bald war der Fels wieder
sichtbar, ein mit Muscheln verkrustetes Ding von unzweifel-
hafter Realität, ein Ding, das immer da sein würde oder
bis es Gott gefiel, es fortzuspülen.

Und dieser Narr wagte es, daherzukommen und etwas von
Geistern zu faseln!

Aber das Gesicht des Mannes sah so kläglich aus, daß es
Geoffrey gelang, sich zu beherrschen.

"Miss Misery -- Ihre Ladyschaft -- war vielgeliebt",
sagte Geoffrey leise.

"Aye, Sair, das war sie", stimmte Colter nachdrücklich

zu. Er überließ der linken Hand allein, die Mütze zu drehen, mit der rechten holte er ein riesiges Taschentuch aus
der Tasche. Er schneuzte sich heftig hinein, und seine Augen wurden feucht.

"Wir alle bedauern ihr frühes Dahinscheiden." Geoffrey
legte die Hände auf sein Hemd und strich damit fest über
den Verband darunter.

"Aye, das tun wir, Sair, das tun wir." Colters Worte
klangen gedämpft durch das Taschentuch, aber Geoffrey konnte seine Augen sehen: der Mann weinte tatsächlich aufrichtig. Nun endlich verging auch sein eigener egoistischer
Zorn und wurde zu Mitleid. "Sie war eine gute Lady, Sair!
Ay, sie war eine große Lady, und es ist eine schreckliche
Sache, wie unser Herrgott sie zu sich genommen hat--"

"Aye, sie war prachtvoll", sagte Geoffrey sanft und
stellte mit Mißfallen fest, daß mittlerweile auch er den
Tränen nahe war, gleich einem Wolkenbruch, der an einem
Spätsommernachmittag droht. "Manchmal, Colter, wenn jemand
geht, der uns nahesteht, dann fällt es uns sehr schwer,
diesen Jemand gehen zu lassen. Daher stellen wir uns vielleicht vor, daß er oder sie nicht dahingegangen ist. Können Sie mir folgen?"

"Aye, Sair!" sagte Colter geflissentlich. "Aber diese
Geräusche... Sair, die habe ich gehört!"

Geduldig sagte Geoffrey: "Was für eine Art von Geräuschen meinen Sie denn?"

Er glaubte, Colter würde nun von Geräuschen sprechen,
die nichts weiter sein konnten als der Wind in den Bäumen,
Geräusche, die seine Phantasie natürlich verstärkt hatte --
oder vielleicht ein Dachs, der sich seinen Weg hinab zum

Little Dunthorpe Stream bahnte, welcher hinter dem Friedhof verlief. Daher war er kaum bereit, als Colter mit furchtsamer Stimme flüsterte: "Ein Kratzen, Sair! Es klingt, als wäre sie da unten immer noch am Leben und versuchte, sich wieder zum Land der Lebenden emporzugraben, so klingt es!"

KAPITEL 2

Fünfzehn Minuten später, als er wieder allein war, trat Geoffrey ans Sideboard im Eßzimmer. Er schwankte von einer Seite zur anderen, gleich einem Mann, der über die Planken eines schlingernden Schiffes schreitet. Er fühlte sich wie ein Mann bei wogendem Seegang. Er hätte gerne geglaubt, daß das Fieber, welches Dr. Shinebone fast wonnevoll prophezeiht hatte, nun endlich doch zum Ausbruch gekommen war, und zwar mit allem Nachdruck, aber es war nicht das Fieber, welches gleichzeitig Rosen auf seinen Wangen hatte erblühen lassen und seiner Stirn die Farbe von Kerzenwachs verliehen hatte; nicht Fieber, das seine Hände so sehr zittern ließ, daß er beinahe den Cognacschwenker fallengelassen hätte, als er ihn aus dem Sideboard herausholte.

Wenn die Chance bestand -- die winzigste Chance --, daß die monströse Vorstellung, die Colter seinem Verstand eingegeben hatte, wahr sein konnte, dann durfte er nicht mehr hier verweilen. Aber er dachte, ohne einen Drink würde er ohnmächtig zu Boden fallen.

Geoffrey Allburton tat in diesem Augenblick etwas, das er in seinem ganzen Leben noch nicht getan hatte, und das

er auch nie wieder tun würde. Er hob die Flasche direkt zum
Mund und trank daraus.

Dann trat er zurück und flüsterte: "Wir werden sehen,
was dabei herauskommt. Wir werden sehen, was dabei herauskommt, bei Gott. Und wenn ich mich auf dieses irrsinnige Un-
ternehmen einlasse, nur um am Ende nichts zu finden als die
Hirngespinste eines alten Totengräbers, dann werde ich die
Ohrläppchen des alten Colter an meiner Uhrenkette tragen,
einerlei, wie sehr er Misery geliebt hat."

KAPITEL 3

Er nahm die Ponykutsche und fuhr unter einem unheimlichen,
nicht ganz dunklen Himmel dahin, wo ein dreiviertelvoller
Mond sich rastlos hinter Wolkenfetzen verbarg und wieder
hervorkam. Er hatte nur verweilt, um sich das erstbeste
aus dem Schrank im Flur überzuziehen, was ihm in die Hände gefallen war -- dies entpuppte sich als eine dunkelbraune Smokingjacke. Die Schöße wehten hinter ihm her, während
er Mary mit der Peitsche antrieb. Die alte Mähre mochte
die Geschwindigkeit nicht, die er verlangte; Geoffrey mochte die zunehemenden Schmerzen in seiner Schulter und Seite
nicht... aber am Mißfallen beider ließ sich nichts ändern.

Ein Kratzen, Sair! Es klingt, als wäre sie da unten immer noch am Leben und versuchte, sich wieder zum Land der
Lebenden emporzugraben!

Das allein hätte ihn nicht in diesen Zustand beinahigen
Entsetzens versetzt -- aber er erinnerte sich daran, wie er

159

am Tag nach Miserys Tod nach Calthorpe Manor gekommen war. Er und Ian hatten sich angesehen, und Ian hatte versucht zu lächeln, wenngleich seine Augen aufgrund der unvergossenen Tränen funkelten wie Edelsteine.

"Irgendwie wäre es leichter gewesen", hatte Ian gesagt, "wenn sie mehr tot ausgesehen hätte. Ich weiß, wie sich das anhört--"

"Pssst", hatte Geoffrey gesagt und seinerseits versucht zu lächeln. "Der Bestattungsunternehmer hat zweifellos seine ganze Kunstfertigkeit aufgewendet und--"

"Bestattungsunternehmer!" hatte Ian beinahe geschrieen, und zum ersten Mal war Geoffrey wirklich klar geworden, daß sein Freund sich wahrhaftig am Rand des Wahnsinns befand. "Bestattungsunternehmer! Ghul! Ich hatte keinen Bestattungs-unternehmer, und ich lasse nicht zu, daß ein Bestattungsun-ternehmer daher kommt und meinen Liebling schminkt und an-malt wie eine Puppe!"

"Ian! Mein guter Freund! Wirklich, du mußt nicht--" Geoff-rey hatte vorgehabt, Ian auf die Schulter zu klopfen, aber irgendwie wurde eine Umarmung daraus. Die beiden Männer weinten eng umschlungen wie müde Kinder, während in einem anderen Zimmer Miserys Kind, ein Knabe, der nun fast einen Tag alt war und immer noch keinen Namen hatte, erwachte und zu schreien anfing. Mrs. Ramage, deren gütiges Herz eben-falls gebrochen war, fing an, ihm ein Schlummerlied zu singe-en, ihre Stimme klang brüchig und voller Tränen.

Zu dem Zeitpunkt war er in großer Sorge um Ians Geistes-zustand gewesen und hatte weniger auf das gehört, was er ge-sagt hatte, sondern wie er es gesagt hatte -- erst jetzt, während er Mary trotz seiner eigenen zunehmenden Schmerzen

160

immer schneller in Richtung Little Dunthorpe antrieb, fielen ihm die Worte wieder ein, und im Licht von Colters Geschichte bekamen sie einen neuen unheimlichen Doppelsinn: Wenn sie mehr tot ausgesehen hätte. Wenn sie mehr tot ausgesehen hätte, alter Freund.

Und das war noch nicht alles. Am Spätnachmittag, als die ersten der Dorfbewohner begonnen hatten, den Weg zum Calthorpe Hill heraufzukommen, um dem trauernden Lord ihren Respekt zu erweisen, war Shinebone zurückgekehrt. Er hatte müde und selbst nicht besonders wohl ausgesehen, was aber eigentlich nicht überraschend war, behauptete der Mann doch, daß er Lord Wellington die Hand geschüttelt hatte -- dem Peer höchstpersönlich --, als er (Shinebone, nicht Wellington) noch ein Junge gewesen war. Geoffrey war der Meinung, daß die Lord Wellington-Geschichte wahrscheinlich übertrieben war, aber Old Shinny, wie er und Ian ihn als Jungs genannt hatten, hatte Geoffrey während aller Kinderkrankheiten versorgt, und Shinny schien in seinen Augen schon damals ein sehr alter Mann zu sein. Berücksichtigte man die Augen der Kindheit, die dazu neigten, jeden über fünfundzwanzig als älter zu betrachten, so mußte, dachte er, Shinny inzwischen dennoch über fünfundsiebzig sein.

Er war alt... er hatte hektische, schreckliche vierundzwanzig Stunden hinter sich... und konnte es nicht sein, daß ein alter Mann einen Fehler gemacht haben konnte?

Einen schrecklichen, unaussprechlichen Fehler?

Dieser Gedanke hatte ihn mehr als jeder andere hinaus in die Kälte gehen lassen, in die stürmische Nacht, unter einem Mond, welcher unsicher zwischen den Wolken aufblitzte.

Konnte er einen solchen Fehler gemacht haben? Ein Teil

von ihm, ein zaghafter, feiger Teil, der lieber riskieren
würde, Misery zu verlieren als die unweigerlichen Resulta-
te eines solchen Fehlers sehen zu müssen, verneinte es.
Aber als Shinny hereingekommen war...

Geoffrey saß neben Ian, der sich in einer gebrochenen,
kaum verständlichen Weise erinnert hatte, wie er und Ian Misery aus dem Palastkerker eines wahnsinnigen französischen
Vicomtes namens Leroux gerettet hatten, wie sie inmitten einer Wagenladung Heu entkommen waren, und wie Misery an einem
kritischen Punkt einen der Wachsoldaten des Vicomte abge-
lenkt hatte, indem sie ihr prachtvolles entblößtes Bein aus
dem Heu herausstreckte und aufreizend damit winkte. Geoffrey hatte seinen eigenen Erinnerungen an dieses Abenteuer
nachgehange , ganz unter dem Einfluß seines Kummers, und
diesen Kummer verfluchte er jetzt, denn für ihn (und ebenso für Ian, vermutete er) war Shinny praktisch gar nicht da
gewesen.

Hatte Shinny nicht seltsam abwesend gewirkt, seltsam
zerstreut? War es nur Erschöpfung gewesen, oder noch etwas anderes... ein Verdacht?

Nein, sicher nicht, protestierte sein Verstand unbehaglich. Die Ponykutsche flog den Calthorpe Hill empor. Das Her-
renhaus selbst war dunkel, aber -- oh, gut! -- ein *Licht*
leuchtete noch in *Mrs. Ramage*'s Hütte.

"*Auf, Mary!*" *rief er* und knallte ~~zusammenzuckend~~ mit
der Peitsche. "Nicht mehr weit, altes Mädchen, dann kannst
du ein wenig ausruhen!"

Ganz sicher nicht das, was du denkst!!
Aber Shinny hatte Geoffreys gebrochene Rippen und die
verletzte Schulter nur mehr oberflächlich untersucht, und er

162

hatte kaum ein Wort mit Ian gesprochen, obwohl dieser vom Kummer verzehrt wurde und ab und an unverständliche Schreie von sich gab. Nein -- nach einem Besuch, der jetzt nicht länger gewesen zu sein schien als das Mindestmaß gesellschaftlicher Konventionen erforderte, hatte Shinny leise gefragt: "Ist sie...?"

"Ja, im Wohnzimmer", hatte Ian herausgebracht. "Mein armer Liebling ruht im Wohnzimmer. Küssen Sie sie für mich, Shinny, und sagen Sie ihr, daß ich bald bei ihr sein werde "

Danach war Ian wieder in Tränen ausgebrochen, und nachdem er halbherzig sein Beileid bekundet hatte, war Shinny ins Wohnzimmer gegangen. Geoffrey kam es nun so vor, als wäre der alte Knochensäger verdammt lange dort drinnen gewesen... vielleicht spielte ihm aber auch nur seine Erinnerung einen Streich. Aber als er herauskam, hatte er fast fröhlich ausgesehen, und das war kein Streich seiner Erinnerung, dessen war Geoffrey sicher -- dieser Gesichtsausdruck war in dem Zimmer voll Kummer und Tränen so fehl am Platze gewesen, einem Zimmer, wo Mrs. Ramage bereits die schwarzen Beerdigungsvorhänge aufgehängt hatte.

Geoffrey war dem alten Doktor hinaus gefolgt und hatte sich zögernd mit ihm in der Küche unterhalten. Er hoffte, hatte er gesagt, daß der Doktor Ian Schlafpulver verschreiben konnte, da es ihm wirklich ziemlich schlecht zu gehen schien.

Aber Shinny hatte einen völlig abwesenden Eindruck gemacht. "Es ist ganz anders als bei Miss Evelyn-Hyde", hatte er gesagt. "Dessen konnte ich mich versichern."

Und damit war er wieder zu seiner Kutsche gegangen, ohne auch nur auf Geoffreys Frage zu antworten. Geoffrey ging wieder hinein, er vergaß die seltsame Bemerkung des Doktors

und führte Shinnys gleichermaßen seltsames Verhalten auf
Erschöpfung, hohes Alter und seine eigene Art von Kummer zurück. Er hatte wieder an Ian gedacht, er hatte sich überlegt, daß er ohne Schlafpulver einfach Whiskey in Ian hinein-
schütten mußte, bis der arme Kerl umkippte.

Vergessen... verbannen.

Bis jetzt.

Es ist ganz anders als bei Miss Evely-Hyde. Dessen konnte ich mich versichern.

Wessen?

Geoffrey wußte es nicht, aber er war entschlossen, es
herauszufinden, einerlei, wie hoch der Preis an geistiger Gesundheit sein würde - und ihm war klar, daß dieser
Preis sehr hoch sein konnte.

KAPITEL 4

Mrs. Ramage war noch auf, als Geoffrey begann, an die Tür der
Hütte zu pochen, wenngleich ihre normale Schlafenszeit schon
seit zwei Stunden überfällig war. Seit Miserys Dahinscheiden
schob Mrs. Ramage das Schlafengehen immer weiter hinaus. Wenn
sie schon ihrem unruhigen Hin- und Herwerfen kein Ende machen konnte, dann konnte sie wenigstens den Augenblick hin-
ausschieben, zu dem sie damit begann.

Wenngleich sie die ausgeglichenste, praktischste Frau
war, entlockte ihr das unerwartete Klopfen einen unwillkür-
lichen Aufschrei, und sie verbrühte sich mit der kochenden

164

Milch, die sie aus dem Topf in die Tasse gegossen hatte. In letzter Zeit schien sie ständig nervös zu sein, immer am Rand eines Schreis. Es war kein Kummer, dieses Gefühl, wenngleich sie fast überwältigt von Kummer war -- dies war ein seltsames, donnerndes Gefühl, das sie, soweit sie sich erinnerte, noch niemals gehabt hatte. Manchmal hatte sie den Eindruck, als würden Gedanken, die besser ungedacht blieben, sie umkreisen, und zwar gerade außerhalb ihres erschöpften, verbitterten und traurigen Verstandes.

"Wer klopft um zehn?" rief sie an der Tür. "Wer immer es ist, ich bedanke mich nicht für die Verbrennung, die ich mir zugefügt habe!"

"Ich bin es, Geoffrey, Mrs. Ramage! Geoffrey Alliburton! Öffnen Sie die Tür, um Himmels willen!"

Mrs. Ramages Kiefer klappte herunter, und sie war schon fast an der Tür, als ihr einfiel, daß sie Nachthemd und Haube anhatte. Sie hatte Geoffrey noch niemals so gehört, und sie hätte es nicht geglaubt, wenn es ihr jemand erzählt haben würde. Wenn es in ganz England einen Mann mit einem tapfereren Herzen als ihren My Lord gab, dann war es Geoffrey -- dennoch zitterte seine Stimme wie die einer Frau am Rande der Hysterie.

"Einen Augenblick, Mr. Geoffrey! Ich bin kaum angezogen!"

"Zum Teufel damit!" brüllte Geoffrey. "Es ist mir einerlei, ob Sie splitterfasernackt sind, Mrs. Ramage! Öffnen Sie diese Tür! Öffnen Sie im Namen Christi!"

Sie zauderte nur eine Sekunde, dann ging sie zur Tür, schob den Riegel zurück und riß sie auf. Geoffreys Aussehen verblüffte sie über alle Maßen, und wieder hörte sie das

ferne Donnern schwarzer Gedanken irgendwo im hinteren Teil
ihres Kopfes.

Geoffrey stand in einer seltsam zusammengefallenen Haltung unter der Tür der Haushälterwohnung, als wäre seine
Wirbelsäule verkrümmt, weil er zu lange schwere Säcke hatte
schleppen müssen. Die rechte Hand drückte er zwischen den
linken Arm und die linke Seite. Sein Haar war durcheinander.
Die dunkelbraunen Augen brannten aus dem schlohweißen Gesicht. Seine Kleidung war bemerkenswert für jemanden, der
so sorgfältig -- dandyhaft, würden manche sagen -- war, wenn
es um seine Kleidung ging. Er trug eine alte Smokingjacke,
deren Gürtel offen war, ein weißes Hemd, welches die Kehle
entblößte, dazu eine derbe Kordhose, welche einem Gärtner
besser zugestanden hätte als dem reichsten Mann in Little
Dunthorpe. An den Füßen trug er ein paar fadenscheinige
Pantoffel.

Mrs. Ramage, die mit ihrem langen weißen Nachtgewand
und der Pelz-Nachthaube, deren lose Bänder an ihrem Gesicht
herabhingen wie die Fransen einer Stehlampe, auch nicht unbedingt für einen Hofball gekleidet war, betrachtete ihn
mit wachsender Sorge. Die Rippen, die er gebrochen hatte,
als er vor drei Nächten losgeritten war, um den Doktor zu
holen, hatte er sich erneut verletzt, soviel war ihr klar,
aber es waren nicht nur die Schmerzen, die seine Augen in
dem blassen Gesicht derartig funkeln ließen. Es war ein Entsetzen, welches er kaum im Zaume halten konnte.

"Mr. Geoffrey! Was..."

"Keine Fragen!" sagte er heiser. "Noch nicht -- nicht
bevor Sie selbst mir ein paar Fragen beantwortet haben."

"Was für Fragen?" Mittlerweile hatte sie selbst große

Angst, ihre linke Hand hatte sie direkt oberhalb der ausladenden Brust zur Faust geballt.

"Sagt Ihnen der Name Miss Evelyn-Hyde etwas?"

Und plötzlich kannte sie den Grund für dieses schreckliche donnernde Gefühl, welches seit Samstagnacht in ihr tobte. Ein Teil ihres Verstandes mußte diesen grausamen Gedanken bereits gehabt und verdrängt haben, denn sie brauchte überhaupt keine Erklärung. Allein der Name der unglücklichen Miss Charlotte Evelyn-Hyde, verstorben zu Storping-on-Firkill, dem Nachbardorf von Little Dunthorpe im Westen, reichte aus, ihr einen Schrei zu entlocken.

"Oh, bei den Heiligen! Oh, gütiger Heiland! Ist sie lebendig begraben worden? Ist mein Liebling Misery lebendig begraben worde ?"

Und jetzt, noch bevor Geoffrey auch nur ansatzweise zu einer Antwort ansetzen konnte, war Mrs. Ramage an der Reihe, etwas zu tun, was sie noch nie in ihrem Leben getan hatte und auch nie wieder tun würde: Sie fiel in Ohnmacht.

KAPITEL 5

Geoffrey hatte keine Zeit, nach dem Riechsalz zu suchen. Er bezweifelte, ob so ein zäher Dragoner wie Mrs. Ramage überhaupt welches im Haus haben würde. Aber unter der Spüle fand er einen Lappen, der nach Ammoniak roch. Diesen hielt er ihr nicht nur unter die Nase, sondern preßte ihn ihr kurz ganz auf die untere Gesichtshälfte. Die Möglichkeit, die Colter angedeutet hatte, so unwahrscheinlich sie auch

sein mochte, war so gräßlich, daß man nicht einmal darüber
nachdenken wollte.

Sie zuckte zusammen, schrie auf und öffnete die Augen.
Einen Augen blick sah sie ihn mit benommener, verständnis-
loser Verwunderung an. Dann richtete sie sich auf.

"Nein", sagte sie. "Nein, Mr. Geoffrey, das ist nicht Ihr
Ernst. Sagen Sie mir, daß es nicht so ist--"

"Ich weiß nicht, ob es so ist oder nicht", sagte er.
"Aber wir müssen uns unverzüglich vergewissern. Unverzüglich,
Mrs. Ramage. Ich kann nicht ganz alleine graben, wenn gegraben werden muß..." Sie sah ihn mit vor Entsetzen weit aufgerissenen Augen an, die Hände hatte sie so fest auf den Mund
gepreßt, daß die Nägel weiß waren. "Können Sie mir helfen,
wenn Hilfe erforderlich sein sollte? Ich habe wirklich niemand anderen."

"My Lord", sagte sie benommen. "My Lord Mr. Ian--"

"-- darf davon nichts erfahren, bis wir sicher sind.
Wenn Gott gnädig ist, wird er es niemals erfahren müssen."
Er wollte ihr nichts von seiner unausgesprochenen Hoffnung
erzählen, die sein Denken beherrschte, eine Hoffnung, die
fast so monströs zu sein schien wie seine Furcht. Wenn Gott
sehr gnädig war, würde er von dieser nächtlichen Arbeit erfahren... wenn seine Frau und einzige Liebe wieder mit ihm
vereint war, und diese Auferstehung würde fast so wundersam
Lazarus.

"Oh, das ist schrecklich... schrecklich!" sagte sie mit
leiser, bebender Stimme. Indem sie sich am Tisch festhielt,
gelang es ihr, sich auf die Beine zu ziehen. Sie stand
schwankend da, kleine Haarsträhnen hingen ihr zwischen den
Baumwolltroddeln ihrer Nachtmütze ins Gesicht.

"Geht es Ihnen wieder etwas besser?" fragte er freundlicher. "Wenn nicht, muß ich versuchen, so gut es geht alleine zurecht zu kommen."

Sie atmete tief und erschaudernd durch. Sie hörte auf zu schwanken. Sie drehte sich um und ging in Richtung der Waschküche. "Im Schuppen hinten sind ein Spaten und eine Spitzhacke", sagte sie. "Wenn ich mich nicht irre. Werfen Sie die in Ihren Wagen. Dort in der Waschküche ist eine Flasche Gin. Seit Bill vor fünf Jahren gestorben ist, ist sie nicht angerührt worden -- am ersten August war das. Ich nehme einen Schluck, dann können wir gehen, Mr. Geoffrey."

"Sie sind eine tapfere Frau, Mrs. Ramage. Beeilen Sie sich."

"Aye, machen Sie sich meinetwegen keine Gedanken", sagte sie und ergriff die Flasche Gin mit einer Hand, die nur ganz schwach zitterte. Auf der Flasche war kein Staub -- nicht einmal die Waschküche war vor dem unablässigen Staubwischen von Mrs. Ramage sicher --, aber das Etikett, auf dem CLOUGH & POOR BOZIERS stand, war vergilbt. "Beeilen Sie sich auch."

Sie hatte Schnäpse nie ausstehen können, und ihr Magen wollte den Gin mit seinem abscheulichen Wacholderbeerengeschmack und der öligen Beschaffenheit sofort wieder von sich geben. Sie zwang ihn, unten zu bleiben. Heute nacht würde sie ihn brauchen.

KAPITEL 6

Unter Wolken, die immer noch von Westen nach Osten rasten,
dunkle Formen vor einem schwarzen Himmel, und einem Mond,
der gerade dem Horizont entgegensank, raste die Ponykutsche
dem Friedhof entgegen. Jetzt fuhr Mrs. Ramage, die die Peitsche über der verwirrten Mary knallen ließ, die ihnen gesagt
hätte, wenn Pferde sprechen könnten, daß dies alles nicht
richtig war -- daß sie um diese Zeit in der Nacht in ihrem
warmen Stall schlummern sollte. Spaten und Spitzhacke schlugen kalt gegeneinander, und Mrs. Ramage dachte, daß sie jedem,
der sie gesehen hätte, einen ordentlichen Schrecken eingejagt haben würden -- sie mußten wie zwei von Mr. Dickens'
Leichenräubern aussehen... oder vielleicht ein
Leichenräuber in einer Kutsche, welcher von einem
Geist gelenkt wurde. Denn sie war ganz in Weiß gekleidet --
sie hatte sich nicht einmal Zeit genommen, ihre Kleider anzuziehen. Ihr Nachtgewand flatterte um ihre kräftigen, krampf-
adrigen Knöchel, die Zottel ihrer Nachtmütze wehten ungestüm um ihren Kopf herum.

Nun waren sie an der Kirche angelangt. Sie lenkte Mary
den Weg entlang, der neben ihr dahinführte und fing an zu
zittern, als sie die geisterhaften Laute vernahm, mit denen
der Wind die Zinnen umspielte. Sie hatte einen Augenblick
Zeit, sich zu fragen, warum ein so heiliger Ort wie eine Kirche nach Einbruch der Dunkelheit so furchterregend aussah,
aber dann wurde ihr klar, daß es nicht die Kirche war... es
war ihr Vorhaben.

Ihr erster Gedanke, als sie aus der Ohnmacht erwacht
war, war der gewesen, daß My Lord ihnen helfen mußte -- war

er nicht in allen Dingen bei ihnen gewesen, durch dick und dünn, niemals zaudernd? Einen Augenblick später schon war ihr klar geworden, wie verrückt diese Idee war. Dies war nicht eine Frage von My Lords Mut, sondern seiner geistigen Gesundheit.

Sie hatte Mr. Geoffrey nicht gebraucht, um das zu wissen; die Erinnerung an Miss Evelyn-Hyde hatte ausgereicht.

Sie hatte daran gedacht, daß weder Mr. Geoffrey noch My Lord in Little Dunthorpe gewesen waren, als es geschehen war. Es war vor fast einem halben Jahr gewesen, im Frühling. Misery befand sich im rosigen Sommer ihrer Schwangerschaft, die morgendlichen Anfälle von Übelkeit lagen hinter ihr, das letzte Anschwellen ihres Bauches und die damit verbundenen Unannehmlichkeiten noch vor ihr, und sie hatte die beiden Männer fröhlich zu einer Woche Moorhuhnschießen und Kartenspielen und Football geschickt, und der Himmel mochte wissen, welche anderen Männeralbernheiten sie sich in Oaks Hall in Doncaster noch ausdenken mochten. My Lord war ein wenig von Zweifeln erfüllt gewesen, aber Misery hatte ihm versichert, daß alles gut sein würde, und sie hatte ihn förmlich zur Tür hinausgedrängt. Daß mit Misery alles gut sein würde, daran hatte Mrs. Ramage nicht gezweifelt. Aber wann immer My Lord und Mr. Geoffrey nach Doncaster aufbrachen, fragte sie sich, ob nicht einer von ihnen -- oder gar beide -- auf einem Wagen zurückkommen würden, die Zehen nach oben.

Oaks Hall war das Erbe von Albert Fossington, einem Schulfreund von Geoffrey und Ian. Mrs. Ramage argwöhnte ganz zurecht, daß Bertie Fossington verrückt war. Vor drei Jahren hatte er sein Lieblings-Polopony verspeist, als es

sich zwei Beine gebrochen hatte und erschossen werden mußte.
Das wäre eine Geste der Hingabe, hatte er gesagt. "Habe ich
von den Hottentotten in Kapstadt gelernt", sagte er. "Gri-
quas. Wunderbare Burschen. Stecken sich Stöcke und solche
Sachen in die Schnäbel, was? Manche sehen aus, als könnten
sie alle zwölf Bände der Royal Navigation Charts auf der
Unterlippe tragen, ha-ha! Haben mir beigebracht, daß jeder
Mann das essen muß, was er liebt. Auf eine grimmige Art und
Weise doch recht poetisch, nicht?"

Ungeachtet solch bizarren Verhaltens, empfanden Mr.
Geoffrey und My Lord eine große Zuneigung zu Bertie (Ich
frage mich, ob das bedeutet, daß sie ihn essen müssen, wenn
er tot ist? hatte Mrs. Ramage sich einmal nach einem Besuch
von Bertie gefragt, als dieser versucht hatte, mit der
Hauskatze Croquet zu spielen, wobei er ihr um ein Haar den
Schädel zertrümmert hätte), und in diesem vergangenen Frühling hatten sie fast zehn Tage in Oaks Hall verbracht.

Nicht mehr als einen oder zwei Tage nach ihrer Abreise
war Miss Charlotte Evelyn-Hyde aus Storping-on-Firkill auf
dem Rasen im Garten ihres Hauses, Cove o' Birches, tot aufgefunden worden. Neben einer ausgestreckten Hand lag ein eben
gepflückter Blumenstrauß. Der Dorfarzt war ein Mann namens
Billford -- unbedingt ein fähiger Arzt. Nichtsdestotrotz
hatte er den alten Dr. Shinebone hinzugezogen. Billford
hatte einen Herzanfall als Todesursache diagnostiziert, obwohl das Mädchen noch sehr jung gewesen war -- erst achtzehn --, und offensichtlich bei guter Gesundheit. Billford
war verwirrt gewesen.

Etwas schien nicht in Ordnung zu sein. Old Shinny war
ebenfalls eindeutig verwirrt gewesen, aber letztendlich

hatte er sich der Diagnose angeschlossen. Der größte Teil
des Dorfes übrigens auch -- das Herz des Mädchens war eben
nicht ordentlich gemacht gewesen, das war alles, so etwas
war selten, aber jeder konnte sich an irgendeinen ähnli-
chen Vorfall zu irgend einer Zeit erinnern. Wahrscheinlich war es diese allgemeine Übereinkunft gewesen, die
Billfords Praxis gerettet hatte - wenn nicht seinen Kopf
-, als die gräßliche Wahrheit ans Licht gekommen war. Zwar
waren sich alle darin einig gewesen, daß der plötzliche
Tod des Mädchens seltsam war, aber niemand hatte daran gedacht, daß sie vielleicht überhaupt nicht tot sein könnte.

Vier Tage nach der Beerdigung hatte eine ältere Dame
namens Mrs. Soames -- Mrs. Ramage kannte sie flüchtig --
etwas Weißes auf dem Boden des Gemeindefriedhofs bei der
Kirche liegen sehen, als sie Blumen auf das Grab ihres
Mannes bringen wollte, der vorigen Winter gestorben war.
Es war so groß, daß es unmöglich ein Blütenblatt sein konnte, und sie dachte anfangs, es könnte sich um irgend einen
toten Vogel handeln. Als sie sich ihm näherte, wuchs in
ihr zusehends die Gewißheit, daß der weiße Gegenstand
nicht nur auf dem Boden lag, sondern aus dem Boden herausragte. Sie ging noch zwei oder drei zögernde Schritte näher heran und sah, daß es sich um eine Hand handelte, die
aus dem Boden heraus griff und deren Finger in einer gräßlichen Geste des Flehens gekrümmt waren. Blutverkrustete
Knochen ragten aus allen vier Fingern heraus, nur aus dem
Daumen nicht.

Mrs. Soames rannte kreischend vom Friedhof, rannte
die ganze Strecke bis zur Hauptstraße von Storping -- eine Strecke von fast eineinviertel Meilen Länge -- und

berichtete dem Barbier, der gleichzeitig Dorfpolizist war, die Neuigkeit. Danach brach sie ohnmächtig zusammen. Später an diesem Nachmittag legte sie sich ins Bett und stand erst einen ganzen Monat später wieder auf. Niemand im Dorf machte ihr daraus im geringsten einen Vorwurf.

Der Leichnam der unglücklichen Miss Evelyn-Hyde war selbstverständlich exhumiert worden, und während Geoffrey Alliburton Mary zum Stillstand brachte und vor dem Tor hielt, welches zum Friedhof der Episkopalkirche von Little Dunthorpe führte, wünschte Mrs. Ramage sich, daß sie sich die Geschichten von der Exhumierung nicht so genau angehört hätte. Sie waren gräßlich gewesen.

Dr. Billford, der selbst bis an die Grenze seiner geistigen Gesundheit erschüttert gewesen war, hatte Katalepsie diagnostiziert. Die arme Frau war offenbar in eine Art todesähnliche Trance verfallen, nicht unähnlich der, in die indische Fakire sich freiwillig versetzen konnten, bevor sie zuließen, daß man sie lebendig begrub oder ihnen Nadeln ins Fleisch bohrte. In dieser Trance war sie achtundvierzig, vielleicht sechzig Stunden geblieben. Jedenfalls lange genug, daß sie nicht wieder auf ihrem Rasen erwachte, wo sie Blumen gepflückt hatte, sondern in ihrem eigenen Sarg.

Sie hatte verbissen um ihr Leben gekämpft, dieses Mädchen, und Mrs. Ramage kam nun zu der Überzeugung, während sie Geoffrey durch das Tor folgte und in einen dünnen Nebel hinein, welcher die emporragenden Grabsteine in Inseln verwandelte, daß dieser Kampf edelmütige Bewunderung verdient hätte, tatsächlich jedoch die ganze Sache nur noch grausamer machte.

174

Das Mädchen war verlobt gewesen. In der linken Hand --
nicht derjenigen, die über dem Boden erstarrt gewesen war
wie die einer Ertrinkenden -- hatte sie den diamantenen
Verlobungsring gehalten. Damit hatte sie den Satinbezug
ihres Sarges aufgeschlitzt und im Verlauf von weiß Gott
wie vielen Stunden den Holzdeckel des Sarges bearbeitet.
Als ihr schließlich die Atemluft ausgegangen war, hatte sie
den Ring offenbar in die linke Hand genommen und damit ge-
kratzt und geschnitzt, und mit der rechten hatte sie gegraben. Das alles hatte nicht ausgereicht. Ihre Gesichtsfarbe
war tief purpurn gewesen, die blutunterlaufenen Augen hatten in einem Ausdruck dauerhaften Entsetzens daraus hervor-
geglotzt.

Die Uhr am Kirchturm begann, die zwölfte Stunde zu schla-
gen-- die Stunde, da, wie ihre Mutter ihr gesagt hatte,
die Tür zwischen Leben und Tod ein wenig aufschwang und die
Toten in beide Richtungen gehen konnten.--, und Mrs. Ramage
mußte alle Beherrschung aufbringen, um nicht von Panik erfüllt wegzulaufen, die nicht nachließ, sondern mit jedem
Schritt stärker zu werden schien; wenn sie jetzt weglief,
das wußte sie genau, würde sie immer weiter laufen, bis sie
besinnungslos zu Boden fiel.

Dumme, furchtsame Frau! schalt sie sich selbst, dann
weitete sie es aus zu: Dumme, furchtsame, egoistische Frau!
An My Lord solltest du jetzt denken, und nicht an deine eigene Angst! My Lord... und wenn die geringste Chance besteht, daß My Lady--

Ah, aber nein, es war Wahnsinn, an so etwas auch nur
zu denken. Es war zu lange her, zu lange, zu lange.

Geoffrey hatte sie zu Miserys Grabstein geführt, und

nun standen beide wie mesmerisiert da und sahen auf ihn
hinab. LADY CALTHORPE stand auf dem Grabstein. Abgesehen
von Geburts- und Todesdatum, war lediglich noch zu lesen:
VON VIELEN GELIEBT.

Sie sah Geoffrey an und sagte wie jemand, der aus einer tiefen Trance erwacht: "Sie haben das Werkzeug nicht
mitgebracht."

"Nein -- noch nicht", sagte er und warf sich in voller
Länge auf den Boden, wo er das Ohr gegen den Boden drückte,
auf dem bereits die ersten zaghaften Grashalme zu wachsen
begonnen hatten, die aus den Ritzen zwischen den recht
achtlos aufgeworfenen Erdschollen sprossen.

Einen Augenblick lang sah sie in seinem Gesicht lediglich den Ausdruck, den es schon den ganzen Abend hatte, seit
sie ihm die Tür geöffnet hatte -- einen Ausdruck schmerzer-
füllten Grauens. Dann aber drang ein neuer Ausdruck an die
Oberfläche. Dieser neue Ausdruck war unaussprechliches Entsetzen mit einem Hauch beinahe aufgegebener Hoffnung.

Er sah zu Mrs. Ramage auf, seine Augen waren weit aufgerissen, sein Mund bewegte sich stumm. "Ich glaube, sie
lebt", flüsterte er kraftlos. "Oh, Mrs. Ramage--"

Plötzlich warf er sich auf den Bauch herum und brüllte
auf den Erdboden ein -- unter anderen Umständen hätte es komisch gewirkt. "Misery! MISERY! WIR SIND HIER! WIR WISSEN AL-
LES! HALT AUS! HALT AUS, MEIN LIEBLING!"

Einen Augenblick später war er aufgesprungen und hastete zur Ponykutsche zurück, wo die Grabwerkzeuge lagen --
seine Füße in den Pantoffeln kräuselten den Bodennebel zu
aufgeregten kleinen Wirbeln.

Mrs. Ramages Knie gaben nach, sie kippte nach vorne

und war drauf und dran, wieder ohnmächtig zu werden. Ihr
Kopf drehte sich scheinbar aus eigenem Antrieb nach rechts,
so daß sie das Ohr auf den Boden pressen konnte -- sie hatte Kinder schon in ähnlicher Haltung auf den Geleisen gesehen, wenn sie hörten, ob ein Zug kam.

Und jetzt hörte sie es -- leise, schmerzhafte Kratzlau-
te im Erdreich -- nicht die Geräusche, die ein grabendes
Tier erzeugt, waren das: Es waren die Laute von Fingern, die
hilflos auf Holz kratzten.

Sie sog mit einem einzigen heftigen Zug Atemluft ein,
damit ihr Herzschlag wieder einsetze, wie es ihr schien. Sie
kreischte: "WIR KOMMEN, MY LADY! GELOBT SEI GOTT UND UNSER
HEILAND JESUS CHRISTUS, WIR SIND NOCH RECHTZEITIG GEKOMMEN
-- WIR KOMMEN!"

Sie begann mit zitternden Fingern, Torfschollen aus dem
Boden herauszuziehen, und wenngleich Geoffrey nach kürze-
ster Zeit zurück war, hatte sie bereits ein fast zwanzig
Zentimeter tiefes Loch gegraben.

7

Er hatte bereits neun Seiten von Kapitel 7 fertig – Geoffrey und
Mrs. Ramage hatte Misery schnellstmöglich aus ihrem Grab befreit, um dann feststellen zu müssen, daß die Frau keine Ahnung
hatte, wer sie waren und wer sie selbst war –, als Annie ins Zimmer kam. Diesesmal hörte Paul sie. Er hörte auf zu tippen und verspürte Bedauern, weil er aus seinem Traum gerissen worden war.

Sie hielt die ersten sechs Kapitel an der Seite ihres Rocks. Sie
hatte weniger als zwanzig Minuten gebraucht, um die ersten Zeilen zu lesen; es war eine Stunde her, seit sie den Stapel der ein-

undzwanzig Manuskriptseiten mitgenommen hatte. Er sah sie gelassen an und stellte mit gelindem Interesse fest, daß Annie Wilkens ein wenig blaß war.

»Nun?« fragte er. »Ist es fair?«

»Ja«, sagte sie geistesabwesend, als wäre dies eine bereits vorher gezogene Schlußfolgerung – und Paul vermutete, daß es das auch tatsächlich war. »Es ist fair. Und es ist *gut*. Spannend. Aber es ist auch grausam! Es ist gar nicht wie die anderen *Misery*-Bücher. Diese arme Frau, die sich die Fingerkuppen wegkratzte...« Sie schüttelte den Kopf und wiederholte: »Es ist gar nicht wie die anderen *Misery*-Bücher.«

Der Mann, der diese Zeilen geschrieben hat, befindet sich auch in einer grausamen Gemütsverfassung, dachte er.

»Soll ich weitermachen?« fragte er.

»Ich werde Sie umbringen, wenn Sie es nicht tun!« antwortete sie und lächelte ein wenig. Paul erwiderte das Lächeln nicht. Diese Bemerkung, die er einst in die lange Reihe von Banalitäten wie etwa *Du siehst heute so gut aus, daß ich dich auffressen könnte* eingereiht hätte, schien ihm mit einem Mal gar nicht mehr banal zu sein.

Aber etwas an ihrem Verhalten, das sie zeigte, während sie unter der Tür stand, faszinierte ihn. Es war, als fürchtete sie sich, näher zu ihm heranzukommen – als glaubte sie, etwas in ihm könnte ihn verbrennen. Nicht das Thema, lebendig begraben zu werden, war der Grund dafür, und er war klug genug, das einzusehen. Nein – es war der Unterschied zwischen seinem ersten Versuch und diesem hier. Der erste war nicht packender gewesen als der Aufsatz eines Achtkläßlers: ›Was ich in den Sommerferien erlebt habe.‹ Dieser nun war anders. Der Ofen war entzündet worden. Oh, nicht daß er besonders gut geschrieben hätte – die Story war brandheiß, aber die Personen waren so stereotyp und vorhersehbar wie immer –, aber diesesmal war es ihm immerhin gelungen, wenigstens ein bißchen Faszination zu erzeugen; diesesmal strahlte Hitze zwischen den Zeilen ab.

Amüsiert dachte er: *Sie hat diese Hitze gespürt. Sie hat Angst, zu nahe heranzukommen, weil sie fürchtet, ich könnte sie verbrennen.*

»Nun«, sagte er nachsichtig, »Sie werden mich nicht umbringen müssen, Annie. Ich *möchte* weiterschreiben. Warum lassen Sie mich nicht gleich weitermachen?«

»Einverstanden«, sagte sie. Sie brachte ihm die Seiten, legte sie auf das Bett und trat rasch wieder zurück.

»Würden Sie es gerne lesen, während ich schreibe?« fragte er.

Annie lächelte. »Ja! Das wäre fast wie die Serials, als ich ein Kind war!«

»Nun, ich kann nicht am Ende *jedes* Kapitels einen Cliffhanger versprechen«, sagte er. »Das haut einfach nicht immer hin.«

»Für mich schon«, sagte sie aufgeregt. »Ich würde wissen wollen, was in Kapitel 18 geschieht, auch wenn Misery und Geoffrey am Ende von Kapitel 17 auf Sesseln auf der Veranda sitzen und Zeitung lesen würden. Ich bin schon ganz verrückt danach zu erfahren, wie es weitergehen wird – sagen Sie es mir nicht!« fügte sie scharf hinzu, als hätte Paul ihr angeboten, es zu tun.

»Nun, normalerweise zeige ich niemandem, woran ich arbeite, bis alles fertig ist«, sagte er, dann lächelte er ihr zu. »Aber da dies eine besondere Situation ist, werde ich Sie selbstverständlich die Kapitel lesen lassen.« *Und so begannen die Tausendundeine Nacht von Paul Sheldon*, dachte er. »Ich frage mich aber, ob Sie etwas für mich tun könnten?«

»Was?«

»Diese verdammten N nachtragen«, sagte er.

Sie lächelte ihn strahlend an. »Das wäre mir eine Ehre. Und jetzt werde ich Sie alleine lassen.«

Sie ging zur Tür, zögerte, dann drehte sie sich um. Mit einer tiefen, fast schmerzlichen Schüchternheit machte sie ihm dann den einzigen editorischen Vorschlag, den sie ihm jemals machen würde: »Vielleicht war es eine Biene.«

Er hatte den Blick bereits auf das in die Schreibmaschine eingespannte Papier gerichtet; er suchte nach dem Loch. Er wollte Misery in Mrs. Ramages Hütte zurückbringen, bevor er wieder unterbrechen mußte, und er sah mit kaum verhohlener Ungeduld zu Annie auf. »Bitte?«

»Eine Biene«, sagte sie, und er sah, wie Röte ihren Hals herauf und in die Wangen kroch. Kurz darauf glühten sogar ihre Ohren. »Etwa eine von einem Dutzend Personen ist allergisch gegen Bienengift. Ich habe viele solcher Fälle gesehen, bevor... bevor ich meinen Dienst als Krankenschwester aufgab. Die Allergie kann sich auf viele verschiedene Weisen zeigen. Manchmal kann ein Stich einen komatösen Zustand hervorrufen, der mit dem... mit dem vergleichbar ist, den man damals... äh... damals Katalepsie nannte.«

Jetzt war sie so rot, daß sie fast purpurn aussah.

Paul überdachte die Idee kurz, dann warf er sie auf die Müllkippe. Eine Biene hätte für Miß Evelyn-Hydes unglücklichen Zustand und ihr vorzeitiges Begräbnis verantwortlich sein können; das wäre sogar denkbar, da es im Frühling geschehen war, und obendrein noch im Garten. Aber er war sich bereits darüber im klaren, daß die Glaubwürdigkeit davon abhing, daß die beiden lebendig begrabenen Personen irgend etwas miteinander zu tun hatten, und Misery war in ihrem Schlafzimmer zusammengebrochen. Die Tatsache, daß der Spätherbst eigentlich keine Bienenzeit mehr war, war nicht das Problem. Das Problem war, wie selten diese kataleptische Reaktion auftrat. Er glaubte nicht, daß sein Dauerleser schlucken würde, daß zwei Frauen, die nichts miteinander zu tun hatten, innerhalb von sechs Monaten als Folge von Bienenstichen lebendig begraben wurden.

Aber das konnte er Annie nicht erzählen, nicht nur, weil sie dann vielleicht wieder die Beherrschung verlieren würde. Er konnte es ihr nicht sagen, weil es sie sehr kränken würde, und ungeachtet aller Schmerzen, die sie ihm verursacht hatte, war er der Meinung, daß er sie nicht kränken durfte. Er war selbst schon auf diese Weise gekränkt worden.

Er griff auf die gebräuchlichste Schriftstellerausrede zurück: »Damit ließe sich tatsächlich etwas anfangen, Annie. Ich werde auf jeden Fall darüber nachdenken, aber ich habe da auch schon ein paar Einfälle, und es paßt vielleicht nicht dazu.«

»Oh, das weiß ich – Sie sind der Schriftsteller, nicht ich. Vergessen Sie einfach, daß ich irgend etwas gesagt habe. Es tut mir leid.«

»Es muß Ihnen nicht l...«

Aber sie war schon verschwunden, ihre schweren Schritte rannten fast den Flur entlang zum Wohnzimmer. Er betrachtete eine leere Stelle. Er ließ den Blick sinken, dann riß er die Augen auf.

Auf beiden Seiten des Türrahmens, etwa zwanzig Zentimeter über dem Boden, befanden sich schwarze Spuren – ihm war sofort klar, daß er sie hinterlassen haben mußte, als er sich mit dem Rollstuhl gewaltsam durch die Tür gezwängt hatte. Sie waren so deutlich zu erkennen, daß es fast ein Wunder war, wie sie bisher ihrer Aufmerksamkeit entgangen sein konnten. Aber bald – vielleicht morgen, vielleicht schon heute nachmittag – würde sie zum Staubsaugen hereinkommen, und dann würde sie sie bemerken.

Ganz bestimmt.

Paul konnte an diesem Tag nicht mehr viel schreiben.

Das Loch im Papier war verschwunden.

8

Am folgenden Morgen saß Paul aufgerichtet im Bett, an einen Stapel Kissen gelehnt, trank eine Tasse Kaffee und betrachtete die Spuren am Türrahmen mit den schuldbewußten Augen eines Mörders, der gerade ein Stück blutigen Stoffs entdeckt hat, den er irgendwie nicht beseitigt hatte. Plötzlich kam Annie mit weit aufgerissenen und hervorquellenden Augen in sein Zimmer gestürmt. In der einen Hand hatte sie ein Staubtuch. In der anderen – unglaublich! – ein Paar Handschellen.

»Was...«

Zu mehr kam er nicht. Sie packte ihn mit den Bärenkräften einer Person in Panik und zog ihn in eine aufrechte Haltung. Schmerzen – die schlimmsten seit Tagen – rasten durch seine Beine, und er schrie. Die Kaffeetasse fiel ihm aus der Hand und zerschellte am Boden. *Immerzu zerbricht hier drinnen etwas*, dachte er, und dann: *Sie hat die Spuren gesehen. Natürlich. Wahrscheinlich schon vor einiger Zeit*. Nur so konnte er dieses bizarre Verhalten erklären – sie hatte die Spuren gesehen, und dies war der Beginn einer neuen und besonders spektakulären Bestrafung.

»*Seien Sie still, Dummkopf!*« zischte sie, dann waren seine Hände auch schon hinter dem Rücken, und als er das Klicken der Handschellen hörte, hörte er auch ein Auto, das die Einfahrt entlangfuhr.

Er öffnete den Mund, um etwas zu sagen oder vielleicht noch einmal zu schreien, aber bevor er eines von beidem tun konnte, stopfte sie ihm ein Stück Stoff hinein. Das Tuch hatte einen gräßlichen toten Geschmack. Möbelpolitur oder so etwas, vermutete er.

»Geben Sie keinen Laut von sich«, warnte sie ihn und beugte sich über ihn, je einen Arm neben seinen Kopf gestemmt, Strähnen ihres Haars kitzelten ihn an Stirn und Wangen. »Ich warne Sie, Paul. Wenn das derjenige ist, den ich meine, dann ist es ein alter Mann. Wenn er etwas hört – oder nur, wenn *ich* etwas höre und glaube, daß er etwas gehört hat –, dann werde ich ihn umbringen, dann Sie und dann mich selbst.«

Sie stand auf. Ihre Augen quollen aus den Höhlen. Schweiß stand ihr auf der Stirn.

»*Denken Sie daran*, Paul.«

Er nickte, aber sie sah es nicht. Sie hastete bereits wieder hinaus.

Ein alter, aber gut gepflegter Chevy Bel Air hielt hinter Annies Cherokee. Paul hörte, wie irgendwo jenseits des Wohnzimmers eine Tür aufgerissen und dann wieder zugeschlagen wurde. Sie gab dieses seltsam fragende Quietschen von sich, das ihm verriet, daß es sich um den Schrank handelte, in dem sie ihre Sachen für draußen aufbewahrte.

Der Mann, der aus dem Auto ausstieg, war ebenfalls alt und gut gepflegt – ein Colorado-Typ, wie er im Buche stand. Er sah wie fünfundsechzig aus, konnte aber achtzig sein; er konnte der Seniorpartner einer Anwaltskanzlei sein oder der halb im Ruhestand befindliche Patriarch einer Baufirma, aber wahrscheinlich handelte es sich um einen Rancher oder Grundstücksmakler. Er dürfte ein Republikaner der Art sein, der ebensowenig einen Aufkleber an der Stoßstange anbrachte wie er ein paar goldene italienische Schuhe anziehen würde; darüber hinaus war er wahrscheinlich ein Mitglied der Stadtverwaltung und in dieser Eigenschaft hier, denn nur aufgrund irgendeiner Verwaltungsangelegenheit konnten ein Mann wie er und eine Einsiedlerin wie Annie Wilkes miteinander zu tun bekommen.

Paul sah, wie sie den Gehweg zur Einfahrt hinabeilte und darauf bedacht schien, ihn nicht nur zu empfangen, sondern abzufangen. Hier war sein einstiger Wunschtraum beinahe wahr geworden. Kein Polizist, sondern jemand mit AUTORITÄT. Die AUTORITÄT war zu Annie Wilkes gekommen, und ihre Ankunft konnte nichts anderes bringen als eine Verkürzung seines eigenen Lebens.

Warum bittest du ihn nicht herein, Annie? dachte er und bemühte sich, nicht an dem staubigen Lappen zu ersticken. *Warum bittest du ihn nicht herein und zeigst ihm deinen Vogel aus Afrika?*

Oh, nein. Sie würde Mr. Rocky Mountain Geschäftsmann ebensowenig hereinbitten wie sie Paul zum Stapleton International Airport fahren und ihm eine Flugkarte nach New York in die Hand drücken würde.

Sie sprach auf ihn ein, noch bevor sie bei ihm war, ihr Atem strömte ihr aus dem Mund wie Sprechblasen in einem Comic, aber ohne Text darin. Er streckte ihr eine Hand entgegen, die in einem engen, eleganten schwarzen Lederhandschuh steckte. Sie sah sie kurz und verächtlich an, dann fuchtelte sie mit einem Finger vor seinem Gesicht herum, und es kamen noch mehr von diesen leeren Sprechblasen aus ihrem Mund. Sie streifte, während sie fuchtelte, den Mantel über und hörte gerade lange genug damit auf, daß sie den Reißverschluß zumachen konnte.

Er griff in die Innentasche seines Mantels und holte ein Papier heraus. Er hielt es ihr mit beinahe mitleidiger Miene hin. Wenngleich Paul natürlich nicht wissen konnte, worum es sich handelte, war er sicher, daß Annie ein Adjektiv dafür hatte. *Utschibutschi*, vielleicht. Oder *pupsig*.

Sie führte ihn den Weg entlang, ohne mit Reden aufzuhören. Sie verschwanden aus seinem Sehbereich. Er konnte ihre Schatten sehen, die wie Baugerüste auf den Boden geworfen wurden. Es hatte keinen Zweck, sich Hoffnungen zu machen, dachte Paul düster. Wenn er sie nicht sehen konnte, dann bestand kaum eine Chance, daß Mr. Rancho Grande zum Fenster des Gästezimmers hereinschauen und *ihn* sehen würde.

Die Schatten verweilten schätzungsweise fünf Minuten auf dem schmelzenden Schnee von Annies Einfahrt. Einmal konnte Paul sogar tatsächlich Annies Stimme hören, die zornig und ungehalten anschwoll. Für Paul waren es lange fünf Minuten. Seine Schultern schmerzten. Er stellte fest, daß er sich nicht bewegen konnte, um die Schmerzen loszuwerden. Nachdem sie seine Hände zusammengekettet hatte, hatte sie sie irgendwie am Bettpfosten befestigt.

Am schlimmsten aber war das Staubtuch in seinem Mund. Der Gestank der Möbelpolitur verursachte ihm Kopfschmerzen, und seine Übelkeit nahm mit jedem Augenblick zu. Er konzentrierte sich grimmig darauf, sie zu beherrschen; er hatte keine Lust, mit einer Luftröhre voll Erbrochenem zu ersticken, während Annie mit einem älteren Verwaltungsangehörigen haderte, der sich einmal wöchentlich das Haar legen ließ und wahrscheinlich den ganzen Winter hindurch Gummistiefel über seinen Lederhalbschuhen trug.

Als sie wieder sichtbar wurden, stand ihm kalter Schweiß auf der Stirn. Nun hatte Annie das Papier in der Hand. Sie folgte Mr. Rancho Grande und fuchtelte hinter seinem Rücken mit dem Finger, und immerzu kamen leere Sprechblasen aus ihrem Mund.

Mr. Rancho Grande drehte sich nicht zu ihr um. Sein Gesicht hatte einen sorgfältig einstudierten, nichtssagenden Ausdruck angenommen. Nur seine Lippen, die er so fest zusammengepreßt hatte, daß sie fast nicht zu sehen waren, verrieten etwas von seinen Gefühlen. Zorn? Vielleicht. Mißfallen? Ja. Das traf wahrscheinlich eher zu.

Du hältst sie für verrückt. Du und deine Poker-Kumpels – die wahrscheinlich diese ganze Miniatur einer Stadt kontrollieren –, ihr habt wahrscheinlich eine Partie darum gespielt, wer diesen Scheißauftrag übernehmen muß. Niemand bringt Verrückten gerne schlechte Nachrichten. Aber, oh, Mr. Rancho Grande, wenn du wüßtest, wie verrückt sie wirklich ist, dann würdest du ihr wahrscheinlich nicht so sorglos den Rücken zukehren!

Er stieg in den Bel Air ein. Er schlug die Tür zu. Nun stand sie neben dem Auto und fuchtelte mit dem Finger vor dem geschlossenen Fenster, und wieder konnte Paul ganz leise ihre Stimme hören: »...halten sich ja für so-so-so *schlauuuu!*«

Der Bel Air fuhr langsam die Einfahrt hinab. Mr. Rancho Grande vermied es überdeutlich, Annie anzusehen, die die Zähne entblößt hatte.

Noch lauter: *»Sie halten sich für ein so großes Tier!*«

Plötzlich trat sie mit dem Fuß gegen Mr. Rancho Grandes Stoßstange, und zwar so fest, daß tatsächlich ein wenig Schnee aus den Radkästen herabfiel. Der alte Knabe sah über die rechte Schulter, sie hatte ihn aus der sorgfältigen Neutralität herausgerissen, die er die ganze Zeit über gewahrt hatte.

»Nun, ich will Ihnen etwas sagen, Sie Schmutzfink! KLEINE HUNDE KÖNNEN MANCHMAL PIPI AN GROSSEN TIEREN MACHEN! Was halten Sie davon? Hah?«

Was immer er davon hielt, Mr. Rancho Grande hatte nicht die Absicht, Annie die Befriedigung zu geben, es ihr zu zeigen – der neutrale Ausdruck hatte sich wieder über sein Gesicht gelegt wie das Visier eines Helms. Er verschwand aus Pauls Sehbereich.

Sie stand einen Augenblick da, Hände in die Hüften gestemmt, dann stapfte sie zum Haus zurück. Er hörte, wie die Küchentür geöffnet und explosionsartig zugedonnert wurde.

Nun ist er weg, dachte Paul. Furcht schnürte ihm den Magen zusammen. *Ja, Mr. Rancho Grande ist weg, aber ich bin hier. O ja, ich bin hier.*

9

Aber diesesmal ließ sie ihre Wut nicht an ihm aus.

Sie kam in sein Zimmer, da hatte sie den Mantel noch an, aber den Reißverschluß geöffnet. Sie ging rasch auf und ab und sah ihn nicht einmal an. Sie hatte das Papier immer noch in der Hand, und ab und zu wedelte sie damit vor ihrer Nase, gleichsam als Selbstkasteiung.

»Zehn Prozent Steuererhöhung, sagt er. Im Rückstand, sagt er!

Pfandrecht! Anwälte! Vierteljährliche Bezahlung, sagt er! Überfällig! *Utschibutschi! Kaka! Kaka-pupsi-DUUPSIE!*«

Er grunzte in das Tuch, aber sie drehte sich nicht um. Sie war in einem Zimmer in ihr selbst. Sie ging schneller hin und her und durchschnitt die Luft mit ihrem soliden Körper. Er glaubte, sie würde das Papier in tausend Stücke reißen, aber *das* traute sie sich offenbar doch nicht.

»*Fünfhundertundsechs Dollar!*« schrie sie, und dieses Mal schwenkte sie das Papier vor seiner Nase. **Sie riß ihm** geistesabwesend das Tuch aus dem Mund und warf **es auf** den Boden. Er legte den Kopf auf die Seite und würgte trock**en.** Seine Arme fühlten sich an, als würden sie ganz langsam aus **den** Gelenkpfannen gezogen werden. »Fünfhundertsechs Dollar und *siebzehn Cent!* Sie wissen, daß ich hier draußen keinen sehen will! Das habe ich ihnen gesagt, oder nicht? Und jetzt sehen Sie sich das an! Sehen Sie sich das an!«

Er würgte wieder trocken und gab ein verzweifeltes Röcheln von sich.

»Wenn Sie sich übergeben, müssen Sie darin liegenbleiben«, sagte sie, »ich habe momentan andere Sorgen! Er sagte etwas von einem Pfandrecht auf meinem Haus. Was ist das?«

»Handschellen...«, krächzte er.

»Ja, ja«, sagte sie ungeduldig. »Manchmal sind Sie so ein *Baby*.« Sie zog den Schlüssel aus der Rocktasche und drückte ihn noch weiter nach links, so daß seine Nase ins Kissen gedrückt wurde. Er schrie, aber sie achtete nicht darauf. Es klickte und rasselte, dann waren seine Hände frei. Er richtete sich stöhnend auf, dann ließ er sich langsam auf das Kissen gleiten, wobei er darauf achtete, die Beine gerade auszustrecken. In seinen dünnen Handgelenken zeichneten sich bleiche Rillen ab. Während er sie betrachtete, strömte Rot in sie hinein.

Annie steckte die Handschellen geistesabwesend in die Rocktasche, als könnte man solche Zwangsmittel der Polizei in jedem anständigen Haushalt finden, wie Kleenex oder Aschenbecher.

»Was ist ein Pfandrecht?« fragte sie wieder. »Bedeutet das, daß ihnen mein Haus gehört? Heißt es das?«

»Nein«, sagte er. »Es bedeutet, daß Sie...« Er räusperte sich und nahm wieder den Nachgeschmack des Staubtuchs wahr. Seine Brust hob sich, als er erneut trocken würgte. Sie nahm keinerlei Notiz davon, sondern stand lediglich ungeduldig da und wartete, bis er wieder sprechen konnte. Nach einer Weile gelang es ihm. »Es bedeutet nur, daß Sie es nicht verkaufen können.«

»Nur? *Nur*? Sie haben eine komische Vorstellung von *nur*, Mr. Paul Sheldon. Aber ich könnte mir denken, die Sorgen einer armen Witwe wie mir bedeuten einem reichen Mr. Neunmalklug wie Ihnen nichts.«

»Ganz im Gegenteil. Ich glaube, Ihre Sorgen sind auch meine Sorgen, Annie. Es soll lediglich bedeuten, daß es nichts im Vergleich zu dem ist, was sie tun könnten, wenn Sie ernsthaft in Verzug geraten sind. *Sind* Sie das?«

»Verzug. Das bedeutet im Eimer, nicht?«

»Im Eimer, im Loch, hinterher. Ja.«

»Ich bin kein Tunichtgut aus einem irischen Trinklied!« Er sah ihre Zähne schimmern, als sie die Oberlippe zurückzog. »Ich zahle meine Rechnungen. Nur... dieses Mal... habe ich es nur...«

Du hast es vergessen, nicht? Du hast es vergessen, so wie du vergißt, das Kalenderblatt für den Februar an diesem verdammten Kalender zu wechseln. Aber zu vergessen, die vierteljährliche Grundstückssteuer zu bezahlen, ist ein wenig ernster, als zu vergessen, das Kalenderblatt zu wechseln, und du bist aus dem Häuschen, weil es das erste Mal ist, daß du etwas so Großes vergessen hat! Tatsache ist, es wird immer schlimmer, nicht? Jeden Tag ein bißchen schlimmer. Psychopathen können mit der Welt zurechtkommen – in gewisser Weise –, und manchmal kommen sie – wie du selbst sehr genau weißt – mit einer gewaltigen Portion Scheiße davon. Aber es gibt eine Grenze zwischen dem Land der beherrschbaren und unbeherrschbaren Psychose. Dieser Grenze näherst du dich jeden Tag mehr... und ein Teil von dir weiß das ganz genau.

»Ich bin einfach noch nicht dazu gekommen«, sagte Annie mürrisch. »Sie hier zu haben hat mich mehr beschäftigt, als müßte ich einen Sack voll Flöhe hüten.«

Er hatte eine Idee – eine wirklich gute. Das Potential dieser Idee für Pluspunkte schien beinahe grenzenlos. »Ich weiß«, begann er aufrichtig, »ich verdanke Ihnen mein Leben und bisher bin ich nichts weiter als eine Last für Sie gewesen. Ich habe etwa vierhundert Piepen in der Brieftasche. Ich möchte, daß Sie damit Ihre Schulden bezahlen.«

»O Paul...« Sie sah ihn verwirrt und gerührt sogleich an. »Ich könnte doch *Ihr* Geld nicht annehmen...«

»Es ist nicht meins«, sagte er. Er grinste sie an, dieses Nummer-eins-*Wer-liebt-dich-Baby*?-Grinsen. Und tief im Inneren dachte er: *Ich möchte, Annie, daß du eine deiner Vergessens-Nummern durchziehst, wenn ich mir eines deiner Messer verschaffen und mich so gut bewegen kann, daß ich auch damit umgehen kann. Zehn Sekunden bevor du merkst, daß du tot bist, wirst du schon in der Hölle schmoren.* »Es ist Ihres. Nennen Sie es einen gerechten Lohn, wenn Sie wollen.« Er machte eine Pause, dann ging er ein kalkuliertes Risiko ein: »Wenn Sie glauben, ich wüßte nicht, daß ich ohne Sie tot wäre, dann sind Sie verrückt.«

»Paul... ich weiß nicht...«

»Es ist mein Ernst.« Er ließ sein Lächeln zu einem (wie er hoffte – *bitte, lieber Gott, laß es so sein*) gewinnenden Ausdruck der Aufrichtigkeit schmelzen. »Und wissen Sie, Sie haben mehr getan, als nur *mein* Leben zu retten. Sie haben zwei Leben gerettet – denn ohne Sie würde Misery jetzt immer noch in ihrem Grab liegen.«

Nun sah sie ihn strahlend an, das Papier in der Hand hatte sie vergessen.

»Sie haben mir gezeigt, wie falsch ich gehandelt habe, und haben mich wieder auf den rechten Weg gebracht. Dafür schulde ich Ihnen viel mehr als nur vierhundert Piepen. Und wenn Sie das Geld nicht annehmen, werde ich mich sehr schlecht fühlen.«

»Nun, ich... also gut. Ich... danke Ihnen.«

»Ich sollte *Ihnen* danken. Darf ich das Dokument mal sehen?«

Sie gab es ihm, ohne zu protestieren. Es war eine Steuermahnung. Er überflog es rasch, dann gab er es ihr zurück.

»Haben Sie Geld auf der Bank?«

Sie wandte den Blick von ihm ab. »Ich habe ein wenig beiseite gelegt, aber nicht auf der Bank. Ich traue Banken nicht.«

»Hier steht, sie können das Haus nicht mit einem Pfandrecht belasten, wenn die Rechnung bis zum fünfundzwanzigsten März bezahlt wird. Den wievielten haben wir heute?«

Sie sah stirnrunzelnd zum Kalender. »Meine Güte! Das ist ja falsch.«

Sie riß das Blatt ab, und der Junge auf dem Schlitten verschwand – Paul sah es mit einem absurden Gefühl des Bedauerns. Das März-Bild zeigte einen Wildbach, der zwischen verschneiten Ufern dahinfloß.

Sie sah einen Augenblick kurzsichtig zum Kalender, dann sagte sie: »*Heute* ist der fünfundzwanzigste März.«

Herrgott, zu spät, dachte er.

»Klar – darum ist er gekommen.« *Er hat dir nicht gesagt, daß sie dein Haus mit einem Pfandrecht belegt* haben, *Annie, er hat dir gesagt, daß sie es tun müßten, wenn du nicht bezahlst, bis heute abend die Stadtverwaltung Feierabend macht. Der Bursche hat dir sogar einen Gefallen getan.* »Aber wenn Sie diese fünfhundertsechs Dollar zahlen, bevor...«

»Und siebzehn Cent«, warf sie wutschnaubend ein. »Vergessen Sie die *utschibutschi* siebzehn Cent nicht!«

»Also gut, und siebzehn Cent. Wenn Sie zahlen, bevor die Stadtverwaltung heute nachmittag zumacht, dann kein Pfandrecht. Wenn die Menschen in der Stadt wirklich so empfinden, wie Sie gesagt haben, Annie...«

»Sie hassen mich! Sie sind alle gegen mich, Paul!«

»...dann sind die Steuern eine Methode, wie sie Sie fertigmachen wollen. Es ist schon ziemlich verdächtig, jemandem, der mit einer vierteljährlichen Zahlung im Rückstand ist, gleich mit einer Pfändung zu drohen. Das stinkt zum Himmel. Wenn Sie ein paar Vierteljahreszahlungen vergessen, dann könnten sie versuchen, Ihnen Ihr Haus wegzunehmen – es zu versteigern. Es ist eine verrückte Vorstellung, aber ich fürchte, sie wären technisch gesehen im Recht.«

Sie lachte, ein schroffes, bellendes Geräusch. »Das sollen sie nur versuchen! Ich würde einigen von ihnen die Gedärme wegblasen! Das kann ich Ihnen sagen. Ja, Sir! Jasir *Bob!*«

»Letzten Endes werden sie Sie erwischen, Annie. Aber darum geht es nicht.«

»Worum dann?«

»Annie, in Sidewinder leben wahrscheinlich Menschen, die mit ihren Steuern zwei oder drei *Jahre* im Rückstand sind. Und denen nimmt niemand *ihre* Häuser weg oder versteigert ihre Möbel in der Stadthalle. Das schlimmste, was solchen Leuten für gewöhnlich passiert, ist, daß die Stadt ihnen das Wasser sperrt. Zum Beispiel die Roydmans.« Er sah sie verschlagen an. »Glauben Sie, daß die ihre Steuern pünktlich zahlen?«

»*Dieses* Pack?« kreischte sie. »*Hah!*«

»Ich glaube, die haben es auf Sie abgesehen, Annie.« Das glaubte er tatsächlich.

»Ich werde niemals wegziehen! Ich werde hier bleiben, um sie zu ärgern! Ich bleibe hier und spucke ihnen ins Gesicht!«

»Bringen Sie zu den vierhundert Piepen in meiner Brieftasche noch einhundertsechs auf?«

»Ja.« Sie fing an, erleichtert auszusehen.

»Das ist gut«, fuhr er fort. »Dann würde ich vorschlagen, daß Sie diese verfluchte Steuermahnung heute noch bezahlen.« *Und während du weg bist, werde ich zusehen, wie ich diese verdammten Spuren an der Tür verschwinden lassen kann. Und wenn das erledigt ist, werde ich schauen, ob es keine Möglichkeit gibt, von hier zu verschwinden, Annie. Ich habe deine Gastfreundschaft ein wenig satt.*

Er brachte ein Lächeln zustande.

»Ich glaube, hier im Nachttisch müßten mindestens siebzehn Cent sein«, sagte er.

10

Annie Wilkes hatte ihre eigenen strikten Verhaltensnormen; auf ihre Weise war sie seltsam formell. Sie hatte ihn Wasser aus einem Putzeimer trinken lassen; sie hatte ihm seine Medizin vorenthalten, bis er Schmerzen hatte; sie hatte ihn die einzige Kopie seines neuen Romans verbrennen lassen; sie hatte ihn mit Handschellen gefesselt und ihm einen nach Möbelpolitur stinkenden Lappen in den Mund gesteckt; aber sie nahm nicht das Geld aus seiner Brieftasche. Sie brachte sie ihm, die alte abgenutzte Lord Buxton, die er seit dem College hatte, und reichte sie ihm.

Alle Ausweispapiere. *Diesbezüglich* hatte sie keine Skrupel gehabt. Er fragte sie nicht danach. Es schien klüger, es nicht zu tun.

Die Ausweise waren weg, aber das Geld war noch da, die Scheine – größtenteils Fünfziger – waren frisch und starr. Mit einer Deutlichkeit, die überraschend und irgendwie geheimnisvoll war, sah er, wie er am Tag, bevor er *Schnelle Autos* vollendet hatte, am Autoschalter der Boulder Bank vorgefahren war und einen Scheck über vierhundertfünfzig Dollar eingelöst hatte (vielleicht hatten an diesem Tag sogar die Jungs in der Denkfabrik freigenommen? – er hielt es für wahrscheinlich). Der Mann, der das getan hatte, war frei und gesund gewesen und hatte sich wohl gefühlt, und er hatte nicht genug Verstand besessen, das alles zu schätzen zu wissen. Der Mann, der das getan hatte, hatte die Schalterdame – groß, blond, mit einem purpurnen Kleid, das ihre Kurven mit der Berührung eines Liebhabers umhüllte – vielsagend angesehen. Und sie hatte den Blick erwidert... Was würde sie, überlegte er, von diesem Mann halten, wie er jetzt aussah, vierzig Pfund leichter und zehn Jahre gealtert, seine Beine ein Paar nutzlose und verstümmelte Schreckgebilde?

»Paul?«

Er sah zu ihr auf, das Geld hatte er in der Hand. Alles in allem waren es vierhundertzwanzig Dollar.

»Ja?«

Sie betrachtete ihn mit diesem beunruhigenden Ausdruck von Mutterliebe und Zärtlichkeit – beunruhigend wegen der völligen und totalen Schwärze, die dahinter lauerte.

»Weinen Sie, Paul?«

Er strich sich mit der freien Hand über die Wangen, ja, da war Feuchtigkeit zu spüren. Er lächelte und gab ihr das Geld. »Ein wenig. Ich habe darüber nachgedacht, wie gut Sie zu mir waren. Oh, ich glaube viele Leute würden es nicht verstehen... aber ich denke, ich weiß es.«

Ihre eigenen Augen glänzten ebenfalls, als sie sich nach vorne beugte und sanft seine Lippen berührte. Er roch etwas in ihrem Atem, etwas aus den dunklen und sauren Kammern in ihrem Inneren, etwas, das nach totem Fisch roch. Es war tausendmal schlimmer als der Geruch/Geschmack des Staubtuchs. Es brachte die Erinnerung an ihren sauren Atem zurück,

(!atme gottverdammt ATME!)

der wie ein schmutziger Wind aus der Hölle seine Kehle hinab-wehte. Sein Magen verkrampfte sich, aber er lächelte sie an.

»Ich habe Sie lieb, mein Bester«, sagte sie.

»Würden Sie mich in den Rollstuhl setzen, bevor Sie gehen? Ich möchte schreiben.«

»Selbstverständlich.«

11

Ihre Zärtlichkeit ging aber nicht so weit, daß sie die Schlafzimmer-tür unverschlossen gelassen hätte, aber das war eigentlich kein Problem. Dieses Mal war er nicht halb verrückt vor Schmerzen und Entzugserscheinungen. So emsig wie ein Eichhörnchen Nüsse für den Winter sammelt, hatte er vier ihrer Haarnadeln ge-sammelt, die er zusammen mit den Tabletten unter der Matratze versteckt hatte.

Als er ganz sicher war, daß sie fort war und nicht etwa noch in der Nähe herumlungerte, um zu sehen, ob er sich ans ›Tipptipp‹ machte (ein weiterer Wilkesismus, den er seinem ständig wach-senden Wörterbuch hinzufügte), fuhr er mit dem Rollstuhl zum Bett und holte sich die Nadeln, zusammen mit dem Krug Wasser und einigen Kleenex vom Nachttisch. Es bereitete ihm keine Schwierigkeiten, den Rollstuhl mit der Royal auf dem Brett zu be-wegen – seine Arme waren schon viel kräftiger geworden. Annie Wilkes würde vielleicht überrascht sein, wie kräftig sie tatsächlich waren – und er hoffte mit aller Inbrunst, daß sie es eines Tages wirklich sein würde.

Überrascht natürlich. *Sehr* überrascht.

Der Hauptgrund dafür war die Royal selbst. Als Schreibma-schine war sie beschissen, aber als Übungsgerät war sie hervorra-gend. Er hatte damit angefangen, sie zu stemmen und wieder abzusetzen, wann immer er hinter dem Brett saß und sie nicht im Zimmer war. Anfangs war es ihm bestenfalls gelungen, sie fünfundzwanzig Zentimeter hoch zu heben. Jetzt stemmte er sie achtzehn- bis zwanzigmal ohne Pause. Nicht schlecht, wenn man bedachte, daß das Miststück mindestens fünfzig Pfund wog.

Als er sich am Schloß zu schaffen machte, befürchtete er, das Stück der Haarnadel, das sich noch darin befand, könnte ihm Schwierigkeiten machen, aber das war nicht der Fall. Er erwischte den Kipphebel fast beim ersten Mal, drückte ihn hoch und zog die Zunge des Schlosses mit. Er hatte nur einen Augenblick Zeit, sich zu fragen, ob sie nicht auch außen einen Riegel vorgeschoben haben konnte – er hatte sich große Mühe gegeben, schwächer und kranker auszusehen, als er sich nun tatsächlich fühlte, aber die Befürchtungen einer Paranoiden reichten weit und tief. Dann ging die Tür auf.

Er verspürte dasselbe nervöse Schuldgefühl, den Drang, es *schnell* zu erledigen. Er stellte die Ohren auf den Motor von Old Bessie ein – wenngleich sie erst seit fünfundvierzig Minuten weg war –, nahm ein paar Kleenex, tunkte sie ins Wasser im Krug und beugte sich mit der aufgeweichten Masse in der Hand linkisch auf einer Seite hinab. Er biß die Zähne zusammen und achtete nicht auf die Schmerzen; und er begann, die Spur am rechten Türrahmen abzuwischen.

Zu seiner grenzenlosen Erleichterung verblaßte sie fast auf der Stelle. Die Naben des Rollstuhls hatten die Farbe nicht abgekratzt, wie er befürchtet hatte, sondern lediglich beschmutzt.

Er rollte sich von der Tür weg, drehte den Rollstuhl und fuhr wieder hin, damit er auch die andere Seite säubern konnte. Nachdem er alles getan hatte, was er konnte, drehte er sich noch einmal um und betrachtete die Tür. Er versuchte, sie mit Annies scharfen, argwöhnischen Augen zu sehen. Die Spuren waren noch da, aber schwach, beinahe unsichtbar. Er dachte, das würde genügen.

Er *hoffte*, daß es genügen würde.

»Tornadokeller«, sagte er, leckte sich die Lippen und lachte trocken. »Scheiß drauf, Freunde und Nachbarn.«

Er rollte zur Tür und sah auf den Flur hinaus – aber jetzt, wo die Spuren verschwunden waren, verspürte er nicht mehr den

Wunsch, heute weiter zu gehen. An einem anderen Tag, ja. Er würde wissen, wann dieser Tag gekommen war.

Jetzt wollte er nur schreiben.

Er machte die Tür zu, und das Schloß schien sehr laut zu klikken.

Afrika.

Dieser Vogel kommt aus Afrika.

Aber du mußt wegen dieses Vogels nicht weinen, Paulie, denn nach einer Weile vergißt er, wie der Busch am Nachmittag roch, und das Brüllen der wilden Tiere am Wasserloch, und den sauren Geruch der Ieka-ieka-*Bäume an der großen Lichtung nördlich der großen Straße. Nach einer Weile vergißt er die herrlichen Farben des Sonnenuntergangs am Kilimandscharo. Nach einer Weile kennt er nur noch die trüben, versmogten Sonnenuntergänge von Boston, das ist alles, woran er sich erinnern kann, woran er sich erinnern* will. *Nach einer Weile möchte er nicht mehr zurück, und wenn jemand ihn zurückbrächte und freilassen würde, dann würde er sich lediglich an einer Stelle niederkauern, ängstlich und leidend und voller Heimweh in zweierlei Richtungen, bis etwas daherkommt und ihn tötet.*

»O Afrika, o Scheiße«, sagte er mit bebender Stimme.

Er weinte ein klein wenig, während er mit dem Stuhl zum Papierkorb rollte und die durchweichten Kleenextücher unter das Abfallpapier steckte. Er brachte den Rollstuhl wieder unter das Fenster und spannte ein Blatt Papier in die Royal ein.

Und übrigens, Paulie, ist die Ecke deiner Stoßstange schon im Schnee zu sehen? Ragt sie bereits heraus und gleißt in der Sonne und wartet nur darauf, bis jemand vorbeikommt und sie sieht, während du hier sitzt und deine möglicherweise letzte Chance vertust?

Er betrachtete zweifelnd das leere Blatt in der Maschine.

Ich werde jetzt sowieso nicht schreiben können. Dieser Gedanke hat alles verdorben.

Aber irgendwie hatte nichts jemals alles verdorben. Es *konnte* verdorben werden, das wußte er, aber trotz der angeblichen Empfindsamkeit kreativer Tätigkeit, war sie stets das zäheste und duldsamste Ding in seinem Leben gewesen – nichts hatte diesen verrückten Brunnen der Träume jemals vergiften können: kein Trinken, keine Drogen, keine Schmerzen. Zu diesem Brunnen

floh er jetzt wie ein durstendes Tier, das in der Dämmerung
Wasser gefunden hat, und er trank daraus, was bedeutet, er
fand das Loch im Papier und fiel gründlich hindurch. Als Annie
um Viertel nach sechs zurückkam, hatte er fast fünf Seiten geschrieben.

12

In den nächsten Wochen fühlte Paul Sheldon sich von einem seltsamen elektrischen Frieden umgeben. Sein Mund war immer
trocken. Alle Geräusche schienen zu laut zu sein. Es gab Tage, da
war er der Meinung, er könnte Löffel biegen, wenn er sie nur ansah. An anderen Tagen war ihm zumute, als müßte er hysterisch
weinen.

Außerhalb davon, unabhängig von der Atmosphäre und losgelöst von dem schlimmen, zum Wahnsinn treibenden Jucken seiner heilenden Beine, ging seine gelassene Tätigkeit, seine Arbeit,
weiter. Der Stapel Papier rechts neben der Royal wurde kontinuierlich größer. Vor diesem seltsamen Erlebnis hatte er vier Seiten pro Tag als seinen maximalen Ausstoß betrachtet (bei *Schnelle
Autos* waren es nur drei gewesen – an vielen Tagen sogar nur
zwei –, bevor er den endgültigen Ausdruck herausließ). Aber
während dieser dreiwöchigen elektrischen Periode schaffte Paul
im Durchschnitt *zwölf Manuskriptseiten am Tag* – sieben am Morgens, fünf weitere im Verlauf der abendlichen Sitzungen. Wenn
jemand in seinem früheren Leben (denn als solches betrachtete er
es inzwischen, ohne sich selbst darüber klar zu werden) ihm gesagt hätte, daß er mit einer solchen Geschwindigkeit arbeiten
konnte, dann hätte er gelacht. Als es am fünfzehnten April zu reg-
nen begann, hatte er zweihundertsiebenundsechzig Seiten von
Miserys Rückkehr vollendet – sicher, in der ersten Fassung, aber er
hatte alles noch einmal überflogen und war zu der Erkenntnis gekommen, daß es für eine erste Version überraschend gelungen
war.

Ein Grund dafür war, daß er ein erstaunlich diszipliniertes Leben führte. Keine nächtelangen Zechtouren durch Bars mehr, gefolgt von Tagen, an denen er Kaffee und Orangensaft trank und sich von Vitamin-B-Tabletten ernährte (Tage, an denen er sich mit Grausen abgewendet hatte, wenn er die Schreibmaschine nur ansah). Am nächsten Morgen kein Erwachen mehr neben einer Blondine oder einer Rothaarigen, die er während der Nacht irgendwo aufgerissen hatte – ein Mädchen, das um Mitternacht für gewöhnlich wie eine Königin aussah, am nächsten Morgen dann aber wie ein Troll. Keine Zigaretten mehr. Einmal hatte er sie mit einer schüchternen, zaghaften Stimme danach gefragt, und sie hatte ihn mit einem Blick von solcher Schwärze angesehen, daß er sie auf der Stelle gebeten hatte, seine Frage zu vergessen. Er war Herr Saubermann. Keine schlechten Gewohnheiten (abgesehen natürlich von seinen Kodeinschüssen, dagegen haben wir immer noch nichts unternommen, nicht wahr, Paulie?), keinerlei Ablenkungen. *Hier bin ich*, hatte er einmal gedacht. *Der einzige drogensüchtige Einsiedler der Welt.* Aufstehen um sieben. Danach Novril mit Orangensaft. Frühstück um acht, an *Monsieurs* Bett. Ein Ei, pochiert oder Rührei, an drei Tagen in der Woche. An den anderen vier Tagen ballaststoffreiche Frühstücksflocken. Dann in den Rollstuhl. Ans Fenster. Das Loch im Papier zu finden. Ins neunzehnte Jahrhundert fallen, als Männer noch Männer waren und die Frauen Tournüren trugen. Mittagessen. Mittagsschläfchen. Wieder aufstehen, manchmal zum Korrigieren, manchmal nur, um zu lesen. Sie besaß alles, was Somerset Maugham je geschrieben hatte (einmal fragte Paul sich mürrisch, ob sie John Fowles ersten Roman im Regal haben würde, kam aber zu der Überzeugung, daß es vielleicht besser war, nicht zu fragen), und Paul begann sich durch die über zwanzig Bände von Maughams Œuvre durchzuarbeiten, wobei ihn das feine Gespür für Geschichten des Mannes faszinierte. Im Lauf der Jahre hatte Paul sich mehr und mehr mit der Erkenntnis abgefunden, daß er Geschichten nicht mehr so lesen konnte wie damals, als er noch ein Kind gewesen war; als er selbst Schriftsteller geworden war, hatte ihn das zu analytischem Lesen verdammt. Aber Maugham verführte ihn erst und machte ihn dann wieder zum Kind, und das war herrlich. Um fünf Uhr servierte sie ihm ein leichtes Abendessen, und um sieben rollte sie das Schwarzweißfernsehgerät herein, und sie sahen sich gemeinsam M*A*S*H und *WKRP in Cincinnati* an. Wenn das vorbei war, schrieb Paul wieder. Wenn er fertig war, rollte er den Rollstuhl langsam zum Bett (mittlerweile hätte er es schneller tun können, aber das sollte Annie nicht wissen). Das hörte sie, kam herein und half ihm ins Bett. Wieder Medizin. Peng. Aus und vorbei. Und der nächste Tag verlief ganz genauso. Und der nächste. Und der nächste.

Dieser solide Lebenswandel war ein Grund für seine Schnelligkeit, aber Annie selbst war noch ein größerer. Immerhin war es ihr zögernder Vorschlag mit dem Bienenstich gewesen, der das Buch geformt und ihm Dringlichkeit verliehen hatte, als Paul der Meinung war, er könnte bei Misery niemals wieder Dringlichkeit empfinden.

Er war sich von Anfang an in einem ziemlich sicher gewesen: eigentlich *gab* es keine *Miserys Rückkehr*. Seine Aufmerksamkeit war lediglich darauf konzentriert gewesen, das Miststück aus dem Grab herauszuholen, ohne zu betrügen, bevor Annie beschloß, ihm zu einer Inspiration zu verhelfen, indem sie ihm mit einer Handvoll Ginsu-Messer einen Einlauf verpaßte. Nebensächliche Fragen wie die, *wovon* das verdammte Buch handeln sollte, mußten warten.

In den zwei Tagen nach Annies Fahrt in die Stadt, um ihre Steuern zu bezahlen, hatte Paul versucht, sein Versagen zu vergessen, die günstige Gelegenheit zur Flucht nicht beim Schopf ergriffen und sich statt dessen darauf konzentriert zu haben, Misery in Mrs. Ramages Haus zu bringen. Es hatte keinen Sinn, sie in Geoffreys Haus zu bringen. Die Diener – allen voran der schwatzhafte Butler Tyler – hätten sie gesehen und geredet. Darüber hinaus mußte er den völligen Gedächtnisschwund als Folge des Schocks, lebendig begraben zu sein, glaubhaft machen. Gedächtnisschwund? Scheiße, sie konnte kaum richtig sprechen. Eine gewisse Erleichterung, wenn man bedachte, was Misery sonst so alles zusammenfaselte.

Aber – was dann? Das Miststück war aus dem Grab befreit, aber wo blieb die verdammte Story? Sollten Geoffrey und Mrs. Ramage erzählen, daß Misery noch am Leben war? Paul war dagegen, aber er war nicht sicher – *sich nicht sicher zu sein*, wußte er, war eine trostlose Ecke des Fegefeuers für Schriftsteller, die zu schnell fuhren, ohne sicher zu sein, wohin sie wollten.

Nicht Ian, dachte er und sah zum Stall hinüber. *Nicht Ian, noch nicht. Zuerst der Doktor. Dieses alte Arschloch mit den vielen N im Namen. Shinebone.*

Der Gedanke an den Doktor rief ihm Annies Bemerkung über Bienenstiche ins Gedächtnis zurück, und das nicht zum ersten Mal. Sie fiel ihm in den seltsamsten Augenblicken immer wieder ein. *Etwa eine von einem Dutzend Personen…*

Aber das klappte einfach nicht. Zwei Frauen in Nachbardörfern, die nichts miteinander zu tun hatten, beide in derselben seltenen Weise gegen Bienenstiche allergisch?

Drei Tage nach dem großen Annie-Wilkes-Steuerzahlungscoup hatte Paul seinen Mittagsschlaf beginnen wollen, als die Jungs in der Denkfabrik zu arbeiten anfingen, und zwar schwer. Dieses Mal war es keine Erleuchtung, dieses Mal war es die Explosion einer H-Bombe.

Er richtete sich kerzengerade im Bett auf und achtete nicht auf die Schmerzen, die in seinen Beinen aufloderten.

»Annie!« bellte er. »Annie, kommen Sie her!«

Er hörte, wie sie zwei Stufen auf einmal nehmend die Treppe heruntergestürmt kam und dann den Flur entlangrannte. Als sie hereinkam, waren ihre Augen furchtsam aufgerissen.

»Paul! Was ist denn? Haben Sie einen Krampf? Haben Sie…«

»Nein«, sagte er, aber natürlich hatte er einen, wenn auch nur in Gedanken. »Nein, Annie. Tut mir leid, wenn ich Sie erschreckt habe, aber Sie müssen mir in den Rollstuhl helfen. Verdammte Scheiße, jetzt hab' ich's!« Das verabscheute Wort war heraus, bevor er es verhindern konnte, aber dieses Mal spielte es keine Rolle, denn sie betrachtete ihn respektvoll und mit nicht wenig Ehrfurcht. Hier sah sie die säkularisierte Version des Pfingstfeuers, das direkt vor ihren Augen loderte. »Selbstverständlich, Paul.«

Sie setzte ihn, so schnell sie konnte, in den Rollstuhl. Sie begann, ihn zum Fenster zu rollen, aber er winkte ungeduldig ab.

»Es wird nicht lange dauern«, sagte er, »aber es ist sehr wichtig.«

»Hat es etwas mit dem Buch zu tun?«

»Es *ist* das Buch. Und nun seien Sie still. Reden Sie nicht mehr mit mir.«

Ohne auf die Schreibmaschine zu achten – er nahm nie die Schreibmaschine, um sich Notizen zu machen –, griff er nach einem Kugelschreiber und füllte ein Blatt Papier mit einem Kritzeln, das außer ihm wahrscheinlich niemand hätte entziffern können.

Sie HABEN etwas gemeinsam. Es sind Bienen, und sie wirken bei beiden auf dieselbe Weise, WEIL sie etwas miteinander zu tun haben. Misery ist eine Waise. Und? Das Evelyn-Hyde-Baby war Miserys Schwester. Oder vielleicht Halbschwester. Das wird wahrscheinlich besser funktionieren. Wer bekommt den ersten Hinweis? Shinny? Nein, Shinny ist eine Flasche. Mrs. R. Sie kann zu Charl. E-Hs Mutter gehen und

Und nun kam ihm ein Einfall von so überwältigendem Liebreiz – wenigstens was die Handlung des Buches anbelangte –, daß er mit offenem Mund und weit aufgerissenen Augen aufsah.

»Paul?« fragte Annie ängstlich.

»Sie *wußte* es«, flüsterte Paul. »*Natürlich* wußte sie es. Zumindest vermutete sie es stark. Aber...«

Er beugte sich wieder über seine Notizen.

sie – Mrs. R. – erkennt sofort, daß Mrs. E-H wissen muß, daß M mit ihrer Tochter verwandt ist. Selbes Haar oder so was. Nicht vergessen, daß E-Hs Mutter verdächtig nach einer komm. Hauptpers. aussieht. Du wirst sie herausarbeiten müssen. Mrs. R. beginnt zu verstehen, daß Mrs. E-H SOGAR GEWUSST HABEN KÖNNTE, DASS MISERY LEBENDIG BEGRABEN WURDE!! SCHEISSE AUF DEM SCHEUNENDACH! GEFÄLLT MIR! Angenommen, die alte Dame hat gewußt, daß Misery ein Überbleibsel aus ihren alten Fick-sie-und-vergiß-sie-Tagen war und

Er legte den Kugelschreiber weg, sah auf das Papier, hob den Kugelschreiber langsam wieder auf und kritzelte noch ein paar Notizen.

Drei notwendige Punkte:
1. Wie reagiert Mrs. E-H auf Mrs. R.s Verdacht? Sie könnte entweder mordlüstern sein oder eine Scheißangst haben. Mir wäre Angst lieber, aber ich denke, A. W. wäre mordlüstern lieber, also O. K. Mord.
2. Wie kommt Ian in die Sache hinein?
3. Miserys Amnesie?
Oh, und noch etwas. Findet Misery heraus, daß ihre Mutter mit der Möglichkeit lebte, daß nicht nur *eine*, sondern zwei ihrer Töchter lebendig begraben wurden; ohne etwas zu sagen? Warum nicht?

»Sie können mir jetzt wieder ins Bett helfen, wenn Sie möchten«, sagte Paul. »Wenn ich den Eindruck erweckt habe, als wäre ich von Sinnen, dann tut mir das leid. Ich war nur aufgeregt.«

»Macht nichts, Paul.« Sie schien immer noch ehrfürchtig zu sein.

Seither war ihm die Arbeit prächtig von der Hand gegangen. Annie hatte recht gehabt – die Geschichte war blutrünstiger und grausamer als die anderen *Misery*-Bücher – das erste Kapitel war kein Irrläufer, sondern ein Vorbote gewesen. Aber die Handlung war durchdachter als die aller bisherigen *Misery*-Romane, und die Personen waren glaubwürdiger. Die letzten drei *Misery*-Romane waren wenig mehr als geradlinige Abenteuergeschichten gewesen, mit einem gehörigen Schuß pikant geschildertem Sex, um die Damen zufriedenzustellen. Ihm wurde klar, daß dieses Buch ein Schauerroman werden würde, daher war die Handlung wichtiger als Situationen. Er sah sich ständig Herausforderungen ausgesetzt. Es war nicht nur die Frage Kannst du?, um das Buch zu beginnen – zum ersten Mal seit vielen Jahren ging es fast jeden Tag um Kannst du?... und er stellte fest, daß er *konnte*.

Dann kam der Regen, und alles wurde anders.

13

Vom achten bis zum vierzehnten April hatten sie ununterbrochen schönes Wetter. Die Sonne strahlte von einem wolkenlosen Himmel herab, die Temperatur stieg auf etwa achtzehn Grad Celsius an. Auf dem Feld hinter Annies makellosem Stall wurden braune Flecken sichtbar. Paul verschanzte sich hinter seiner Arbeit und versuchte, nicht an sein Auto zu denken, dessen Entdeckung schon lange überfällig war. Seine Arbeit litt nicht, aber seine Stimmung; ihm war mehr und mehr zumute, als lebte er in einer Wolkenkammer und atmete eine elektrisch aufgeladene Atmosphäre ein. Wann immer der Gedanke an den Camaro sich in sein Denken schlich, rief er die Gehirnpolizei und ließ ihn in Handschellen abführen. Das Problem war, der böse Kerl wußte einen Weg, in regelmäßigen Abständen auszurücken und wiederzukommen, in der einen oder anderen Form.

Eines Nachts träumte er, daß Mr. Rancho Grande auf Annies Anwesen zurückkehrte. Er stieg aus seinem gepflegten Chevrolet Bel Air aus und hielt einen Teil der Stoßstange des Camaro in einer, das Lenkrad in der anderen Hand. *Gehört das Ihnen?* fragte er Annie in seinem Traum.

Paul war in einer kaum als fröhlich zu bezeichnenden Verfassung erwacht.

Annie dagegen war nie in besserer Stimmung gewesen als während der ersten Frühlingswochen. Sie machte sauber; sie bereitete ambitionierte Mahlzeiten (wenngleich alles, was sie kochte, auf seltsame Weise industriell schmeckte, als hätte das jahrelange Essen in Krankenhauskantinen irgendwie jede Kochkunst korrumpiert, die sie einst beherrscht haben mochte); jeden Nachmittag wickelte sie Paul in eine dicke blaue Decke, setzte ihm eine grüne Jägermütze auf und rollte ihn auf die rückwärtige Veranda hinaus.

Bei solchen Gelegenheiten nahm er stets ein Buch von Maugham mit, las aber selten darin – draußen zu sein war ein solches Erlebnis, daß er sich nicht konzentrieren konnte. Er saß meistens nur da und atmete die reine klare Luft anstelle der abgestandenen und schalen im Schlafzimmer ein, wo der Geruch von Krankheit vorherrschte, lauschte dem Tropfen der Eiszapfen und sah zu, wie die Schatten der Wolken langsam über die tauenden Felder rollten. Das war irgendwie das Beste von allem.

Annie sang mit ihrer reinen, aber irgendwie unmelodischen Stimme. Sie kicherte wie ein Kind über die Witze in M*A*S*H und WKRP, besonders über diejenigen, die ein wenig geschmacklos waren (und im Falle von WKRP waren das fast alle). Sie schrieb pausenlos und mit Feuereifer die N nach, während Paul Kapitel 9 und 10 zu Ende schrieb.

Der Morgen des Fünfzehnten dämmerte windig und voll düsterer Wolken, und Annie veränderte sich. Vielleicht, dachte Paul, lag es am fallenden Barometer. Diese Erklärung war so gut wie jede andere.

Sie kam erst um neun Uhr mit seiner Medizin, und zu dem Zeitpunkt brauchte er sie wirklich dringend – so dringend, daß er schon überlegt hatte, ob er seinen Vorrat angreifen sollte. Es gab kein Frühstück. Nur die Tabletten. Als sie hereinkam, hatte sie noch den rosa Morgenmantel an. Mit zunehmendem Unbehagen stellte er fest, daß sie an Wangen und Unterarmen rote Male hatte – wie Striemen. Er bemerkte getrocknete Flecken von Essensresten auf dem Morgenmantel, und sie hatte offenbar nur einen ihrer Hausschuhe gefunden. Schlurf-schlurf, machten Annies Füße, als sie sich ihm näherte. Schlurf-schurf, schlurf-schlurf, schlurf-schlurf. Haarsträhnen hingen ihr ins Gesicht. Ihre Augen waren glanzlos.

»Hier.« Sie warf ihm die Tabletten zu. Auch auf ihren Händen hatte sie Spuren klebriger Substanzen. Rotes Zeug, braunes Zeug, zähes weißes Zeug. Paul hatte keine Ahnung, worum es sich handeln konnte. Er war nicht sicher, ob er es wissen wollte. Die Tabletten landeten auf seiner Brust und fielen ihm in den Schoß. Sie drehte sich um. Schlurf-schlurf, schlurf-schlurf, schlurf-schlurf.

»Annie?«

Sie blieb stehen, drehte sich aber nicht um. Auf diese Weise sah sie größer aus, ihre Schultern füllten den rosa Morgenmantel aus, ihr Haar glich einem zerbeulten Helm. Sie sah wie eine Piltdown-Frau aus, die aus ihrer Höhle herausglotzt.

»Annie, geht es Ihnen gut?«

»Nein«, sagte sie gleichgültig und drehte sich um. Sie sah ihn mit demselben mürrischen Gesichtsausdruck an, während sie die Oberlippe zwischen Daumen und Zeigefinger der rechten Hand nahm. Sie zog sie heraus und drehte sie, gleichzeitig kniff sie zu. Blut quoll zwischen Zahnfleisch und Lippe hervor und lief ihr dann am Kinn hinab. Sie drehte sich um und entfernte sich ohne ein weiteres Wort, bevor sein fassungsloser Verstand sich überzeugen konnte, daß er sie das tatsächlich hatte tun sehen. Sie schloß die Tür... und sperrte sie ab. Er hörte ihr *schlurf-schlurf* auf dem Flur, bis ins Wohnzimmer. Er hörte das Ächzen ihres Lieblingssessels, als sie sich setzte. Sonst nichts. Kein Fernsehen. Kein Singen. Kein *Kling-kling* von Silber oder Geschirr. Nein, sie saß einfach nur da. Saß einfach nur da und hatte nicht alle beisammen.

Dann *hörte* er ein Geräusch. Es wurde nicht wiederholt, aber es war ganz eindeutig. Es war ein Schlag. Ein verdammt heftiger. Und da er hier war, auf einer Seite einer verschlossenen Tür, und sie auf der anderen, mußte man nicht gerade Sherlock Holmes sein, um sich zusammenzureimen, daß sie sich selbst geschlagen hatte. Hart und heftig, dem Laut nach zu urteilen. Er stellte sich vor, wie sie die Lippe herauszog und mit dem Nagel in das empfindliche rote Fleisch kniff.

Plötzlich erinnerte er sich an eine Notiz über Geisteskrankheiten, die er sich für das erste *Misery*-Buch gemacht hatte, wo ein Großteil der Handlung im Londoner Bedlam-Hospital spielte (Misery war von einer irrsinnig eifersüchtigen Gegenspielerin dorthin verschleppt worden). *Wenn eine manisch-depressive Persönlichkeit in eine zutiefst depressive Periode zu gleiten beginnt,* hatte er geschrieben, *kann eines der Symptome, die sie entwickelt, Selbstbestrafung sein: Schlagen, Boxen, Kneifen, sich selbst mit Zigarettenkippen verbrennen, usw.*

Plötzlich hatte er große Angst.

14

Paul erinnerte sich an ein Essay von Edmund Wilson, wo Wilson in seinem typisch widerwilligen Wilson-Stil gesagt hatte, daß Wordworths Kriterium für das Verfassen guter Poesie – heftige Gefühle, an die man sich in einer Zeit der Ruhe erinnerte – auch für den größten Teil der dramatischen Literatur gelten konnte. Das stimmte wahrscheinlich. Paul hatte Schrifsteller kennengelernt, denen es unmöglich war, nach so einer Winzigkeit wie einem ehelichen Zwist zu schreiben, und er selbst konnte normalerweise nicht schreiben, wenn er aufgewühlt war. Aber es gab Zeiten, da trat eine Art umgekehrter Effekt in Kraft – dann machte er sich an die Arbeit, um dem zu entfliehen, was ihn belastete, und nicht nur, weil die Arbeit eben getan werden mußte. Normalerweise geschah das bei Anlässen, wenn er den Grund der Belastung nicht selbst beseitigen konnte.

Dies war eine solche Gelegenheit. Als sie um elf Uhr an diesem Morgen immer noch nicht aufgetaucht war, um ihn in seinen Rollstuhl zu setzen, beschloß er, es selbst in die Hand zu nehmen. Er wußte, daß er die Schreibmaschine nicht vom Kaminsims holen konnte, aber er konnte sich anderweitig beschäftigen. Er wußte, er würde sich auf den Rollstuhl ziehen können, wußte auch, daß es wahrscheinlich schlecht war, Annie das wissen zu lassen, aber er brauchte diesen anderen Schuß, verdammt, und er konnte nicht schreiben, wenn er hier im Bett lag.

Er arbeitete sich bis zur Bettkante vor, vergewisserte sich, daß die Bremse des Rollstuhls angezogen war, dann umklammerte er die Armlehnen und zog sich langsam hinüber. Seine Beine eines nach dem anderen auf die Beinstützen zu ziehen, war der Teil, der als einziger schmerzte. Er rollte sich zum Fenster und griff nach seinem Manuskript.

Der Schlüssel wurde im Schloß gedreht. Annie sah ihn an, ihre Augen brannten schwarze Löcher in ihr Gesicht. Ihre rechte Wange war geschwollen, es sah aus, als würde sie am anderen Morgen ein höllisches Veilchen haben. Um den Mund und auf dem Kinn hatte sie eine rote Substanz. Zuerst glaubte Paul, es wäre frisches Blut aus den aufgerissenen Lippen, aber dann sah er die Körner. Es war Himbeermarmelade oder Himbeerfüllung, kein Blut. Sie sah ihn an. Paul sah sie an. Eine Zeitlang sagte keiner etwas. Draußen prasselten die ersten Regentropfen gegen die Scheibe.

»Wenn Sie alleine auf den Stuhl können, Paul«, sagte sie nach einer Weile, »dann können Sie, glaube ich, auch ihre beschissenen N selbst nachtragen.«

Danach schloß sie die Tür und versperrte sie wieder. Paul sah sie noch lange an, als gäbe es etwas zu sehen. Er war zu bestürzt, um etwas anderes zu tun.

15

Er sah sie erst am Spätnachmittag wieder. Nach ihrem Besuch war es ihm unmöglich zu arbeiten. Er machte ein paar vergebliche Versuche, knüllte das Papier zusammen und gab auf. Es war sinnlos. Er rollte sich wieder durch das Zimmer. Als er vom Rollstuhl ins Bett ging, rutschte eine seiner Hände ab, und er wäre um ein Haar gestürzt. Das linke Bein berührte den Boden, und wenngleich es sein Gewicht trug und den Sturz bremste, waren die Schmerzen unerträglich – ihm war zumute, als wären ihm mit einem Mal ein Dutzend Nägel in den Knochen geschlagen worden. Er schrie, griff nach dem Kopfteil und zog sich daran sicher ins Bett, wobei er sein schmerzendes Bein nachzog.

Das wird sie herbeilocken, dachte er unzusammenhängend. *Sie wird wissen wollen, ob sich Sheldon tatsächlich in Luciano Pavarotti verwandelt hat oder ob es sich nur so anhört.*

Aber sie kam nicht, und es war ihm unmöglich, die schrecklichen Schmerzen in seinem linken Bein zu ertragen. Er rollte sich unbeholfen auf den Bauch, schob einen Arm unter die Matratze und holte eine der Novrilproben heraus. Er schluckte zwei Kapseln trocken, dann schwebte er eine Weile davon.

Als er wieder zu sich kam, glaubte er zuerst, er würde träumen.

Es war zu surrealistisch, wie in der Nacht, als sie den Grill hereingerollt hatte. Annie saß auf der Bettkante. Sie hatte ein mit Novrilkapseln gefülltes Wasserglas auf den Nachttisch gestellt. In der
anderen Hand hatte sie eine Rattenfalle Marke Victor. Es war sogar eine Ratte darin – eine ziemlich große mit struppigem brau-
nem Fell. Die Falle hatte der Ratte das Rückgrat gebrochen. Ihre
Hinterbeine hingen über den Rand der Falle herunter und zuckten
gelegentlich. Blutstropfen hingen an den Schnurrhaaren.

Dies war kein Traum. Nur ein weiterer Tag mit Annie allein im
Gruselkabinett.

Ihr Atem roch wie eine Leiche, die in verfaultem Essen verwest.

»Annie?« Er richtete sich auf und ließ den Blick zwischen ihr
und der Ratte wandern. Draußen herrschte Dämmerung – eine
seltsam blaue, regenverhangene Dämmerung. Regen prasselte
ans Fenster. Heftige Windböen schüttelten das Haus und ließen
es ächzen.

Was immer an diesem Morgen nicht mit ihr gestimmt hatte,
heute abend war es schlimmer. *Viel* schlimmer. Ihm wurde klar,
daß er sie endlich ohne alle ihre Masken sah – dies war die wahre
Annie, die Annie tief im Innersten. Das Fleisch ihres Gesichts, das
bislang so undurchdringlich und solide ausgesehen hatte, hing
nun wie lebloser Teig herab. Ihre Augen waren leer. Sie hatte sich
angezogen, aber der Rock war verkehrt herum. Auf ihrer Haut
waren weitere Striemen zu sehen, noch mehr Essensreste auf der
Kleidung. Wenn sie sich bewegte, verströmte sie so viele verschiedene Gerüche, daß Paul sie nicht zählen konnte. Fast ein ganzer
Ärmel ihres Strickpullovers war mit einer halb angetrockneten
Substanz vollgesogen, die nach Bratensoße roch.

Sie hielt die Falle hoch. »Wenn es regnet, kommen sie in den
Keller.« Die gefangene Ratte piepste kraftlos und schnappte nach
Luft. Ihre schwarzen Augen, die unendlich viel mehr Leben als
die der Frau, die sie gefangen hatte, enthielten, rollten in den
Höhlen. »Ich stelle **Fallen** auf. Das muß ich. Ich reibe die Trittbret-
ter mit Schinkenspeck ein. Ich fange immer acht oder neun.
Manchmal finde ich andere . . .«

Dann schaltete sie ab. Schaltete fast drei Minuten lang ab, während sie die Ratte in der Luft hielt, ein perfekter Fall wächserner

Katatonie. Paul sah sie an, sah die piepsende und zuckende Ratte an und wurde sich darüber klar, daß er tatsächlich gedacht hatte, es könnte nicht mehr schlimmer werden. Unrichtig. Un-scheiß-richtig.

Endlich, als er schon anfing zu glauben, sie wäre ohne Pauken und Trompeten ins Nirwana entschwunden, senkte sie die Falle und fuhr fort als hätte sie nie aufgehört zu reden.

»...die ertrunken in den Ecken liegen. Arme Geschöpfe.«

Sie betrachtete die Ratte, und eine Träne fiel auf deren mattes Fell.

»Arme, arme Geschöpfe.«

Sie schloß eine ihrer kräftigen Hände um die Ratte und zog mit der anderen die Feder zurück. Sie zuckte in ihrer Hand und drehte den Kopf in dem Versuch, sie zu beißen. Ihr Piepsen war dünn und schrecklich. Paul preßte den Handballen auf seinen wimmernden Mund.

»Wie ihr Herz schlägt. Wie sie sich abmüht zu entkommen! Genau wie wir, Paul, genau wie wir. Wir denken, wir wissen soviel, aber in Wirklichkeit wissen wir nicht mehr als eine Ratte in der Falle – eine Ratte mit gebrochenem Rücken, die denkt, daß sie immer noch leben will.«

Die Hand, welche die Ratte hielt, wurde zur Faust. Ihre Augen verloren nicht diesen schwarzen, abwesenden Ausdruck. Paul wollte den Blick abwenden, konnte es aber nicht. Die Sehnen an ihrem inneren Arm traten hervor. Unvermittelt rann ein dünner Blutstrom aus dem Maul der Ratte. Paul hörte, wie ihre Knochen brachen, dann drückten die dicken Stummel ihrer Finger in den Körper und verschwanden bis zum ersten Knöchel. Blut tropfte auf den Boden. Die brechenden Augen des Geschöpfs quollen aus den Höhlen.

Sie warf den Kadaver in die Ecke und wischte sich dann die Hände gleichgültig am Laken ab. Lange rote Spuren blieben zurück.

»Jetzt hat sie Frieden.« Sie zuckte die Achseln, dann lachte sie. »Ich hole mein Gewehr, Paul, ja? Vielleicht ist die nächste Welt besser. Für Ratten und für Menschen – nicht daß zwischen den beiden ein großer Unterschied bestehen würde.«

»Nicht bevor ich fertig bin«, sagte er und betonte jedes Wort sorgfältig. Das war schwierig, denn ihm war zumute, als hätte jemand seinen Mund mit Novokain betäubt. Er hatte sie schon in ihren Phasen ganz unten erlebt, aber noch nie etwas Vergleichbares wie das hier; er fragte sich, ob es ihr schon jemals so dreckig gegangen war wie gerade jetzt. Dies war der Zustand, in den Depressive gerieten, bevor sie ihre ganze Familie erschossen und dann sich selbst; es war die psychopathische Verzweiflung einer Frau, die den Kindern die besten Sachen anzieht, ihnen ein Eis kauft, sie dann auf die Brücke führt, jedes unter einen Arm nimmt und springt. Depressive bringen sich selbst um. Psychopathen, die in der vergifteten Wiege ihres eigenen Egos gewiegt wurden, wollen allen anderen einen großen Gefallen tun und sie mit sich nehmen.

Ich bin dem Tod näher als jemals zuvor in meinem Leben, dachte er, *denn sie meint es ernst. Das Miststück meint es ernst.*

»Misery?« fragte sie, als hätte sie das Wort noch nie vorher gehört – aber einen winzigen Moment hatte der Funke des Lebens in ihren Augen geglommen, nicht? Er war davon überzeugt.

»Misery, ja.« Er dachte verzweifelt darüber nach, wie er fortfahren sollte. Jede mögliche Annäherung schien vermint zu sein. »Ich stimme Ihnen zu, daß die Welt größtenteils ein ziemlich beschissener Ort ist«, sagte er und fügte dann geistlos hinzu: »Besonders wenn es regnet.«

O du Idiot, hör auf dummes Zeug zu reden!

»Ich meine, ich hatte in den vergangenen Wochen ziemliche Schmerzen, und...«

»Schmerzen?« Sie sah ihn mit tiefer Verachtung an. »Sie haben keine Ahnung, was Schmerzen sind, Paul. Nicht die *geringste* Ahnung, Paul.«

»Nein... wahrscheinlich nicht. Verglichen mit Ihnen.«

»Das stimmt.«

»Aber – ich möchte dieses Buch zu Ende schreiben. Ich möchte miterleben, wie sich alles auflöst.« Eine Pause. »Und ich möchte auch, daß Sie bleiben und es miterleben. Es hat keinen Sinn, ein Buch zu schreiben, wenn niemand da ist, der es liest. Verstehen Sie, was ich meine?«

Er lag mit klopfendem Herzen da und betrachtete dieses schreckliche Steingesicht.

»Annie? Verstehen Sie das?«

»Ja...« Sie seufzte. »Ich *möchte* wissen, wie alles ausgeht. Ich glaube, das ist das einzige auf der Welt, das ich immer noch möchte.« Langsam, offenbar ohne zu merken, was sie tat, fing sie an, das Blut der Ratte von den Fingern zu saugen. Paul biß die Zähne zusammen und sagte sich grimmig, daß er *nicht* kotzen würde, *nicht, nicht*. »Es ist, als würde ich auf das Ende eines Serials warten.«

Sie drehte sich plötzlich um, und das Blut auf ihren Lippen sah wie Lippenstift aus.

»Ich will es Ihnen noch einmal anbieten, Paul. Ich kann mein Gewehr holen. Ich kann dem allen für uns beide ein Ende machen. Sie sind kein Dummkopf. Das ist Ihnen schon eine Weile klar, nicht?«

Laß deine Augen nicht flackern. Wenn sie sieht, daß deine Augen flak-kern, wird sie dich hier, auf der Stelle, umbringen.

»Ja. Aber alles hat ein Ende, Annie, nicht wahr? Wir alle sehen irgendwie dem Ende entgegen.«

Die Spur eines Lächelns in ihren Mundwinkeln; sie berührte sein Gesicht kurz und voller Zärtlichkeit.

»Ich glaube, Sie denken an Flucht. Die Ratte in der Falle auch, dessen bin ich sicher. Aber Sie werden nicht entkommen, Paul. Wenn dies eine Ihrer Geschichten wäre, dann vielleicht, aber das ist es nicht. Ich kann Sie hier nicht weggehen lassen... aber ich könnte mit Ihnen gehen.«

Und plötzlich, einen Augenblick, dachte er daran zu sagen: *Also gut, Annie – nur zu. Machen wir allem ein Ende.* Dann aber erhob sich sein Lebenswille – und der war trotz alledem noch ziemlich stark in ihm – und tobte und vertrieb die momentane Schwäche. Schwäche, genau das war es. Schwäche und Feigheit. Glücklicherweise, oder unglücklicherweise, hatte er nicht die Krücke der Geisteskrankheit, auf die er zurückfallen konnte.

»Danke«, sagte er, »aber ich möchte vollenden, was ich begonnen habe.«

Sie seufzte und stand auf. »Schon gut. Ich vermute, ich muß das gewußt haben, denn ich habe Ihnen Tabletten mitgebracht, wenngleich ich mich nicht erinnern kann, daß ich es getan habe.« Sie lachte – ein kurzes, irres Lachen, das wie von einem Bauchredner aus dem erschlafften Gesicht zu kommen schien. »Ich muß eine Weile weggehen. Wenn ich es nicht tue, wird es einerlei sein, was Sie und ich wollen. Weil ich dann Sachen mache. Ich habe einen Ort, wo ich hingehe, wenn mir so zumute ist. Haben Sie je die Onkel-Remus-Geschichten gelesen, Paul?«

Er nickte.

»Erinnern Sie sich, wie Brer Kaninchen Brer Fuchs von seinem Lachplatz erzählt?«

»Ja.«

»So nenne ich meinen Platz auf dem Land. Meinen Lachplatz. Erinnern Sie sich, wie ich sagte, ich wäre von Sidewinder zurückgekommen, als ich Sie gefunden habe?«

Er nickte.

»Nun, das war eine Lüge. Ich habe geschwindelt, weil ich Sie nicht kannte. In Wahrheit kam ich von meinem Lachplatz zurück. Dort hängt ein Schild über der Tür, auf dem steht genau das. ANNIES LACHPLATZ, steht darauf. Manchmal lache ich *wirklich*, wenn ich dort bin. – Aber meistens schreie ich.«

»Wie lange werden Sie fort sein, Annie?«

Sie schritt verträumt zur Tür. »Kann ich nicht sagen. Ich habe Ihnen Tabletten gebracht. Ihnen wird es gut gehen. Nehmen Sie zwei alle sechs Stunden. Oder sechs alle vier Stunden. Oder alle auf einmal.«

Aber was soll ich essen? wollte er sie fragen, tat es aber nicht. Er wollte nicht, daß sie ihre Aufmerksamkeit wieder auf ihn konzentrierte – überhaupt nicht. Er wollte, daß sie verschwand. Hier mit ihr zusammenzusein war, als befände er sich in der Gegenwart des Todesengels.

Er lag lange Zeit starr und steif im Bett und lauschte ihren Bewegungen draußen, erst einen Stock höher, dann auf der Treppe, dann in der Küche, und die ganze Zeit rechnete er damit, daß sie es sich doch noch anders überlegen und mit dem Gewehr zurückkommen würde. Er entspannte sich nicht einmal, als er hörte, wie die Seitentür zugeschlagen und abgeschlossen wurde, gefolgt von

platschenden Schritten draußen. Das Gewehr konnte sich ebenso-
gut im Cherokee befinden.

Der Motor von Old Bessie keuchte, sprang schließlich an. Annie
gab überdreht Gas. Die Scheinwerfer wurden eingeschaltet, ihre
Lichtkegel erhellten einen silbernen Vorhang aus Regen. Die Lich-
ter verschwanden die Zufahrt hinunter. Sie schwangen herum,
wurden schwächer, dann war Annie verschwunden. Dieses Mal
fuhr sie nicht bergab, Richtung Sidewinder, sondern in die andere
Richtung, ins Hochland.

»Sie geht zu ihrem Lachplatz«, krächzte Paul und begann selbst
zu lachen. Sie hatte ihren; er war bereits in seinem. Sein ungestü-
mer Heiterkeitsausbruch endete abrupt, als er den zerquetschten
Kadaver der Ratte in der Ecke sah.

Ein Gedanke kam ihm.

»Wer sagt denn, daß sie mir nichts zu essen dagelassen hat?«
fragte er das Zimmer, und dann fing er an, noch heftiger zu lachen. In dem leeren Haus hörte sich Paul Sheldons Lachen an wie
das eines Irren in der Gummizelle.

16

Zwei Stunden später öffnete Paul erneut das Schloß der Schlafzimmertür und zwängte den Rollstuhl zum zweiten Mal durch die
Tür, die fast zu schmal war. Zum letzten Mal, hoffte er. Er hatte
ein paar Decken auf dem Schoß. Alle Tabletten, die er unter der
Matratze versteckt hatte, trug er in ein Kleenex eingewickelt in der
Unterhose. Er wollte hinaus, wenn er konnte, Regen oder nicht;
dies war seine Chance, und dieses Mal wollte er sie nutzen. Sidewinder lag bergab, die Straße würde glatt und rutschig vom Regen
sein, und es war dunkler als in einem Kohleschacht; dennoch
wollte er es versuchen. Er hatte nicht das Leben eines Helden oder
Heiligen geführt, aber er hatte auch nicht vor, wie ein exotischer
Vogel im Zoo zu sterben.

Er erinnerte sich vage an einen Abend, den er Scotch trinkend mit einem schwermütigen Stückeschreiber namens Bernstein im Lion's Head unten im Village verbracht hatte (und wenn er das Village jemals lebend wiedersehen sollte, dann nahm er sich vor, auf das niederzusinken, was von seinen Knien noch übrig war, und den schmutzigen Gehweg der Christopher Street zu küssen). Die Unterhaltung war schließlich auf die Juden gekommen, die während der ungemütlichen vier oder fünf Jahre, bevor die Wehrmacht in Polen einmarschierte und der Tanz wirklich begann, in Deutschland gelebt hatten. Paul erinnerte sich, er hatte Bernstein, der eine Tante und einen Großvater beim Holocaust verloren hatte, gesagt, er verstünde nicht, warum die Juden in Deutschland – verdammt, eigentlich in ganz Europa, aber besonders in Deutschland – sich nicht aus dem Staub gemacht hatten, solange noch Zeit dazu gewesen war. Im großen und ganzen waren sie kein dummes Volk gewesen, viele kannten solche Ausschreitungen aus erster Hand. Sie hatten doch sicher gesehen, was auf sie zukam? Warum also waren sie geblieben?

Bernsteins Antwort war ihm frivol und grausam und unverständlich erschienen: *Die meisten besaßen ein Klavier. Wir Juden hängen sehr am Klavier. Wenn man ein Klavier besitzt, ist es schwerer, an einen Umzug zu denken.*

Jetzt verstand er das. Ja. Zuerst waren es seine gebrochenen Beine und das zertrümmerte Becken gewesen. Dann hatte ihn, Gott helfe ihm, das Buch gepackt. Auf eine verrückte Weise hatte er sogar seinen Spaß damit. Es wäre leicht – zu leicht – alle Schuld auf die gebrochenen Beine oder die Drogen zu schieben, doch in Wirklichkeit war das *Buch* zu einem Großteil schuld daran. Das und das träge Verrinnen der Tage mit ihrem starren Ablauf. Diese Dinge – aber allen voran das gottverdammte *Buch* – waren sein Klavier gewesen. Was würde sie tun, wenn sie von ihrem Lachplatz zurückkam und feststellte, daß er fort war? Das Manuskript verbrennen?

»Mir scheißegal«, sagte er, und das war fast die Wahrheit. Wenn er überlebte, dann konnte er ein neues Buch schreiben – konnte sogar dieses rekonstruieren, wenn er wollte. Aber ein Toter konnte ebensowenig ein Buch schreiben wie er ein neues Klavier kaufen konnte.

Er rollte ins Wohnzimmer. Beim ersten Mal war es peinlich sauber gewesen, aber jetzt standen überall schmutzige Schüsseln, auf jeder freien Fläche; Paul hatte den Eindruck, als müßte jede Schüssel im ganzen Haushalt hier zu finden sein. Annie schlug und kniff sich offensichtlich nicht nur, wenn sie Depressionen hatte. Es sah so aus, als würde sie auch ordentlich futtern und niemals aufräumen, wenn sie fertig war. Er erinnerte sich vage an den stinkenden Atem, der in ihn hineingeblasen wurde, als er noch in der Wolke gewesen war, und er spürte, wie sich sein Magen verkrampfte. Die meisten Überreste waren von Süßigkeiten. In vielen der Schüsseln und Teller trocknete Eis oder war getrocknet. Auf den Tellern befanden sich Krümel oder Cremeschlieren. Auf dem Fernseher stand Zitronencreme mit angetrockneter Schlagsahne, daneben eine Zwei-Liter-Flasche Pepsi und eine Sauciere. Die Pepsiflasche sah fast so gewaltig aus wie der Bug einer Titan-II-Rakete. Ihre Oberfläche war trüb und verschmiert, fast milchig. Er vermutete, daß sie direkt daraus getrunken hatte und ihre Finger mit Eis oder Soße verschmiert gewesen waren. Er hatte kein Besteck klirren gehört, das war nicht überraschend, denn es war keines hier. Schüsseln und Teller, aber kein Besteck. Auf dem Teppich und dem Sofa sah er angetrocknete Flecken – wiederum hauptsächlich Eis.

Das habe ich auf ihrem Morgenmantel gesehen. Alles, was sie gegessen hat. Und danach roch ihr Atem. Sein Bildnis von Annie als Piltdown-Frau fiel ihm wieder ein. Er sah sie dasitzen und Eis in den Mund schaufeln oder vielleicht Brathähnchen mit Soße und literweise Pepsi; sie saß einfach in ihrer tiefen depressiven Benommenheit da und aß und trank.

Der Pinguin auf einem Eisblock stand noch auf dem Nippestischchen, aber viele der anderen Keramikfiguren hatte sie in eine Ecke geworfen, wo ihre zerschellten Überreste lagen – scharfkantige, eckige Scherben.

Er sah wieder ihre Finger vor sich, wie sie den Körper der Ratte zerquetschten. Die roten Spuren, die ihre Finger auf dem Laken hinterlassen hatten. Er sah vor sich, wie sie sich abwesend das Blut von den Fingern leckte, genauso, wie sie hier Eis und Pudding und Cremetorten gegessen haben mußte. Diese Vorstellungen waren gräßlich, aber sie waren ein wunderbares Mittel, ihn zur Eile anzutreiben.

Die Trockenblumen auf dem Tisch waren umgekippt; unter dem Tisch lag, gerade noch zu sehen, eine Schüssel mit angetrocknetem Vanillepudding und ein großes Buch. STRASSE DER ERINNERUNG lautete der Titel. *Die Straße der Erinnerung zu beschreiten, wenn man Depressionen hat, ist keine gute Idee, Annie – aber ich nehme an, das hast du im Laufe deines Lebens schon erfahren.*

Er rollte sich durchs Zimmer. Direkt voraus befand sich die Küche. Rechts führte ein breiter Flur zu Annies Eingangstür. Daneben führte eine Treppe in den zweiten Stock hinauf. Er sah nur einmal kurz zu der Treppe (Tropfen von Eis waren auf einigen Stufen zu sehen, Schlieren am Geländer), dann rollte Paul zur Tür. Paul dachte, wenn es einen Weg nach draußen für ihn gab, an den Rollstuhl gefesselt, wie er war, dann wahrscheinlich durch die Küchentür – durch die Annie hinausging, wenn sie die Tiere fütterte, durch die sie hinausgaloppierte, wenn Mr. Rancho Grande aufkreuzte; dennoch sollte er diese hier überprüfen, vielleicht erlebte er eine Überraschung.

Nein.

Die Stufen der Veranda waren so steil, wie er sie sich vorgestellt hatte, aber selbst wenn es eine Rollstuhlrampe gegeben hätte (eine Möglichkeit, die er bei dem Spiel Kannst du? niemals akzeptiert hätte, selbst wenn ein Freund von ihm sie vorgeschlagen haben würde), so hätte er sie nicht benützen können. An der Tür befanden sich drei Schlösser. Mit dem Riegel wäre er klargekommen. Die beiden anderen waren Kreigs, die besten Schlösser auf der ganzen Welt, wie ihm sein Freund, der Ex-Polizist Tom Twyford gesagt hatte. Und wo waren die Schlüssel? Hmmm... mal sehen. Vielleicht unterwegs zu Annies Lachplatz? *Jassir Bob! Gebt dem Mann eine Zigarre und einen Flammenwerfer, um sie anzuzünden!*

Er drehte um und rollte den Flur zurück, wobei er seine Panik niederkämpfte und sich daran erinnerte, daß er sich von der Eingangstür sowieso nicht viel versprochen hatte. Im Wohnzimmer drehte er den Rollstuhl und rollte in die Küche. Es handelte sich um einen altmodischen Raum mit hellrotem Linoleum auf dem Boden und einer Decke aus Preßspan. Der Kühlschrank war alt, aber leise. Drei oder vier Magneten hafteten an der Tür – es überraschte ihn nicht, daß sie alle wie Süßigkeiten aussahen: eine Kaugummikugel, ein Schokoladenriegel Marke Hershey, eine Tootsie-Roll. Eine Schranktür war offen, er sah Fächer, die fein säuberlich mit Ölpapier ausgelegt waren. Über der Spüle befanden sich große Fenster, die selbst an wolkenverhangenen Tagen genügend Licht einfallen lassen sollten. Es hätte eine fröhliche Küche sein müssen, war es aber nicht. Der offene Mülleimer war so voll, daß Abfall auf den Boden gefallen war, der den warmen Geruch von faulenden Lebensmitteln von sich gab, aber das war nicht der einzige Mißstand und bei weitem nicht der schlimmste Geruch. Es gab noch einen anderen, der fast ausschließlich in seinem Gehirn zu existieren schien, der aber deswegen nicht weniger wirklich war. Es handelte sich um *Parfum de Wilkes*, den psychotischen Geruch von Besessenheit.

Der Raum hatte drei Türen, zwei links und eine direkt vor ihm, zwischen dem Kühlschrank und dem Alkoven der Vorratskammer.

Er schob sich zur ersten linken. Es war der Küchenschrank – das wußte er, noch bevor er die Mäntel, Hüte, Schals und Stiefel sah. Das kurze Quietschen der Tür hatte es ihm verraten. Die andere war die, durch die Annie hinausging. Auch hier ein Riegel und zwei Kreigs. Roydmans, draußen bleiben. Paul, drinnen bleiben.

Er stellte sich vor, wie sie lachte.

»Du abgefeimtes *Miststück!*« Er hämmerte mit der Faust gegen die Tür. Es tat weh, und er preßte die Hand auf den Mund. Er haßte das Brennen der Tränen, das Verschwimmen seiner Wahrnehmung, als er blinzelte, aber er konnte nichts dagegen tun. Die Panik brüllte nun lauter in ihm und fragte ihn, was er zu tun gedachte, was er zu *tun* gedachte, um Himmels willen, dies konnte seine letzte Chance sein...

Was ich als erstes tun werde, ist, gründlich über diese Situation nachzudenken, sagte er grimmig zu sich selbst. *Das heißt, wenn du noch eine Weile ruhig bleiben kannst. Glaubst du, daß du das schaffst, Scheißdreck?*

Er rieb sich die Augen – weinen würde ihm nicht hier heraushelfen – und sah durch das Fenster hinaus, welches die obere Hälfte der Tür bildete. Es war eigentlich nicht ein Fenster, sondern sechzehn kleine Scheiben. Er konnte das Glas jeder einzelnen zerschmettern, aber das Gitter zu entfernen konnte ohne Säge Stunden dauern – es machte einen stabilen Eindruck. Und was dann? Einen Kamikazesprung die hintere Veranda hinunter? Großartige Idee. Vielleicht konnte er sich den Rücken brechen, das würde seine Gedanken dann eine Weile von den Beinen ablenken. Und wenn er dort draußen im strömenden Regen lag, würde es nicht lange dauern, bis er an Unterkühlung starb. Dann hätte die ganze Scheiße ein Ende.

Unmöglich. Un-scheiß-möglich. Vielleicht komme ich hinaus, aber ich schwöre bei Gott, ich werde es nicht tun, bevor ich nicht die Chance erhalten habe, meinem Fan Nummer eins zu zeigen, wie sehr es mich gefreut hat, sie kennenzulernen. Und das ist nicht nur ein Versprechen – es ist ein heiliger Schwur.

Die Vorstellung, es Annie heimzuzahlen, trug mehr dazu bei, seine Panik zu beseitigen, als es seine bittersten Selbstvorwürfe gekonnt hatten. Ein wenig ruhiger drückte er auf den Schalter neben der Tür, der das Außenlicht einschaltete, was ihm ausgezeichnet zupaß kam. Seit er sein Zimmer verlassen hatte, war auch der letzte Rest Tageslicht verschwunden. Annies Einfahrt war überschwemmt, ihr Hof war eine Wüste aus Schlamm, Pfützen und schmelzendem Schnee. Als er den Rollstuhl direkt links neben die Tür fuhr, konnte er zum ersten Mal die Straße sehen, die an ihrem Haus vorbeiführte, auch wenn sie wirklich nichts Besonderes war – Asphalt, zwei Fahrspuren zwischen schmelzenden Schneeufern, die glänzten wie Robbenfelle und naß von Regenwasser und Schneeschmelze waren.

Vielleicht hat sie die Türen verriegelt, damit die Roydmans draußen bleiben, aber sie mußte es sicher nicht tun, damit ich drinnen bleibe. Wenn ich mit diesem Rollstuhl nach draußen ginge, würde ich innerhalb von Sekunden bis zu den Radnaben im Schlamm stecken. Du wirst nirgendwo hingehen, Paul. Heute nicht, und wahrscheinlich in den nächsten Wochen nicht – die Baseballsaison wird schon einen Monat lang laufen, bevor der Boden draußen so fest ist, daß du mit diesem Rollstuhl die Straße erreichen kannst. Es sei denn, du möchtest durch ein Fenster fliehen und kriechen.

Nein – das wollte er nicht tun. Er konnte sich nur zu leicht vorstellen, wie seine zerschmetterten Beine sich anfühlen würden, nachdem er zehn oder fünfzehn Minuten wie eine sterbende Kröte durch Pfützen und schmelzenden Schnee gekrochen war. Und selbst wenn er bis zur Straße gelangen würde, welche Chancen hätte er, ein vorbeifahrendes Auto anzuhalten? Die einzigen, die er jemals hier draußen gesehen hatte, waren Old Bessie und der Bel Air von El Rancho Grande, und das Auto, das ihm solche Angst eingejagt hatte, als er sein Zimmer zum ersten Mal verlassen hatte.

Er schaltete das Außenlicht ab und rollte zur anderen Tür, derjenigen zwischen Kühlschrank und Vorratskammer. Auch hier sah er drei Schlösser, und diese Tür führte nicht einmal nach draußen, jedenfalls nicht direkt. Neben dieser Tür sah er auch einen Lichtschalter. Paul drückte darauf und sah einen ordentlichen Schuppenanbau, der an der Luvseite des Hauses verlief. An einem Ende sah er einen Hackklotz und eine Axt, die darin steckte. Am anderen befand sich ein Tisch, darüber Werkzeuge in Halterungen. Neben dem berühmten Grill standen mehrere Säcke Holzkohle. Links von dem Altar, auf dem er sein Brandopfer dargebracht hatte, sah er eine weitere Tür. Die Glühbirne draußen war nicht übertrieben hell, aber ihr Licht reichte aus, ihm zu zeigen, daß auch sie mit einem Riegel und zwei Kreig-Schlössern versehen war.

Die Roydmans... alle... alle haben es auf mich abgesehen...

»Ich weiß nicht, wie es bei *ihnen* aussieht«, sagte er in die leere Küche, »*ich* habe es ganz sicher auf dich abgesehen...«

Er hakte die Türen ab und rollte in die Vorratskammer. Bevor er sich den Lebensmitteln auf den Regalen zuwandte, sah er die Streichhölzer. Er erblickte zwei Kartons Streichholzbriefchen und mindestens zwei Dutzend Schachteln Diamond Blue Tips, die ordentlich aufgeschichtet waren.

Einen Augenblick dachte er darüber nach, das Haus einfach in Brand zu stecken, tat den Einfall aber als seinen bislang lächerlichsten ab, und dann sah er etwas, das ihn doch noch einmal darüber nachdenken ließ. Hier drinnen war noch eine Tür, und die hatte keine Schlösser.

Er öffnete sie und sah eine steile, hohe Treppe, die in den Keller hinab verlief. Ein fast teuflischer Geruch nach Feuchtigkeit und Fäulnis schlug ihm entgegen. Er hörte leise, fiepende Geräusche, und erinnerte sich, wie sie sagte: *Wenn es regnet, kommen sie in den Keller. Ich stelle Fallen auf. Das muß ich.*

Er schlug die Tür hastig zu. Ein Schweißtropfen rann ihm an der Schläfe hinab und lief ihm stechend ins rechte Auge. Er wischte ihn mit dem Knöchel weg. Als er die Kellertür sah und erkannte, daß sie keine Schlösser hatte, erschien ihm die Vorstellung, das Haus niederzubrennen, einen Augenblick lang vernünftiger – er konnte vielleicht dort unten Schutz suchen. Aber die Treppe war zu steil, das Risiko zu groß, daß Annies brennendes Haus über ihm zusammenstürzte, bevor die Feuerwehr von Sidewinder kommen konnte, und dann die Ratten da unten... die Geräusche der Ratten waren irgendwie das schlimmste.

Wie ihr Herz schlägt. Wie sie sich abmüht zu entkommen! Genau wie wir, Paul. Genau wie wir.

»Afrika«, sagte Paul, hörte aber selbst nicht, wie er es sagte. Er begann, die Dosen und Beutel in der Vorratskammer zu studieren, und versuchte abzuschätzen, was er nehmen konnte, ohne ihren Argwohn zu erregen, wenn sie wieder hier hereinkam. Ein Teil von ihm wußte ganz genau, was diese Suche bedeutete: Er hatte seine Fluchtpläne aufgegeben.

Nur vorläufig, protestierte sein geplagter Verstand.

Nein, antwortete eine tiefere Stimme gnadenlos. *Für immer, Paul. Für immer.*

»Ich werde niemals aufgeben«, flüsterte er. »Hörst du mich? *Niemals.*«

Ach nein? flüsterte die Stimme des Zynikers sardonisch. *Nun... wir werden sehen, nicht?*

Ja. Sie würden sehen.

17

Der Alkoven ähnelte mehr einem Bombenschutzkeller als einer Vorratskammer. Er vermutete, daß ein Teil dieses Hortens auf ihre reale Situation zurückzuführen war: Sie war eine Frau, die allein im Hochland lebte, wo man damit rechnen mußte, eine gewisse Zeitspanne – möglicherweise nur einen Tag, möglicherweise aber auch eine Woche oder zwei – vom Rest der Welt abgeschnitten zu sein. Wahrscheinlich hatten auch diese utschibutschi Roydmans eine Vorratskammer, die jeden anderen Hausbesitzer mit Staunen erfüllen würde... aber er bezweifelte, daß die utschibutschi Roydmans oder sonst jemand hier oben irgend etwas hatten, was dem, was er hier sah, auch nur entfernt nahekam. Dies war keine Vorratskammer, das war ein gottverdammter Supermarkt. Er überlegte, daß Annies Vorratskammer ein gewisser Symbolismus eigen war – die Vielzahl der Lebensmittel sagte etwas aus über die verschwommene Grenze zwischen dem Unabhängigen Staat Realität und der Volksrepublik Paranoia. In seiner derzeitigen Situation jedoch schienen solche Feinheiten kaum einer eingehenderen Betrachtung wert. Scheiß auf den Symbolismus. Such nach dem Essen.

Ja, aber vorsichtig. Es war nicht die Frage, was sie vielleicht vermissen würde. Er durfte nicht mehr mitnehmen, als er verstecken konnte, sollte sie unerwartet zurückkehren... und wie sonst *sollte* sie zurückkehren? Das Telefon war tot, und irgendwie bezweifelte er, daß Annie ihm ein Telegramm oder Blumen schicken würde. Aber letztendlich war es einerlei, was sie hier vermissen oder in seinem Zimmer finden würde. Immerhin hatte er etwas zu essen. Auch danach war er süchtig.

Sardinen. Sie hatte eine gewaltige Menge Sardinendosen, die sie unter Papier verwahrte. Gut. Davon würde er ein paar nehmen. Eingelegtes Schweinefleisch in Dosen. Er hatte keinen Dosenöffner, aber er konnte ein paar Dosen in der Küche öffnen und die zuerst essen. Die leeren konnte er tief in ihrem überquellenden Mülleimer vergraben. Er fand eine offene Packung Sun-Maid-Rosinen, die kleinere Päckchen enthielt, bei denen es sich laut Pakkungsaufschrift um ›Mini-Snacks‹ handelte. Paul fügte dem wachsenden Berg auf seinem Schoß vier dieser Mini-Snacks hinzu, dazu Portionsdosen Corn Flakes und Wheaties. Er stellte fest, daß es keine angebrochenen Packungen gesüßter Frühstücksflocken gab. Wenn sie dagewesen waren, hatte Annie sie bei ihrem letzten Anfall hinuntergefuttert.

Auf einem höheren Regal befanden sich Slim Jims, die so ordentlich aufgeschichtet waren wie das Brennholz in Annies Schuppen. Er nahm vier, wobei er sich bemühte, die Pyramidenform des Stapels nicht durcheinanderzubringen, einen davon schlang er gierig hinunter und genoß den salzigen Geschmack und das Fett. Die Verpackung versteckte er in der Unterhose, um sie später zu beseitigen.

Seine Beine fingen an zu schmerzen. Er beschloß, da er nicht fliehen oder das Haus niederbrennen konnte, daß er in sein Zimmer zurückkehren sollte. Eine Antiklimax, aber es könnte schlimmer sein. Er konnte ein paar Tabletten nehmen und dann schreiben, bis er müde wurde. Dann konnte er schlafen gehen. Er bezweifelte, daß sie heute nacht zurückkommen würde; der Sturm wurde stärker, er dachte gar nicht daran, nachzulassen. Die Vorstellung, in Ruhe zu schreiben und dann mit dem Wissen schlafen zu gehen, daß er vollkommen allein war, daß Annie nicht mit einer verwegenen Idee oder einer noch verwegeneren Forderung hereingeplatzt kommen würde, war sehr verlockend, Antiklimax oder nicht.

Er fuhr rückwärts aus der Vorratskammer heraus, verweilte, bevor er das Licht ausschaltete; erinnerte sich daran, er mußte

(nachwischen)

alles wieder in die richtige Ordnung bringen, während er seinen Rückzug bewerkstelligte. Wenn ihm das Essen ausging, bevor sie zurückkam, konnte er immer wieder zurückkommen und sich mehr holen,

(wie eine hungrige Ratte, richtig, Paulie?)

aber er durfte niemals vergessen, wie vorsichtig er sein mußte. Es wäre schlecht, wenn er vergessen würde, daß er jedesmal sein Leben riskierte, wenn er sein Zimmer verließ. Sehr schlecht, das zu vergessen.

18

Als er durchs Wohnzimmer rollte, fiel ihm das Notizbuch unter dem Kaffeetisch wieder auf. STRASSE DER ERINNERUNG. Es war so groß wie ein Shakespeare-Faksimile und so dick wie eine Familienbibel.

Neugierig hob er es auf und schlug es auf.

Auf der ersten Seite sah er einen einspaltigen Zeitungsausschnitt mit der Überschrift WILKES-BERRYMAN-HOCHZEIT. Darunter befand sich das Bild eines blassen Mannes mit schmalem Gesicht und einer Frau mit dunklen Augen und einem Schmollmund. Paul sah von dem Zeitungsfoto zu dem Porträt über dem Kamin. Keine Frage. In der Bildunterschrift wurde die Frau als Crysilda Berryman identifiziert (*Das wäre einmal ein Name, der eines Misery-Romans würdig wäre,* dachte er), sie war Annies Mutter. Mit schwarzer Tinte und in einer sauberen Handschrift stand unter dem Zeitungsausschnitt: *Bakersfield Journal, 30. Mai 1938.*

Seite zwei war eine Geburtsanzeige: Paul Emery Wilkes, geboren im Bakersfield Receiving Hospital am 12. Mai 1939. Vater: Carl Wilkes; Mutter: Crysilda Wilkes. Der Name von Annies älterem Bruder verblüffte ihn. Er mußte derjenige gewesen sein, mit dem sie ins Kino gegangen war und sich die Serials angesehen hatte. Ihr Bruder hatte auch Paul geheißen.

Seite drei gab die Geburt von Anne Marie Wilkes am 1. April 1943 bekannt. Das bedeutete, Annie hatte ihren vierundvierzigsten Geburtstag gerade hinter sich. Die Tatsache, daß sie am ersten April geboren worden war, entging Paul nicht.

Draußen heulte der Wind. Regen prasselte gegen das Haus.

Fasziniert blätterte Paul weiter; die Schmerzen hatte er vorläufig vergessen.

Der nächste Ausschnitt war von Seite 1 des *Bakersfield Journal.* Das Foto zeigte einen Feuerwehrmann auf der Leiter vor dem Hintergrund lodernder Flammen, die aus dem Fenster eines Hauses herausquollen.

FÜNF TOTE BEI BRAND IN MIETSHAUS

Fünf Personen, vier davon Angehörige derselben Familie, starben in den frühen Morgenstunden des Mittwoch in einem Großfeuer in einem Mietshaus in Bakersfield in der Watch Hill Avenue. Drei der Toten waren Kinder – Paul Kremnitz, 8, Frederick Kremnitz, 6, und Alison Kremnitz, 3. Das vierte Opfer war ihr Vater, Adrian Kremnitz, 41. Mr. Kremnitz rettete das einzige überlebende Kremnitz-Kind, Laurene Kremnitz, die achtzehn Monate alt ist. Wie Mrs. Jessica Kremnitz aussagte, drückte ihr Mann ihr das jüngste der vier Kinder in die Hand und sagte: »Ich werde mit den anderen in einer Minute zurück sein. Bete für uns.« Weiter sagte sie: »Ich habe ihn nie wiedergesehen.«

Das fünfte Opfer, Irving Thalman, 58, war ein Junggeselle, der im obersten Stockwerk des Gebäudes wohnte. Die Wohnung im dritten Stock war zum Zeitpunkt des Brandes nicht vermietet. Die Familie Carl Wilkes, die anfänglich als vermißt gemeldet wurde, hatte das Gebäude wegen eines Wasserrohrbruches in der Küche am Dienstagabend verlassen. »Ich weine für Mrs. Kremnitz und ihren schweren Verlust«, sagte Crysilda Wilkes gegenüber einem Reporter des *Journal*, »aber ich danke Gott, daß er meinen Mann und meine eigenen Kinder verschont hat.«

Michael O'Whunn, Chef der Feuerwehr, sagte, daß das Feuer im Keller des Hauses begonnen hatte. Nach der Möglichkeit einer Brandstiftung befragt, antwortete er: »Es ist wahrscheinlicher, daß sich ein Landstreicher in dem Keller versteckt, sich betrunken und das Feuer versehentlich mit einer Zigarette entfacht hat. Wahrscheinlich lief er weg, anstatt zu versuchen, das Feuer zu löschen, und so mußten fünf Menschen sterben. Ich hoffe, wir erwischen den Kerl.« Als er nach Spuren gefragt wurde, antwortete er: »Die Polizei hat verschiedene Spuren, alle werden nachdrücklich und gewissenhaft verfolgt, das kann ich Ihnen sagen.«

In derselben ordentlichen schwarzen Handschrift darunter: *28. Oktober 1954.*

Paul sah auf. Es war totenstill, aber der Puls pochte in seinem Nacken. Seine Eingeweide fühlten sich lose und heiß an.

Kleine Bälger.

Drei der Toten waren Kinder.

Mrs. Kremnitz' vier Bälger unten.

O nein, o Christus, nein!

Ich haßte diese kleinen Bälger.

Sie war noch ein Kind! Und nicht einmal im Haus!

Sie war elf. Alt genug und schlau genug, um vielleicht ein wenig Kerosin und eine Flasche billigen Wein auszuschütten, dann eine Kerze anzuzünden und die Kerze in die Kerosinlache zu stellen. Vielleicht hat sie selbst nicht einmal geglaubt, daß es funktionieren würde. Vielleicht dachte sie, das Kerosin würde verdampfen bevor die Kerze niedergebrannt war. Vielleicht dachte sie, sie würden lebendig herauskommen... sie wollte ihnen nur so viel Angst machen, daß sie wegzogen. Aber sie hat es getan, sie hat es verdammt getan, und das weißt du.

Ja, wahrscheinlich schon. Und wer sollte ausgerechnet sie verdächtigen?

Er blätterte um.

Er hatte einen weiteren Ausschnitt aus dem *Bakersfield Journal* vor sich, diesesmal vom 19. Juli 1957. Es handelte sich um das Bild eines etwas älteren Carl Wilkes. Eines war klar: älter war er nicht mehr geworden. Dieser Ausschnitt war seine Todesanzeige.

BUCHHALTER AUS BAKERSFIELD FINDET BEI UNGEWÖHNLICHEM STURZ DEN TOD

Carl Wilkes, zeit seines Lebens Einwohner von Bakersfield, verstarb gestern nacht kurz nach seiner Einlieferung ins Hernandez General Hospital. Er stolperte offenbar über ein Kleidungsstück, das zuvor achtlos auf der Treppe liegengeblieben war, als er zum Telefon im Erdgeschoß gehen wollte. Dr. Frank Canley, der untersuchende Arzt, sagte, daß Wilkes an den Folgen von Schädel- und Nackenbrüchen starb. Er war 44. Wilkes hinterläßt seine Frau Crysilda, einen Sohn, Paul, 18, und eine Tochter, Anne, 14.

Als Paul die nächste Seite umblätterte, glaubte er zunächst, Annie hätte aus Sentimentalität oder versehentlich (letzteres schien die wahrscheinlichere Lösung zu sein) zwei Kopien der Todesanzeige ihres Vaters eingeklebt. Aber dies war ein anderer Unfall, und der Grund für die verblüffende Ähnlichkeit war der, daß keiner von beiden ein Unfall gewesen war.

Er spürte, wie simples, lähmendes Entsetzen sich in ihm breitmachte. Es schien die hohlen Stellen seines Körpers wie ein lähmendes Gas auszufüllen.

Mit derselben ordentlichen Handschrift stand unter dem Ausschnitt: *Los Angeles Call, 29. Januar 1962.*

USC-STUDENTIN FINDET BEI
UNGEWÖHNLICHEM STURZ DEN TOD

Andrea Saint James, USC-Schwesternschülerin, wurde gestern nacht nach der Einlieferung im Mercy Hospital im Norden von Los Angeles als Folge eines haarsträubenden Unfalls für tot erklärt.

Miß Saint James teilte sich eine Wohnung außerhalb des Campus in der Delorme Street mit einer Klassenkameradin, Annie Wilkes aus Bakersfield. Kurz vor elf Uhr hörte Miß Wilkes einen kurzen Schrei, gefolgt von ›schrecklichen Aufprallgeräuschen‹. Miß Wilkes, die gelesen hatte, eilte auf den Flur des dritten Stocks hinaus und sah Miß Saint James ›in sehr unnatürlicher Haltung‹ auf dem Treppenabsatz des zweiten Stocks liegen.

Miß Wilkes sagte, in dem Bemühen, Hilfe zu holen, sei sie um ein Haar selbst gestürzt. »Wir hatten eine Katze namens Peter Gunn«, sagte sie, »aber wir hatten sie seit Tagen nicht mehr gesehen und dachten schon, der Tierfänger hätte sie erwischt, weil wir vergessen hatten, ihr ein Halsband anzuziehen. Sie lag tot auf der Treppe. Über diese Katze war sie gestolpert. Ich deckte Andrea mit meinem Pullover zu, dann rief ich im Krankenhaus an. Ich wußte, daß sie tot war, aber ich wußte nicht, wen ich sonst anrufen sollte.«

Miß Saint James, in Los Angeles geboren, war 21 Jahre alt.

»Jesus.«

Paul flüsterte es immer wieder. Seine Hand zitterte heftig, als er die Stelle umblätterte. Hier sah er einen Ausschnitt aus dem *Call*, der besagte, daß die Katze der beiden Studentinnen vergiftet worden war.

Peter Gunn. Netter Name für eine Katze, dachte Paul.

Der Vermieter hatte Ratten im Keller. Beschwerden der Mieter hatten schon ein Jahr zuvor zu einer Verwarnung durch die Gesundheitsbehörde geführt. Der Vermieter hatte einen Aufruhr bei einer Versammlung des Stadtrats verursacht, der so schlimm gewesen sein mußte, daß in den Zeitungen darüber berichtet wurde. Annie hatte es gewußt. Unter Androhung einer strengen Geldstrafe von Stadtratsmitgliedern, die sich nicht gerne beschimpfen ließen, hatte der Vermieter vergiftete Köder im Keller ausgelegt. Katze frißt Gift. Katze siecht zwei Tage im Keller dahin. Katze kriecht so weit zu ihren Herrinnen, wie sie noch kann – und tötet eine der besagten Herrinnen.

Eine Ironie, die eines Paul Harvey würdig gewesen wäre, dachte Paul Sheldon und lachte schrill. *Ich wette, die Sache wurde sogar in seiner täglichen Nachrichtensendung gebracht.*

Schön. Sehr schön.

Aber wir wissen alle, daß Annie einen vergifteten Köder aus dem Keller geholt und der Katze persönlich gefüttert hat, und sollte der alte Peter Gunn es nicht gewollt haben, hatte sie es ihm wahrscheinlich mit einem Stock in den Hals gestopft. Als er tot war, legte sie ihn auf die Treppe und hoffte, daß es funktionieren würde. Vielleicht wußte sie genau, daß ihre Zimmernachbarin angeschwipst nach Hause kommen würde. Würde mich kein bißchen überraschen. Eine tote Katze, ein Bündel Kleidungsstücke. Dieselben Indizien, wie Tom Twyford sagen würde. Aber warum, Annie? In diesen Abschnitten steht alles, abgesehen davon: WARUM?

Als Akt des Selbstschutzes war ein Teil seiner Phantasie in den letzten Wochen in gewisser Weise zu Annie *geworden*, und dieser Annie-Teil ergriff nun mit seiner trockenen und keinen Widerspruch duldenden Stimme das Wort. Was er sagte, war völlig wahnsinnig, andererseits aber auch völlig logisch.

Ich habe sie umgebracht, weil sie bis spät in die Nacht Radio hörte.

Ich habe sie umgebracht, weil sie der Katze so einen dummen Namen gegeben hat.

Ich habe sie umgebracht, weil ich es satt hatte, mitansehen zu müssen, wie sie ihrem Freund Zungenküsse gab, während er die Hand so weit unter ihren Rock geschoben hatte, daß man meinen konnte, er suchte nach Gold.

Ich habe sie umgebracht, weil ich sie beim Betrügen erwischt habe.

Ich habe sie umgebracht, weil sie mich beim Betrügen erwischt hat.

Die Einzelheiten sind freilich unwichtig, nicht? Ich habe sie umgebracht, weil sie ein utschibutschi Balg war, und das war Grund genug.

»Und vielleicht, weil sie eine Miß Neunmalklug war«, flüsterte Paul. Er warf den Kopf zurück und stieß ein weiteres schrilles Lachen aus. Das also war die Straße der Erinnerung, ja? O was für eine Vielzahl seltsamer und giftiger Blumen doch am Rand von Annies Version dieser guten alten Straße wuchsen!

Niemand hat diese ungewöhnlichen Unfälle jemals in einen Zusammenhang gebracht? Willst du mir das erzählen?

Ja, das erzählte er sich allen Ernstes. Zwischen den beiden Unfällen lagen fast fünf Jahre, sie hatten in zwei verschiedenen Städten stattgefunden. Zwei verschiedene Zeitungen in einem bevölkerungsreichen Staat, wo wahrscheinlich andauernd jemand die Treppe hinunterstürzte und sich den Hals brach, hatten darüber berichtet.

Und sie war immer sehr, sehr schlau.

Fast so schlau wie Satan selbst, schien es. Aber allmählich fing sie an zu verlieren. Ihr Orbit, der immer elliptisch gewesen war, hatte angefangen, außer Kontrolle zu geraten. Kleinigkeiten, wie zu vergessen, ein Kalenderblatt abzureißen, größere Sachen, wie zu vergessen, die vierteljährlichen Steuern zu bezahlen. Das schlimmste würde natürlich sein, irgendwann einmal erwischt zu werden... aber ihm würde es herzlich wenig nützen, wenn Annie letzten Endes wegen Mordes an Paul Sheldon zu Fall kam.

Er blätterte die Seite um und fand einen weiteren Ausschnitt aus dem *Bakersfield Journal* – den letzten, wie sich herausstellte. Die Schlagzeile lautete: MISS WILKES BESTEHT PRÜFUNG AN DER SCHWESTERNSCHULE. Mädchen aus dem Ort erfolgreich. 17. Mai 1966. Das Foto zeigte eine jüngere, erstaunlich hübsche

Annie Wilkes, die Schwesternuniform und Haube trug und in die Kamera lächelte. Es handelte sich selbstverständlich um ein Bild von der Abschlußfeier. Sie hatte mit Auszeichnung bestanden. *Und dazu mußte sie nur eine Klassenkameradin umbringen*, dachte Paul und wieherte sein schrilles, ängstliches Lachen hinaus. Gleichsam wie zur Antwort heulte der Wind ums Haus. Mamas Bild an der Wand wackelte ein wenig.

Der nächste Ausschnitt war aus dem Manchester, New Hampshire, *Union-Leader*. 2. März 1969. Es handelte sich um eine einfache Todesanzeige, die überhaupt nichts mit Annie Wilkes zu tun zu haben schien. Ernest Gonyar, neunundsiebzig, war im St. Josephs Jospital gestorben. Eine exakte Todesursache wurde nicht genannt. ›Nach langer Krankheit‹, hieß es im Text. Hinterließ seine Frau, zwölf Kinder und schätzungsweise vierhundert Enkelkinder und Urenkel. Es gab nichts Besseres als die Rhythmusmethode, um alle großen und kleinen Nachfahren zu zeugen, dachte Paul und wieherte erneut.

Sie hat ihn umgebracht. Das ist mit dem guten alten Ernie passiert. Warum wäre sonst die Todesanzeige hier?

Warum, um Gottes willen? WARUM?

Bei Annie Wilkes ist das eine Frage, auf die es keine vernünftige Antwort gibt. Wie du sehr genau weißt.

Eine weitere Seite, ein weiterer Ausschnitt aus dem *Union-Leader*. 19. März 1969. Bei der Dame handelte es sich um Hester ›Queeny‹ Beaulifant, vierundachtzig. Auf dem Bild sah sie wie etwas aus, dessen Knochen aus den Teergruben von La Brea exhumiert worden waren. Dasselbe, was Ernie erwischt hatte, hatte auch Hester erwischt – es hatte den Anschein, als wäre die lange Krankheit umgegangen. Wie Ernie, so hatte auch sie im Saint Joes ihren letzten Seufzer getan. Aufgebahrt um 14 und 18 Uhr am 20. März im Bestattungsinstitut Foster. Beerdigung auf dem Mary-Cyr-Friedhof am 21. März um 16 Uhr.

Man hätte eine spezielle Version von ›Annie, Won't You Com By Here‹ vom Tabernakelchor der Mormonen singen lassen sollen, dachte Paul und wieherte noch ein paarmal.

Auf den folgenden Seiten fanden sich noch drei Meldungen aus dem *Union-Leader*. Zwei alte Männer waren an dieser wirklich ernsten Sache, ›Lange Krankheit‹, verschieden. Die dritte war eine Frau von sechsundvierzig Jahren namens Paulette Simeaux. Paulette war an der ebenfalls nicht ungefährlichen ›Kurzen Krankheit‹ gestorben. Wenngleich das zugehörige Bild noch grobkörniger und undeutlicher als sonst war, konnte Paul sehen, daß ›Queeny‹ Beaulifant neben Paulette Simeaux wie Thumbelina ausgesehen hatte. Er dachte, daß ihre Krankheit wahrhaftig kurz gewesen sein mußte – meinethalben eine Thrombose, gefolgt von einer Einlieferung ins Saint Joes, gefolgt von ... gefolgt von was? Was genau?

Er wollte über die Einzelheiten eigentlich gar nicht nachdenken ... aber alle drei waren im Saint Josephs gestorben.

Und wenn wir uns das Schwesternregister vom März 1969 ansehen, würden wir dann den Namen WILKES finden? Freunde, wird ein Bär im Wald utschibutschi?

Dieses Buch, mein Gott, dieses Buch war so *groß*.

Nichts mehr, bitte. Ich möchte mir nichts mehr ansehen. Ich denke, ich werde dieses Buch genau dorthin legen, wo ich es gefunden habe. Dann werde ich in mein Zimmer gehen. Ich glaube, ich will heute nicht mehr schreiben. Ich werde einfach eine zusätzliche Tablette nehmen und zu Bett gehen. Als Rückversicherung gegen Alpträume. Aber bitte, nicht mehr weiter Annies Straße der Erinnerung hinab. Bitte nicht, bitte.

Aber seine Hände schienen einen eigenen Willen zu haben; sie blätterten die Seiten schneller und schneller um.

Zwei weitere kurze Sterbemeldungen im *Union-Leader*, eine Ende September 1969, die andere Anfang Oktober.

19. März 1970. Diese war aus dem *Herald*, Harrisburg, Pennsylvania. Eine letzte Seite. NEUES KRANKENHAUSPERSONAL. Das Foto eines erkahlenden Mannes mit Brille, der auf Paul den Eindruck machte, als würde er insgeheim kleine Kinder fressen. Der Artikel vermerkte, daß zusätzlich zu einem neuen Publicity-Direktor (dem erkahlenden Mann mit Brille) zwanzig weitere Mitglieder zur Belegschaft des Riverview-Krankenhauses gestoßen waren: zwei Ärzte, acht Krankenschwestern, Küchenangestellte, Sanitäter und ein Hausmeister.

Annie war eine der Krankenschwestern.

Auf der nächsten Seite, dachte Paul, *werde ich die kurze Todesmel-*

dung eines älteren Mannes oder einer älteren Frau sehen, die im River-view-Krankenhaus in Harrisburg, Pennsylvania, ihr Leben ausgehaucht hat.

Richtig. Ein alter Tattergreis, der an dem ewigen Favoriten, der Langen Krankheit, gestorben war.

Gefolgt von einem älteren Mann, der an der ebenfalls nicht zu unterschätzenden Kurzen Krankheit gestorben war.

Gefolgt von einem dreijährigen Kind, das in einen Brunnen ge-fallen war und sich ernste Kopfverletzungen geholt hatte, und das man im Koma ins Riverview-Krankenhaus eingeliefert hatte.

Paul blätterte wie betäubt die Seiten um, während der Wind und der Regen gegen das Haus tobten. Das Muster war unaus-weichlich. Sie suchte sich einen Job, brachte ein paar Menschen um und zog weiter.

Plötzlich fiel ihm eine Szene aus einem Traum ein, den sein be-wußtes Denken längst vergessen hatte und dem somit ein delphi-sches Element des *déjà vu* zukam. Er sah Annie Wilkes in einem langen Schürzenkleid, eine Haube auf dem Haar, eine Annie, die wie eine Schwester im Londoner Bedlam-Hospital aussah. In ei-nem Arm hielt sie einen Korb. Sie griff hinein. Holte Sand heraus und schleuderte ihn in die ihr zugewendeten Gesichter, an denen sie vorbeiging. Aber dies war nicht der einlullende Sand des Schlafes, sondern giftiger Sand. Er tötete sie. Wenn er sie be-rührte, wurden ihre Gesichter weiß, und die Anzeigen der Moni-tore neben den Betten sanken auf Null.

Vielleicht hat sie die Kremnitz-Kinder umgebracht, weil sie Bälger wa-ren... und ihre Zimmerkameradin... vielleicht sogar ihren eigenen Va-ter. Aber die anderen?

Dennoch wußte er es. Die Annie in ihm wußte es. Alt und krank. Sie alle waren alt und krank gewesen, abgesehen von Mrs. Simeaux, und als die eingeliefert wurde, war sie ganz sicher kaum mehr ein Mensch gewesen. Mrs. Simeaux und das dreijäh-rige Kind, das in den Brunnen gefallen war. Annie hatte sie umge-bracht weil...

»Weil sie Ratten in der Falle waren«, flüsterte er.

Arme Geschöpfe. Arme, arme Geschöpfe.

Klar. Das war es. In Annies Denkweise untergliederten sich alle

Menschen auf der Welt in drei Gruppen: Bälger, arme Geschöpfe... und Annie.

Sie war kontinuierlich westwärts gezogen. Von Harrisburg nach Pittsburgh, nach Duluth, nach Fargo. Dann, 1978, nach Denver. In jedem Fall war das Grundmuster dasselbe: Ein ›Willkommen-an-Bord‹-Artikel, in dem Annies Namen unter anderem erwähnt wurde (das ›Willkommen an Bord‹ in Manchester hatte sie wahrscheinlich deshalb verfaßt, weil sie nicht wußte, daß die lokale Zeitung solche Artikel brachte, vermutete Paul), dann zwei oder drei unauffällige Todesfälle. Danach begann der Zyklus von neuem.

Bis Denver.

Anfangs schien das Muster wieder dasselbe zu sein. Er fand den NEU-EINGETROFFEN-Artikel, diesesmal aus dem hausinternen Mitteilungsblatt des Receiving Hospitals in Denver ausgeschnitten, in dem auch Annies Namen erwähnt wurde. Ihrer ordentlichen Handschrift konnte er entnehmen, daß die Krankenhauszeitung *The Gurney* hieß. »Großartiger Name für eine Krankenhauszeitung«, sagte Paul zu dem leeren Zimmer. »Es überrascht mich, daß niemand darauf gekommen ist, sie *Die Urinprobe* zu nennen.« Er wieherte eselsgleich erneut sein schrilles, ängstliches Lachen hinaus, ohne es zu bemerken. Er blätterte um und fand die erste Todesanzeige aus den *Rocky Mountain News*. Laura D. Rothberg. Lange Krankheit. 21. September 1978. Denver Receiving Hospital.

Aber dann brach das Muster vollkommen auseinander.

Die nächste Seite verkündete keinen Todesfall, sondern eine Hochzeit. Das Foto zeigte Annie nicht in ihrer Schwesternkluft, sondern in einem weißen, spitzenbesetzten Kleid. Neben ihr, ihre Hand in seiner, stand ein Mann namens Ralph Dugan. Dugan war Physiotherapeut. DUGAN-WILKES-HOCHZEIT lautete die Bildüberschrift. *Rocky Mountain News*, 2. Januar 1979. Dugan war eine recht durchschnittliche Erscheinung, abgesehen von einem bemerkenswerten Sachverhalt: Er sah wie Annies Vater aus. Wenn man Dugans Schnurrbart abrasierte – was sie wahrscheinlich gleich nach Ende der Flitterwochen von ihm verlangt hatte –, war die Ähnlichkeit wirklich bemerkenswert.

Paul blätterte mit dem Daumen die verbleibenden Seiten von

Annies Buch durch und dachte, Ralph Dugan hätte sein Horoskop – *hups*, sollte *Horror*skop heißen – besser durchlesen sollen, als er Annie seinen Heiratsantrag machte.

Ich glaube, die Möglichkeit ist ziemlich groß, daß ich irgendwo in diesen noch nicht aufgeschlagenen Seiten einen kurzen Artikel über dich finden werde. Ein paar Leute haben Verabredungen in Samarra; ich glaube, du könntest durchaus eine mit einem Bündel Wäsche oder einer toten Katze auf der Treppe gehabt haben. Einer toten Katze mit einem hübschen Namen.

Aber er irrte sich. Der nächste Ausschnitt war ein NEU-EIN-GETROFFEN-Artikel aus der Zeitung von Nederland. Nederland war ein kleiner Ort westlich von Boulder. Nicht zu weit von hier entfernt, überlegte Paul. Einen Augenblick konnte er Annie in der kurzen Mitteilung voller Namen nicht finden, dann wurde ihm klar, daß er nach dem falschen Namen suchte. Sie war da, aber sie war Teil einer sozio-sexuellen Gemeinschaft mit Namen ›Mr. und Mrs. Ralph Dugan‹ geworden.

Pauls Kopf schnellte in die Höhe. Kam da ein Auto? Nein... nur der Wind. Ganz sicher der Wind. Er sah wieder in Annies Buch.

Ralph Dugan war ins Arapahoe Country Hospital zurückgekehrt, um den Lahmen, den Gebrechlichen und den Blinden zu helfen; wahrscheinlich kehrte Annie in den alt-ehrwürdigen Beruf der Krankenschwester zurück, die den Verletzten Hilfe und Trost zuteil werden ließ.

Jetzt fängt das Morden an, dachte er. *Die einzige Frage ist, kommt Ralph gleich zu Beginn, in der Mitte oder am Schluß?*

Aber er irrte sich wieder. Statt einer Todesanzeige zeigte die nächste Seite die Fotokopie einer Makleranzeige. In der linken oberen Ecke der Anzeige befand sich ein Foto eines Hauses. Paul erkannte es lediglich anhand des angebauten Schuppens – schließlich hatte er das Haus nie von außen gesehen.

Darunter stand in Annies pingeliger Handschrift: *Geld bezahlt am 3. März 1979. Papiere überreicht am 18. März 1979.*

Ruhestandshaus? Das bezweifelte Paul. Sommerresidenz? Nein? diesen Luxus hätten sie sich nicht leisten können. Also...?

Nun, vielleicht war es nur ein Fantasiegespinst – aber wie wäre es damit: Vielleicht liebt sie den alten Ralph Dugan wirklich. Vielleicht ist ein Jahr verstrichen, und sie kann immer noch nichts an ihm riechen, das utschibutschi ist. *Etwas* ist ganz sicher anders geworden; keine Todesanzeigen seit...

Er blätterte zurück um nachzusehen.

Seit Laura Rothberg im September 1978. Sie hatte etwa zu der Zeit, als sie Ralph kennenlernte, mit dem Töten aufgehört. Aber das war damals, nicht heute. Jetzt steigt der Druck allmählich wieder an. Die depressiven Zwischenspiele fangen wieder an. Sie sieht alte Menschen an... unheilbar Kranke... und sie denkt, was für arme Geschöpfe sie doch sind, und vielleicht denkt sie: *Es ist diese Umgebung, die mich deprimiert, meilenlange gekachelte Flure, und der Geruch und das Quietschen von Kreppsohlen und die Schreie von Menschen, die Schmerzen haben. Wenn ich von hier weg könnte, würde alles wieder gut werden.*

Daher waren Ralph und Annie offenbar aufs Land zurückgekehrt.

Er blätterte die Seite um und blinzelte.

Auf den unteren Teil der Seite stand gekritzelt: 43. AUG. 1880 SCHEISS AUF DICH!

Das Papier war dick, aber an manchen Stellen war es unter der wütenden Hand gerissen, die den Kugelschreiber geführt hatte.

Es war die Spalte der SCHEIDUNGEN in Nederland, aber er mußte sie umdrehen, um sicher zu sein, daß Annie und Ralph dazugehörten; sie hatte das Blatt verkehrt herum eingeklebt.

Ja, da waren sie. Ralph und Annie Dugan. Scheidungsgrund: Seelische Grausamkeit.

»Geschieden nach kurzer Krankheit«, murmelte Paul und sah wieder auf, als er glaubte, ein Auto näherkommen zu hören. Der Wind, nur der Wind... dennoch sollte er in sein Zimmer zurückkehren, wo er in Sicherheit war. Nicht nur wurden die Schmerzen in seinen Beinen immer schlimmer; er näherte sich unaufhaltsam dem geistigen Ausrasten.

Aber er beugte sich wieder über das Buch. Auf eine unheimliche Weise war es zu gut, um es einfach wegzulegen. Es war ein so abscheulicher Roman, daß man ihn einfach zu Ende lesen mußte.

Annies Ehe hatte auf eine weitaus legalere Art und Weise geendet, als er vermutet hatte. Man konnte durchaus sagen, daß die Scheidung tatsächlich nach kurzer Krankheit erfolgt war. Ein-einhalb Jahre eheliche Wonnen waren eigentlich nicht so viel.

Sie hatten das Haus im März gekauft, und das war ein Schritt, den man eigentlich nicht unternahm, wenn man spürte, daß eine Ehe in die Brüche ging. Was war geschehen? Paul wußte es nicht. Er hätte sich eine Geschichte ausdenken können, aber das wäre nichts weiter als eine Geschichte gewesen. Aber als er den Aus-schnitt dann noch einmal las, fiel ihm etwas auf, das einen Hin-weis geben konnte: *Angela Ford von John Ford. Kirsten Frawley von Stanley Frawley. Danna McLaren von Lee McLaren. Und...*

Ralph Dugan von Anne Dugan.

Es gibt einen Brauch in Amerika, richtig? Niemand redet groß darüber, aber er existiert. Männer machen bei Mondenschein ihren Antrag, Frauen reichen die Scheidung ein. So ist es nicht immer, aber meistens. Was kön-nen wir also aus dieser grammatikalischen Feinheit lernen? Angela sagte: »Bleib mir bloß weg, Jack!« Kirsten sagte: »Mach einen neuen Plan, Stan.« Danna sagt: »Fick dich ins Knie, Lee!« Und was sagt Ralph, der einzige Mann, der zuerst aufgeführt wird? Wahrscheinlich sagte er nur: »Laß mich bloß raus hier!«

»Vielleicht hat er die tote Katze auf der Treppe gesehen«, sagte Paul.

Nächste Seite. Wieder ein NEU-EINGETROFFEN-Artikel. Die-ser aus der *Camera* von Boulder, Colorado. Auf dem Rasen des Boulder Hospitals standen ein Dutzend neue Belegschaftsmitglie-der. Annie stand in der zweiten Reihe, ihr Gesicht war ein blasser weißer Kreis unter der Haube mit den schwarzen Streifen. Wieder die Neueröffnung einer Show. Das Datum darunter war der 9. März 1981. Sie hatte wieder ihren Mädchennamen angenom-men.

Boulder. Das war dort, wo Annie *wirklich* übergeschnappt war.

Er blätterte die Seiten immer schneller um, sein Entsetzen wuchs, seine beiden Gedanken, die er immer wiederholte, waren: *Warum, in Gottes Namen, haben sie nicht schneller geschaltet?* und *Wie, in Gottes Namen, ist sie immer wieder davongekommen?*

10. März 1981 – lange Krankheit. 4. Mai 1981 – lange Krankheit. 23. Mai – lange Krankheit. 9. Juni – kurze Krankheit. 15. Juni – kurz. 16. Juni – lang.

Kurz. Lang. Lang. Kurz. Lang. Lang. Kurz.

Die Seiten glitten ihm durch die Finger. Er nahm den leichten Geruch trockenen Papiers wahr.

»Gütiger Himmel, wie viele hat sie umgebracht?«

Wenn es richtig war, jede Todesanzeige einem Mord gleichzusetzen, dann hatte sie bis Ende 1981 mehr als dreißig Menschen auf dem Gewissen... und alles ohne ein einziges Murmeln seitens der Behörden. Selbstverständlich waren die meisten Opfer alt, die anderen schwer verletzt, aber dennoch... man sollte meinen...

1982 war Annie dann schließlich gestolpert. Der Ausschnitt aus der *Camera* vom 14. Januar zeigte ihr leeres, steinernes Gesicht im Rasterbild der Zeitung unter folgender Schlagzeile: NEUE OBERSCHWESTER DER SÄUGLINGSSTATION. So weit, so gut.

Aber am 29. Januar hatten die Todesfälle in der Säuglingsstation begonnen.

Annie hatte die ganze Geschichte in ihrer fein säuberlichen Art notiert. Paul hatte keine Mühe, ihr zu folgen. *Wenn die Leute, die auf Ihre Haut scharf sind, dieses Buch gefunden hätten, Annie, dann wärst du jetzt im Gefängnis – oder im Irrenhaus –, und zwar bis ans Ende aller Tage.*

Die ersten beiden Todesfälle unter den Säuglingen hatten keinen Verdacht erweckt – der Artikel über den ersten sprach von schweren Geburtsschäden. Aber Babys, mit Geburtsschäden oder ohne, waren keine alten Tattergreise, die an Herzversagen starben, oder Unfallopfer, die irgendwie noch lebend eingeliefert wurden, trotz nur noch halb vorhandener Köpfe und/oder lenkradgroßer Löcher in den Eingeweiden. Und dann hatte sie angefangen, die gesunden wie die kranken umzubringen. Er vermutete, daß sie, in ihrer enger werdenden psychopathischen Spirale gefangen, begonnen hatte, alle als arme, arme Geschöpfe zu sehen.

Mitte März 1982 hatte es fünf Todesfälle in der Säuglingsstation des Boulder Hospitals gegeben. Ermittlungen wurden eingeleitet. Am 24. März nannte die *Camera* als möglichen Missetäter eine ›vergiftete Medizin‹. Eine ›zuverlässige Quelle im Krankenhaus‹ wurde zitiert, und Paul fragte sich, ob die Quelle nicht möglicherweise Annie Wilkes selbst gewesen war.

Im April war ein weiteres Baby gestorben. Zwei im Mai. Dann, die Titelseite der *Denver Post* vom 1. Juni:

OBERSCHWESTER DER SÄUGLINGSSTATION ZUM TOD DER SÄUGLINGE VERHÖRT

›Bis jetzt‹ noch keine Anklage erhoben, sagt die Sprecherin des Sheriff-Büros
Von Michael Leith

Annie Wilkes, die neununddreißigjährige Oberschwester der Säuglingsstation des Boulder Hospitals, wurde heute hinsichtlich des Todes von acht Säuglingen verhört – Sterbefälle, die im Verlauf einiger Monate stattfanden. Alle Todesfälle fanden nach Miß Wilkes' Ernennung statt.

Auf die Frage, ob Miß Wilkes festgenommen wurde, sagte Tamara Kinsolving, die Pressesprecherin des Sheriff-Büros, dies sei nicht geschehen. Auf die Frage, ob Miß Wilkes aus freien Stücken gekommen war, um Informationen in dem Fall zu geben, antwortete Mrs. Kinsolving: »Ich würde sagen, das war nicht der Fall. Die Lage ist etwas ernster.« Gefragt, ob Miß Wilkes eines Verbrechens angeklagt worden sei, antwortete Mrs. Kinsolving: »Nein, noch nicht.«

Der Rest des Artikels war ein Abriß von Annies Laufbahn. Es war offensichtlich, daß sie häufig umgezogen war, aber nirgends wurde erwähnt, daß alle Patienten der Krankenhäuser, in denen sie war – nicht nur in Boulder –, in ihrer Zeit besonders sterbeanfällig gewesen waren.

Er betrachtete das beiliegende Foto fasziniert.

Annie in Haft. Großer Gott, Annie in Haft; die Göttin nicht nur gestürzt, sondern bibbernd... bibbernd...

Sie ging in Begleitung einer kräftigen Polizistin eine Treppe hinauf, ihr Gesicht leer und ausdruckslos. Sie hatte die Schwesterntracht und weiße Schuhe an.

Nächste Seite: WILKES AUF FREIEM FUSS – KEIN WORT BEIM VERHÖR.

Sie war davongekommen. Irgendwie war sie davongekommen.

Es wurde Zeit für sie, zu verduften und sich anderswo zu zeigen – Idaho, Utah, Kalifornien. Statt dessen ging sie wieder an die Arbeit. Und anstatt einer NEU-EINGETROFFEN-Meldung von irgendwo weiter westlich sah er eine riesige Schlagzeile aus den *Rocky Mountain News* vom 2. Juli 1982:

Der Schrecken geht weiter:
**DREI WEITERE SÄUGLINGE
STERBEN IM BOULDER HOSPITAL**

Zwei Tage später nahmen die Behörden einen puertoricanischen Sanitäter fest, den sie neun Stunden später wieder freiließen. Dann, am 19. Juli, meldeten die *Denver Post* und die *Rocky Mountain News* beide die Festnahme von Annie Wilkes. Anfang August fand eine kurze Vorverhandlung statt. Am 9. September stand sie wegen Mordes an einem einen Tag alten Mädchen namens Christopher vor Gericht. Nach dem Mädchen Christopher kamen sieben andere Mordfälle. Der Artikel betonte, daß einige von Annies mutmaßlichen Opfern sogar schon so alt gewesen waren, daß man ihnen richtige Namen gegeben hatte.

Zwischen den Artikeln über die Verhandlung befanden sich Leserbriefe aus den Zeitungen von Boulder und Denver. Paul wurde klar, daß Annie lediglich die feindseligsten ausgeschnitten hatte – diejenigen, die ihren verschrobenen Standpunkt betonten, demzufolge der Mensch ein *Homo balgus* war –, aber sie waren durchaus vielseitig in ihren Schmähungen. In einem jedoch schien Einigkeit zu herrschen: Hängen war zu gut für Annie Wilkes. Ein Berichterstatter taufte sie die Drachenlady; dieser Name haftete ihr während der ganzen Verhandlung an. Die meisten schienen der Meinung zu sein, daß man die Drachenlady mit glühenden Mistgabeln zu Tode stechen sollte, die meisten deuteten weiter an, daß sie sich herzlich gerne freiwillig zu dieser Tätigkeit melden würden.

Neben einen solchen Brief hatte Annie in einer zittrigen und irgendwie pathetischen Handschrift, die so gar nicht ihrer sonstigen festen Schrift glich, geschrieben: *Stöcke und Steine werden meine Knochen brechen, aber Worte können mich nicht verletzen.*

Es war offensichtlich, Annies großer Fehler war gewesen, nicht aufzuhören, als den Leuten allmählich klar wurde, daß etwas nicht stimmte. Das war ein schlimmer Fehler, aber unglücklicherweise nicht schlimm genug. Die Göttin strauchelte nur. Die Anklage beruhte lediglich auf Indizien und war stellenweise so dünn, daß man eine Zeitung durch sie hindurch lesen konnte. Der Staatsanwalt am Bezirksgericht hatte einen Handabdruck auf dem Gesicht des Mädchens Christopher, zu dem Annies Hand paßte, bis hin zum Abdruck des Amethystrings, den sie am vierten Finger der rechten Hand trug. Der Staatsanwalt hatte außerdem eine Liste ihrer Besuche in der Säuglingsstation, die ungefähr mit den Todesdaten korrespondierten. Aber immerhin war Annie die Oberschwester, daher kam und ging sie *ständig*. Die Verteidigung konnte Dutzende Fälle anführen, wann Annie die Station betreten hatte und *nichts* Ungewöhnliches geschehen war. Paul war der Meinung, das war etwa so, als würde man argumentieren, daß niemals Meteore auf der Erde einschlugen, indem man fünf Tage angab, in denen kein einziger auf der Farm von Bauer John niedergegangen war; aber er begriff dennoch das Gewicht, das diese Ausführung bei den Geschworenen haben mußte.

Die Anklage versuchte, ihr Netz so gut es ging zu knüpfen, aber der Handabdruck mit dem Ring war im Grunde genommen der einzige handfeste Beweis, den sie vorweisen konnte. Die Tatsache, daß der Staat Colorado überhaupt beschlossen hatte, Annie unter Anklage zu stellen, wenngleich die Chance einer Verurteilung aufgrund der Indizien praktisch gleich Null war, erfüllte Paul mit einer Vermutung und einer Gewißheit. Die Vermutung war, daß Annie während ihrer ersten Vernehmung Aussagen gemacht hatte, die extrem deutlich, vielleicht sogar belastend gewesen waren; ihrem Verteidiger war es gelungen, die Protokolle dieses Verhörs aus der Hauptverhandlung herauszuhalten. Die Gewißheit war, daß Annies Entscheidung, bei dem vorhergehenden Verhör für sich selbst auszusagen, außerordentlich unklug gewesen war. *Diese* Aussage nämlich hatte der Verteidiger nicht unterdrücken können (wenngleich er sich bei dem Versuch beinahe entzweigerissen hätte), und obschon Annie in den drei Tagen im August, die sie ›oben in Denver im Zeugenstand‹ verbracht hatte, kein

Wort gestanden hatte, hatte sie seiner Meinung nach eigentlich alles zugegeben.

Auszüge aus den Protokollen, die sie in ihr Buch eingeklebt hatte, enthielten ein paar echte Juwelen:

Ob sie mich traurig stimmten? Selbstverständlich stimmten sie mich traurig, wenn man bedenkt, in was für einer Welt wir leben.

Ich habe nichts, dessen ich mich schämen müßte. Ich schäme mich niemals. Was ich tue, das ist endgültig. Ich blicke niemals auf so etwas zurück.

Ob ich die Beerdigung von einem von ihnen besucht habe? Selbstverständlich nicht. Ich finde Beerdigungen düster und deprimierend. Außerdem glaube ich nicht, daß Babys eine Seele haben.

Nein, ich weine niemals.

Ob es mir leid tat? Ich finde, das ist eine philosophische Frage, nicht?

Selbstverständlich verstehe ich die Frage. Ich verstehe *alle* Ihre Fragen. Ich weiß, daß Sie alle es auf mich abgesehen haben.

Wenn sie bei der Hauptverhandlung darauf bestanden hätte, für sich selbst auszusagen, dann hätte ihr Verteidiger sie wahrscheinlich erschossen, um sie zum Schweigen zu bringen.

Der Fall kam am 13. Dezember 1982 vor die Geschworenen. Er sah ein erstaunliches Foto aus den *Rocky Mountain News*, ein Foto von Annie, die ruhig in der Untersuchungszelle saß und *Miserys Suche* las. IM ELEND? lautete die Bildunterschrift. NICHT DIE DRACHENLADY. *Annie liest gelassen, während sie auf das Urteil wartet.*

Und dann, am 16. Dezember, die riesigen Schlagzeilen: DRACHENLADY UNSCHULDIG. In dem Artikel wurde einer der Geschworenen, der anonym bleiben wollte, zitiert: »Ich habe große Zweifel, was ihre Unschuld anbelangt, ja. Unglücklicherweise habe ich auch Zweifel, was ihre Schuld betrifft. Ich hoffe, sie wird wegen eines der anderen Fälle nochmals angeklagt. Vielleicht gelingt es der Anklage dann, den Fall etwas sattelfester vorzubereiten.«

Alle wußten, daß sie es getan hat, aber niemand konnte es beweisen. Und so ist sie ihnen zwischen den Finger durchgeschlüpft.

Auf den folgenden drei oder vier Seiten wurde der Fall weiter behandelt. Der Staatsanwalt sagte, Annie würde *ganz sicher* in einem der anderen Fälle angeklagt werden. Drei Wochen später sagte er, das habe er nie gesagt. Anfang Februar 1983 gab das Büro des Staatsanwalts eine Presseerklärung ab, wonach der Fall der Kindermorde im Boulder Hospital weiter verfolgt würde, der Fall gegen Annie Wilkes jedoch abgeschlossen war.

Durch die Finger geschlüpft.

Ihr Mann sagte weder für die eine noch für die andere Seite aus. Ich frage mich, was der Grund dafür war?

Das Buch hatte noch mehr Seiten, aber er erkannte anhand der Tatsache, wie dicht sie aufeinander lagen, daß er beinahe am Ende angekommen war. Annies Geschichte bisher. Gott sei Dank.

Die nächste Seite war aus der *Sidewinder Gazette* vom 19. November 1984. Besucher hatten die verstümmelte und teilweise zerstückelte Leiche eines jungen Mannes im Ostteil des Grider Wildlife Reservats gefunden. In der Zeitung der folgenden Woche wurde er als Andrew Pomeroy identifiziert, dreiundzwanzig Jahre alt, aus Cold Stream Harbor, New York. Pomeroy war im September des Vorjahres von New York nach L. A. aufgebrochen. Am fünfzehnten Oktober hatten seine Eltern von dem als Anhalter Reisenden zum letzten Mal gehört. Er führte ein R-Gespräch aus Julesburg mit ihnen. Die Leiche war in einem ausgetrockneten Bachbett gefunden worden. Die Polizei vermutete, daß der Junge möglicherweise am Highway 9 ermordet und während des Tauwetters im Frühling in das Naturschutzgebiet gespült worden war. Der Gerichtsmediziner sagte, die Verstümmelungen seien ihm mit einer Axt zugefügt worden.

Paul überlegte, alles andere als müßig, wie weit das Grider-Wildlife-Reservat von hier entfernt war.

Er blätterte die Seite um und sah den letzten Ausschnitt – jedenfalls bisher –, und plötzlich stand sein Herz still. Es war, als wäre er, nachdem er grimmig durch den fast unerträglichen Nekrolog der vorhergehenden Seiten gewatet war, nun endlich auf seine *eigene* Todesanzeige gestoßen. Nicht ganz, aber...

»Aber nahe genug für den ersten Versuch«, sagte er mit leiser, heiserer Stimme.

Es war aus *Newsweek*. Zwischen der Scheidung einer Fernsehschauspielerin und dem Tod eines Stahlmagnaten aus dem Mittelwesten fand er folgende Meldung:

VERMISST GEMELDET: *Paul Sheldon*, 42, Romancier, am besten bekannt durch seine Serie von Abenteuerromanen über die sexy, hitzköpfige, nicht kleinzukriegende Misery Chastain; von seinem Agenten Bryce Bell. »Ich glaube, es geht ihm gut«, sagte Bell, »aber ich wünschte, er würde sich bei mir melden und mir so meine Sorgen nehmen. Und seine geschiedenen Frauen wünschten, er würde sich bei ihnen melden und ihnen vor allem ihre finanziellen Sorgen nehmen.« Sheldon wurde zuletzt vor sieben Wochen in Boulder, Colorado, gesehen, wohin er gefahren war, um einen neuen Roman zu vollenden.

Der Ausschnitt war zwei Wochen alt.

Vermißt gemeldet, das ist alles. Nur vermißt gemeldet. Ich bin nicht tot; das hört sich nicht an, als wäre ich tot.

Aber es *war*, als wäre er tot, und plötzlich brauchte er seine Medizin, weil es nicht nur seine Beine waren, die schmerzten. *Alles* schmerzte. Er legte das Buch sorgfältig wieder an seinen Platz zurück und rollte zum Gästezimmer.

Draußen wehte der Wind heftiger, als er es bisher getan hatte, er klatschte kalten Regen gegen das Haus, und Paul zuckte davor zurück. Er wimmerte und hatte Angst, und er versuchte mit aller Verzweiflung, sich zusammenzunehmen und nicht in Tränen auszubrechen.

19

Eine Stunde später, als er mit Drogen vollgepumpt und kurz vor dem Einschlafen war, war das Heulen des tobenden Windes beruhigend und nicht mehr furchteinflößend, und er dachte: *Ich werde nicht entkommen. Unmöglich. Wie sagt Thomas Hardy in* Jude the Obscure: *»Jemand hätte vorbeikommen und das Entsetzen des Jungen lindern können, aber niemand tat es ... weil es nie jemand tut.« Ganz recht. Korrekt. Dein Schiff wird nicht einlaufen, weil es für niemanden Boote gibt. Der Lone Ranger ist zu sehr damit beschäftigt, Frühstücksflockenreklame zu machen, und Superman dreht Filme in Tinsel Town. Du bist ganz allein, Paulie. Schonungslos, ganz allein. Aber vielleicht macht das gar nichts. Denn vielleicht weißt du ja schon, wie die Antwortet lautet, nicht?*

Ja, selbstverständlich wußte er es.

Es bedeutete, um aus dieser Lage herauszukommen, mußte er sie umbringen.

Ja. Das ist die Antwort – die einzige, die es gibt, glaube ich. Es ist letztendlich wieder das alte Spiel, nicht? Paulie ... Kannst du?

Er antwortete, ohne zu zögern: *Ja, ich kann.*

Er schloß die Augen. Er schlief ein.

20

Der Sturm dauerte den ganzen nächsten Tag an. In der darauffolgenden Nacht riß die Wolkendecke auf und wurde weggeweht. Gleichzeitig sackte die Temperatur von fünfzehn auf minus vier Grad ab. Die Welt draußen gefror. Als er an diesem frostklirrenden Morgen seines zweiten Tages allein am Fenster saß, konnte Paul im Stall Misery, das Schwein, quieken und eine der Kühe muhen hören.

Er hörte die Tiere oft; sie waren ebenso Bestandteil der allgemeinen Geräuschkulisse wie die Uhr im Wohnzimmer – aber er hatte das Schwein noch niemals so quieken hören. Er glaubte, er hätte einmal die Kuh so brüllen gehört, aber das war ein böser Laut gewesen, den er in einem bösen Traum nur am Rande gehört hatte, weil er mit seinen eigenen Schmerzen beschäftigt gewesen war. Das war, als Annie zum ersten Mal weggegangen war und ihm keine Tabletten dagelassen hatte. Er war in Boston zur Welt gekommen und hatte fast sein ganzes Leben in New York City verbracht, aber er glaubte zu wissen, was dieses leidvolle Muhen zu bedeuten hatte. Eine der Kühe mußte gemolken werden. Die andere offensichtlich nicht, vielleicht weil Annies unregelmäßige Melkgewohnheiten sie bereits austrocknen ließen.

Und das Schwein?

Hungrig. Das war alles. Und das war genug.

Heute würden sie keine Erleichterung bekommen. Er bezweifelte, daß Annie den Rückweg bewerkstelligen würde, selbst wenn sie wollte. Dieser Teil der Welt hatte sich in eine große Rutschbahn verwandelt. Es überraschte ihn ein wenig, wieviel Mitgefühl er für die Tiere empfand und wieviel Haß auf Annie, die sie in ihrem achtlosen und arroganten Egoismus zu diesem Leiden in ihren Ställen verurteilt hatte.

Wenn deine Tiere sprechen könnten, Annie, dann würden sie dir sagen, wer hier der WAHRE Schmutzfink ist.

Er selbst fühlte sich in diesen Tagen recht behaglich. Er aß aus Dosen, trank Wasser aus dem neuen Krug, nahm regelmäßig seine Medizin und machte jeden Nachmittag ein Schläfchen. Die Geschichte von Misery und ihrer Amnesie und ihrer bisher unbekannten (und ganz besonders verkommenen) Blutsverwandten machte gute Fortschritte und strebte unaufhaltsam nach Afrika, wo der zweite Teil des Romans spielen sollte. Die Ironie war: Diese Frau hatte ihn gezwungen, den Roman zu schreiben, der das bislang allerbeste der *Misery*-Bücher war. Ian und Geoffrey befanden sich in Southampton und machten einen Schoner namens *Lorelei* zum Ausladen fertig. Auf dem dunklen Erdteil würde Misery, die in den unmöglichsten Augenblicken in kataleptische Trancen verfiel (und die selbstverständlich sterben würde, sollte sie jemals in ihrem Leben noch einmal von einer Biene gestochen werden), entweder getötet oder geheilt werden. Denn hundertfünfzig Meilen landeinwärts von Lawston, einer britisch-holländischen Siedlung am nördlichsten Punkt der zerklüfteten Küste der Berberei, lebten die Bourkas, unbestreitbar die gefährlichsten Eingeborenen Afrikas. Die Bourkas wurden manchmal als die Bienenmenschen bezeichnet. Wenige Weiße, die sich auf das Gebiet der Bourkas vorwagten, waren jemals zurückgekehrt, aber diejenigen, die zurückkehrten, brachten Geschichten von einem Frauenantlitz mit, welches aus einem hohen, verfallenden Plateau herausragte, einem gnadenlosen Gesicht mit offenem Mund und einem riesigen Rubin in der Felsenstirn. Es gab eine weitere Geschichte – sicher nur ein Gerücht, aber seltsam beständig –, daß in den Höhlen hinter der Stirn der Göttin, in der sich der Rubin befand, ein Stamm riesiger Albinobienen hauste, die ihre Königin schützend umwuselten, eine gallertartige Monstrosität von grenzenloser Giftigkeit... und grenzenlosem Zauber.

Am Tage lenkte er sich mit dieser herrlichen Albernheit ab. Am Abend saß er schweigend am Fenster, hörte zu, wie das Schwein quiekte und dachte darüber nach, wie er die Drachenlady umbringen würde.

Im wirklichen Leben Kannst du? zu spielen, war ganz anders als es in einem Kreis von Kindern oder als Erwachsener vor einer Schreibmaschine zu tun, stellte er fest. Wenn es sich nur um ein Spiel handelte (und selbst wenn sie einem Geld dafür gaben, so war und blieb es doch ein Spiel), konnte man sich einige recht ausgefallene Sachen ausdenken und sie plausibel machen – die Verbindung zwischen Misery Chastain und Miß Charlotte Evelyn-Hyde, zum Beispiel (sie hatten sich als Halbschwestern entpuppt, Misery würde später ihren Vater in Afrika bei den Bourkas, den Bienenmenschen, finden). Im wirklichen Leben jedoch hatte das Geheimnisvolle die Neigung, seinen Zauber zu verlieren.

Nicht daß Paul es nicht versucht hätte. Im Bad befanden sich die Tabletten – es gab doch sicher einen Weg, wie er sie mit ihrer Hilfe unschädlich machen konnte, nicht? Oder zumindest so lange hilflos, bis er etwas tun konnte? Nur das Novril, zum Beispiel. Genügend davon, und er würde sie gar nicht mehr aus dem Weg schaffen müssen. Sie würde von ganz alleine fortschweben.

Das ist eine ausgezeichnete Idee, Paul. Ich sage dir, was du tun mußt.

Du nimmst eine Menge dieser Kapseln und steckst sie in einer ihrer Eisportionen. Sie wird sie für Pistazien halten und arglos mampfen.

Nein, *das* würde selbstverständlich nicht funktionieren. Er konnte sie auch nicht öffnen und das Pulver in ein aufgetautes Eis mischen. Er hatte es gekostet, und das pure Novril war gallenbitter. Sie würde den Geschmack sofort in dem süßen Aroma des Eises erkennen... *Und dann wehe dir, Paulie. Wehe dir.*

In einer Geschichte wäre es ein hervorragender Einfall gewesen. Im wirklichen Leben jedoch klappte es einfach nicht. Er war nicht sicher, ob er das Risiko eingegangen wäre, selbst wenn das weiße Pulver in den Kapseln vollkommen geschmacksneutral gewesen wäre. Es war nicht sicher genug, es war nicht gründlich genug. Dies war kein Spiel, dies war das Leben.

Andere Einfälle gingen ihm durch den Kopf und wurden fast ebenso schnell wieder verworfen. Einer davon war, etwas über der Tür zu befestigen (die Schreibmaschine fiel ihm sofort ein), das herunterfallen und sie töten oder bewußtlos schlagen würde, wenn sie hereinkam. Aber das Problem war dasselbe wie beim alten Novril-im-Eis-Trick: es war nicht sicher genug. Er stellte fest, daß es ihm buchstäblich unmöglich war, sich vorzustellen, was mit ihm passieren würde, wenn er versuchte, sie zu ermorden, und dabei scheiterte.

Als sich die zweite Nacht herabsenkte, quiekte Misery unablässig weiter – das Schwein hörte sich an wie eine Gartentür mit rostigen Angeln, die vom Wind hin und her bewegt wurde –, aber Bossie Nr. 1 verstummte unvermittelt. Paul fragte sich unbehaglich, ob vielleicht das Euter des armen Tiers geplatzt war und zum Tod durch Auslaufen geführt hatte. Einen Augenblick versuchte seine Fantasie,

(so lebhaft!)

ihm das Bild einer Kuh zu zeigen, die tot inmitten einer Lache von Milch und Blut lag, aber er verdrängte dieses Bild rasch wieder. Er ermahnte sich, nicht so eine Zimperliese zu sein – auf diese Weise starben Kühe nicht. Aber der Stimme, die ihm das sagte, fehlte die Überzeugung. Er hatte keine Ahnung, ob sie so starben oder nicht. Zudem war nicht die *Kuh* sein Problem, oder?

Alle deine ausgeflippten Einfälle laufen letztendlich auf eines hinaus –

du möchtest sie per Fernsteuerung töten, du möchtest nicht, daß ihr Blut
an deinen Händen klebt. Du bist wie ein Mann, der nichts lieber mag als
ein saftiges Steak, der es aber keine Stunde in einem Schlachthof aushalten
würde. Aber hör genau zu und merk dir eines, Paulie: An diesem Punkt
deines Lebens mußt du der Wirklichkeit ins Antlitz sehen. Nichts Ausge-
flipptes. Keine Mätzchen. Richtig?

Richtig.

Er rollte in die Küche und öffnete die Schubladen, bis er die Messer
fand. Er entschied sich für das größte Fleischmesser und fuhr in sein Zim-
mer zurück, wo er sich bemühte, die Spuren der Radnaben zu entfernen.
Die Beweise seines Hinausschlüpfens ließen sich aber kaum noch verber-
gen.

Macht nichts. Wenn sie sie noch einmal übersieht, wird sie sie nie mehr
zu sehen bekommen.

Er legte das Messer auf den Nachttisch, zog sich auf das Bett
und schob es dann unter die Matratze. Wenn Annie zurückkam,
würde er sie um ein schönes Glas kaltes Wasser bitten, und wenn
sie sich über ihn beugte, um es ihm zu geben, würde er ihr das
Messer in die Kehle stoßen.

Nichts Ausgeflipptes.

Paul schloß die Augen und schlief ein, und als der Cherokee um
vier Uhr in der Früh mit ausgeschalteten Scheinwerfern und ausgeschalteten Motor die Einfahrt heruntergerollt kam, wachte er
nicht auf. Bevor er den Stich der Injektionsspritze am Oberarm
spürte und erwachte und ihr Gesicht über ihm sah, hatte er nicht
die geringste Ahnung, daß sie wieder da war.

21

Zuerst glaubte er, er würde von seinem eigenen Buch träumen,
daß das Dunkel das Traum-Dunkel der Höhlen hinter dem riesigen Steinbildnis der Bienengöttin der Bourkas war, und der Stachel der einer Biene.

»Paul?«

Er murmelte etwas, das keinen Sinn hatte – etwas, das nur bedeutete: Verschwinde von hier, Traumstimme, verzieh dich.

»*Paul.*«

Das war keine Traumstimme; es war Annies Stimme.

Er sah einen hellen Funken der Panik und zwang sich, die Augen zu öffnen. Ja, sie war es, und einen Augenblick wurde die Panik noch stärker. Dann floß sie einfach ab, wie Flüssigkeit in einen teilweise verstopften Ausguß.

Was, zum Teufel...?

Er war vollkommen desorientiert. Sie stand da im Schatten, als wäre sie nie weg gewesen, mit einem ihrer Hollywood-Röcke und einem ausgeleierten Pullover; er sah die Nadel in ihrer Hand und begriff, daß es kein Stich gewesen war, sondern eine Injektion. Scheiß drauf – in gewisser Hinsicht war das dasselbe. Die Göttin hatte ihn erwischt. Aber was hatte sie...?

Die grelle Panik drohte wiederzukehren, und wieder geriet sie auf ein totes Gleis. Er empfand nicht mehr als eine akademische Überraschung. Das, sowie eine gewisse intellektuelle Neugier, woher sie gekommen war, und warum ausgerechnet jetzt. Er versuchte, die Hände zu heben, und sie hoben sich auch ein wenig... aber *nur* ein wenig. Sie fühlten sich an, als würden unsichtbare Gewichte daran hängen. Sie fielen mit dumpfen Lauten wieder auf das Laken zurück.

Einerlei, was sie mir gegeben hat. Es ist das, was man auf die letzte Seite eines Buches schreibt. Es ist das ENDE.

Der Gedanke erfüllte ihn nicht mit Furcht. Statt dessen brachte er eine Art gelassener Euphorie.

Wenigstens hat sie versucht, es schmerzlos zu machen... es...

»Ah, *da* sind wir!« sagte Annie und fügte mit einer linkischen Koketterie hinzu: »Ich *sehe* Sie, Paul... diese blauen Augen. Habe ich Ihnen jemals gesagt, was für wunderschöne blaue Augen Sie haben? Aber ich nehme an, das haben andere Frauen getan – Frauen, die viel hübscher waren als ich, und viel tollkühner mit ihren Gefühlen.«

Ist zurückgekommen. Ist in der Nacht zurückgekommen und hat mich getötet, Spritze oder Bienenstich, einerlei, und soviel zum Messer unter dem Bett. Jetzt bin ich nichts weiter als eine weitere Leiche auf Annies be-

merkenswerter Leichenliste. Und dann, als die lähmende Euphorie der Spritze anfing, sich auszubreiten, dachte er beinahe belustigt: *Oder eine weitere Kerbe an ihrem Gürtel. Ich habe mich als schlechte Scheherezade erwiesen.*

Er dachte, in einem Augenblick würde der Schlaf zurückkommen – ein endgültiger Schlaf –, aber dem war nicht so. Er sah, wie sie die Spritze in die Rocktasche schob, dann nahm sie auf der Bettkante Platz ... aber nicht dort, wo sie normalerweise saß; sie setzte sich ans Fußende, und einen Augenblick sah er nur ihren soliden Rücken, als sie sich hinabbeugte, als wollte sie etwas nachsehen. Er hörte ein hölzernes Pochen, ein metallisches Pochen, dann ein rasselndes Geräusch, das er schon einmal gehört hatte. Nach einem Augenblick konnte er es einordnen. *Sie weiß, daß sie nur ihre Pflicht tut, so wie ich meine tue ... Nehmen Sie die Streichhölzer, Paul.*

Diamond Blue Tips. Er wußte nicht, was sie sonst am Fußende des Betts gemacht haben konnte, aber eines der Dinge, die sie hereingebracht und neben das Bett gelegt hatte, als er noch schlief: eine Packung Diamond Blue Tips Streichhölzer.

Annie wandte sich zu ihm und lächelte wieder. Was auch immer sonst geschehen sein mochte, ihre apokalyptische Depression war verschwunden. Sie strich mit einer mädchenhaften Geste eine widerspenstige Locke hinter das Ohr. Das trübe, schmutzige Halbschimmern der Locke sah seltsam aus.

Das trübe schmutzige Halbschimmern o Mann o Mann daran mußt du dich erinnern das ist nicht halbschlecht o Mann jetzt bin ich stoned, meine ganze Vergangenheit war ein Prolog für diese Scheiße hey Baby dies hier ist die Hauptlinie o Scheiße ich habe verschissen aber dies ist das kristallene Top-Ende Scheiße das rollt auf einer meilenhohen Welle mit 'nem verschissenen Rolls hinaus dies ...

»Was wollen Sie zuerst hören, Paul?« fragte sie. »Die guten oder die schlechten Neuigkeiten?«

»Gute Neuigkeiten zuerst.« Er brachte ein breites albernes Grinsen zustande. »Ich könnte mir denken, die schlechten Neuigkeiten sind, daß dies das ENDE ist, hm? Schätze, das Buch hat Ihnen nicht so gut gefallen, hm? Zu schade ... ich habe es versucht. Es hat sogar funktioniert. Ich habe gerade angefangen darin ... Sie wissen schon ... darin aufzugehen.«

Sie sah ihn mißbilligend an. »Ich *liebe* das Buch, Paul. Das habe ich Ihnen gesagt, und ich lüge niemals. Es gefällt mir so sehr, daß ich erst weiterlesen möchte, wenn es fertig ist. Es tut mir leid, daß Sie die N selbst einsetzen müssen, aber das wäre wie Spicken.«

Sein breites albernes Grinsen wurde noch breiter; er dachte, gleich würden sich die Mundwinkel hinten im Nacken treffen, dort eine Schleife binden, und der obere Teil seiner armen geplagten Birne würde einfach herunterkippen. Vielleicht würde er in der Bettpfanne neben dem Bett landen. In einem tiefen, verborgenen Teil seines Verstandes, in den die Droge noch nicht vorgedrungen war, ertönten Alarmglocken. Sie liebte das Buch, das bedeutete, sie hatte nicht vor, ihn umzubringen. Was auch immer sie vorhatte, sie wollte ihn nicht umbringen. Wenn seine Einschätzung von Annie Wilkes nicht völlig falsch war, dann bedeutete das, sie hatte etwas ungleich Schlimmeres in petto.

Jetzt sah das Licht im Zimmer nicht mehr trübe aus; es sah wundersam rein aus, wunderbar erfüllt von seinem grauen Charme; er konnte sich halb erblickte Schädel in gewehrmentalem Nebel, die in einbeiniger Stille am Ufer von Seen im Hochland standen, in diesem Licht vorstellen, konnte sich die Glimmerstückchen in Felsen, die auf Hochlandwiesen aus dem Frühlingsgras herausragten und mit dem struppigen Schein von glasiertem Fensterglas schimmerten, in diesem Licht vorstellen, konnte sich Elfen, die ihr emsiges Selbst abschälten, um in Reihen unter den taugetränkten Blättern des frühen Efeus zu arbeiten, in diesem Licht vorstellen...

O MANN bist du stoned, dachte Paul und kicherte leise.

Annie lächelte ihn als Antwort an. »Die *gute* Neuigkeit ist«, sagte sie, »daß Ihr Auto verschwunden ist. Ich habe mir wegen Ihres Autos Sorgen gemacht, Paul. Ich wußte, es würde eines Sturms wie dieses bedürfen, um es loszuwerden, und vielleicht hätte nicht einmal das ausgereicht. Die Schneeschmelze im Frühling hat diesen Schmutzfink Pomeroy fortgeschafft, aber ein Auto ist viel schwerer als ein Mensch, nicht? Sogar schwerer als ein Mensch, der so voll Utschibutschi war wie er. Aber der Sturm und die Schneeschmelze zusammen haben es geschafft. Ihr Auto ist weg. Das war die *gute* Neuigkeit.«

»Was...« Weitere leise Alarmglocken. Pomeroy... er kannte diesen Namen, aber er wußte nicht genau, *wie* er ihn kannte. Dann fiel es ihm ein. Pomeroy. Der verstorbene große Pomeroy, dreiundzwanzig, aus Cold Stream Harbor, New York. Aufgefunden im Grider-Wildlife-Reservat, wo immer *das* sein mochte.

»Aber, Paul«, sagte sie mit dieser formellen Stimme, die er so gut kannte. »Es hat keinen Zweck, sich zu verstellen. Ich weiß, Sie wissen, wer Andy Pomeroy war, denn ich weiß, daß Sie in meinem Buch gelesen haben. Ich vermute, irgendwie habe ich gehofft, daß Sie es lesen würden, denn sonst hätte ich es nicht offen liegenlassen. Aber ich versicherte mich – ich versichere mich immer. Und richtig – die Fäden waren zerrissen.«

»Die Fäden«, sagte er leise.

»O ja. Ich habe einmal von einer Methode gelesen, wie man feststellen kann, ob jemand in Schubladen herumgeschnüffelt hat. Man klebt über jede einen sehr feinen Faden, und wenn man zurückkommt und ein Faden ist abgerissen, dann weiß man Bescheid, nicht? Sie sehen, wie einfach das ist.«

»Ja, Annie.« Er hörte ihr zu, aber viel lieber wäre er über die unvergleichliche Beschaffenheit dieses Lichts ausgeflippt.

Wieder beugte sie sich nach unten, um das zu prüfen, was sie mitgebracht hatte; wieder hörte er das leise, dumpfe *Klonk/Klonk*, Holz auf einem Metallgegenstand, dann drehte sie sich wieder zu ihm um und strich sich abwesend das Haar aus dem Gesicht.

»Das habe ich mit dem Buch gemacht – aber ich habe keine Fäden verwendet, wissen Sie; ich benützte Haare von meinem Kopf. Ich spannte sie an drei verschiedene Stellen über die Seiten des Buches, und als ich heute morgen hereinkam – ganz heimlich, still und leise, wie ein kleines Mäuselchen, damit ich Sie nicht aufwecken würde –, waren alle Haare zerrissen, und daher *wußte* ich, daß Sie mein Buch gelesen haben.« Sie verstummte und lächelte. Für Annie war es ein sehr einnehmendes Lächeln, dennoch hatte es einen unangenehmen Beigeschmack, über den er sich nicht ganz im klaren war. »Nicht daß es mich überrascht hätte. Ich *wußte*, daß Sie Ihr Zimmer verlassen hatten. *Das* ist die schlechte Neuigkeit. Ich weiß es schon sehr, *sehr* lange, Paul.«

Er vermutete, daß er sich wütend und bestürzt fühlen sollte. Sie hatte es gewußt. Fast von Anfang an, wie es schien... aber er konnte nur diese verträumte, schwebende Euphorie empfinden, und was sie sagte, schien nicht halb so wichtig zu sein wie die strahlende Beschaffenheit des erstrahlenden Lichts, während der Tag über dem Anbruch verharrte.

»Aber«, sagte sie mit dem Gebaren von jemand, der wieder aufs Geschäftliche zu sprechen kommt, »wir sprachen von Ihrem Auto, Paul. Ich habe die Reifen studiert, Paul, und oben, an meinem Platz in den Bergen, bewahre ich ein Set 10X-Schneeketten auf. Gestern nachmittag ging es mir viel besser – ich verbrachte die meiste Zeit dort oben auf den Knien, im Gebet, und die Erleuchtung kam, wie so oft, und sie war sehr einfach, wie so oft. Was man dem Herrn im Gebet darbringt, Paul, das macht er tausendfach wieder gut. Daher legte ich die Schneeketten an und fuhr hier herunter. Es war nicht leicht, und ich weiß, ich hätte trotz der Ketten und Spikes einen Unfall haben können, ich wußte auch, daß es so etwas wie einen ›leichten Unfall‹ selten gibt, wenn man diese kurvenreichen Bergstraßen befährt. Aber ich war guten Mutes, denn ich fühlte mich wohlbehalten in der Hand des Herrn.«

»Das ist sehr erhebend, Annie«, krächzte Paul.

Sie betrachtete ihn mit einem Blick, der vorübergehend verblüfft und verkniffen argwöhnisch war... dann entspannte sie sich und lächelte. »Ich habe ein Geschenk für Sie, Paul«, sagte sie zärtlich, und bevor er sie fragen konnte, was es war – er war nicht sicher, ob er *überhaupt* ein Geschenk von Annie wollte –, fuhr sie fort: »Die Straßen waren schrecklich vereist. Ich wäre zweimal fast von der Fahrbahn abgekommen... Beim zweiten Mal drehte sich Old Bessie im Kreis und rutschte dabei ununterbrochen bergab!« Annie lachte fröhlich. »Dann blieb ich in einer Schneeverwehung stecken – das war gegen Mitternacht –, aber das Streukommando der Straßenbehörde von Eustice kam vorbei und half mir heraus.«

»Es lebe die Straßenbehörde von Eustice«, sagte Paul, aber die Worte waren schrecklich genuschelt und klangen mehr wie *Esss-lebbe Schtrassennempörtennnstice*.

»Dann die letzten zwei Meilen vom County Highway, das war die letzte schwere Strecke. Der County Highway ist Route 9, wissen Sie. Die Straße, wo Sie fuhren, als Sie Ihren Unfall hatten. Dort hatten sie bis zum Geht-nicht-mehr gestreut. Ich hielt an, wo Sie über die Böschung sind, und suchte nach Ihrem Auto. Ich wußte, was ich hätte tun müssen, wenn ich es gesehen hätte. Denn man würde Fragen stellen, und ich wäre die erste, der solche Fragen gestellt würden – aus Gründen, die Ihnen wahrscheinlich bekannt sind.«

Ich bin dir weit voraus, Annie, dachte er. *Dieses ganze Szenario habe ich schon vor drei Wochen durchgespielt.*

»Einer der Gründe, warum ich Sie hierher gebracht habe, war der, daß es mehr als ein Zufall zu sein schien... es schien die Hand der Vorsehung zu sein.«

»Was schien die Hand der Vorsehung zu sein, Annie?« brachte er hervor.

»Ihr Auto befand sich fast an derselben Stelle, wo ich mir diesen Fink Pomeroy vom Hals schaffte. Der behauptete, er wäre Künstler.« Sie winkte verächtlich mit der Hand, bewegte die Beine, und wieder konnte er Holz hören, als einer ihrer Füße an das stieß, was sie dort auf dem Boden liegen hatte.

»Ich las ihn auf, als ich vom Estes-Park zurückfuhr. Ich war dort bei einer Keramikausstellung. Ich mag kleine Keramikfiguren.«

»Ist mir aufgefallen«, sagte Paul. Seine Stimme schien aus lichtjahreweiter Entfernung zu kommen. *Kapitän Kirk! Hier kommt eine Stimme über den Subäther herein,* dachte er und kicherte dumpf. Dieser Teil tief in seinem Inneren – der Teil, den die Droge nicht erreichen konnte –, versuchte ihn zu warnen, er solle den Mund halten, nur den Mund halten, aber was hatte das für einen Sinn? Sie wußte es. *Selbstverständlich weiß sie es – die Bienengöttin der Bourkas weiß alles.* »Besonders hat mir der Pinguin auf dem Eisblock gefallen.«

»Danke, Paul/.. er ist niedlich, nicht?

Pomeroy reiste per Anhalter. Er hatte einen Rucksack auf dem Rücken. Er sagte, er sei Künstler, aber später fand ich heraus, daß er nichts weiter als ein Hippie-Haschteufel und Schmutzfink war, der in den zurückliegenden Monaten in einem Restaurant im Estes-Park Geschirr gespült hatte. Als ich ihm sagte, ich hätte ein Haus in Sidewinder, sagte er, das sei ein echter Zufall. Er sagte, *er* wollte nach Sidewinder. Er sagte, er hätte einen Auftrag von einer

New Yorker Illustrierten bekommen. Er wollte zum alten Hotel und die Ruinen zeichnen. Seine Bilder sollten einen Artikel unterstreichen, den sie bringen wollten. Es handelte sich um ein berühmtes altes Hotel namens Overlook. Es ist vor zehn Jahren abgebrannt. Der Hausmeister hat es niedergebrannt. Er war verrückt. Jeder in der Stadt hat das gesagt. Aber das ist einerlei, er ist tot.

Ich ließ Pomeroy bei mir wohnen.

Er war mein Liebhaber.«

Sie sah ihn an, ihre schwarzen Augen brannten in dem soliden und dennoch irgendwie teigigen weißen Gesicht, und Paul dachte: *Wenn Andrew Pomeroy bei dir einen hochgekriegt hat, Annie, dann muß er ebenso verrückt gewesen sein wie der Hausmeister, der das Hotel niedergebrannt hat.*

»Dann fand ich heraus, daß er gar keinen Auftrag hatte, Bilder von dem Hotel zu malen. Er zeichnete auf sich gestellt und hoffte, daß er sie verkaufen würde. Er war nicht einmal sicher, ob das Magazin einen Artikel über das Overlook bringen würde. *Das* fand ich ziemlich schnell heraus. Danach sah ich mir sein Skizzenbuch an. Ich dachte, ich hätte das Recht dazu. Immerhin aß er mein Essen und schlief in meinem Bett. In dem ganzen Buch waren nur acht oder neun Bilder, und die waren *gräßlich*.«

Sie verzog das Gesicht; einen Augenblick sah sie aus wie damals, als sie nachgeahmt hatte, wie das Schwein grunzte.

»*Ich* hätte bessere Bilder malen können! Er kam herein, als ich sie mir ansah, und er wurde wütend. Er sagte, ich würde schnüffeln. Ich sagte, ich würde es kaum als Schnüffeln bezeichnen, mir in meinem eigenen Haus Sachen anzusehen. Ich sagte, wenn er ein Künstler war, dann wäre ich Madame Curie. Er fing an zu lachen. Er lachte mich aus. Und so habe ich... ich...«

»Sie haben ihn umgebracht«, sagte Paul. Seine Stimme klang dumpf und sehr, sehr alt.

Sie lächelte unbehaglich zur Wand. »Nun, ich denke, es war so ähnlich. Ich kann mich nicht besonders gut erinnern. Nur daran, wie er tot war. Daran kann ich mich erinnern. Ich weiß auch, daß ich ihn gebadet habe.«

Er sah sie an und verspürte ein übles, gallertartiges Entsetzen.

Er sah das Bild vor sich – Pomeroys nackter Körper, der wie ein Stück roher Teig in der Wanne schwebte, den Kopf gegen das Emaille zurückgeneigt, die offenen Augen starrten blicklos zur Decke...

»Ich *mußte* es tun«, sagte sie und zog die Lippen ein wenig von den Zähnen zurück. »Sie wissen wahrscheinlich gar nicht, was die Polizei alles mit nur einem Stück Faden oder Schmutz unter einem Fingernagel oder auch nur Staub im Haar einer Leiche alles anfangen kann! Sie wissen es nicht, aber ich habe mein ganzes Leben lang in Krankenhäusern gearbeitet, und ich *weiß* es. Ich *weiß* es! Ich weiß alles über *Ge-RICHTS-medizin!*«

Sie arbeitete sich allmählich in einen ihrer patentierten Annie-Wilkes-Wutanfälle hinein, und er wußte, er sollte versuchen, etwas zu sagen, das sie wenigstens vorübergehend abregen würde, aber sein Mund schien taub und nutzlos zu sein.

»Sie haben es alle auf mich abgesehen, alle! Glauben Sie, sie hätten zugehört, wenn ich ihnen gesagt hätte, wie es war? Glauben Sie? Glauben Sie? Oh, nein! Wahrscheinlich hätten sie etwas Verrücktes gesagt, ich hätte einen Annäherungsversuch gemacht, er hat mich ausgelacht, da habe ich ihn umgebracht! Wahrscheinlich würden sie so etwas gesagt haben!«

Und weißt du was, Annie? Weißt du was? Ich denke, das könnte der Wahrheit ein kleines bißchen näherkommen.

»Die Schmutzfinken hier in der Gegend würden *alles* sagen, um mir Ärger zu machen oder meinen Namen in den Schmutz zu ziehen.«

Sie verstummte, sie keuchte noch nicht ganz, atmete aber schwer und sah ihn herausfordernd an, als wollte sie ihn auffordern, es nur zu wagen, ihr etwas anderes zu erzählen. *Wage es nur!*

Dann schien sie sich irgendwie wieder zu beherrschen, und sie fuhr mit ruhigerer Stimme fort.

»Ich wusch... nun, das, was von ihm übrig war, und seine Kleidung. Ich wußte, was ich tun mußte. Draußen schneite es, der erste richtige Schneefall des Jahres, und sie sagten, bis zum nächsten Morgen würden dreißig Zentimeter fallen. Ich tat seine Kleidung in einen Plastikbeutel, wickelte ihn in ein Leintuch und brachte nach Einbruch der Dunkelheit alles zu diesem trockenen

Bachbett an der Route 9. Von dort, wo Ihr Auto verunglückte, ging ich noch eine Meile zu Fuß. Ich ging bis in den Wald, und dort warf ich einfach alles hin. Sie denken wahrscheinlich, ich hätte ihn versteckt, aber das habe ich nicht getan. Ich wußte, der Schnee würde ihn zudecken, und ich dachte, im Frühling würde ihn das Schmelzwasser fortspülen, wenn ich ihn im Bachbett liegen ließ. Und genau das geschah, nur hatte ich keine Ahnung, daß er *so weit* fortgespült werden würde. Sie fanden seine Leiche ein Jahr nachdem... nachdem er gestorben war, und fast siebenundzwanzig Meilen entfernt. Es wäre besser gewesen, wenn er nicht so weit fortgespült worden wäre, denn im Grider Reservat sind immer Tramper und Vogelkundler unterwegs. Der Wald hier ist weitaus weniger besucht.«

Sie lächelte.

»Und dort ist Ihr Auto jetzt, Paul – irgendwo zwischen der Route 9 und dem Grider Wildlife Reservat, irgendwo im Wald. Weit genug von der Straße entfernt, daß man es nicht sehen kann. Ich habe eine Taschenlampe in Old Bessie, und die ist ziemlich stark, aber das Bachbett ist bis zum Wald leer. Ich glaube, ich werde zu Fuß hingehen und noch einmal genau nachsehen, wenn das Wasser nicht mehr so hoch steht, aber ich bin ziemlich sicher, daß es verschwunden ist. In zwei, fünf oder sieben Jahren werden es irgendwelche Jäger finden, rostig und als Nistplatz für Erdhörnchen, und bis dahin werden Sie mein Buch fertiggeschrieben haben und längst wieder in New York oder Los Angeles oder sonstwo sein, wo Sie eben hingehen wollen, und ich werde hier draußen mein stilles, ruhiges Leben führen. Vielleicht schreiben wir uns ab und zu.«

Sie lächelte verklärt – das Lächeln einer Frau, die ein wunderbares Luftschloß sieht –, aber dann verschwand das Lächeln, und sie kam wieder zum Geschäftlichen.

»Ich kam also hierher zurück, und unterwegs habe ich genau nachgedacht. Das mußte ich, denn daß Ihr Auto weg war, bedeutete, nun konnten Sie bleiben, wirklich bleiben, Sie konnten mein Buch vollenden. Ich war nicht immer sicher, ob Sie das könnten; aber ich habe es Ihnen nie gesagt, weil ich Sie nicht beunruhigen wollte. Ich wollte Sie nicht beunruhigen, weil ich wußte, Sie würden nicht so gut schreiben, wenn ich es täte; aber das klingt viel kälter als mir wirklich zumute war, mein Liebster. Sehen Sie, ich fing an, den Teil von Ihnen zu lieben, der sich diese wunderbaren Geschichten ausdenken konnte, denn das war der einzige Teil, den ich hatte – vom Rest von Ihnen wußte ich nichts; und ich dachte mir, dieser Teil könnte wirklich unangenehm sein. Sie wissen, ich bin kein Dummkopf. Ich habe über viele sogenannte ›berühmte Schriftsteller‹ gelesen, und ich weiß, daß viele von ihnen tatsächlich häufig sehr unangenehm waren. Etwa F. Scott Fitzgerald und Ernest Hemingway und dieser Bauer aus Mississippi – Faulkner, oder wie immer er hieß –, diese Leute haben vielleicht Pulitzer-Preise gewonnen, aber sie waren dennoch nichts weiter als utschibutschi Säufer und Taugenichtse. Andere auch – wenn sie nicht ihre wunderbaren Geschichten schrieben, dann tranken sie und hurten und nahmen Drogen und weiß Gott noch alles.

Aber Sie sind nicht so; nach einer Weile lernte ich den anderen Paul Sheldon kennen, und ich hoffe, es macht Ihnen nichts aus, wenn ich das sage, aber ich habe auch den Rest von Ihnen lieben gelernt.«

»Danke, Annie«, sagte er vom Gipfel seiner gleißend goldenen Wolke herunter, und er dachte: *Aber vielleicht hast du mich falsch interpretiert, Annie, weißt du – ich meine, die Situationen, die mich in Versuchung führten, sind hier oben wohl kaum gegeben. Es ist ziemlich schwer, zechend durch Bars zu ziehen, wenn man zwei gebrochene Beine hat, Annie. Und was die Drogen anbelangt, ich habe schließlich die Bienengöttin der Bourkas, die mir meinen Schuß verpaßt.*

»Aber *wollten* Sie bleiben?« fuhr sie fort. »Das war die Frage, die ich mir stellen mußte, und so sehr ich mir Sand in die Augen streuen wollte, ich kannte die Antwort *darauf* – ich kannte sie noch bevor ich die Spuren an der Tür sah.«

Sie deutete hinüber, und Paul dachte: *Ich wette, sie hat es von Anfang an gewußt. Sandstreuen? Du nicht, Annie. Du niemals. Aber ich habe genügend Sand für uns beide gestreut.*

»Erinnern Sie sich, als ich das erste Mal weggefahren bin? Nachdem wir den albernen Streit wegen des Papiers hatten?«

»Ja, Annie.«

»Das war, als Sie zum ersten Mal hinausgefahren sind, nicht?«

»Ja.« Es hatte keinen Zweck mehr, es zu leugnen.

»Natürlich. Sie wollten Ihre Tabletten. Ich hätte wissen müssen, daß Sie alles tun würden, um Ihre Tabletten zu bekommen, aber wenn ich wütend werde, dann werde ich... Sie wissen schon.« Sie kicherte ein wenig nervös. Paul nicht, er lächelte nicht einmal. Die Erinnerung an dieses schmerzgepeinigte, endlose Zwischenspiel, das von der Geisterstimme eines eingebildeten Sportreporters kommentiert wurde, war zu stark und zu grausam.

Ja, ich weiß, wie du wirst, dachte er. *Du wirst pupsig.*

»Zuerst war ich nicht ganz sicher. Oh, ich sah, daß ein paar der Figuren auf dem Wohnzimmertisch bewegt worden waren, aber ich hielt es für möglich, daß ich das selbst gemacht hatte – ich habe Zeiten, da bin ich wirklich ziemlich vergeßlich. Ich dachte daran, daß Sie Ihr Zimmer verlassen haben könnten, aber dann dachte ich: *Nein, das ist unmöglich. Er ist so schwer verletzt, außerdem habe ich die Tür abgeschlossen.* Ich habe sogar nachgesehen, ob der Schlüssel noch in meiner Rocktasche war, und das war er. Dann fiel mir ein, daß Sie ja im *Rollstuhl* saßen, also vielleicht...

Wenn man zehn Jahre als Krankenschwester tätig ist, so wie ich, dann lernt man eines beizeiten, nämlich daß es immer besser ist, alle ›Vielleichts‹ nachzuprüfen. Daher sah ich mir die Sachen an, die ich hier im unteren Badezimmer aufbewahrte – größtenteils Proben, die ich mitgebracht habe, als ich noch arbeitete; Sie sollten *sehen*, was so alles in Krankenhäusern herumliegt, Paul! Und ab und zu nahm ich mir ein paar... nun... ein paar *Extras*... und ich war nicht die einzige. Aber ich hatte Verstand genug, keine der Drogen auf Morphiumbasis zu nehmen. Die schließen sie ein. Zählen sie. Führen Buch. Und wenn sie befürchten, daß eine Krankenschwester, Sie wissen schon, stibitzt – so nennen sie das –, dann beobachten sie diese Schwester so lange, bis sie sie auf frischer Tat ertappen, und dann peng!« Annie schlug heftig mit der Hand auf. »Hinaus mit ihnen, und die meisten ziehen nie wieder eine weiße Haube auf.

Aber ich war schlauer.

Als ich die Kartons im Bad ansah, ging es mir wie mit den Figuren im Wohnzimmer. Ich dachte, die Proben darin wären durchgewühlt worden, und ich war ziemlich sicher, daß einer der Kartons, der vorher auf dem Boden stand, nun auf den anderen stand, aber ich konnte nicht *sicher* sein. Ich hätte es selbst tun können, als ich... als ich... nun, abwesend war.

Zwei Tage später, nachdem ich gerade beschlossen hatte, es dabei bewenden zu lassen, kam ich zu Ihnen, um Ihnen Ihre Nachmittagsmedizin zu geben. Sie haben immer noch geschlafen. Ich versuchte, den Türknopf zu drehen, aber ein paar Augenblicke lang ließ er sich nicht drehen – es war, als wäre die Tür verschlossen gewesen. Dann drehte er sich doch, und ich hörte im Schloß etwas klappern. Aber Sie fingen an, sich zu regen, und daher gab ich Ihnen Ihre Tabletten, wie immer. Als würde ich nichts ahnen. Darin bin ich sehr gut, Paul. Dann half ich Ihnen auf Ihren Stuhl, damit Sie schreiben konnten. Und als ich Ihnen an diesem Nachmittag half, da ging es mir wie dem heiligen Paulus auf der Straße nach Damaskus. Mir wurden die Augen geöffnet. Ich sah, daß Sie wieder Farbe bekommen hatten. Ich sah, daß Sie die Beine bewegten. Sie bereiteten Ihnen Schmerzen, und Sie konnten sie nur ein wenig bewegen, aber Sie *konnten* sie bewegen. Und auch Ihre Arme wurden wieder kräftiger.

Ich sah, daß Sie beinahe wieder *gesund* waren.

Da fing mir an klar zu werden, daß ich Probleme mit Ihnen bekommen könnte, auch wenn niemand von außerhalb etwas vermutete. Ich sah Sie an und dachte mir, daß ich vielleicht nicht die einzige war, die Geheimnisse für sich behalten konnte.

An diesem Abend gab ich Ihnen statt der üblichen Medizin etwas Stärkeres, und als ich sicher war, daß Sie nicht aufwachen würden, selbst wenn eine Granate unter Ihrem Bett explodiert wäre, holte ich den kleinen Werkzeugkasten aus dem Keller und schraubte das Schloß ab. Und sehen Sie, was ich gefunden habe!«

Sie holte etwas Kleines und Dunkles aus der Brusttasche ihres Männerhemdes. Sie legte es in seine taube Hand. Er hob es dicht vor das Gesicht und starrte es wie eine Eule an. Es war ein verbogenes Stück Haarnadel.

Paul begann zu kichern. Er konnte nicht anders.

»Was ist so komisch, Paul?«

»Am Tag, als Sie Ihre Steuern bezahlen gingen. Ich mußte die Tür wieder aufmachen. Der Rollstuhl – er war fast zu breit – hatte schwarze Spuren hinterlassen. Ich wollte sie wegwischen, wenn ich konnte.«

»Damit ich sie nicht sehen sollte?«

»Ja. Aber Sie hatten sie schon gesehen, nicht?«

»Nachdem ich eine meiner Haarklammern im Schloß gefunden hatte?« Sie lächelte in sich hinein. »Da können Sie sicher sein.«

Paul nickte und lachte noch lauter. Er lachte so sehr, daß ihm Tränen aus den Augen quollen. Seine ganze Mühe... seine Sorgen... alles vergebens. Das schien köstlich komisch zu sein.

Er sagte: »Ich hatte Angst, das abgebrochene Stück der Haarnadel könnte mir Schwierigkeiten machen... hat es aber nicht. Ich habe es auch nie klappern hören. Und dafür gab es einen guten Grund, nicht? Es hat nie geklappert, weil Sie es herausgenommen haben. Wie listig Sie doch sind, Annie.«

»Ja«, sagte sie und lächelte dünn. »Wie listig ich bin.«

Sie bewegte die Beine. Das gedämpfte Poltern von Holz auf dem Boden neben dem Bett war erneut zu hören.

22

»Wie oft waren Sie insgesamt draußen?«

Das Messer. O Christus, das Messer.

»Zweimal. Nein – warten Sie. Gestern nachmittag gegen fünf Uhr ging ich noch einmal hinaus. Um den Wasserkrug zu füllen.« Das stimmte; er *hatte* den Krug gefüllt. Aber den wahren Grund für seinen dritten Ausflug verschwieg er ihr. Der wahre Grund befand sich unter der Matratze. Die Prinzessin auf der Erbse. Paulie und die Schweinenachahmerin. »Dreimal, das Wasserholen mit eingerechnet.«

»Sagen Sie die Wahrheit, Paul.«

»Nur dreimal, ich schwöre es. Und niemals um zu fliehen. Um Jesu Christi willen, ich schreibe hier ein Buch, falls Sie es nicht bemerkt haben sollten.«

»Nehmen Sie den Namen Ihres Erlösers niemals sinnlos in den Mund, Paul.«

»Dann hören Sie auf, meinen so in den Mund zu nehmen, und ich werde es vielleicht auch tun. Beim ersten Mal hatte ich solche Schmerzen, daß ich glaubte, jemand hätte mich bis zu den Knien in die Hölle gezogen! Und das hat auch jemand getan. *Sie*, Annie!«

»Seien Sie still, Paul!«

»Beim zweiten Mal wollte ich nur etwas zu essen holen und gewährleisten, daß ich immer ein paar Vorräte hier hatte, falls Sie lange weg sein sollten«, fuhr er fort, ohne auf ihren Einwand zu achten. »Dann bekam ich Durst. Und das ist alles. Keine große Verschwörung.«

»Ich nehme an, Sie haben niemals das Telefon versucht oder sich die Schlösser angesehen – Sie sind ja so ein *lieber* guter Junge.«

»Natürlich habe ich das Telefon probiert. Natürlich habe ich mir die Schlösser angesehen... nicht, daß ich in dem Schlammbad dort draußen sehr weit gekommen wäre, selbst wenn Ihre Türen sperrangelweit offengestanden hätten.« Die Droge setzte ihm in immer heftigeren Schüben zu, und er wünschte sich jetzt, er könnte einfach den Mund halten und weggehen. Sie hatte ihm eine so starke Dosis gegeben, daß er schon die Wahrheit sagte – er fürchtete, im Lauf der Zeit würde er die Folgen tragen müssen. Aber zuerst wollte er schlafen.

»*Wie oft waren Sie draußen?*«

»Ich habe Ihnen gesagt...«

»*Wie oft?*« Ihre Stimme schwoll an. »*Sagen Sie die Wahrheit!*«

»Das *tue* ich! Dreimal!«

»*Wie oft, gottverdammt?*«

Trotz der Wagenladung Drogen, die sie ihm verpaßt hatte, fing Paul an, Angst zu haben.

Wenn sie mir etwas antut, dann wird es wenigstens nicht so weh tun... und sie möchte, daß ich das Buch zu Ende schreibe... das hat sie gesagt...

»Sie behandeln mich wie eine Närrin.« Er stellte fest, wie glänzend ihre Haut war, wie Plastik, das straff über Stein gezogen worden ist. Ihr Gesicht schien überhaupt keine Poren zu haben.

»Annie, ich schwöre...«

»Oh, Lügner können schwören! Lügner *lieben* es zu schwören! Machen Sie nur weiter und behandeln Sie mich wie eine Närrin, wenn Sie das möchten! Prima. Guti-guti für Sie. Behandle eine Frau, die keine Närrin ist, getrost wie eine, und diese Frau fällt immer wieder darauf herein. Ich will Ihnen etwas sagen, Paul – ich habe überall im Haus Fäden und Haare von meinem Kopf gespannt, und ich habe später festgestellt, daß viele zerrissen waren. Zerrissen oder völlig verschwunden... einfach weg... *paff!* Nicht nur in meinem Notizbuch, auch auf diesem Flur und über meinen Kommodenschubladen im oberen Stock und im Schuppen... *überall.*«

Annie, wie sollte ich bei all den Schlössern an der Küchentür denn in den Schuppen gelangen können? wollte er sie fragen, aber sie ließ ihm keine Zeit dazu, sondern fuhr unbeirrt fort.

»Und jetzt machen Sie getrost so weiter und reden mir ein, daß es nur *dreimal* gewesen ist, Mister Neunmalklug, dann werde *ich* Ihnen erzählen, wer der Narr ist.«

Er sah sie benommen aber abgestoßen an. Er wußte nicht, was er ihr antworten sollte. Es war so paranoid... so verrückt...

Mein Gott, dachte er und vergaß den Schuppen in diesem neuen Irrsinn, *im oberen Stock? Hat sie IM OBEREN STOCK GESAGT?*

»Annie, wie in Gottes Namen sollte ich nach oben kommen?«

»Oh, *RICHTIG!*« schrie sie mit krächzender Stimme. »Oh, *SICHER!* Ich kam vor ein paar Tagen hier herein, da konnten Sie *ganz alleine* in Ihren Rollstuhl steigen! Wenn Sie das können, dann können Sie auch nach oben! *Sie könnten kriechen!*«

»Ja, auf meinen gebrochenen Beinen und dem zertrümmerten Knie«, sagte er.

Wieder dieser schwarze Ausdruck der *Kluft;* die pechschwarze Finsternis unter der Wiese. Annie Wilkes war fort. Die Bienengöttin der Bourkas war da.

»Sie werden doch nicht vorlaut zu mir sein, Paul«, flüsterte sie.

»Nun, Annie, einer von uns sollte versuchen, vernünftig zu sein, und Sie sind nicht besonders gut dabei. Wenn Sie nur versuchen würden einzusehen, wie ver...«

»Wie oft?«

»Drei.«

»Das erste Mal, um Medikamente zu holen.«

»Ja. Novrilkapseln.«

»Und zum zweiten Mal, um Essen zu holen.«

»Ganz recht.«

»Das dritte Mal, um den Krug zu füllen.«

»Ja. Annie, mir ist so übel...«

»Sie haben ihn im Badezimer hier am Flur gefüllt.«

»Ja...«

»Einmal für Medizin, einmal für Essen, einmal für Wasser.«

»Ja, das habe ich doch gesagt!« Er versuchte zu brüllen, aber es kam nur ein kraftloses Krächzen heraus.

Sie griff wieder in die Rocktasche und holte das Fleischmesser heraus. Die Klinge funkelte im Morgenlicht. Plötzlich drehte sie sich nach links und warf das Messer. Sie warf es mit der tödlichen, fast beiläufigen Anmut einer Zirkuskünstlerin. Es blieb zitternd in der Wand unter dem Triumphbogen stecken.

»Ich habe ein wenig unter Ihrer Matratze nachgeforscht, bevor ich Ihnen Ihren *Prä-Op*-Schuß gegeben habe. Ich erwartete, die Kapseln zu finden; das Messer hat mich völlig überrascht. Ich hätte mich fast geschnitten. *Sie* haben es dort versteckt, nicht?«

Er antwortete nicht. Sein Verstand wirbelte wie ein außer Kontrolle geratenes Jahrmarktskarussell. Prä-Op-Schuß? Hatte sie das gesagt? *Prä-Op?* Plötzlich war er völlig sicher, daß sie vorhatte, das Messer aus der Wand zu ziehen und ihn damit zu kastrieren.

»Nein, *Sie* haben es nicht dort versteckt. *Sie* sind einmal wegen Medizin, einmal wegen Essen und einmal wegen Wasser hinausgegangen. Dieses Messer muß... nun, es muß von *ganz alleine* hierher und unter die Matratze geschwebt sein. Ja, so muß es gewesen sein!« Annie kreischte höhnisches Gelächter hinaus.

PRÄ-OP? Mein Gott, hat sie das wirklich gesagt?

»Verdammt!« kreischte sie. »Gottverdammt? Wie oft?«

»Also gut! Also gut! Ich habe das Messer geholt, als ich das Wasser holen ging! Ich gestehe! Wenn Sie meinen, das bedeutet, daß ich öfter draußen war, dann denken Sie sich doch selbst etwas aus! Wenn Sie wollen, daß es fünfmal war, dann war es fünfmal. Wenn Ihnen zwanzig, fünfzig oder hundert lieber ist, dann eben das. Ich werde es zugeben. So oft Sie denken, Annie, so oft war es.«

Einen Augenblick hatte er in seinem Zorn und seiner drogenin-
duzierten Trägheit das nebulöse, furchteinflößende Konzept vergessen, welches in dem Ausdruck *Prä-Op-Schuß* mitklang. Er
wollte ihr so vieles erzählen, wollte es ihr erzählen, obwohl er
wußte, daß eine amoklaufende Paranoide wie Annie sich schlicht-
weg weigern würde, das Offensichtliche einzusehen. Es war
feucht gewesen; Tesaband vertrug keine Feuchtigkeit; in vielen
Fällen waren ihre Ludlumesken kleinen Fallen zweifellos einfach
abgefallen und von einem willkürlichen Luftzug fortgetragen
worden. Und die Ratten. Eine Menge Wasser im Keller, und die
Herrin aus dem Haus; er selbst hatte sie im Gemäuer gehört. Natürlich. Sie kamen im ganzen Haus herum – man denke besonders
an all das pupsige Zeug, das Annie hatte herumliegen lassen.
Wahrscheinlich waren die Ratten die Kobolde gewesen, welche
die meisten von Annies Fäden zerrissen hatten. Aber solche Ein-
wände würde sie natürlich sofort von der Hand weisen. Ihrer Meinung nach war er durchaus bereit, beim New Yorker Marathon
mitzulaufen.

»Annie... Annie, was haben Sie gemeint, als Sie sagten, Sie
hätten mir einen Prä-Op-Schuß gegeben?«

Aber Annie war immer noch auf das andere Thema fixiert. »Ich
sage, es war siebenmal. Mindestens siebenmal«, sagte sie leise.
»War es siebenmal?«

»Wenn Sie wollen, d**a**ß es siebenmal war, dann war es siebenmal. Was haben Sie damit gemeint, als Sie sagten...«

»Wie ich sehe, möchten Sie störrisch sein«, sagte sie. »Ich vermute, Leute wie Sie haben sich so daran gewöhnt, mit Lügen ihr
Geld zu verdienen, daß sie im wirklichen Leben einfach nicht damit aufhören können. Aber das macht nichts, Paul. Denn das
Prinzip ändert sich nicht, ob Sie siebenmal, siebzigmal oder siebenmal siebzigmal draußen waren. Das *Prinzip* ändert sich nicht,
und die *Reaktion* auch nicht.«

Er schwebte, schwebte, schwebte von hinnen. Er schloß die Augen und hörte sie wie aus weiter Entfernung sprechen... wie eine
übernatürliche Stimme aus einer Wolke. *Göttin*, dachte er.

»Haben Sie jemals über die Anfangszeit der Kimberly-Diamant-
minen gelesen, Paul?«

»Ich habe das Buch darüber geschrieben«, sagte er ohne ersichtlichen Grund und lachte.

(Prä-Op? Prä-Op-Schuß?)

»Manchmal stahlen die eingeborenen Arbeiter Diamanten. Sie wickelten sie in Blätter und schoben sie sich ins Rektum. Wenn sie aus dem großen Loch herauskamen, ohne entdeckt zu werden, liefen sie weg. Und wissen Sie, was die Engländer mit ihnen machten, wenn sie erwischt wurden, bevor sie den Oranjefluß überquert hatten und in Burengebiet entkommen waren?«

»Wahrscheinlich getötet«, sagte er, ohne die Augen zu öffnen.

»Oh, nein! Das wäre etwa so gewesen, als würde man ein teures Auto verschrotten, nur weil ein Stoßdämpfer gebrochen ist. Wenn sie sie erwischten, dann stellten sie sicher, daß sie weiter arbeiten konnten... Aber sie stellten *auch* sicher, daß sie nie wieder fliehen konnten. Diesen Vorgang nannten sie *hobbeln*, Paul, und das werde ich jetzt mit Ihnen machen. Für meine eigene Sicherheit... und selbstverständlich für Ihre. Glauben Sie mir, es ist notwendig, daß Sie vor sich selbst beschützt werden. Bedenken Sie, ein wenig Schmerzen, und dann ist es vorbei. Versuchen Sie, sich an diesen Gedanken zu klammern.«

Ein Entsetzen, das so scharf war wie ein Windstoß, der Rasierklingen mit sich brachte, schnitt durch die Droge, und Paul riß die Augen auf. Sie war aufgestanden, nun zog sie die Bettdecke weg und entblößte seine verstümmelten Beine und bloßen Füße.

»Nein«, sagte er. »Nein... Annie... was immer Sie vorhaben, wir können darüber reden, nicht...? bitte...«

Sie beugte sich hinab. Als sie sich wieder aufrichtete, hielt sie in einer Hand eine Axt, in der anderen einen Propanbrenner. Die Axt war die, die er im Hackklotz im Schuppen gesehen hatte. Die Klinge glitzerte. Auf dem Propanbrenner stand das Wort *Bernz-O-matic* geschrieben. Sie beugte sich wieder hinab, diesmal kam sie mit einer dunklen Flasche und einer Packung Streichhölzer hoch. Auf der dunklen Flasche befand sich ein Etikett. Auf dem Etikett stand das Wort *Betadin*.

Er vergaß diese Dinge niemals, diese Worte, diese Namen.

»*Annie, nein!*« schrie er. »*Annie, ich werde hier bleiben! Ich werde nicht einmal mehr das Bett verlassen! Bitte! Mein Gott, bitte tun Sie mir nichts!«*

»Schon gut«, sagte sie, und nun hatte ihr Gesicht wieder diesen schlaffen, abgeschalteten Ausdruck – den Ausdruck perplexer Leere –, und bevor sein Denken völlig von dem Waldbrand der Panik verzehrt wurde, begriff er, wenn dies vorbei war, würde sie wieder nur vage Erinnerungen an das haben, was sie getan hatte, wie sie nur vage Erinnerung daran hatte, daß sie die Kinder und Greise und unheilbar Kranken getötet hatte, und Andrew Pomeroy. Immerhin war dies die Frau, die ihm vor wenigen Minuten gesagt hatte, daß sie zehn Jahre lang Krankenschwester gewesen war, wenngleich sie die Haube bereits 1966 erhalten hatte.

Sie hat Pomeroy mit dieser Axt umgebracht. Ich weiß es.

Er fuhr fort, zu kreischen und zu flehen, aber seine Worte waren zu einem unverständlichen Brabbeln geworden. Er versuchte sich umzudrehen, sich von ihr abzuwenden, und seine Beine schrien auf. Er versuchte sie anzuziehen, damit sie nicht so verwundbar waren, kein so gutes Ziel, und sein Knie schrie auf.

»Nur noch eine Minute, Paul«, sagte sie und schraubte die Betadinflasche auf. Sie schüttete eine rotbraune Pampe über seinen linken Knöchel. »Nur noch eine Minute, dann ist es vorbei.« Sie neigte die Klinge der Axt waagerecht, die Sehnen an ihrem kräftigen rechten Handgelenk standen vor, und er konnte den Amethystring blitzen sehen, den sie immer noch am vierten Finger der rechten Hand trug. Sie goß Betadin über die Klinge. Er konnte es riechen, der typische Wartezimmergeruch. Dieser Geruch bedeutete, daß man eine Spritze bekam.

»Nur ein wenig Schmerzen, Paul. Es wird nicht schlimm sein.« Sie drehte die Axt um und begoß die andere Seite der Klinge. Auf dieser Seite konnte er wahllos Rostblüten erblühen sehen, bevor die Flüssigkeit sie zudeckte.

»*Annie Annie oh Annie bitte bitte nein bitte nicht Annie ich schwöre Ihnen ich werde gut sein ich schwöre bei Gott ich werde gut sein bitte geben Sie mir noch die Chance gut zu sein OH ANNIE BITTE LASSEN SIE MICH GUT SEIN . . .«*

»Nur ein wenig Schmerzen. Dann werden wir beide diese unappetitliche Sache hinter uns haben, Paul.«

Sie warf die offene Flasche Betadin über die Schulter, ihr Gesicht war leer und ausdruckslos und dennoch so unbestreitbar solide; sie glitt mit der rechten Hand am Stiel der Axt entlang fast bis zum Stahlkopf. Mit der linken Hand umfaßte sie den Griff weiter unten und spreizte wie ein Holzfäller die Beine.

»ANNIE OH BITTE BITTE TUN SIE MIR NICHT WEH!«

Ihre Augen waren milde und abwesend. »Keine Bange«, sagte sie. »Ich bin eine ausgebildete Krankenschwester.«

Die Axt sauste heulend hernieder und grub sich knapp oberhalb des Knöchels in Paul Sheldons linkes Bein. Schmerzen rasten in einem einzigen gigantischen Schub durch seinen Körper. Dunkelrotes Blut spritzte ihr ins Gesicht wie indianische Kriegsbemalung. Es spritzte an die Wand. Er hörte die Schneide am Knochen quietschen, als sie sie herauszog. Er sah ungläubig auf sich selbst hinab. Das Laken wurde rot. Er sah, wie er die Zehen bewegte. Dann sah er, wie sie die triefende Axt erneut hob. Das Haar hatte sich vollkommen aus den Haarklammern gelöst und hing ihr in das leere Gesicht.

Trotz der Schmerzen in seinem Bein und dem Knie wollte er es zurückziehen, stellte aber fest, daß sich zwar sein Bein bewegte, aber der Fuß nicht. Er erweiterte den Einschnitt der Axt nur noch und bewirkte, daß er sich öffnete wie ein Mund. Er hatte gerade noch genügend Zeit zu erkennen, daß sein Fuß jetzt nur noch vom Fleisch der Fessel am Bein gehalten wurde, da sauste die Axt erneut herunter, direkt in die Wunde; sie hieb durch den Rest seines Beines und vergrub sich tief in der Matratze. Die Bettfedern goingten und quoingten.

Annie zog die Axt heraus und warf sie beiseite.

Sie sah den blutenden Stumpf einen Augenblick abwesend an, dann griff sie nach der Packung mit den Streichhölzern. Sie zündete eines an. Dann nahm sie den Propanbrenner mit dem Wort *Bernz-O-matiC* auf der Seite und öffnete das Ventil an der Seite. Das Gas zischte. Blut strömte aus der Stelle, wo sein Fuß nicht mehr war. Annie hielt das Streichholz vorsichtig unter das Ventil des *Bernz-O-matiC*. Es macht *fllopp!* Eine lange gelbe Flamme wurde sichtbar. Annie stellte sie so ein, daß ein hartes, blaues Feuer blieb.

»Kann nicht nähen«, sagte sie. »Keine Zeit. Aderpresse geht auch nicht. Kein zentraler Druckpunkt. Muß

(nachwischen)

ausbrennen.«

Sie bückte sich. Paul schrie, als die Flamme über den rohen und blutenden Stumpf leckte. Rauch stieg auf. Er roch süßlich. Er und seine erste Frau hatten die Flitterwochen auf Maui verbracht. Dort hatten sie ein Luau besucht. Dieser Geruch erinnerte ihn an den Geruch des Schweins, das sie aus der Grube geholt hatten, wo es den ganzen Tag gebraten hatte. Das Schwein war an einem Spieß gewesen, schwammig, schwarz, zerfallend.

Die Schmerzen schrien. *Er* schrie.

»Fast vorbei«, sagte sie und drehte das Ventil; und jetzt fing das Laken unter dem nicht mehr blutenden Stumpf Feuer, dem Stumpf, der so schwarz war wie die Haut des Schweins, als sie es aus der Luau-Grube geholt hatten – Eileen hatte sich abgewendet, aber Paul hatte fasziniert zugesehen, wie sie die knisternde Haut des Schweins so mühelos abgezogen hatten, wie man das Trikot nach einem Footballspiel abzieht.

»Fast vorbei . . .«

Sie schaltete den Brenner aus. Sein Bein lag in einer Flammenlinie, aber kein Fuß auf der anderen Seite. Sie bückte sich, und diesmal hob sie seinen alten Freund auf, den gelben Putzeimer. Sie schüttete den Inhalt über die Flammen.

Er schrie, schrie. Die Schmerzen! Die Göttin! Die Schmerzen! O Afrika!

Sie sah ihn und das dunkle, blutige Laken leicht konsterniert an – ihr Gesicht war das Gesicht einer Frau, die im Radio hört, daß ein Erdbeben in Pakistan oder der Türkei Tausende Menschenleben gefordert hat.

»Sie werden schon wieder, Paul«, sagte sie, aber plötzlich klang ihre Stimme ängstlich. Ihr Blick huschte unablässig umher, genau wie damals, als es so ausgesehen hatte, als würde das Feuer seines brennenden Buches außer Kontrolle geraten. Plötzlich richtete ihr Blick sich fast erleichtert auf etwas. »Ich werde den Abfall wegschaffen.«

Sie hob seinen Fuß auf. Die Zehen zuckten noch immer. Sie trug ihn durchs Zimmer. Als sie bei der Tür angekommen war, hatten die Zehen aufgehört, sich zu bewegen. Er sah eine Narbe an der Sohle und erinnerte sich, daß er sich die geholt hatte, wie er als Kind in eine Glasscherbe getreten war. War das am Revere Beach gewesen? Ja, er glaubte schon. Er hatte geweint, und sein Vater hatte ihm gesagt, daß es nur ein kleiner Schnitt war. Sein Vater hatte ihm gesagt, er solle aufhören, sich wie jemand zu benehmen, dem gerade der Fuß abgehackt worden war. Annie blieb unter der Tür stehen und drehte sich zu Paul um, der kreischte und sich auf dem rußigen, blutgetränkten Laken wand. Sein Gesicht hatte eine Leichenblässe angenommen.

»Jetzt sind Sie gehobbelt«, sagte sie. »Und machen Sie mir deswegen keine Vorwürfe. Sie sind selbst schuld daran.«

Sie entschwand.

Paul ebenfalls.

23

Die Wolke war wieder da. Paul tauchte hinein, und es war ihm einerlei, ob sie diesmal Tod und nicht nur Bewußtlosigkeit bedeuten konnte. Er hoffte fast, es wäre Tod. Nur... keine Schmerzen, bitte. Keine Erinnerungen, keine Schmerzen, kein Entsetzen, keine Annie Wilkes.

Er tauchte nach der Wolke, tauchte *in* die Wolke, in weiter Ferne hörte er leise seine eigenen Schreie und roch den Geruch seines eigenen gerösteten Fleisches.

Während seine Gedanken verblaßten, dachte er: *Göttin! Töte dich! Göttin! Töte dich! Göttin!*

Dann war nichts mehr, nur das Nichts.

III

PAUL

Es geht nicht. Ich versuche seit einer halben Stunde zu schlafen, aber es geht nicht. Das Schreiben ist eine Art Droge. Es ist das einzige, worauf ich mich freue. Heute nachmittag habe ich gelesen, was ich geschrieben habe . . . Und es schien so lebhaft. Ich weiß, daß es lebhaft ist, weil meine Fantasie all die Einzelheiten einsetzt, die eine andere Person nicht verstehen würde. Ich meine, das ist Eitelkeit. Aber es scheint auch eine Art von Magie zu sein . . . Und ich kann in dieser Gegenwart einfach nicht leben. Ich würde verrückt werden, wenn ich es täte.

JOHN FOWLES
The Collector

1

KAPITEL 32

"Oh heiliger Jesus", stöh te Ia u d machte ei e ko vulsi-
vische Bewegu g ach vor e. Geoffrey ergriff de Arm sei-
 es Freu des. Das u ablässige Dröh e der Trommel pulsierte i sei em Kopf wie etwas, das ma i ei em Delirium auf dem Tote bett hört. Bie e dröh te ri gs um sie
herum, aber kei e verweilte; sie floge ei fach weiter u d
auf die Lichtu g, als würde sie vo ei em Mag ete a ge-
zoge -- u d das, dachte Geoffrey vo Übelkei erfüll ,
wurde sie je z ja auch

2

Paul hob die Schreibmaschine auf und schüttelte sie. Nach einer
gewissen Zeit fiel ein kleines Stück Metall heraus und auf das
Brett, das auf den Armstützen des Rollstuhls lag. Er hob es auf
und betrachtete es.

Es war der Buchstabe T. Die Schreibmaschine hatte gerade ihr T
ausgespuckt.

Er dachte: *Ich werde mich bei der Geschäftsführung beschweren. Ich
werde nicht um eine neue Schreibmaschine bitten, ich werde verflucht
noch mal eine fordern. Sie hat das Geld – ich weiß, daß sie es hat. Mögli-*

cherweise ist alles in Marmeladengläsern zusammengeknüllt und unter dem Schuppen versteckt, möglicherweise in den Wänden ihres Lachplatzes, aber sie hat den Zaster, und ausgerechnet t, mein Gott, der zweithäufigste Buchstabe in der englischen Sprache...!

Selbstverständlich würde er Annie um nichts bitten, noch weniger fordern. Einst war er ein Mann gewesen, der wenigstens *gefragt* hätte. Ein Mann, der ungleich größere Schmerzen erduldet hatte, ein Mann, der nichts hatte, woran er sich klammern konnte, nicht einmal dieses beschissene Buch. Dieser Mann hätte *gefragt*. Verletzt oder nicht, dieser Mann hätte wenigstens den Mumm aufgebracht und *versucht*, Annie Wilkes entgegenzutreten.

Er war dieser Mann gewesen, und er vermutete, er sollte sich schämen, aber *jener* Mann hatte zwei große Vorteile gegenüber *diesem* Mann gehabt: *jener* Mann hatte zwei Füße gehabt... und zwei Daumen.

Paul saß einen Augenblick nachdenklich da, las die letzte Zeile noch einmal durch (wobei er im Geiste die ausgelassenen Buchstaben einfüllte), dann machte er sich wieder an die Arbeit.

Besser so.

Besser nicht zu fragen.

Besser nicht zu provozieren.

Draußen, vor dem Fenster, summten Bienen.

Es war der erste Tag des Sommers.

tatsächlich.

"Laß mich gehen!" knurrte Ian und wandte sich an Geoffrey. Die rechte Hand hatte er zur Faust geballt. Seine Augen quollen irre aus dem lebhaften Gesicht, und er schien
sich überhaupt nicht bewußt zu sein, wer ihn von seiner
Liebsten zurückhielt. Geoffrey erkannte mit kalter Gewißheit, daß das, was sie gesehen hatten, als Hezekiah den
schützenden Schirm der Büsche weggezogen hatte, sehr dicht
daran gewesen war, Ian in den Wahnsinn zu treiben. Er taumelte immer noch am Rand dahin, und der geringste Stoß
würde ihn über den Rand befördern. Wenn das geschah, würde
er Misery mit sich nehmen.

"Ian--"

"Laß mich gehen, sage ich!" Ian riß sich mit wütender Kraft los, und Hezekiah stöhnte furchtsam. "Nein, Boss,
macht die Bienen verrückt, sie stechen Mis'wess--"

Ian schien ihn nicht zu hören. Mit wilden und blick-
losen Augen schlug er auf Geoffrey ein und erwischte seinen alten Freund am Wangenknochen. Schwarze Sterne rasten
durch Geoffreys Kopf.

Trotzdem sah er noch, wie Hezekiah anfing, den poten-
tiell tödlichen Gosha zu schwingen, einen mit Sand gefüll-
ten Beutel, den die Bourkas im Nahkampf bevorzugten, und
dabei zischte er: "Nein! Laßt mich das machen!"

Wiederwillig ließ Hezekiah den Gosha ans Ende der le-
dernen Schnur gleiten, was an ein sich allmählich verlangsamen-
des Pendel erinnerte.

Dann wurde Geoffreys Kopf von einem erneuten Schlag
zurückgeworfen. Dieser schlug ihm die Lippe gegen die Zähne, und er spürte, wie ihm der warme, salzig-süße Geschmack von Blut in den Mund zu rinnen begann. Ein roher,
reißender Laut war zu hören, als Ians Hemd, das an manchen
Stellen bereits zerrissen war, in Geoffreys Griff ganz ent-
zweizureißen begann. Noch einen Augenblick, dann würde er
frei sein. Geoffrey stellte mit verblüffter Verwunderung
fest, daß es dasselbe Hemd war, welches Ian vor drei Aben-
den zur Dinner-Party des Barons und der Baroness getragen
hatte... aber selbstverständlich war es das. Seither hatten sie keine Möglichkeit gehabt, sich umzuziehen, keiner
von ihnen, auch Ian nicht. Es war erst drei Nächte her,
aber das Hemd sah aus, als würde Ian es schon mindestens
drei Jahre lang tragen, und Geoffrey war, als wären seit
der Party mindestens dreihundert vergangen. Erst drei
Nächte her, dachte er erneut mit dümmlicher Verwunderung,
aber dann ließ Ian Schläge in sein Gesicht hageln.

"Laß mich gehen, verdammt!" Ian hieb immer wieder die
blutigen Fäuste in Geoffreys Gesicht -- das seines Freundes, für den er, wäre er bei Sinnen gewesen, sein Leben ge-
opfert hätte.

"Möchtest du ihr deine Liebe beweisen, indem du sie
umbringst?" fragte Geoffrey leise. "Wenn du das tun möchtest, dann, alter Junge, kannst du mich getrost bewußtlos
schlagen."

Ians Faust zögerte. Sein entsetzter, irrer Blick bekam
wieder etwas zumindest ansatzweise Vernünftiges.

"Ich muß zu ihr gehen", murmelte er wie ein Mann in
einem Traum. "Tut mir leid, daß ich dich geschlagen habe,

Geoffrey, wirklich sehr leid, mein Bester, und ich bin sicher, das weißt du -- aber ich muß... Du siehst sie..."
Er sah erneut hin, wie um sich den entsetzlichen Anblick
noch einmal zu bestätigen, und wieder schien er sich an-
zuschicken, dorthin eilen zu wollen, wo Misery auf einer
Lichtung im Dschungel an einen Pfosten gefesselt worden
war, die Arme über dem Kopf. An ihren Handgelenken schimmerte
das, woran die Bourkas offensichtlich Gefallen gefunden
hatten, bevor sie Baron Heidzig in den Mund des Götzenbildes schickten, zweifellos einem schrecklichen Ende entgegen; denn es waren die stählernen Handschellen des Barons,
mit denen Misery an den untersten Zweig des Eukalyptus-
baums gefesselt war.

Diesesmal war es Hezekiah, der Ian ergriff, aber die
Büsche raschelten erneut, und Geoffrey sah auf die Lichtung, einen Augenblick stockte ihm der Atem in der Kehle,
so wie ein Stück Stoff an einer Dorne hängenbleiben kann--
er fühlte sich wie ein Mann, der mit einer Ladung gefährlich explosiven Sprengstoffs einen Geröllhang emporklettern
muß. Ein Stich, dachte er. Nur ein Stich, dann ist für sie
alles aus.

"Nein, Boss, mussun'", sagte Hezekiah mit einer Art
entsetzter Geduld. "Wenn ist wie Boss gesagt hat... wenn
hinausgehen, dann Bienen erwachen aus ihrem Traum. Und
wenn Bienen erwachen, dann für sie einerlei, ob von einem
Stachel gestochen oder von tausend. Wenn Bienen aus Traum
erwachen, dann werden wir alle sterben, aber sie stirbt
zuerst und am schrecklichsten."

Ganz allmählich entspannte sich Ian zwischen den beiden Männern, der eine schwarz, der andere weiß. Er drehte

den Kopf mit schrecklichem Widerwillen zu der Lichtung,
als wollte er nicht hinsehen und konnte doch nicht anders.

"Was also sollen wir tun? Was sollen wir für meinen
armen Liebling tun?"

Ich weiß es nicht, wollte Geoffrey sagen, und in seinem eigenen Zustand schrecklicher Anspannung konnte er die
Worte kaum zurückhalten. Nicht zum ersten Mal dachte er
darüber nach, daß die Tatsache, daß Misery ihm gehörte,
es Ian ermöglichte, sich in einer seltsamen Art von Egoismus und einer beinahe weibischen Hysterie zu ergehen,
die er selbst, Geoffrey, der sie ebensosehr (wenn auch im
geheimen) liebte, sich verkneifen mußte; schließlich war
er für die Welt ja nur Miserys Freund.

Ja, nur ihr Freund, dachte er mit halb hysterischer
Ironie, und dann wurde auch sein Blick wieder zu der Lichtung gezogen. Zu seiner _Freundin_.

Misery hatte kein einziges Kleidungsstück mehr an,
aber dennoch fand Geoffrey, daß selbst die prüdesten, dreimal die Woche zur Kirche gehenden Dorfbewohner ihr nicht
den Vorwurf der Unziemlichkeit hätten machen können. Der
oder die hypothetische Prüde wäre wahrscheinlich kreischend
von Misery weggelaufen, aber die Schreie wären von Grauen
und Entsetzen verursacht gewesen, und sicher nicht von
verletztem Schamgefühl. Misery hatte kein einziges Klei-
dungstück an, aber sie war alles andere als nackt.

Sie war in Bienen gekleidet. Von den Zehenspitzen bis
zur Krone ihres dunkelblonden Haars war sie in Bienen gekleidet. Fast war es so, als trüge sie eine seltsame Non-
nenkluft -- seltsam deshalb, weil sie sich über den run-
den Brüste und den Hüfte kräuselte und bewegte, obwohl

nicht einmal der Geist einer Brise zu spüren war. Ebenso
schien ihr Gesicht in einen Schleier von beinahe mohamme-
danischer Züchtigkeit gehüllt zu sein -- nur die grau-
blauen Augen sahen aus der Maske der Bienen heraus, die
träge über ihr Gesicht krochen und Mund und Nase und Kinn
und Brauen verbargen. Weitere Bienen, riesige braune afri-
kanische, die giftigsten und übellaunigsten Bienen der Welt,
krochen über die Stahlhandschellen des Barons, bevor sie
sich zu den lebenden Handschuhen von Miserys Händen gesell-
ten.

Während Geoffrey hinsah, flogen immer mehr Bienen auf
die Lichtung. Sie schienen aus allen Himmelsrichtungen zu
kommen, aber selbst in seinem momentanen Zustand der Abge-
lenktheit erkannte er, daß die meisten aus Westen kamen,
wo das riesige steinerne Antlitz der Göttin aufragte.

Die Trommeln schlugen ihren monotonen Rhythmus, der
auf seine Weise ebenso einschläfernd war wie das schläfrige Summen der Bienen. Aber Geoffrey wußte, wie empfänglich
diese Schläfrigkeit war; er hatte gesehen, was mit der Ba-
rouess geschehen war, und dankte Gott, daß Ian immerhin das
erspart geblieben war... und das Tönen des schläfrigen Sum-
mens, das plötzlich zu einem wütenden Dröhnen angeschwol-
len war... ein Tönen, welches die entsetzten Schreie der
Frau zuerst gedämpft und dann ertränkt hatte. Sie war eine
eitle und alberne Person gewesen, und darüber hinaus gefährlich -- sie hätte sie beinahe alle umgebracht, als sie
Stringfellows Führer befreit hatte --, aber albern oder
nicht, dumm oder nicht, gefährlich oder nicht, keine Frau
verdiente es, auf diese Weise zu sterben.

In Gedanken wiederholte Geoffrey Ians Frage: Was also

sollen wir tun? Was sollen wir für meinen armen Liebling
tun?

Hezekiah sagte: "Nichts können jetzt tun, Boss --
aber sie nicht in Gefahr. So lange die Trommeln schlagen,
werden die Bienen schlafen. Und Mis'wess, sie auch schlafen."

Jetzt bedeckten die Bienen sie wie eine dicke und un-
ruhige Decke; ihre Augen waren offen, nahmen aber nichts
wahr, sie schienen in eine lebende Höhle aus kriechenden,
taumelnden, summenden Bienen eingesunken zu sein.

"Und wenn die Trommeln aufhören?" fragte Geoffrey mit
leiser, fast kraftloser Stimme, und genau in diesem Augenblick hörten die Trommeln auf.

i   Aug blick war · di dr i o .s ill

(Einen Augenblick waren die drei totenstill)

4

Paul sah die letzte Zeile ungläubig an, dann hob er die Royal
hoch – er hatte damit weitergemacht, sie wie ein seltsames Gewicht hochzustemmen, wenn sie nicht im Zimmer war, Gott allein
wußte warum – und schüttelte sie erneut. Die Typen klapperten,
dann fiel ein weiteres Stück Metall auf das Brett, das ihm als
Schreibtisch diente.

Draußen konnte er das Dröhnen von Annies hellblauem Rasenmäher hören – sie war draußen und verpaßte dem Rasen einen
guti-guti Schnitt, damit diese utschibutschi Roydmans in der
Stadt nichts zu tratschen haben würden.

Er stellte die Schreibmaschine hin, dann schüttelte er sie so, daß
er seine neue Überraschung herausholen konnte. Er betrachtete
sie im grellen Licht der Nachmittagssonne, das durch das Fenster

hereinfiel. Sein ungläubiger Gesichtsausdruck veränderte sich nicht.

Aus dem leicht tuscheverschmierten Metall am Kopf der Type ragte folgendes heraus:

E

e

Um den Spaß noch zu vergrößern, hatte die alte Royal nun den häufigsten Buchstaben der englischen Sprache ausgespuckt.

Paul sah auf den Kalender. Das Bild zeigte eine blumenübersäte Wiese, es war der Monat Mai, aber Paul hatte sich auf einem Blatt Papier seinen eigenen Kalender gemacht, und laut diesem schrieb man den 21. Juni.

Roll out those lazy crazy days of summer, dachte er gallig und warf die Type in die ungefähre Richtung des Papierkorbs.

Nun, was mache ich jetzt? dachte er, aber er wußte natürlich, was als nächstes kam. Handschrift. Das kam als nächstes.

Aber jetzt nicht. Wenngleich er noch vor wenigen Sekunden lodernd wie ein Strohfeuer gebrannt hatte und erpicht darauf gewesen war, Ian, Geoffrey und den stets für einen Lacher guten Hezekiah in den Hinterhalt der Bourkas zu bringen, damit die ganze Gruppe für das rührende Finale hinter das steinerne Antlitz der Göttin transportiert werden konnte, war er plötzlich müde. Das Loch im Papier hatte sich mit einem vernehmlichen Klang geschlossen.

Morgen.

Er würde morgen mit der Hand weiterschreiben.

Scheiß auf die Handschrift, Paul. Beschwere dich bei der Direktion.

Aber das würde er nicht tun. Annie war zu unheimlich geworden.

Er lauschte dem monotonen Dröhnen des Rasenmähers, sah ihren Schatten und erinnerte sich – wie so oft, wenn er daran dachte, wie unheimlich Annie wurde – gleichzeitig an die Axt, die hochgehoben wurde und dann herniedersauste; das Bild ihres schrecklich gleichgültigen und tödlichen, mit Blut verschmierten Gesichts. Alles war deutlich. Jedes Wort, das sie gesprochen hatte, jedes Wort, das er gekreischt hatte, das Knirschen der Axt, als sie aus dem durchtrennten Knochen herausgezogen wurde, das Blut an der Wand. Alles kristallklar. Und wie immer versuchte er, diese Gedanken allesamt zu verdrängen, aber wie meistens war er wieder ein paar Sekunden zu spät.

Aufgrund einer entscheidenden Wendung in der Handlung von *Schnelle Autos*, die mit Tony Bonasaros beinahe fatalem Autounfall zu tun hatte, als er einen letzten verzweifelten Versuch unternahm, der Polizei zu entkommen (sie führte auch zum Epilog, der aus einem brutalen Verhör bestand, welches der Partner des verstorbenen Lieutenant Gray in Tonys Krankenzimmer vornahm), hatte Paul eine Reihe von Unfallopfern interviewt. Er hatte immer wieder dasselbe gehört. Es kam manchmal in unterschiedlicher Verpackung, aber letztendlich lief es immer wieder auf dasselbe hinaus: *ich erinnere mich daran, wie ich ins Auto eingestiegen bin, und ich erinnere mich daran, wie ich hier aufgewacht bin. Alles andere ist wie ausradiert.*

Warum hatte ihm das nicht passieren können?

Weil Schriftsteller sich an alles *erinnern, Paul. Besonders an die Schmerzen. Ziehe einen Schriftsteller bis auf die Haut aus, zeige ihm seine Narben, und er wird dir die Geschichte jeder einzelnen erzählen. Die großen werden zu Romanen, nicht zu Amnesie. Ein wenig Talent ist ganz schön, wenn man Schriftsteller werden will, aber die einzig wirklich erforderliche Fähigkeit ist die, sich an die Geschichte jeder einzelnen Narbe zu erinnern. Kunst besteht aus der Beharrlichkeit der Erinnerung.*

Wer hatte das gesagt? Thomas Szaz? William Faulkner? Cyndi Lauper?

Der letzte Name weckte einige Assoziationen, unter den gegebenen Umständen unglückliche und schmerzvolle: die Erinnerung an Cyndi Lauper, die sich durch ›Girls Just Want to Have Fun‹ kiekste, so deutlich, daß er sie beinahe hören konnte: *Oh daddy dear, you're still number one – But girls, they wanna have fu-un / Oh when the workin day is done ! Girls just wanna have fun.*

Plötzlich wünschte er sich einen Rock-and-Roll-Hit mehr als er sich jemals eine Zigarette gewünscht hatte. Es mußte nicht Cyndi Lauper sein. Jeder wäre ihm recht gewesen. Jesus Christus, sogar Ted Nugent hätte ausgereicht.

Die Axt sauste hernieder.

Das Flüstern der Axt.

Nicht daran denken, Paul.

Aber das war dumm. Er befahl sich, nicht daran zu denken, und dabei wußte er die ganze Zeit, daß es da war, wie ein Knochen im Hals. Wollte er es dort lassen, oder wollte er ein Mann sein und die ganze beschissene Sache herauskotzen?

Eine andere Erinnerung drängte sich ihm auf; es schien die Goldene Oldie-Wahl für Paul Sheldon zu sein. Dieses stammte von Oliver Reed als der verrückte aber aalglatte und betörende Wissenschaftler in David Cronenbergs Film *Die Brut*. Reed beschwor seine Patienten im Institut für Psychoplasmatik (ein Name, den Paul Sheldon köstlich komisch fand) durch ›alles durchgehen! Durch alles durchgehen!‹

Nun... manchmal war das vielleicht kein schlechter Rat.

Ich bin einmal durchgegangen. Das reicht.

Eine verdammte Scheiße war das. Wenn es genügte, diesmal durch alles durchzugehen, dann wäre er ein verdammter Staubsaugervertreter geworden, wie sein Vater.

Dann geh durch, Paulie. Geh durch alles durch. Fange mit Misery an.

Nein.

Doch.

Verpiß dich.

Paul lehnte sich zurück, legte die Hände vor die Augen und fing an durchzugehen, ob es ihm gefiel oder nicht.

Durch alles durchzugehen.

5

Er war nicht gestorben, er hatte nicht geschlafen, aber eine Weile, nachdem Annie ihn gehobbelt hatte, ließen die Schmerzen nach. Er schwebte, fühlte sich losgelöst von seinem Körper, ein Ballon reiner Gedanken, der an seiner Schnur tanzte.

Scheiße, warum regte er sich auf? Sie hatte es getan, und die ganze Zeit zwischen jetzt und damals waren Schmerzen und Langeweile und gelegentliches Arbeiten an seinem dummen melodramatischen Buch gewesen, um den ersten beiden zu entfliehen. Die ganze Sache war sinnlos.

Oh, das ist sie nicht – es gibt ein Thema, Paul. Es ist der rote Faden, der durch alles läuft. Der Faden, der so wirklich ist. Siehst du das denn nicht?

Selbstverständlich Misery. Das war der rote Faden, der durch alles lief, aber richtig oder falsch, es war so gottverdammt dumm.

Als gewöhnliches Wort bedeutete es Elend oder Leid, meist von langer Dauer und meist sinnlos; als sinngemäßes Wort bedeutete es für ihn eine Person und eine Handlung, letztere ganz eindeutig von langer Dauer und sinnlos, aber eine, die dennoch ganz sicher demnächst enden würde. Misery, Leid und Elend, zogen sich durch die vergangenen vier (möglicherweise fünf) Monate seines Lebens, weiß Gott, eine ganze Menge Leid und Pein, Misery, Misery tagein und Misery tagaus, aber das war sicher zu einfach, zu einfach...

Oh, nein, Paul. Nichts an Misery ist einfach. Abgesehen davon, daß du ihr dein Leben verdankst, das könnte sein... denn es hat sich herausgestellt, daß du nach allem doch Scheherezade bist, nicht?

Wieder versuchte er, von diesen Gedanken loszukommen, aber es gelang ihm nicht. Beharrlichkeit der Erinnerung und so weiter. Schundschreiber wollen Spaß haben. Dann kam ihm eine unerwartete Idee, eine neue, die einen neuen Zweig des Denkens eröffnete.

Was du dabei übersiehst, weil es so offensichtlich ist, ist die Tatsache, daß du auch für dich selbst Scheherezade warst – bist.

Er blinzelte, ließ die Hand sinken und sah dümmlich in den Sommer hinaus, den zu sehen er nicht mehr erwartet hatte. Annies Schatten glitt vorbei und verschwand dann wieder.

Stimmte das?

Scheherezade für mich selbst? dachte er noch einmal. Wenn ja, dann sah er sich einer Idiotie gegenüber, die ein kolossales Ausmaß hatte: Er verdankte sein Überleben der Tatsache, daß das Stück Scheiße, das er auf Annies Verlangen hin für sie schreiben mußte, noch nicht vollendet gewesen war, als sie ihm den Fuß abhackte. Daß er hätte sterben sollen... es aber nicht konnte. Nicht bevor er wußte, wie alles ausging.

Oh, du bist ja vollkommen verrückt.
Sicher?

Nein, er war nicht mehr sicher. Über gar nichts.

Mit einer Ausnahme: sein ganzes Leben hatten von Misery abgehangen und hing noch davon ab.

Er ließ seine Gedanken wandern.

Die Wolke, dachte er. *Fang mit der Wolke an.*

6

Diesmal war die Wolke dunkler gewesen, dichter, irgendwie glatter. Er hatte das Gefühl, nicht zu schweben, sondern zu gleiten.

Manchmal kamen Gedanken, manchmal Schmerzen, manchmal hörte er ganz leise Annies Stimme, die sich anhörte wie damals, als das brennende Manuskript im Grill gedroht hatte, zu einem unkontrollierbaren Feuer zu werden: »Trinken Sie das, Paul... das *müssen* Sie!«

Gleiten?

Nein.

Das war nicht ganz das richtige Verb. Das richtige Verb war *sinken*. Er erinnerte sich an einen Telefonanruf um drei Uhr morgens – er war noch im College gewesen. Der verschlafene Pedell des vierten Stocks hatte an seine Tür gehämmert und ihm zugebrüllt, er solle an das verfluchte Telefon kommen. Seine Mutter. *Komm heim, so schnell du kannst, Paulie. Deinen Vater hat es schlimm erwischt. Er sinkt.* Er war, so schnell er konnte, heimgekommen, er hatte den alten Ford auf über siebzig Meilen beschleunigt, obwohl das Lenkrad schon bei fünfzig zu flattern anfing, aber letzten Endes war alles vergebens gewesen. Als er dort ankam, sank sein Vater nicht mehr, er war *gesunken*.

Wie dicht war er selbst daran gewesen, in der Nacht der Axt über den Jordan zu gehen? Er wußte es nicht, aber die Tatsache, daß er in der Woche nach der Amputation fast keine Schmerzen empfunden hatte, sprach deutlich dafür, *wie* dicht. Das, und die Panik in ihrer Stimme.

Er hatte im Halbkoma gelegen und wegen der atmungslähmenden Nebenwirkungen der Medikamente kaum geatmet, die Glukosetropfs waren wieder in seinen Armen. Was ihn aus dem Koma holte, war das Dröhnen von Trommeln und das Summen von Bienen.

Bourka-Trommeln.

Bourka-Bienen.

Bourka-*Träume*.

Farbe blutete langsam und unablässig in ein Land und einen Stamm, die es außerhalb des Papiers, auf dem er schrieb, nie gegeben hatte.

Ein Traum von der Göttin, dem *Antlitz* der Göttin, das schwarz über dem Grün des Dschungels aufragte, düster und erodiert. Dunkle Göttin, dunkler Erdteil, ein Kopf aus Stein, voller Bienen. Über alledem befand sich sogar noch ein Bild, das immer deutlicher wurde (als wäre ein gewaltiger Erdrutsch gegen die Wolke gestürzt, in der er lag), je mehr Zeit verstrich. Es war das Bild einer Lichtung, auf der ein einziger Eukalyptusbaum stand. Vom untersten Zweig dieses Baums hing ein Paar Stahlhandschellen herab. Bienen krochen darüber. Die Handschellen waren leer. Sie waren leer, weil Misery...

...entkommen war? War sie, oder nicht? Sollte die Geschichte nicht so weitergehen?

Sie *sollte* – aber jetzt war er nicht mehr so sicher. War es *das*, was die leeren Handschellen bedeuten sollten? Oder war sie weggeholt worden? In die Göttin? Zur Bienenkönigin, dem Großen Baby der Bourkas?

Weil du auch Scheherezade für dich selbst warst.

Für wen erzählst du diese Geschichte, Paul? Wem erzählst du diese Geschichte? Annie?

Natürlich nicht. Er sah nicht durch dieses Loch im Papier, um Annie zu sehen, oder um Annie zufriedenzustellen...er sah hindurch, um Annie zu *entkommen*.

Die Schmerzen hatten angefangen. Und das Jucken. Die Wolke wurde wieder dünner und riß schließlich **auf.** Er begann das Zimmer zu sehen, das war schlimm; und Annie, das war noch schlimmern. Dennoch hatte er beschlossen zu leben. Ein Teil von ihm, der ebenso süchtig nach den Serials war, wie Annie es als Kind gewesen war, hatte entschieden, daß er erst sterben konnte, wenn er wußte, wie sich alles gefügt hatte.

War sie mit Hilfe von Geoffrey und Ian entkommen?

Oder war sie in den Kopf der Göttin gebracht worden?

Es war lächerlich, aber diese dummen Fragen schienen tatsächlich einer Antwort zu bedürfen.

7

Sie wollte ihn nicht wieder an die Arbeit lassen – anfangs nicht. In ihren regsamen Augen konnte er sehen, wie ängstlich sie gewesen war und noch war. Wie dicht er drangewesen war. Sie sorgte aufopfernd für ihn, wechselte den Verband an seinem Stumpf alle acht Stunden (am Anfang – sie hatte ihn mit dem Gebaren von jemand informiert, die wußte, daß sie für das, was sie getan hat, eigentlich einen Orden verdiente, aber nie einen bekommen würde – hatte sie ihn sogar alle vier Stunden gewechselt), verabreichte ihm Bäder und Alkoholwickel – als wollte sie damit verleugnen, was sie getan hatte. Arbeiten, sagte sie, würde ihm schaden. *Es würde Sie zurückwerfen, Paul. Ich würde es nicht sagen, wenn es nicht so wäre – glauben Sie mir. Wenigstens wissen Sie schon, was passieren wird – ich würde* sterben, *um herauszufinden, was als nächstes geschehen wird.* Wie sich herausstellte hatte sie alles gelesen, was er geschrieben hatte – alles vor dem chirurgischen Eingriff, konnte man sagen –, während er dem Tode nahe gewesen war... mehr als dreihundert Manuskriptseiten. Auf den letzten vierzig Seiten hatte er die N noch nicht nachgetragen; das hatte Annie gemacht. Sie zeigte sie ihm mit einer Art unbehaglichem, trotzigem Stolz. Ihre N waren so sorgfältig wie in einem Schriftlehrbuch, ganz im Gegensatz zu seinen, die zu wenig mehr als einem Krakel geworden waren.

Auch wenn sie es nie sagte, glaubte Paul doch, daß Annie die N als ein weiteres Zeichen ihrer Reue nachgetragen hatte – *Wie können Sie sagen, daß ich grausam zu Ihnen war, Paul, Sie sehen doch, wie schön ich alle N nachgetragen habe* –, oder als einen Akt der Sühne, oder vielleicht als quasi-abergläubisches Ritual: häufig genug den Verband gewechselt, genügend Heilbäder, genügend N nachgetragen, und Paul würde leben. *Bourka-Bienenfrauen können mächtigen Mojo-Zauber machen, Bwana, tragen alle diese viiiiiielen N nach, und alles wird wieder gut.*

So hatte sie angefangen... aber dann kam *das Muß* wieder. Paul kannte alle Symptome. Als sie sagte, sie würde sterben um herauszufinden, was als nächstes geschehen wird, da hatte sie nicht gelogen.

Weil du weitergelebt *hast, nur um herauszufinden, wie es weitergeht, das möchtest du doch damit sagen, nicht?*

So verrückt es war – in seiner Absurdität sogar beschämend –, er glaubte, daß es zutraf.

Das Muß.

Es war etwas, das er zu seinem Verdruß in den *Misery*-Büchern erzeugen konnte, aber in seinen anderen Romanen nicht. Man wußte nicht genau, wo man *das Muß* finden konnte, aber man erkannte es immer, wenn man es gefunden hatte. Es brachte die Nadel eines internen Geigerzählers zum Ausschlagen – bis ans Ende der Skala. Sogar wenn man leicht verkatert vor der Schreibmaschine saß, tassenweise schwarzen Kaffee trank und alle zwei Stunden eine Rolaid zerkaute (und wußte, man sollte die verfluchten Zigaretten aufgeben, zumindest am Morgen, es aber doch nicht fertigbrachte), Monate vor der Vollendung und Lichtjahre von der Veröffentlichung entfernt, spürte man *das Muß*, wenn man es bekam. Wenn er es hatte, schämte er sich immer ein wenig und fühlte sich als Manipulator. Aber er fühlte sich dann auch in seiner Arbeit gerechtfertigt. Himmel, Tage vergingen und das Loch im Papier war klein, das Licht düster, die Dialoge geistlos. Man machte weiter, weil man nichts anderes tun konnte. Konfuzius sagt, wenn ein Mann eine Furche Getreide anbauen will, muß er erst eine Tonne Scheiße wegschaufeln. Und dann verbreitete sich das Ganze eines Tages plötzlich in VistaVision, und Licht schimmerte hindurch wie Sonnenstrahlen in einem Epos von Cecil B. De Mille, und man wußte, man hatte *das Muß*, ungestüm und lebendig.

Das Muß, wie bei: »Ich glaube, ich bleibe noch fünfzehn bis zwanzig Minuten auf, Liebling, ich muß noch wissen, wie dieses Kapitel endet.« Auch wenn man den ganzen Tag während der Arbeit ans Vögeln gedacht hat und weiß, daß die Frau wahrscheinlich schon schläft, wenn man endlich ins Schlafzimmer kommt.

Das Muß, wie bei: »Ich weiß, ich sollte das Essen machen – er wird wütend, wenn es wieder etwas Kaltes gibt – aber ich muß sehen, wie das endet.«

Ich muß wissen, ob sie überlebt.

Ich muß wissen, ob er den Scheißkerl erwischt, der seinen Vater ermordet hat.

Ich muß wissen ob sie herausfindet, daß ihre beste Freundin mit ihrem Mann vögelt.

Das Muß. So häßlich wie der Handlangerjob in einer schlüpfrigen Bar, so erregend wie ein Fick mit dem talentiertesten Callgirl der Welt. Oh, Mann es war schlecht und oh, Mann es war gut und oh, Mann letztendlich spielte es gar keine Rolle wie derb es war und wie grobschlächtig es war denn letztendlich war es wie die Jacksons auf einer ihrer Platten sangen – don't stop til you get enough.

8

Weil du auch Scheherezade für dich selbst warst.

Das war keine Vorstellung, die er artikulieren oder gar verstehen konnte, damals nicht; er hatte zu große Schmerzen gehabt. Aber er hatte es dennoch gewußt, nicht?

Nicht du. Die Jungs in der Denkfabrik. Die haben es gewußt.

Ja. Das hörte sich zutreffend an.

Das Geräusch des Rasenmähers wurde lauter. Annie war einen

Augenblick zu sehen. Sie sah zu ihm, sah, daß er zu ihr sah, und hob die Hand. Er hob eine – die, wo der Daumen noch dran war, als Erwiderung. Sie verschwand wieder. Ein Glück.

Es war ihm schließlich gelungen, sie davon zu überzeugen, daß es ihn voranbringen – nicht zurückwerfen – würde, wenn er sich wieder an die Arbeit machte. Die Deutlichkeit der Bilder, die ihn aus seiner Wolke herausgelockt hatten, spukten in ihm, und *spuken* war genau das richtige Wort: Bis sie niedergeschrieben waren, waren sie lediglich Schatten, die ungreifbar blieben.

Sie hatte ihm zwar nicht geglaubt – damals nicht –, aber sie hatte ihn wieder arbeiten lassen. Nicht weil er sie überzeugt hatte, sondern wegen des *Muß*.

Zuerst hatte er nur schmerzlich kurze Abschnitte arbeiten können – fünfzehn Minuten, vielleicht eine halbe Stunde, wenn die Geschichte es wirklich von ihm verlangte. Und selbst diese kurzen Abschnitte bereiteten ihm Schmerzen. Wenn er seine Haltung änderte, erwachte der Beinstumpf zu loderndem Leben, so wie schwelende Glut entflammt, wenn man ihr Luft zuführt. Es tat höllisch weh, während er schrieb, aber das war nicht das Schlimmste – das Schlimmste geschah immer erst eine oder zwei Stunden später, wenn der heilende Stumpf ihn mit seinem kribbeligen Jucken quälte, als würden schläfrige Bienen darauf herumkriechen.

Er hatte recht gehabt, nicht sie. Es ging ihm niemals wirklich gut – in dieser Situation konnte es das wahrscheinlich gar nicht –, aber seine Gesundheit verbesserte sich, und er gewann einen Teil seiner Kraft zurück. Er stellte fest, daß der Horizont seines Interesses geschrumpft war, aber das akzeptierte er als den Preis für das Überleben. Es war ein echtes Wunder, daß er überhaupt überlebt hatte.

Während er vor seiner Schreibmaschine mit den zunehmend lückenhafteren Zähnen saß und über einen Zeitraum nachdachte, der aus Arbeit und nicht aus Ereignissen bestand, nickte Paul. Ja, er nahm schon an, daß er seine eigene Scheherezade gewesen war, ebenso wie er seine eigene Traumfrau gewesen war, wenn er sich selbst angefaßt und im fiebrigen Rhythmus seiner eigenen Männerfantasien an sich gespielt hatte. Er brauchte keinen Psychiater, um einzusehen, daß das Schreiben seine autoerotische Seite hatte – man treibt es statt mit Fleisch mit der Schreibmaschine, aber bei beiden Akten kommt es weitgehend auf gewandtes Denken, schnelle Hände und eine tief empfundene Hingabe an die Kunst des So-tun-als-ob an.

Aber fand nicht letztlich auch eine Art Fick statt – und sei es nur von der trockensten Art?

Denn als er wieder angefangen hatte... nun, sie unterbrach ihn nicht, während er arbeitete, aber sie holte sich sofort die jeweils fertiggestellten Seiten, wenn er aufhörte, vorgeblich, um die fehlenden Buchstaben einzusetzen, aber in Wahrheit – das wußte er inzwischen, so wie sexuell empfindsame Männer spüren, welche Verabredungen zu etwas führen, wenn der Abend zu Ende ist, und welche nicht –, weil sie ihren Schuß brauchte. Sie brauchte *das Muß*.

Die Serials. Ja. Wieder das. Aber in den letzten paar Monaten ist sie täglich hingegangen, nicht nur Samstagnachmittags, und der Paul, der sie hinführt, ist ihr Hausschriftsteller, nicht ihr älterer Bruder.

Sein Aufenthalt an der Schreibmaschine wurde allmählich länger, während die Schmerzen nachließen und seine Belastungsfähigkeit wuchs... aber in letzter Instanz war er außerstande, schnell genug zu schreiben, um ihren Bedarf zu sättigen.

Das Muß, das sie beide am Leben hielt – und das traf zu, denn ohne es hätte sie ihn und sich schon längst umgebracht –, war es auch, das ihn seinen Daumen gekostet hatte. Es war schrecklich, aber in gewisser Weise auch komisch. *Ein wenig Ironie, Paul, das ist gut für dein Blut.*

Und denke daran, wieviel schlimmer es hätte kommen können.

Es hätte zum Beispiel sein Penis sein können.

»Und davon habe ich nur einen«, sagte er und begann in dem leeren Zimmer und vor der verhaßten Royal mit ihrem Zahnlückengrinsen schrill zu lachen. Er lachte, bis ihm Magen und Beinstumpf gleichermaßen weh taten. Lachte, bis sein *Verstand* weh tat. Einmal wurde das Lachen zu einem schrecklichen trockenen Schluchzen, das selbst im Überrest seines linken Daumens

Schmerzen weckte, und als das passierte, konnte er endlich aufhören. Er fragte sich in düsterer Stimmung, wie nahe er daran war, den Verstand zu verlieren.

Nicht, daß es sonderlich wichtig war, überlegte er.

9

Eines Tages – nicht lange vor der Daumenektomie, vielleicht weniger als eine Woche – war Annie mit zwei riesigen Schüsseln Vanilleeis hereingekommen, einer Dose Hersheys Schokoladensirup, einer Sprühdose Schlagsahne und einem Glas, in dem Maraschinokirschen, so rot wie Herzblut, wie biologische Proben schwammen.

»Ich habe mir gedacht, ich mache uns einen Nachtisch, Paul«, sagte Annie. Ihr Ton war besonders heiter. Das gefiel Paul nicht. Nicht der Klang ihrer Stimme, nicht der unbehagliche Ausdruck in ihren Augen. *Ich bin ein böses Mädchen*, besagte dieser Blick. Er machte ihn argwöhnisch, zog seinen Verstand auf. Er konnte sich nur zu leicht vorstellen, daß sie diesen Ausdruck hatte, wenn sie ein Bündel Kleider auf eine Treppe legte, eine tote Katze auf eine andere.

»Oh, danke, Annie«, sagte er und sah ihr zu, wie sie Sirup ausgoß und zwei Kumuluswolken Schlagsahne darauf sprühte. Diese Tätigkeiten führte sie mit den geübten Händen eines langjährigen Zuckerjunkies aus.

»Nichts zu danken. Sie haben es sich verdient. Sie haben so hart gearbeitet.«

Sie gab ihm die Süßspeise. Der süße Geschmack wurde nach dem dritten Bissen ekelerregend, dennoch aß er weiter. Das war klüger.

Eine der Grundregeln für das Überleben hier am malerischen Westhang war, in Reime gekleidet: *Wenn Annie serviert, dann iß ungeniert*. Sie schwiegen eine Weile, dann legte Annie den Löffel nieder, wischte sich mit dem Handrücken eine Mischung aus Scho-

290

koladensirup und schmelzendem Eis vom Kinn und sagte freundlich: »Erzählen Sie mir den Rest.«

Paul legte seinen Löffel auch weg. »Bitte?«

»Erzählen Sie mir den Rest der Geschichte. Ich kann es nicht erwarten. Ich kann es einfach nicht.«

Hatte er nicht immer gewußt, daß das passieren würde? Ja. Wenn jemand alle zwanzig Filmrollen des neuen Rocket-Man-Serials in Annies Haus gebracht hätte, hätte sie dann gewartet und nur eine pro Woche, oder eine pro Tag, ausgepackt?

Er betrachtete den halb verwüsteten Erdrutsch ihrer Süßspeise, eine Kirsche war beinahe in der Schlagsahne versunken, die andere schwamm in Schokoladensirup. Er erinnerte sich daran, wie das Wohnzimmer ausgesehen hatte, überall mit Süßigkeiten verkrustete Schüsseln.

Nein. Annie war nicht der Typ, der warten konnte. Annie hätte sich alle zwanzig Folgen in einer einzigen Nacht angesehen, selbst wenn ihr die Augen wund geworden wären und sie unerträgliche Kopfschmerzen bekommen hätte.

Weil Annie Süßigkeiten liebte.

»Das kann ich nicht«, sagte er.

Ihr Gesicht wurde auf der Stelle dunkler, aber sah er nicht auch einen Schatten der Erleichterung? »Oh? Warum nicht?«

Weil du mich am anderen Morgen nicht mehr respektieren würdest, wollte er sagen, verkniff es sich aber. Verkniff es sich sehr.

»Weil ich ein schlechter Geschichtenerzähler bin«, sagte er statt dessen.

Sie schlang den Rest ihrer Süßspeise mit fünf riesigen Löffeln hinunter, die in Pauls Kehle Frostbeulen erzeugt hätten. Dann stellte sie die Schüssel weg und sah ihn wütend an, nicht so, als wäre er der große Paul Sheldon, sondern so, als wäre er jemand, der den großen Paul Sheldon *kritisiert* hat.

»Wenn Sie so ein schlechter Geschichtenerzähler sind, wie kommt es dann, daß Sie Bestseller schreiben und Millionen Menschen die Bücher lieben, die Sie schreiben?«

»Ich habe nicht gesagt, daß ich ein schlechter Geschichten*schreiber* bin. Ich würde sogar sagen, *darin* bin ich ziemlich gut. Aber als Geschichten*erzähler* bin ich das letzte.«

»Sie erfinden nur eine große utschibutschi Ausrede.« Ihr Gesicht wurde noch dunkler. Die Hände hatte sie auf dem glänzenden Material ihres Rocks zu kleinen Fäusten geballt. Hurrikan Annie war wieder im Zimmer. Alles, was in die Binsen gehen konnte, würde auch in die Binsen gehen. Aber es *war* nicht mehr so wie früher, oder? Er hatte immer noch große Angst vor ihr, dennoch war ihr Einfluß auf ihn geringer geworden. Sein Leben schien plötzlich nicht mehr so wichtig zu sein, ob mit *Muß* oder ohne *Muß*. Er hatte nur Angst, daß sie ihm weh tun würde.

»Es ist *keine* Ausrede«, antwortete er. »Diese beiden Dinge sind wie Äpfel und Orangen, Annie. Leute, die Geschichten *erzählen*, können sie für gewöhnlich nicht *schreiben*. Wenn Sie wirklich der Meinung sind, daß Menschen, die Geschichten schreiben können, verdammt gute Redner sind, dann haben Sie noch nie irgendeinen armen Hund von einem Schriftsteller gesehen, der sich mühsam durch die *Today*-Show gestottert hat.«

»Ich will aber nicht mehr warten«, murrte sie. »Ich habe Ihnen diese gute Süßspeise gemacht, dafür können Sie mir wenigstens ein paar Einzelheiten verraten. Es muß ja nicht gerade die ganze Geschichte sein, schätze ich, aber . . . hat der Baron Calthorpe umgebracht?« Ihre Augen funkelten. »Das ist das einzige, das ich *wirklich* wissen möchte. Und was hat er mit der Leiche gemacht, wenn er es getan hat? Ist sie zerstückelt und in der Kiste, die seine Frau nicht aus den Augen läßt? Das vermute *ich* nämlich.«

Paul schüttelte den Kopf – nicht um anzudeuten, daß sie falsch lag, sondern um zu zeigen, daß er nichts verraten würde.

Sie wurde noch schwärzer. Dennoch war ihre Stimme sanft. »Sie machen mich sehr wütend – das wissen Sie doch, Paul?«

»Selbstverständlich weiß ich es. Aber ich kann nichts ändern.«

»Ich könnte sie *dazu bringen*. Ich könnte Sie dazu bringen, daß Sie es ändern können.« Aber sie sah frustriert aus, als wüßte sie genau, daß sie es nicht konnte. Sie konnte ihn dazu bringen, eine Menge zu sagen, aber sie konnte ihn nicht dazu bringen, etwas zu verraten.

»Annie, erinnern Sie sich noch, wie Sie mir gesagt haben, was ein kleiner Junge zu seiner Mutter sagt, wenn sie ihn dabei erwischt, wie er mit dem Putzmittel unter der Spüle spielt und sie es ihm wegnimmt? *Mami, du bist böse!* Sagen Sie das jetzt nicht zu mir? *Paul, Sie sind böse?*«

»Wenn Sie mich noch wütender machen, dann übernehme ich für nichts die Verantwortung«, sagte sie, aber er spürte, daß die Krise bereits überstanden war; durch diese Konzepte von Disziplin und Verhalten war sie seltsam verwundbar.

»Nun, dieses Risiko muß ich eingehen«, sagte er, »denn ich bin wie diese Mutter – ich sage nicht nein, weil ich böse sein oder Ihnen eins auswischen möchte –, ich sage nein, weil ich möchte, daß Sie die Geschichte mögen... und wenn ich Ihnen Ihren Wunsch erfülle, dann werden Sie sie nicht mehr mögen und Sie werden sie nicht mehr wollen.« *Und was wird dann aus mir werden, Annie?* dachte er, sagte es aber nicht.

»Dann sagen Sie mir wenigstens, ob dieser Nigger Hezekiah *wirklich* weiß, wo Miserys Vater ist! Sagen Sie mir wenigstens das!«

»Wollen Sie den Roman, oder soll ich einen Fragebogen ausfüllen?«

»Kommen Sie mir nicht sarkastisch!«

»Dann tun Sie nicht so, als wüßten Sie nicht, was ich sage!« brüllte er sie an. Sie wich überrascht und unbehaglich von ihm zurück, der letzte Rest der Schwärze verschwand aus ihrem Gesicht; was übrig blieb war der unheimliche Ausdruck des kleinen Mädchens, der Ich-war-böse-Ausdruck. »Sie wollen die goldene Gans aufschneiden, darauf läuft es hinaus. Aber als der Bauer im Märchen das schließlich tat, hatte er nur eine tote Gans und jede Menge Eingeweide!«

»Also gut«, sagte sie. »Also gut, Paul. Möchten Sie Ihre Süßspeise noch essen?«

»Ich kann nicht mehr«, sagte er.

»Ich verstehe. Ich habe Sie erbost. Tut mir leid. Ich glaube, Sie haben recht. Es war falsch zu fragen.« Sie war wieder völlig ruhig. Er rechnete halb damit, daß eine weitere Periode tiefer Depressionen oder blinder Wut folgen würde, aber das war nicht der Fall. Sie kehrten einfach wieder zu der täglichen Routine zurück, Paul schrieb, Annie las seinen täglichen Ausstoß, und zwischen dem

Streit und der Daumenektomie verging soviel Zeit, daß Paul den Zusammenhang gar nicht erkannte. Bis jetzt.

Ich habe mir wegen der Schreibmaschine einen Ausrutscher geleistet, dachte er und sah sie an, während er auf das Dröhnen des Rasenmähers hörte. Es klang jetzt leiser, und er bekam am Rande mit, daß das nicht daran lag, daß Annie sich weiter entfernte, sondern *er.* Er döste ein. Das tat er in letzter Zeit oft, er döste einfach wie ein alter Furz im Altersheim.

Keinen großen; nur einen kleinen Ausrutscher. Aber das war genug, nicht? Mehr als genug. Das war – wann? – eine Woche, nachdem sie die Süßspeise gebracht hatte? Um diese Zeit. Nur eine Woche, und ein Ausrutscher. Darüber, wie das Klappern dieser toten Type mich verrückt machte. Ich habe nicht einmal angedeutet, daß sie mir bei Nancy Hurenmonger oder wie sie heißt eine neue besorgen soll, bei der alle Typen intakt sind. Ich sagte nur, dieses Klappern macht mich verrückt, und dann, fast in null Komma nichts, als es um Pauls linken Daumen ging: Noch ist er da, plötzlich ist er weg. Aber sie hat es eigentlich nicht gemacht, weil ich mir den Ausrutscher mit der Schreibmaschine geleistet habe, nicht? Sie hat es getan, weil ich nein sagte und sie das akzeptieren mußte. Es war eine Tat der Wut. Die Wut war eine Folge der Erkenntnis. Welcher Erkenntnis? Nun, eben der, daß sie doch nicht alle Trümpfe in der Hand hält – daß ich eine gewisse passive Macht über sie habe. Die Macht des Muß. *Ich habe mich doch als ganz passable Scheherezade erwiesen.*

Es war verrückt. Es war komisch. Und es war wirklich. Millionen mochten spotten, aber nur deshalb, weil sie nicht einsahen, wie prägend der Einfluß der Kunst – selbst einer so degenerierten Kunst wie der populären Literatur – sein konnte. Hausfrauen teilen sich ihre Zeit nach den nachmittäglichen Seifenopern ein. Wenn sie wieder arbeiten gingen, wurde der Kauf eines Videorekorders zum obersten Gebot, damit sie dieselben Seifenopern abends ansehen konnten. Als Arthur Conan Doyle seinen Sherlock Holmes an den Reichenbach-Fällen sterben ließ, erhob sich das gesamte viktorianische England einstimmig und verlangte ihn zurück. Der Ton dieses Protests war exakt der von Annie gewesen – nicht Wehklagen, sondern Entrüstung. Seine eigene Mutter hatte ihn zurechtgewiesen, als er ihr seine Pläne mitgeteilt hatte, Holmes wegzuschaffen. Ihre indignierte Antwort war mit der

Post gekommen: »Diesen netten Mr. Holmes töten? Unfug! *Wage es nicht!*«

Und da war der Fall seines Freundes Gary Ruddman, der für die öffentliche Bibliothek in Boulder arbeitete. Als Paul ihn eines Tages besuchen kam, hatte Gary die Jalousie heruntergezogen und ein schwarzes Kreppband an die Tür geklebt. Der besorgte Paul hatte so lange geklopft, bis Gary antwortete. *Geh weg*, hatte Gary ihm gesagt. *Ich fühle mich heute so deprimiert. Jemand ist gestorben. Jemand, der mir sehr wichtig war.* Paul fragte wer, und Gary hatte resigniert geantwortet: *Van der Valk.* Paul hatte gehört, wie er von der Tür weggegangen war, und wenngleich er wieder geklopft hatte, hatte Gary nicht mehr geantwortet. Van der Valk, stellte sich heraus, war die Figur eines Detektivs, den der Schriftsteller Nicolas Freeling erfunden und dann beseitigt hatte.

Paul war davon überzeugt gewesen, daß Garys Reaktion mehr als falsch gewesen war; er fand, sie war prätentiös gekünstelt gewesen. Kurz gesagt, eine Pose. Diese Meinung behielt er bis 1983 bei, als er *Garp und wie er die Welt sah* las. Er machte den Fehler, die Stelle zu lesen, wo Garps jüngster Sohn den Tod fand, wie er von einem Schalthebel aufgespießt wurde, kurz bevor er zu Bett ging. Es dauerte eine Stunde, bis er einschlafen konnte. Diese Szene wollte nicht aus seinen Gedanken verschwinden. Während er sich herumwälzte und hin und her warf, ging ihm mehr als einmal der Gedanke durch den Kopf, wie unsinnig es war, um eine literarische Gestalt zu trauern. Denn genau um Trauer handelte es sich dabei. Diese Erkenntnis freilich hatte ihm nicht geholfen, und das hatte ihn zu der Überlegung gebracht, ob es Gary Ruddman mit Van der Valk damals nicht vielleicht doch ernster gewesen war, als Paul ihm zugestehen wollte. Und das hatte eine weitere Erinnerung ans Tageslicht gebracht: wie er mit zwölf Jahren an einem heißen Sommertag William Goldings *Herr der Fliegen* zu Ende gelesen hatte. Er wollte in die Küche gehen und sich ein Glas Limonade aus dem Kühlschrank holen, aber dann hatte er plötzlich die Richtung geändert und war erst verhalten, dann immer schneller ins Bad gerannt, wo er sich über die Toilette beugte und sich übergab.

Plötzlich erinnerte sich Paul noch an andere Beispiele dieser seltsamen Manie: Wie die Massen jeden Monat die Docks von Baltimore belagerten, wenn die Zeitschriften mit den neuesten Folgen von Mr. Dickens *Klein Dorrit* oder *Oliver Twist* geliefert wurden (einige waren ertrunken, was die anderen aber nicht entmutigt hatte); die alte Frau von einhundertundfünf Jahren, die strikt erklärt hatte, sie werde so lange weiterleben, bis Mr. Galsworthy die *Forsyte Sage* zu Ende geschrieben hatte – und die kaum eine Stunde, nachdem ihr das letzte Kapitel vorgelesen worden war, starb; der junge Bergsteiger, der mit einem angeblich tödlichen Fall von Unterkühlung im Krankenhaus lag, dessen Freund ihm rund um die Uhr *Der Herr der Ringe* vorlas, bis er aus dem Koma erwachte; Hunderte weitere solcher Vorfälle.

Jeder Verfasser von ›Bestsellern‹ kannte, vermutete er, sein eigenes Beispiel oder seine eigenen Beispiele radikaler Leseridentifizierung mit den erdachten Welten, die der Schriftsteller erschafft... *Beispiele des Scheherezade-Komplexes,* dachte Paul jetzt, halb träumend, während das Brummen von Annies Rasenmäher in weiter Ferne an- und abschwoll. Er erinnerte sich, er hatte zwei Briefe bekommen, die den Bau von Misery-Themenparks vorschlugen, einen von Disney World, einen von Great Adventure. Einem dieser Briefe hatte sogar eine grobe Blaupause beigelegen. Aber die Gewinnerin des blauen Bandes (wenigstens bis Annie Wilkes in sein Leben getreten war) war Mrs. Roman D. Sandpiper III aus Ink Beach, Florida, gewesen. Mrs. Roman D. Sandpiper, deren Vorname Virginia war, hatte ein Zimmer im Obergeschoß ihres Hauses in einen Misery-Salon verwandelt. Sie hatte Fotos von Miserys Spinnrad, Miserys Schreibtisch (mit einer unvollständigen Notiz für Mr. Faverey, die besagte, daß sie den Empfang am 20. November in der School Hall besuchen würde – in einer, wie Paul fand, seiner Heldin unheimlich geschickt nachempfundenen Handschrift; nicht die rundliche, fließende Handschrift einer Dame, sondern energische, halbfeminine Lettern); Miserys Sofa; Miserys Poesiealbum *(Laß Dich von der Liebe leiten, maße Dir nicht an, die Liebe zu leiten)* usw. usw. Die Möbel, stand in Mrs. Roman D. (›Virginia‹) Sandpipers Brief, waren alle echt, keine Imitationen. Paul konnte es nicht mit Sicherheit sagen, ging aber davon aus, daß es stimmte. Wenn ja, dann mußte dieses teure Stückchen

Scheinwelt Mrs. Roman D. (›Virginia‹) Sandpiper Tausende Dollar gekostet haben. Mrs. Roman D. (›Virginia‹) Sandpiper hatte sich beeilt ihm zu versichern, daß sie seine Heldin nicht benützte, um Geld zu verdienen, sie habe auch – da sei Gott vor! – keinerlei Pläne in dieser Richtung, aber sie wollte unbedingt, daß er die Bilder sah und ihr mitteilte, was sie falsch gemacht hatte (und das sei, dessen war sie sicher, eine ganze Menge). Mrs. Roman D. (›Virginia‹) Sandpiper hoffte auch, seine Meinung hören zu dürfen. Als er ihre Bilder betrachtete hatte, hatte er ein Gefühl gehabt, das seltsam und dennoch unheimlich teilnahmslos gewesen war – es war, als hätte er Fotos seiner eigenen Fantasie betrachtet, und er wußte genau, von dieser Stunde an würden ihm jedesmal, wenn er versuchte, sich Miserys kleine Kombination von Wohnzimmer und Arbeitszimmer vorzustellen, Mrs. Roman D. (›Virginia‹) Sandpipers Fotos einfallen und seine Fantasie mit ihrer fröhlichen aber eindimensionalen Konkretheit beeinträchtigen. *Ihr* sagen, was nicht stimmte? Das war Irrsinn. Von nun an würde *er* derjenige sein, der sich diese Frage stellte. Er hatte einen kurzen Brief mit seiner Bewunderung und seinen Glückwünschen zurückgeschrieben – einen Brief, der keine der Fragen anschnitt, die ihm, was Mrs. Roman D. (›Virginia‹) Sandpiper anbelangte, im Kopf herumgingen: in wie strengem Gewahrsam sie sich befand, zum Beispiel – und er hatte als Antwort darauf einen zweiten Brief mit weiteren Fotos erhalten. Mrs. Roman D. (›Virginia‹) Sandpipers erster Brief hatte aus zwei handgeschriebenen Seiten und sieben Fotos bestanden. Dieser zweite Brief bestand aus zehn handgeschriebenen Seiten und *vierzig* Fotos. Der Brief war eine erschöpfende (im wahrsten Sinne des Wortes) Auflistung, wo Mrs. Roman D. (›Virginia‹) Sandpiper jedes einzelne Stück gefunden hatte, wieviel sie dafür bezahlt hatte und wie es jeweils restauriert worden war. Mrs. Roman D. (›Virginia‹) Sandpiper hatte ihm geschrieben, daß sie einen Mann namens McKibbon gefunden hatte, der ein altes Gewehr besaß, und sie hatte ihn dazu gebracht, das Einschußloch in die Wand neben dem Stuhl zu schießen – sie konnte die historische Verbürgtheit des Gewehrs zwar nicht beschwören, aber Mrs. Roman D. (›Virginia‹) Sandpiper verbürgte sich dafür, daß es das richtige Kaliber war. Bei den Bildern handelte es sich größtenteils um Nahaufnahmen. Wären die hand-geschriebenen Erläuterungen auf der Rückseite nicht gewesen, dann hätte man sie für WAS IST DAS?-Fotos aus Rätselmagazinen gehalten, wo Ausschnittfotografien den Draht einer Büroklammer wie eine Säule oder den Deckel einer Bierdose wie eine Skulptur von Picasso aussehen lassen. Diesen Brief hatte Paul nicht beantwortet, aber das hatte Mrs. Roman D. (›Virginia‹) Sandpiper nicht davon abgehalten, ihm fünf weitere zu schicken (die ersten vier mit weiteren Polaroidfotos), bevor sie schließlich in ein verwirrtes, leicht gekränktes Schweigen verfallen war.

Der letzte Brief war schlicht und formell mit Mrs. Roman D. Sandpiper unterschrieben gewesen. Die Aufforderung (und sei sie noch so zurückhaltend gemacht worden), sie Virginia zu nennen, hatte sie offenbar zurückgezogen.

Die Gefühle dieser Frau, so besessen sie gewesen sein mochte, hatten sich niemals zu Annies paranoider Fixierung entwickelt, aber Paul begriff jetzt, daß der Ursprung derselbe gewesen war. Der Scheherezade-Komplex. Die tiefe und elementare Anziehungskraft des *Muß*.

Sein Schweben wurde tiefer. Er schlief.

10

In diesen Tagen döste er ein, wie alte Männer eindösen, unvermittelt und manchmal zu den ungünstigsten Zeitpunkten, und er schlief auch so, wie alte Männer schlafen – das heißt, nur durch die dünnste Membran von der Welt des Wachseins getrennt. Er hörte nicht auf, den Rasenmäher zu hören, aber sein Brummen wurde tiefer, rauher, abgehackter: das Geräusch des elektrischen Messers.

Er hatte sich den falschen Tag ausgesucht, um sich über die Royal und das fehlende N zu beschweren. Und selbstverständlich gab es nie einen richtigen Tag, zu Annie Wilkes nein zu sagen. Die Strafe wurde vielleicht aufgeschoben, aber niemals aufgehoben.

Nun, wenn Sie das so sehr stört, dann werde ich Ihnen wohl etwas ge-
ben müssen, damit Sie nicht mehr an dieses alte N denken müssen. Er
hörte sie in der Küche herumstöbern, Sachen durcheinanderwer-
fen und in ihrer seltsamen Annie-Wilkes-Sprache fluchen. Zehn
Minuten später kam sie mit der Spritze, dem Betadin und dem
elektrischen Messer zurück. Paul begann sofort zu schreien. In gewisser Weise war er wie ein Pawlowscher Hund. Wenn Pawlow
die Glocke läutete, begannen die Hunde zu sabbern. Wenn Annie
mit einer Spritze, Betadin und einem scharfen Gegenstand ins
Zimmer kam, begann Paul zu schreien. Sie steckte den Stecker des
Messers in die Steckdose neben dem Rollstuhl, und es folgte weiteres Flehen und weiteres Bitten und weitere Versprechungen,
daß er gut sein würde. Als er versuchte, vor der Spritze zurückzuweichen, da sagte sie ihm, er solle still sitzen bleiben und gut sein,
sonst würde das, was geschehen würde, ohne Linderung durch
ein Betäubungsmittel geschehen. Da er fortfuhr, winselnd und
flehend vor der Spritze zurückzuweichen, schlug Annie vor,
wenn er tatsächlich so empfand, dann wäre es vielleicht das Beste,
wenn sie das Messer einfach an seiner Kehle ansetzte und ein
Ende bereitete.

Da saß er still und ließ sich die Injektion verabreichen, und diesmal wurde das Betadin auf seinen linken Daumen und die
Schneide des Elektromessers aufgetragen (als sie es einschaltete
und und die beiden Schneiden sich rasend schnell hin und her bewegten und das Betadin in einem Schauer kastanienfarbener
Tropfen umherspritzte, schien sie es gar nicht zu bemerken), und
am Ende spritzten natürlich noch viel mehr rote Tropfen durch die
Luft. Denn wenn Annie sich für ein Vorgehen entschieden hatte,
dann führte sie es auch aus. Annie ließ sich von Bitten nicht beirren. Annie ließ sich von Schreien nicht beirren. Annie hatte den
Mut ihrer Überzeugungen.

Als sich die summende, vibrierende Klinge ins weiche Fleisch
zwischen dem Zeigefinger und dem in Kürze fehlenden Daumen
senkte, versicherte sie ihm wieder mit ihrer ›Das-tut-Mama-mehr-
weh-als-Paulie‹-Stimme, daß sie ihn liebhatte.

Dann, in dieser Nacht...

Du träumst nicht, Paul. Du denkst über Dinge nach, die du nicht zu denken wagst, wenn du wach bist. Also wach auf. Um Himmels willen, WACH AUF!

Er *konnte* nicht aufwachen.

Am Morgen hatte sie ihm den Daumen abgeschnitten und am Abend kam sie fröhlich in das Zimmer wo er in seinem Nebel von Drogen und Schmerzen saß und die verbundene linke Hand an die Brust hielt und sie hatte einen Kuchen bei sich und sie sang ›Happy Birthday to You‹ mit ihrer tonalen aber klanglosen Stimme obwohl gar nicht sein Geburtstag war und auf dem ganzen Kuchen waren Kerzen und in der Mitte direkt in die Butterkrem gesteckt wie eine zusätzliche Kerze war sein Daumen sein grauer toter Daumen dessen Nagel ein wenig unregelmäßig war weil er manchmal daran kaute wenn ihm ein Wort nicht einfiel und sie sagte *Wenn Sie versprechen gut zu sein Paul dann dürfen Sie ein Stück Geburtstagskuchen essen aber Sie müssen nichts von dieser ganz besonderen Kerze essen* und daher versprach er gut zu sein weil er nicht gezwungen werden wollte von dieser besonderen Kerze zu essen ganz besonders aber mit Sicherheit aber ganz bestimmt aber weil Annie groß war und Annie gütig war und laßt uns ihr für die Speisen danken die sie uns bescheret hat einschließlich daß wir nicht essen müssen und Mädchen wollen nur ihren Spaß haben und das Böse kommt auf leisen Sohlen bitte lassen Sie mich nicht meinen Daumen essen Annie die Mutter Annie die Göttin wenn Annie zugegen ist dann sollte man besser ehrlich sein denn sie weiß wann du schläfst und sie weiß wann du wachst und sie weiß wenn du gut warst und sie weiß wenn du böse warst daher sei gut um Himmels willen und besser weine nicht und besser schmolle nicht am allerwichtigsten aber ist nicht schreien nicht schreien nicht schreien nicht schreien nicht

Hatte er nicht.

Und als er nun erwachte, da geschah das mit einem Zusammenzucken, das ihm am ganzen Körper weh tat, er merkte kaum, wie fest er die Lippen zusammenpreßte, um den Schrei drinnen zu halten, wenngleich die Daumenektomie bereits mehr als einen Monat zurücklag.

Er war so sehr damit beschäftigt, nicht zu schreien, daß er einen

Augenblick lang nicht einmal sah, was die Einfahrt herabfuhr, und *als* er es schließlich sah, da hielt er es zuerst für eine Fata Morgana.

Es war ein Auto der Staatspolizei von Colorado.

11

Nach der Amputation seines Daumens folgte eine Zeit, während der Pauls größte Leistung, abgesehen von der Arbeit an seinem Roman, die war, seinen Kalender weiterzuführen. In dieser Hinsicht war er beinahe pathologisch geworden, manchmal verbrachte er mehr als fünf Minuten damit, in seiner Benommenheit dazusitzen und rückwärts zu zählen, um sich zu vergewissern, daß er nicht irgendwie einen Tag vergessen hatte.

Ich werde so schlimm wie sie, dachte er einmal.

Sein Verstand entgegnete müde: *Na und?*

Nach dem Verlust seines Fußes war es ihm vergleichsweise gut von der Hand gegangen, an dem Buch zu arbeiten – während der Zeit, die Annie so affektiert seine ›Rekonvaleszenzzeit‹ nannte. Nein – *vergleichsweise gut* war falsche Bescheidenheit, wenn es jemals so etwas gegeben hatte. Für einen Mann, dem es einst unmöglich gewesen war zu schreiben, wenn er keine Zigaretten mehr hatte oder wenn ihm der Rücken oder der Kopf weh tat, war es ihm *erstaunlich* gut von der Hand gegangen. Es wäre schön gewesen, sich in dem Wissen zu sonnen, wie heroisch er gewesen war, aber er vermutete, daß ihn einzig und allein der Realitätsfluchtgedanke beseelte, denn die Schmerzen waren wirklich gräßlich gewesen. Als der Heilungsprozeß schließlich begann, da dachte er, daß das ›Phantomjucken‹ des Fußes, der gar nicht mehr da war, eigentlich das schlimmste war. Die Schmerzen in dem fehlenden Fuß beunruhigten ihn am meisten. Mehr als einmal wachte er in der Nacht auf und stellte fest, daß er mit der rechten großen Zehe die Luft vier Zentimeter unterhalb der Stelle kratzte, wo sein linkes Bein jetzt aufhörte.

Aber er hatte sich dennoch an die Arbeit gemacht.

Erst nach der Daumenektomie und dem bizarren Geburtstagskuchen, der wie ein Überbleibsel aus *Was geschah wirklich mit Baby Jane?* war, wurden es wieder mehr zusammengeknüllte Seiten im Papierkorb. Verlier einen Fuß, stirb fast, geh wieder an die Arbeit. Verlier einen Daumen und gerate dann in seltsame Schwierigkeiten. Sollte es nicht eigentlich umgekehrt sein?

Nun, da war das Fieber – er hatte eine Woche mit Fieber im Bett verbracht. Aber es war eine vergleichsweise nebensächliche Angelegenheit gewesen; die höchste Temperatur, die er gehabt hatte, war 38,2 gewesen, und das war nicht gerade der Stoff, aus dem packende Melodramen geschrieben wurden. Das Fieber war wahrscheinlich mehr durch seinen allgemein heruntergekommenen Zustand verursacht worden als von einer spezifischen Infektion, und ein pupsiges altes Fieber war kein Problem für Annie; bei ihren anderen Souvenirs hatte Annie auch Keflex und Ampicillin in der ollen Kiste. Sie gab ihm davon, und es ging ihm besser... so gut es einem eben unter diesen bizarren Umständen gehen konnte. Aber etwas stimmte nicht. Er schien eine lebenswichtige Zutat verloren zu haben, und als Folge dessen war die Mischung deutlich weniger wirksam geworden. Er versuchte, die Schuld auf das fehlende N zu schieben, aber damit hatte er sich auch vorher herumärgern müssen, und was war schon ein fehlendes N verglichen mit einem fehlenden Fuß und jetzt, als weitere Attraktion, einem fehlenden Daumen?

Was für Gründe auch immer, etwas hatte den Traum gestört, etwas schmälerte den Umkreis des Lochs im Papier, durch das er sah. Einst – er hätte Stein und Bein geschworen, daß es so war! – war dieses Loch so groß wie die Einfahrt des Lincoln Tunnel gewesen. Jetzt hatte es bestenfalls noch die Größe eines Astlochs im Bretterzaun, durch den ein Passant auf dem Gehweg eine besonders interessante Baustelle betrachten konnte. Man mußte sich anstrengen und winden, um überhaupt etwas zu sehen, und immer häufiger spielten sich die wirklich interessanten Sachen außerhalb des Sehbereichs ab – was nicht überraschte, wenn man bedachte, wie winzig dieser Sehbereich geworden war.

Praktisch gesehen lag es auf der Hand, was nach der Daumenektomie und dem anschließenden Fieber geschehen war. Die Sprache des Buchs war wieder weitschweifig und übertrieben geworden – es war noch keine Selbstparodie, noch nicht, aber es trieb unablässig in diese Richtung, und er schien es nicht verhindern zu können. Ständig schlichen sich Fehler ein, so verstohlen wie Ratten, die in Kellerecken hausten: Über dreißig Seiten hinweg war aus dem Baron der Vicomte aus *Miserys Suche* geworden. Er mußte das überall korrigieren.

Das ist unwichtig, Paul, sagte er sich oft in diesen letzten Tagen, bevor die Royal erst das T und dann das E aushustete, *das verdammte Ding ist fast fertig.* Das war es. Die Arbeit daran war eine Tortur, und wenn er es fertig hatte, bedeutete das das Ende seines Lebens. Daß letzteres mittlerweile attraktiver zu sein schien als das erstere, sagte alles, was gesagt werden mußte über den ständig sich verschlechternden Zustand seines Körpers, seines Verstandes, seiner Seele. Das Buch freilich machte trotz alledem Fortschritte, scheinbar unabhängig davon. Die Lücken in der Kontinuität waren ärgerlich, aber nebensächlich. Er hatte mehr Probleme mit der Überzeugungskraft als jemals zuvor – das Spiel Kannst du? war zu einer konzentrierten Anstrengung geworden und machte keinen Spaß mehr. Dennoch machte das Buch Fortschritte, trotz der schrecklichen Dinge, die Annie mit ihm angestellt hatte, und er konnte darüber jammern, wie etwas – vielleicht sein Schneid – zusammen mit dem halben Liter Blut ausgelaufen war, den ihn der Verlust seines Daumens gekostet hatte, aber es war immer noch eine verdammt gute Geschichte, sein bester *Misery*-Roman bisher. Die Handlung war melodramatisch, aber gut konstruiert, auf ihre eigene bescheidene Weise recht amüsant. Wenn er jemals anderswo als in der streng limitierten Annie Wilkes-Edition (Erste Auflage: 1 Exemplar) veröffentlicht werden sollte, dann würde er sich wahrscheinlich wie verrückt verkaufen. Ja, er ging davon aus, daß er ihn zu Ende bringen würde, wenn die gottverdammte Schreibmaschine durchhielt.

Du wolltest doch so stark sein, dachte er einmal, nach einer seiner zwanghaften Übungen, die Maschine zu stemmen. Seine Arme zitterten, der Stumpf seines Daumens juckte unerträglich, seine Stirn war von einem feinen öligen Schweißfilm überzogen. *Du warst der zähe junge Revolvermann, der es dem lahmen alten Scheißdreck von einem Sheriff schon zeigen wollte, nicht? Aber du hast bereits eine Type geworfen, und ich sehe, daß einige der anderen, zum Beispiel das T, das E und vielleicht das G, anfangen, merkwürdig auszusehen . . . manchmal neigen sie sich in die Richtung, manchmal in die andere, manchmal stehen sie ein wenig zu hoch auf der Zeile, manchmal ein wenig zu tief. Ich glaube manchmal, der lahme alte Scheißdreck wird gewinnen, mein Freund, ich glaube, der lahme alte Scheißdreck wird dich zu Tode hakken . . . und es könnte sein, daß das alte Miststück das gewußt hat. Das könnte der Grund sein, weshalb sie mir den* linken *Daumen genommen hat. Wie das alte Sprichwort sagt, sie ist vielleicht verrückt, aber sie ist nicht dumm.*

Er sah die Schreibmaschine mit einem durchdringenden, aber müden Blick an.

Mach schon. Komm und geh kaputt. Ich werde es dennoch zu Ende schreiben. Wenn sie mir einen Ersatz besorgen möchte, dann danke ich ihr von Herzen, aber wenn nicht, dann werde ich, wenn nötig, von Hand zu Ende schreiben.

Auf gar keinen Fall werde ich schreien.

Ich werde nicht schreien.

Ich.

Ich werde nicht.

12

Ich werde nicht schreien!

Er saß jetzt hellwach am Fenster und war sich völlig darüber im klaren, daß das Polizeiauto, das er in Annies Einfahrt sah, so wirklich war, wie es sein linker Fuß einst gewesen war.

SCHREI! GOTTVERDAMMT, SCHREI!

Er *wollte* es, aber seine Konditionierung war zu stark – einfach zu stark. Er konnte nicht einmal den Mund öffnen. Er versuchte es und sah im Geiste die braunen Betadintropfen von der Messerklinge spritzen. Er versuchte es und hörte das Knirschen der Axt auf dem Knochen, das leise *Plopp!*, als das Streichholz in ihrer Hand das Bernż-O-matiC anzündete.

Er versuchte, den Mund zu öffnen, und konnte es nicht.

Versuchte, die Hände zu heben. Konnte es nicht.

Ein schreckliches Stöhnen entrang sich seinen zusammengepreßten Lippen, und seine Hände trommelten auf dem Brett zu beiden Seiten der Royal, aber mehr konnte er nicht tun, er war nicht imstande, sein Schicksal energischer in die Hand zu nehmen. Nichts, was ihm bisher zugestoßen war – abgesehen vielleicht von dem Augenblick, als er gesehen hatte, wie sich sein linkes Bein bewegte, der linke Fuß aber nicht –, war so schrecklich gewesen wie diese Unfähigkeit, sich zu bewegen. Es war die Hölle. In Wirklichkeit dauerte es nicht lange; vielleicht fünf Sekunden, sicher nicht länger als zehn; aber in Paul Sheldons Kopf schien es eine Ewigkeit zu sein.

Dort, vor seinen Augen, befand sich die Rettung: Er mußte nur das Fenster zertrümmern und die Lähmung überwinden, die das Miststück seiner Zunge aufbeschworen hatte, und schreien *Helft mir, helft mir, rettet mich vor Annie! Rettet mich vor der Göttin!*

Gleichzeitig schrie eine andere Stimme: *Ich bin gut, Annie, ich werde nicht schreien! Ich bin gut, ich bin gut, um der Barmherzigkeit willen! Ich verspreche, daß ich nicht schreien werde, aber schneiden Sie mir bitte nichts mehr ab!* Hatte er gewußt, hatte er vor dieser Situation wirklich und wahrhaftig gewußt, wie schlimm sie ihn unter der Knute hatte, wieviel seines essentiellen Selbst – seines Denkens und seiner Seele – sie ihm genommen hatte? Er wußte, daß er unablässig terrorisiert worden war, aber hatte er gewußt, wieviel von seiner subjektiven Realität, die einst so stark gewesen war, daß er sie als gottgegeben betrachtet hatte, ausgelöscht worden war?

Er wußte eines mit ziemlicher Sicherheit – es war wesentlich mehr mit ihm nicht in Ordnung als nur die Lähmung seiner Zunge, ebenso wie mit dem, was er geschrieben hatte, wesentlich mehr nicht in Ordnung war als die fehlende Type oder das Fieber oder Sprünge in der Kontinuität oder selbst der Verlust seines Schneids. Die Wahrheit hinter allem war so einfach in ihrer Grausamkeit; so schrecklich einfach. Er starb Stück für Stück, aber das

Sterben war nicht so schlimm, wie er immer vermutet hatte. Aber er *verblaßte* auch, und das war eine furchtbare Sache, denn das war schwachsinnig.

Nicht schreien! kreischte die Stimme der Panik trotzdem, während der Polizist die Tür seines Autos öffnete und ausstieg und dabei seinen Smokey Bear-Hut zurechtrückte. Er war jung, kaum älter als zwei- oder dreiundzwanzig, und er hatte eine Sonnenbrille auf, die so schwarz und flüssig wirkte wie eine Rohöllache. Er verharrte, um die Bügelfalten seiner Khakihose zurechtzuzupfen, und kaum dreißig Meter von ihm entfernt starrte ein Mann mit blauen Augen, die aus dem blassen und stoppeligen Gesicht eines alten Mannes quollen, ihn hinter einem Fenster an, stöhnte zwischen zusammengepreßten Lippen und klopfte sinnlos mit den Händen auf einem über einen Rollstuhl gelegten Brett.

nicht schreien

(doch schreien)

schreie und es ist vorbei schreie und es hat ein Ende

(niemals niemals ein Ende bis ich tot bin dieser Junge ist kein Gegner für die Göttin)

Paul, bei Jesus Christus, bist du schon tot? *Schrei*, du Scheißdreck, du Wichser! *SCHREI DIR DIE LUNGE AUS DEM HALS!*

Seine Lippen öffneten sich mit einem leisen reißenden Laut. Er saugte Luft in die Lungen und machte die Augen zu. Er hatte keine Ahnung, was herauskommen würde – ob überhaupt etwas –, bis es kam.

»AFRIKA!« schrie Paul. Nun schossen seine zitternden Hände wie aufgeschreckte Vögel in die Höhe und drückten gegen seinen Kopf, als wollten sie sein explodierendes Gehirn festhalten. *»Afrika! Afrika! Helfen Sie mir! Helfen Sie mir! Afrika!«*

Er riß die Augen auf. Der Polizist sah zum Haus. Paul konnte die Augen des Smokey nicht sehen, wegen der Brille, aber die Neigung seines Kopfes drückte Verwirrung aus. Er kam einen Schritt näher, blieb dann stehen.

Paul sah auf das Brett. Links neben der Schreibmaschine stand ein schwerer Keramikaschenbecher. Früher einmal wäre er voller Kippen gewesen, aber jetzt enthielt er nichts für seine Gesundheit Abträgliches, lediglich Papierschnipsel und ein Tipp-ex-Briefchen. Er ergriff ihn und warf ihn durch das Fenster. Glas barst nach draußen. Für Paul war es der befreiendste Laut, den er jemals gehört hatte. *Die Mauern stürzen ein*, dachte er voller Wonne und schrie: »*Hier! Helfen Sie mir! Hüten Sie sich vor der Frau! Sie ist verrückt!*«

Der Polizist sah ihn an. Er klappte den Mund auf. Er griff in die Brusttasche und holte etwas heraus, das nur ein Bild sein konnte. Er betrachtete es, dann ging er zum Rand der Einfahrt. Dort sprach er die einzigen vier Worte, die Paul ihn sagen hörte, die letzten vier Worte, die *irgend jemand* ihn sagen hörte. Danach gab er noch eine Reihe von unartikulierten Lauten von sich, aber keine echten Worte mehr.

»Scheiße!« rief der Polizist aus. »Sie sind es!«

Pauls Aufmerksamkeit hatte sich so sehr auf den Polizisten konzentriert, daß er Annie erst sah, als es zu spät war. Als er sie sah, erfüllte ihn ein wahrhaft übernatürliches Entsetzen. Annie war zu einer Göttin *geworden*, ein Ding, das halb Frau und halb Lawnboy war, ein unheimlicher weiblicher Zentauer. Ihre Baseballmütze war heruntergefallen. Ihr Gesicht war zu einer verzerrten Fratze erstarrt. In einer Hand hielt sie ein Kreuz aus Holz. Es hatte das Grab von Bossie geschmückt – Paul erinnerte sich nicht, ob Bossie Nr. 1 oder Nr. 2 –, die aufgehört hatte zu muhen.

Diese Bossie war tatsächlich gestorben, und als der Frühling den Boden weicher gemacht hatte, hatte Paul aus seinem Fenster, manchmal von Ehrfurcht erfüllt und manchmal von hysterischem Kichern geschüttelt, mit angesehen, wie sie zuerst ein Grab schaufelte (dazu hatte sie fast den ganzen Tag gebraucht) und dann Bossie (die auch ziemlich weich geworden war) hinter dem Stall hervorzog. Das hatte sie mit einer Kette getan, die sie an der Anhängerkupplung des Cherokee befestigt hatte. Das andere Ende der Kette hatte sie um Bossies Mitte geschlungen gehabt. Paul hatte mit sich selbst gewettet, daß Bossie in zwei Stücke brechen würde, bevor sie das Grab erreichte, aber die hatte er verloren. Annie hatte die Kuh hineingeworfen und sich dann daran gemacht, das Grab wacker wieder zuzuschütten, eine Aufgabe, die sie erst lange nach Einbruch der Dunkelheit vollendet hatte.

Im Licht des eben aufgegangenen Frühlingsmondes hatte Paul gesehen, wie sie ein Kreuz auf dem Grab errichtete und dann einen Vers aus der Bibel las.

Jetzt hielt sie das Kreuz wie einen Speer, die schmutzige Spitze des vertikalen Pfostens zeigte genau auf den Rücken des Polizisten.

»*Hinter Ihnen! Passen Sie auf!*« kreischte Paul, obwohl er wußte, daß es zu spät war.

Mit einem dünnen, heulenden Schrei stieß Annie Bossies Kreuz in den Rücken des Polizisten.

»*AG!*« sagte der Polizist und ging langsam auf den Rasen, den durchbohrten Rücken hatte er durchgestreckt, den Bauch herausgedrückt. Sein Gesicht war das Gesicht eines Mannes, der entweder an einem Nierenstein oder einem furchtbaren Gasangriff leidet. Das Kreuz sank nach unten, während der Polizist auf das Fenster zugetaumelt kam, hinter dem Paul saß, sein graues verzerrtes Gesicht wurde von Scherben eingerahmt. Der Polizist streckte langsam die Hand hinter den Rücken. Paul fand, daß er wie ein Mann aussah, der sich verzweifelt bemüht, sich an einer Stelle zu kratzen, die er nicht ganz erreichen kann.

Annie war von dem Lawnboy herabgestiegen und wie erstarrt dagestanden, die gespreizten Finger auf die Wölbungen ihrer Brüste gepreßt. Jetzt schnellte sie nach vorne und riß das Kreuz aus dem Rücken des Polizisten.

Er drehte sich zu ihr um und tastete nach seiner Dienstwaffe, und Annie stieß ihm die Spitze des Kreuzes tief in den Bauch.

»*OG!*« sagte der Polizist diesesmal, sank auf die Knie und umklammerte den Bauch. Als er sich vornüberbeugte, konnte Paul den Riß in der braunen Uniform sehen, wo sich der Pfahl beim erstenmal hineingebohrt hatte.

Annie zog das Kreuz wieder heraus – die scharfe Spitze war abgebrochen, zurück blieb ein gezackter, gesplitterter Stumpf – und stieß es zwischen die Schulterblätter. Sie sah aus wie eine Frau, die einen Vampir töten möchte. Die beiden ersten Hiebe waren vielleicht nicht tief genug eingedrungen, um großen Schaden anzurichten, aber diesesmal bohrte sich der Pfahl des Kreuzes mindestens neun Zentimeter in den Rücken des knienden Polizisten und nagelte ihn flach auf den Boden.

»SO!« schrie Annie und wand Bossies Grabschmuck aus seinem Rücken. »WIE GEFÄLLT DIR DAS, DU ALTER SCHMUTZFINK?«

»*Annie, aufhören!*« brüllte Paul.

Sie sah zu ihm auf, einen Moment funkelten ihre dunklen Augen wie Münzen, das Haar hing wirr und zerzaust um ihr Gesicht, die Mundwinkel hatte sie zu dem fröhlichen Grinsen einer Irren hochgezogen, die wenigstens für den Augenblick alle Hemmungen abgestreift hat. Dann sah sie wieder auf den Polizisten hinab.

»DA!« schrie sie und trieb das Kreuz wieder in seinen Rücken. Und in die Gesäßbacken. Und in den Oberschenkel eines Beins. Und zwischen die Beine. Sie stieß den Pfahl ein halbes Dutzendmal in ihn, und jedesmal rief sie »DA!« Dann splitterte der Pflock des Kreuzes.

»Da«, sagte sie fast im Plauderton und ging in die Richtung zurück, aus der sie herbeigerannt war. Kurz bevor sie aus Pauls Sehbereich verschwand, warf sie das blutige Kreuz weg, als würde sie sich gar nicht mehr dafür interessieren.

14

Paul legte die Hände auf die Räder des Rollstuhls; er war nicht sicher, wohin er wollte und was er anfangen wollte, wenn er dort war – vielleicht in die Küche, ein Messer holen? Nicht um zu versuchen, sie zu töten, o nein; sie würde einen Blick auf das Messer werfen und dann in den Schuppen gehen, um ihre doppelläufige Schrotflinte, Kaliber .30.30 zu holen.

Nicht um sie zu töten, sondern um sich selbst vor ihrer Rache zu bewahren, indem er sich die Pulsadern aufschnitt. Er wußte nicht, ob das seine Absicht gewesen war oder nicht, aber es schien eine verdammt gute Idee zu sein, denn wenn je die Zeit für einen *exeunt*-Bühnenabgang gewesen war, dann jetzt. Er hatte es satt, bei ihren Wutanfällen jedesmal ein Teil von sich zu verlieren.

Dann sah er etwas, das ihn erstarren ließ.

Der Polizist.

Der Polizist lebte noch.

Er hatte den Kopf gehoben. Die Sonnenbrille war heruntergefallen. Jetzt konnte Paul seine Augen sehen. Jetzt konnte er sehen, wie jung der Polizist war, wie jung und verletzt und ängstlich. Blut rann ihm in Strömen ins Gesicht. Es gelang ihm, sich auf Hände und Knie aufzurichten, dann kippte er nach vorne und rappelte sich mühsam wieder auf. Er begann, auf sein Auto zuzukriechen.

Er legte die Hälfte der grasbewachsenen Strecke zwischen dem Haus und dem Einfahrtsweg zurück, dann verlor er das Gleichgewicht und fiel auf den Rücken. Einen Augenblick lag er mit angezogenen Beinen dort und sah so hilflos wie eine Schildkröte aus, die auf dem Rücken liegt. Dann rollte er sich langsam auf die Seite und begann die schreckliche Anstrengung, sich wieder auf die Beine aufzurichten. Blut färbte sein Uniformhemd und die Hosen dunkel – Flecken breiteten sich aus, wuchsen, berührten andere Flecken.

Der Smokey hatte den Weg erreicht.

Plötzlich wurde der Lärm des Rasenmähers lauter.

»Aufpassen!« kreischte Paul. »Aufpassen! Sie kommt!«

Der Polizist drehte den Kopf. Schrecken breitete sich auf seinem Gesicht aus, und er fummelte erneut nach der Dienstpistole. Er holte sie heraus – etwas Großes, Schwarzes mit langem Lauf und Holzeinlegearbeiten am Griff –, und da tauchte Annie auch schon wieder auf, die hoch aufgerichtet im Sattel saß und den Lawnboy, so schnell sie konnte, fuhr.

»ERSCHIESSEN SIE SIE!« schrie Paul, aber anstatt Annie mit seiner großen alten Dirty

(Schmutzfink)

Harry-Knarre zu erschießen, ließ er sie fallen.

Er streckte die Hand danach aus. Annie machte eine heftige Lenkbewegung und fuhr über die ausgestreckte Hand und den Unterarm. Ein erstaunlicher Strahl Blut schoß aus dem Grasauswurf des Rasenmähers hervor. Der Junge in der Polizistenuniform schrie. Man konnte ein lautes Poltern hören, als die rotierende Scheibe des Rasenmähers die Pistole erfaßte. Dann fuhr Annie an der Seite des Rasens entlang, wo sie wendete, ihr Blick fiel eine Sekunde lang auf Paul, und Paul war sicher, was dieser kurze Blick sagen sollte. Erst der Smokey, dann er.

Der Junge lag wieder auf der Seite. Als er sah, daß der Mäher auf ihn zugerast kam, rollte er sich auf den Rücken und stemmte sich verzweifelt mit den Absätzen in den Sand der Einfahrt, um zu versuchen, sich unter das Auto zu schieben, wo sie ihn nicht erreichen konnte.

Es gelang ihm nicht einmal annähernd. Annie beschleunigte den Rasenmäher, so schnell sie konnte, und fuhr damit über seinen Kopf.

Paul sah einen letzten Blick aus den entsetzten braunen Augen, sah Fetzen der braunen Khakiuniform, die von einem schützend hochgehaltenen Arm hingen, und als die Augen verschwunden waren, wandte Paul sich ab.

Plötzlich wurde der Motor des Lawnboy leiser, eine Reihe rascher, seltsam flüssiger Laute war zu hören.

Paul übergab sich mit geschlossenen Augen.

15

Er öffnete sie erst wieder, als er den Schlüssel in der **Küchentür** rasseln hörte. Die Tür seines Zimmers war offen; er sah, **wie sie** den Flur entlang näher kam, die alten braunen Cowboystiefel und die Jeans, an deren Gürtelschlaufe der Schlüsselbund hing, und das Männer-T-Shirt waren blutbespritzt. Er schreckte vor ihr zurück. Er wollte sagen: *Wenn Sie mir noch etwas abschneiden, Annie, dann werde ich sterben. Den Schock einer weiteren Amputation werde ich nicht aushalten. Ich **werde** absichtlich sterben.* Aber es kamen keine Worte heraus, nur schrecklich sabbernde Laute, die ihn abstießen.

Sie ließ ihm ohnehin keine Zeit zu sprechen.

»Mit Ihnen beschäftige ich mich später«, sagte sie und machte die Tür zu. Einer ihrer Schlüssel drehte sich im Schloß – einem neuen Kreig, vor dem selbst Tom Twyford kapituliert hätte, dachte Paul –, dann eilte sie wieder den Flur entlang, das Poltern ihrer Schritte wurde, Gott sei Dank, leiser.

Er drehte den Kopf und sah düster zum Fenster hinaus. Er konnte den Leichnam des Polizisten nur teilweise sehen. Sein Kopf befand sich noch unter dem Rasenmäher, der seinerseits in einem trunkenen Winkel an dem Auto stand. Der Mäher war ein kleines traktorähnliches Fahrzeug, das dafür gedacht war, überdurchschnittlich große Rasen gepflegt zu halten. Er war nicht dafür gedacht, das Gleichgewicht zu halten, wenn er über die Felsen von Colorado fuhr, über umgestürzte Baumstämme oder die Köpfe von Polizisten aus Colorado. Wenn das Auto nicht genau dort gestanden hätte, wo es stand, wenn der Polizist nicht genau so weit gekommen wäre, wie er gekommen war, bevor Annie ihn überfahren hatte, dann wäre er ganz sicher umgekippt und hätte sie abgeworfen. Das hätte ihr vielleicht nichts Ernstes getan, aber es hätte ihr ziemlich weh tun können.

Sie hat mehr Glück als der Teufel persönlich, dachte Paul bestürzt und sah zu, wie sie das Getriebe auf Leerlauf schaltete und den Rasenmäher mit einem einzigen heftigen Stoß von dem Polizisten herunterschob. Die Seite des Mähers schrammte an dem Auto entlang und kratzte den Lack ab.

Nun, da er tot war, konnte Paul ihn ansehen. Der Polizist sah wie eine große Puppe aus, die von einer Gruppe unartiger Kinder übel zugerichtet worden ist. Paul verspürte ein schrecklich schmerzendes Mitgefühl für diesen unbekannten jungen Mann, aber darin schwang noch ein anderes Gefühl mit. Er untersuchte es und war nicht überrascht, festzustellen, daß es sich um Neid handelte. Der Polizist konnte nie mehr zu seiner Frau und seinen Kindern heimkehren, wenn er welche hatte, aber andererseits war er Annie Wilkes entkommen.

Sie packte ihn an einem blutigen Arm und zerrte ihn über die Einfahrt und in den Stall, dessen Türen offenstanden. Als sie wieder herauskam, stieß sie sie so weit auf, wie sie konnte. Dann ging sie zum Auto zurück. Sie bewegte sich mit einer Ruhe, die Gelassenheit gleichkam. Sie ließ das Auto an und fuhr es in den Stall. Als sie diesesmal wieder herauskam, schloß sie die Tür fast ganz und ließ nur einen kleinen Spalt offen, durch den sie hinein- und hinauskonnte.

Sie ging ein Stück die Einfahrt entlang, stemmte die Arme in die Hüften, und wieder sah Paul diesen bemerkenswerten Ausdruck der Gelassenheit.

Die Unterseite des Mähers war blutverschmiert, besonders um den Grasauswurf herum, wo es immer noch tropfte. Kleine Fetzen der Khakiuniform lagen in der Einfahrt oder flatterten auf dem frisch gemähten Rasen herum. Überall sah man Kleckse und Blutspritzer. Die Pistole des Polizisten, die mittlerweile eine schimmernde silberne Narbe am schwarzen Lauf hatte, lag im Staub. Ein Rechteck aus steifem Papier war von den Stacheln eines Kaktus aufgespießt worden, den Annie im Mai gepflanzt hatte. Bossies zertrümmertes Kreuz lag wie ein Kommentar zu dem ganzen Durcheinander auf dem Weg.

Sie bewegte sich aus seinem Sehbereich heraus und wieder in die Küche. Als sie hereinkam, hörte er sie singen: »She'll be driving six white horses when she COMES! She'll be driving six white horses when she COMES! She'll be driving six white HORSES, driving six white HORSES... she'll be driving six white HORSES when she COMES!«

Als er sie draußen wieder sehen konnte, hatte sie einen großen grünen Müllsack in der Hand, drei oder vier weitere ragten aus der Gesäßtasche ihrer Jeans heraus. Unter den Achselhöhlen und im Nacken hatte ihr T-Shirt dunkle Schweißflecken. Als sie sich umdrehte, sah er einen vage baumförmigen Schweißfleck auch auf ihrem Rücken.

Eine Menge Beutel für ein paar Stoffetzen, dachte Paul, aber er wußte, daß sie eine Menge einzusammeln hatte, bevor sie fertig war.

Sie sammelte die Fetzen der Uniform auf, dann das Kreuz. Sie brach es in zwei Hälften und warf es in den Müllsack. Es war unglaublich, aber nachdem sie das getan hatte, kniete sie nieder. Sie nahm die Pistole, ließ den Zylinder rollen, ließ die Patronen herausfallen, steckte sie in eine Hüfttasche und schob die Pistole in die Jeans. Sie pflückte das Stück Papier von dem Kaktus und betrachtete es nachdenklich. Sie steckte es ebenfalls in die Hüfttasche. Sie ging zum Stall, warf die Müllsäcke hinter die Tür und kam zum Haus zurück.

Sie ging auf dem Rasenstreifen entlang zur Kellerluke, die sich fast direkt unter Pauls Fenster befand. Sie sah etwas anderes. Es war sein Aschenbecher. Sie hob ihn auf und reichte ihn ihm höflich durch das zerschmetterte Fenster.

»Hier, Paul.«

Er nahm ihn wie betäubt entgegen.

»Die Papierschnipsel hole ich später«, sagte sie, als wäre das eine Frage, die ihm bereits gekommen sein mußte. Einen Augenblick dachte er daran, ihr den schweren Keramikaschenbecher auf den Kopf zu schlagen, als sie sich nach unten beugte, um ihr damit den Schädel zu zertrümmern und die Krankheit herauszulassen, die sie als ihr Gehirn ausgab.

Dann dachte er daran, was mit ihm geschehen würde – was mit ihm geschehen *konnte* –, wenn er sie nur verletzte, und er stellte den Aschenbecher mit einer zitternden, daumenlosen linken Hand wieder auf das Brett.

Sie sah ihn an. »Ich habe ihn nicht umgebracht, wissen Sie.«

»Annie...«

»*Sie* haben ihn umgebracht. Wenn Sie den Mund gehalten hätten, dann hätte ich ihn weggeschickt. Er wäre jetzt noch am Leben, und ich müßte dieses pupsige Schlamassel nicht aufräumen.«

»Ja«, sagte er. »Er wäre wieder die Straße hinuntergefahren, und was wäre aus mir geworden?«

Sie holte den Schlauch aus der Kellerluke und hing ihn sich über den Arm. »Ich verstehe nicht, was Sie meinen.«

»Doch, das tun Sie.« Inmitten seines Schocks hatte er zu seiner eigenen Gelassenheit gefunden. »Er hatte mein Bild. Sie haben es jetzt in der Tasche, nicht?«

»Stellen Sie mir keine Fragen, dann muß ich Ihnen keine Lügen erzählen.« An der Fassade des Hauses, links von seinem Fenster, befand sich ein Wasserhahn. Sie schraubte den Schlauch daran fest.

»Ein Staatspolizist mit meinem Bild bedeutet, daß jemand mein Auto gefunden hat. Wir haben beide gewußt, daß das passieren würde. Es überrascht mich nur, daß es so lange gedauert hat. In einem Roman kann ein Auto direkt aus der Geschichte hinausgespült werden – ich glaube, wenn ich müßte, dann könnte ich die Leute dazu bringen, es mir zu glauben –, aber im wirklichen Leben ist das nicht möglich. Trotzdem haben wir uns die ganze Zeit etwas vorgemacht, nicht, Annie? Sie wegen des Buchs, ich wegen meines Lebens, so erbärmlich das auch für mich geworden ist.«

»Ich weiß gar nicht, wovon Sie reden.« Sie drehte den Hahn auf. »Ich weiß nur, daß Sie den armen Jungen getötet haben, als Sie den Aschenbecher durchs Fenster warfen. Sie bringen das, was mit *Ihnen* geschehen könnte, vollkommen mit dem durcheinander, was mit ihm bereits geschehen *ist*.« Sie grinste ihn an. Irrsinn schwang in diesem Grinsen mit, aber auch noch etwas anderes, das ihm wirklich angst machte. Er sah bewußte Bosheit darin – hinter ihren Augen lauerte ein Dämon.

»Miststück«, sagte er.

»*Verrücktes* Miststück, oder nicht?« fragte sie, immer noch lächelnd.

»O ja – Sie sind verrückt«, sagte er.

»Nun, darüber werden wir uns unterhalten müssen, nicht wahr? Wenn ich mehr Zeit habe. Wir werden *eine ganze Menge* zu bereden haben. Aber momentan bin ich beschäftigt, wie Sie zwei-fellos sehen können.«

Sie rollte den Schlauch auf und ließ das Wasser spritzen. Sie ver-brachte fast eine Stunde damit, das Blut vom Rasenmäher und dem Weg und dem Rasen abzuwaschen, während Regenbogen in den Tröpfchen funkelten.

Dann drehte sie das Ventil zu und schritt am Schlauch entlang zurück, wobei sie ihn aufrollte. Es war immer noch hell, aber sie zog bereits einen langen Schatten hinter sich her. Es war jetzt sechs Uhr.

Sie schraubte den Schlauch los, öffnete die Kellerluke und warf die grüne Schlange hinein. Sie machte die Luke zu, schob den Rie-gel vor und richtete sich auf, um die Pfützen auf der Einfahrt und das Gras zu begutachten, das aussah, als wäre Tautropfen darauf verteilt.

Annie schritt zum Rasenmäher zurück, stieg auf, ließ ihn an und fuhr damit hinters Haus. Paul lächelte ein wenig. Sie hatte mehr Glück als der Teufel, und wenn sie unter Druck stand, war sie fast klüger als der Teufel – aber das Schlüsselwort in diesem Fall war *fast*. Sie hatte sich in Boulder einen Fehler geleistet und war durch ihr Glück davongekommen. Jetzt hatte sie wieder einen Fehler gemacht. Er hatte es gesehen. Sie hatte das Blut vom Rasen-mäher abgewaschen, aber die Klinge darunter vergessen – sogar das ganze Klingengehäuse. Sie erinnerte sich vielleicht später daran, aber Paul hielt es für unwahrscheinlich. Wenn der aktuelle Augenblick vorüber war, dann entglitten Annies Verstand nicht selten Dinge. Er dachte darüber nach, daß ihr Verstand und der Rasenmäher nun einiges gemeinsam hatten – was man sehen konnte, das sah normal aus. Aber wenn man das Ding herum-drehte und sich ansah, wie es funktionierte, dann sah man eine blutverschmierte Killermaschine mit sehr scharfen Klingen.

Sie ging wieder zur Küchentür und betrat das Haus. Sie ging nach oben, dort hörte er sie eine Weile herumwühlen. Dann kam sie langsamer wieder herunter und zog etwas hinter sich her, das sich weich und schwer anhörte. Nachdem er einen Augenblick überlegt hatte, rollte Paul den Rollstuhl zur Tür und preßte das Ohr gegen das Holz.

Leise, sich entfernende Schritte – etwas hohl. Und immer noch das weiche Scharren von etwas, das gezogen wurde. Auf der Stelle leuchteten die Flutlichter der Panik in seinem Gehirn auf, und seine Haut kribbelte vor Entsetzen.

Schuppen! Sie geht in den Schuppen, um die Axt zu holen! Wieder die Axt!

Aber das war nur ein momentaner Atavismus, und er drängte ihn vehement beiseite. Sie war nicht in den Schuppen gegangen. Sie ging in den Keller. Sie schleifte etwas in den Keller.

Er hörte sie wieder heraufkommen und rollte ans Fenster zurück. Als ihre Schritte sich der Tür näherten, als der Schlüssel im Schloß gedreht wurde, dachte er: *Sie ist gekommen, um mich zu töten.* Die einzige Empfindung, die dieser Gedanke auslöste, war erschöpfte Erleichterung.

16

Die Tür ging auf, und Annie stand da und betrachtete ihn nachdenklich. Sie hatte ein frisches T-Shirt und eine andere Hose angezogen. Ein kleiner Khakibeutel, zu groß für eine Handtasche, aber zu klein für einen Rucksack, hing ihr über eine Schulter.

Als sie hereinkam, stellte er verblüfft fest, daß er es sagen konnte, daß er es sogar mit einer gewissen Würde sagen konnte: »Kommen Sie her und töten Sie mich, Annie, wenn Sie es tun müssen; aber haben Sie wenigstens soviel Anstand und machen Sie es schnell. Säbeln Sie nichts mehr von mir ab.«

»Ich werde Sie nicht töten, Paul.« Eine Pause. »Jedenfalls nicht, wenn ich etwas Glück habe. Ich *sollte* Sie töten – das weiß ich –, aber ich bin ja verrückt, nicht? Und Verrückte handeln nicht unbedingt immer in ihrem Sinne, oder?«

Sie trat hinter ihn und schob ihn durch das Zimmer, zur Tür hinaus, den Flur hinab. Er konnte den Beutel gegen ihre Seite klatschen hören, und ihm fiel auf, daß er sie noch niemals mit so einem Beutel gesehen hatte. Wenn sie in einem Kleid in die Stadt ging, dann hatte sie eine große Handtasche bei sich – die Art von Handtasche, wie sie altjüngferliche Tanten zu Wohltätigkeitsbasaren in die Kirche mitnehmen. Wenn sie in Hosen ging, dann hatte sie einen Geldbeutel in der Gesäßtasche, genau wie ein Mann.

Das Sonnenlicht, das in die Küche schien, hatte einen gleißend goldenen Ton. Die Schatten der Tischbeine zogen horizontale Streifen über das Linoleum, die den Schatten von Gefängnisgittern ähnelten. Die Uhr über dem Schrank zeigte Viertel nach sechs, und wenngleich er keinen Grund zu der Vermutung hatte, daß sie mit ihren Uhren weniger schlampig war als mit ihren Kalendern (der hier draußen hatte es sogar schon bis Mai gebracht), schien diese Zeit zu stimmen. Er konnte die ersten abendlichen Grillen hören, die auf Annies Rasen zirpten. Er dachte: *Dieselben Laute habe ich als kleiner, unverletzter Junge gehört*, und einen Augenblick weinte er beinahe.

Sie schob ihn in die Vorratskammer, wo die Tür zum Keller offenstand. Kränkliches gelbes Licht drang von unten herauf und fiel wie tot auf den Linoleumboden. Der Geruch des winterlichen Regensturms, der dem Keller übel mitgespielt hatte, war noch wahrnehmbar.

Spinnen da unten, dachte er. *Mäuse da unten. Ratten da unten.*

»Hm-hmmm«, sagte er. »Ich nicht.«

Sie sah ihn mit gelinder Ungeduld an, und ihm wurde klar, daß sie, seit sie den Polizisten getötet hatte, fast normal zu sein schien. Ihr Gesicht war das entschlossene, etwas aufgeregte Gesicht einer Frau, die sich für eine große Dinner-Party fertigmacht.

»Sie gehen da hinunter«, sagte sie. »Die Frage ist nur, gehen Sie huckepack oder holterdipolter. Ich gebe Ihnen fünf Sekunden Zeit, sich zu entscheiden.«

»Huckepack«, sagte er wie aus der Pistole geschossen.

»Sehr klug.« Sie drehte sich um, so daß er ihr die Arme um den Nacken legen konnte. »Machen Sie keine Dummheit und versuchen Sie nicht, mich zu erwürgen, Paul. Ich hatte in Harrisburg Karateunterricht. Ich war gut. Ich werfe Sie über den Rücken. Der Boden besteht aus gestampfter Erde, ist aber sehr hart. Sie würden sich die Wirbelsäule brechen.«

Sie nahm ihn mühelos hoch. Seine Beine, die jetzt nicht mehr gebrochen waren, aber so verdreht und häßlich wie etwas, das man durch das Loch im Zelt einer Monstrositätenausstellung sehen kann, hingen herab. Das linke, mit der Salzkuppel, wo einst das Knie gewesen war, war ganze zehn Zentimeter kürzer als das rechte. Er hatte versucht, auf dem rechten Bein zu stehen, und hatte festgestellt, daß er es für kurze Zeit konnte, aber das führte zu dumpfen Schmerzen, die stundenlang anhalten konnten. Die Drogen konnten diese Schmerzen nicht beseitigen, sie waren wie ein heftiges körperliches Schluchzen.

Sie trug ihn nach unten in den strenger werdenden Geruch von altem Stein und Holz und Feuchtigkeit und verfaulendem Gemüse. Drei nackte Glühbirnen sorgten für Licht. Alte Spinnweben hingen zwischen kahlen Holzbalken. Die Wände bestanden aus achtlos behauenem Stein – sie sahen aus wie eine Kinderzeichnung von einer Felswand. Es war kühl, aber nicht unangenehm kühl.

Er war ihr noch nie so nahe gewesen wie in diesem Augenblick, als sie ihn huckepack die Treppe hinuntertrug. Er würde ihr nur noch einmal so nahe sein. Es war kein angenehmes Erlebnis. Er konnte den Schweiß ihrer zurückliegenden Anstrengung riechen, und wenngleich er den Geruch von frischem Schweiß eigentlich mochte – er assoziierte ihn mit Arbeit und harter Anstrengung, mit Dingen, die er respektierte –, war dieser Geruch übel und unangenehm, wie alte Leintücher voll angetrocknetem Sperma. Und unter dem Schweiß nahm er den Geruch von sehr altem Schmutz wahr. Annie, vermutete er, duschte ebenso nachlässig wie sie die Blätter ihrer Kalender abriß. Er konnte dunkelbraunes Wachs sehen, das ein Ohr verstopfte, und er fragte sich, wie, zum Teufel, sie etwas hören konnte.

Hier fand er neben einer Felsmauer die Ursache des schleifenden Geräuschs von vorhin: eine Matratze. Daneben hatte sie einen zusammengebrochenen Fernsehwagen gestellt. Ein paar Dosen und Flaschen standen darauf. Sie ging zu der Matratze, drehte sich herum und kauerte sich nieder.

»Absteigen, Paul.«

Er ließ behutsam los und ließ sich auf die Matratze zurücksinken. Er sah argwöhnisch zu ihr auf, als sie in den Khakibeutel griff.

»Nein«, sagte er sofort, als er im müden gelben Kellerlicht die Nadel einer Spritze funkeln sah. »Nein. Nein.«

17

»O Junge«, sagte sie. »Sie müssen denken, daß Annie heute wirklich in einer ruppie-duppie Laune ist. Ich wünschte, Sie würden sich *entspannen*, Paul.« Sie legte die Spritze auf den Fernsehwagen. »Das ist *Skalopomin*, eine Droge auf Morphiumbasis. Sie haben Glück, daß ich überhaupt Morphium habe. Ich habe Ihnen gesagt, wie genau sie in den Krankenhausapotheken darauf achten. Ich lasse es hier, weil es hier unten feucht ist und Ihre Beine vielleicht anfangen weh zu tun, bevor ich zurück bin. Einen Augenblick.«

Sie blinzelte ihm zu, was einen seltsam beängstigenden Unterton hatte – wie ein Verschwörer dem anderen zublinzeln mochte. »Sie werfen einen utschibutschi Aschenbecher, und ich bin beschäftigt wie ein einarmiger Tapezierer. Bin gleich wieder da.«

Sie ging nach oben und kam wenig später mit den Sofakissen und der Bettdecke aus seinem Zimmer zurück. Sie richtete die Kissen so hinter seinem Rücken, daß er ohne größeres Unbehagen aufsitzen konnte – aber er spürte die mürrische Kälte des Steins trotz der Matratze und der Kissen, die nur darauf zu warten schien, sich heranzuschleichen und ihn zu erfrieren.

Auf dem Wagen standen drei Flaschen Pepsi. Sie machte mit dem Flaschenöffner an ihrem Schlüsselbund zwei auf und reichte ihm eine davon. Sie führte ihre an den Mund und trank sie auf einen Zug halb leer; dann rülpste sie damenhaft und unterdrückt in die vorgehaltene Hand.

»Wir müssen reden«, sagte sie. »Oder besser, ich muß reden, und Sie müssen zuhören.«

»Annie, als ich sagte, daß Sie verrückt sind...«

»Psst! Kein Wort darüber. Vielleicht reden wir später darüber. Nicht, daß ich mir je anmaßen würde zu versuchen, Ihre Meinung zu ändern – die eines Mister Neunmalklug wie Ihnen, der mit Denken seinen Lebensunterhalt verdient. Ich habe nichts weiter getan, als Sie aus Ihrem Unfallwagen herauszuholen, bevor Sie erfrieren konnten, Ihre gebrochenen Beine zu schienen, Ihnen Medikamente gegen die Schmerzen zu geben, mich um Sie zu kümmern und Ihnen ein schlechtes Buch auszureden, das Sie geschrieben hatten, um Sie dann dazu zu bringen, das beste zu schreiben, das Sie bisher verfaßt haben. Und wenn das verrückt ist, dann bringen Sie mich in die Klapsmühle.«

Oh, Annie, wenn das nur jemand machen würde, dachte er, und bevor er es verhindern konnte, bellte er: »Sie haben mir auch meinen beschissenen Fuß abgehackt!«

Ihre Hand schoß schnell wie eine Peitsche nach vorne und schlug ihm mit einem leisen Knall den Kopf zur Seite.

»Gebrauchen Sie nicht dieses Wort in meiner Gegenwart«, sagte Annie. »Ich wurde anständig erzogen, Sie offenbar nicht. Seien Sie froh, daß ich Ihnen nicht Ihre Männerdrüse abgeschnitten habe. Ich habe nämlich daran gedacht, wissen Sie.«

Er sah sie an. Sein Magen fühlte sich wie das Innere eines Eisbeutels an. »Das weiß ich, Annie«, sagte er leise. Sie riß die Augen auf, und einen Augenblick sah sie verblüfft und schuldbewußt zugleich aus – verdorbene Annie statt böser Annie.

»Hören Sie mir zu. Hören Sie mir gut zu, Paul. Es wird alles gut, wenn es dunkel wird, bevor jemand kommt und sich nach diesem Burschen erkundigt. In eineinhalb Stunden wird es ganz dunkel sein. Wenn vorher jemand kommt...«

Sie griff in die Khakitasche und brachte die 44er des Polizisten zum Vorschein. Das Kellerlicht spiegelte sich in der zickzackförmigen Narbe, die der Rasenmäher in den Lauf gerissen hatte.

»Wenn vorher jemand kommt, dann haben wir das hier«, sagte sie. »Für denjenigen, der kommt, und dann für Sie und mich.«

18

Wenn es dunkel wurde, sagte sie, wollte sie das Polizeiauto zu ihrem Lachplatz fahren. Neben der Blockhütte befand sich ein Anbau, wo sie das Auto sicher verstecken konnte. Sie war der Meinung, die einzige Gefahr einer Entdeckung bestand auf der Route 9, aber selbst dort würde das Risiko gering sein – sie mußte nur vier Meilen fahren. Wenn sie die 9 verließ, dann würde sie auf kaum befahrenen Nebenstraßen in die Berge fahren, von denen viele gar nicht mehr benützt wurden, weil grasendes Vieh selbst dort oben eine Seltenheit wurde. Ein paar dieser Straßen, sagte sie, waren durch Tore abgesperrt – sie und Ralph hatten Schlüssel dafür bekommen, als sie das Haus gekauft hatten. Sie mußten nicht danach fragen, die Besitzer des Landes zwischen der Straße und der Hütte gaben sie ihnen. Sie nannten es *Nachbarschaftshilfe*, sagte sie Paul und schaffte es, ein freundliches Wort mit ungeahnten Nuancen zu versehen: Argwohn, Verachtung, bittere Belustigung.

»Jetzt, wo ich gesehen habe, wie wenig man Ihnen vertrauen kann, würde ich Sie gerne mitnehmen, um Sie im Auge zu behalten, aber das geht nicht. Ich könnte Sie im Kofferraum des Polizeiautos hochbringen, aber Sie wieder herunterzubekommen, wäre unmöglich. Ich werde mit Ralphs Moped zurückfahren müssen. Wahrscheinlich falle ich herunter und breche mir meinen utschibutschi *Hals!*«

Sie lachte fröhlich, um zu zeigen, was für ein Witz das für sie wäre, aber Paul stimmte nicht mit ein.

»Wenn das geschehen *würde*, Annie, was würde dann aus *mir* werden?«

»Mit Ihnen wäre alles in Ordnung, Paul«, sagte sie heiter. »Herrje, Sie sind so ein Sorgenpinsel!« Sie ging zu einem der Kellerfenster und blieb einen Moment dort stehen, sah hinaus und schätzte ab, wie weit der Tag fortgeschritten war. Paul sah sie mißvergnügt an. Wenn sie vom Moped ihres Mannes fiel oder von einer dieser unbefestigten Bergstraßen abkam, dann wäre mit ihm schwerlich alles in Ordnung. Er glaubte nämlich, daß er dann hier unten einen Hundetod sterben würde, und wenn das geschehen war, wäre er eine willkommene Beute für die Ratten, die augenblicklich zweifellos diese uneingeladenen Zweibeiner betrachteten, die in ihr Reich eingedrungen waren. Die Tür der Vorratskammer hatte jetzt auch ein Kreig-Schloß, und der Riegel an der Kellerluke war fast so dick wie sein Handgelenk. Die Kellerfenster waren, wie um Annies Paranoia widerzuspiegeln (daran war nichts Seltsames, überlegte er; spiegelten nicht alle Häuser nach einer Weile die Persönlichkeit ihrer Besitzer wider?), wenig mehr als schmutzige Schießscharten, etwa fünfzig Zentimeter lang und zwanzig breit. Er glaubte, selbst in Bestform hätte er sich da nicht hindurchzwängen können, und das war er nicht. Es gelang ihm vielleicht, eines aufzubrechen und um Hilfe zu rufen, wenn sich jemand hier zeigte, bevor er verhungert war, aber das war ein schwacher Trost.

Die ersten Wogen des Schmerzes flossen wie vergiftetes Wasser in seine Beine. Und das Wollen. Sein Körper schrie nach Novril. Es war *das Muß*, nicht? Klar doch.

Annie kam zurück und nahm die dritte Flasche Pepsi. »Ich bringe Ihnen noch ein paar, bevor ich gehe«, sagte sie. »Im Augenblick brauche ich den Zucker. Es macht Ihnen doch nichts aus, oder?«

»Selbstverständlich nicht. Mein Pepsi ist Ihr Pepsi.«

Sie drehte den Verschluß von der Flasche und trank mit gierigen Schlucken. Paul dachte: *Chug-a-lug, chug-a-lug, make ya want to holler hi-de-ho.* Von wem war das? Roger Miller, richtig? Seltsam, was der Verstand alles ans Licht brachte.

Unfaßbar.

»Ich lege ihn ins Auto und fahre es zu meinem Lachplatz hinauf. Ich nehme seine Sachen mit. Ich fahre sein Auto in den Schuppen und begrabe ihn und seine... Sie wissen schon, seine *Fetzen*... oben im Wald.«

Er sagte nichts. Er dachte an Bossie, die muhte und muhte und muhte, bis sie nicht mehr muhen konnte, weil sie tot war, und ein weiteres großes Axiom des Lebens am Westhang war: *Tote Kühe muhen nicht.*

»Ich habe eine Kette für die Einfahrt. Die werde ich anbringen.

Wenn die Polizei kommt, wird das vielleicht Verdacht erwecken, aber ich erwecke lieber ihren Verdacht als zu riskieren, daß sie ans Haus fahren und hören, wie Sie ein großes utschibutschi Spektakel machen. Ich habe mir überlegt, ob ich Sie knebeln soll, aber Knebel sind gefährlich, besonders dann, wenn man atmungsbeeinträchtigende Drogen nimmt. Oder Sie müssen sich vielleicht übergeben. Oder Ihre Stirnhöhlen gehen zu, weil es hier unten so feucht ist. Wenn die Stirnhöhlen zu sind und Sie können nicht durch den Mund atmen...«

Sie schaltete ab und sah weg; sie war so stumm wie die Steine der Kellerwand, so leer wie die erste Flasche Pepsi, die sie getrunken hatte. *Make ya want to holler hi-de-ho.* Und hatte Annie heute hi-de-ho gebrüllt? Worauf du dich verlassen kannst. Annie hatte hi-de-ho gebrüllt, bis der ganze Hof pupsig gewesen war. Er lachte. Sie gab kein Zeichen, daß sie ihn gehört hatte.

Dann kam sie langsam wieder zurück.

Sie sah ihn blinzelnd an.

»Ich werde einen Zettel zwischen zwei Zaunlatten stecken«, sagte sie langsam, während sie ihre Gedanken wieder sammelte. »Etwa fünfunddreißig Meilen von hier ist eine Stadt. Sie heißt Steamboat Heaven, ist das nicht ein komischer Name für eine Stadt? Die haben dort etwas, das nennen sie den größten Flohzirkus der Welt. Haben sie jeden Sommer. Es sind immer eine Menge Leute dort, die Keramiksachen verkaufen. Ich lasse eine Nachricht da, daß ich dort bin, in Steamboat Heaven, um Keramiksachen zu kaufen. Ich sage, ich werde über Nacht dort bleiben. Und wenn mich später jemand fragt, wo ich gewesen bin, damit sie es nachprüfen können, dann werde ich sagen, es gab keine guten Keramiksachen dort, daher bin ich wieder zurückgefahren. Aber ich wurde müde. Das werde ich sagen. Ich sage, ich habe unterwegs angehalten, um ein Nickerchen zu machen, weil ich Angst hatte, am Steuer einzuschlafen. Ich sage, ich wollte nur ein kurzes Nickerchen machen, aber ich war so müde, daß ich die ganze Nacht hindurch geschlafen habe.«

Paul war fassungslos, wie weit ihre Verschlagenheit reichte. Plötzlich wurde ihm klar, daß Annie genau das tat, was er nicht konnte: Sie spielte Kannst du? im wirklichen Leben.

Vielleicht, **dachte er**, *schreibt sie deshalb keine Bücher. Das muß sie nicht.*

»Ich werde so schnell wie möglich zurückkehren, denn die Polizei *wird* hierherkommen«, sagte sie. Diese Aussicht schien Annies unheimliche Gelassenheit nicht im mindesten zu erschüttern, wenngleich Paul nicht glauben konnte, daß sie in einem Teil ihres Verstandes nicht auch wußte, wie nahe das Ende des Spiels jetzt herangerückt war. »Ich nehme nicht an, daß sie noch heute nacht kommen werden – es sei denn vielleicht, um vorbeizufahren –, aber sie *werden* kommen. Sobald sie sicher sind, daß er wirklich verschwunden ist. Sie werden diese Strecke entlangfahren und nach ihm suchen und versuchen herauszufinden, wo er haltgemacht hat, wo man ihn gesehen hat. Finden Sie nicht auch, Paul?«

»Ja.«

»Ich *sollte* zurück sein, bevor sie kommen. Wenn ich gleich bei Dämmerung mit dem Moped losfahre, dann schaffe ich es vielleicht, am Nachmittag wieder hierzusein. Es dürfte mir gelingen, sie zu schlagen. Denn wenn er von Sidewinder gekommen ist, dann wird er unterwegs häufig angehalten haben, bevor er hierherkam.«

Paul überlegte sich, ob sie vielleicht daran gedacht hatte, daß sie am *Ende* der befohlenen Route des Polizisten anfangen konnten, nicht am Anfang. Er hielt es für unwahrscheinlich – verfolgen war immer logischer als vorausgreifen –, aber es wäre möglich. Paul beschloß, daß es schlecht wäre, diesen Punkt anzusprechen. Schlecht für seine Gesundheit.

»Wenn sie kommen, dann dürften Sie wieder in Ihrem Zimmer sein, kuschelmuschelgemütlich. Ich werde Sie nicht fesseln oder knebeln oder so etwas, Paul. Sie können sogar zusehen, wenn ich hinausgehe und mit ihnen rede. Denn nächstesmal werden es zwei sein. Glauben Sie nicht auch?«

Paul glaubte es auch.

Sie nickte zufrieden. »Aber ich kann auch mit zweien fertig werden, wenn es sein muß.« Sie tätschelte den Khakibeutel. »Sie sollen immer an die Pistole des Jungen denken, wenn Sie zusehen, Paul. Sie sollen wissen, daß sie die ganze Zeit hier drinnen sein wird, wenn die Polizisten morgen kommen und ich mit ihnen

325

rede. Ich werde den Beutel nicht zumachen. Es macht nichts, wenn *Sie* sie sehen, Paul, aber wenn die Polizisten *Sie* sehen – entweder durch Zufall oder weil Sie morgen etwas Ähnliches wie heute versuchen –, wenn das passiert, Paul, dann werde ich die Pistole aus dem Beutel holen und zu schießen anfangen. Sie tragen schon die Verantwortung für den Tod dieses Jungen.«

»Bockmist«, sagte Paul und wußte, sie würde ihm dafür weh tun, aber es war ihm einerlei.

Sie tat es nicht. Sie lächelte nur ihr gelassenes mütterliches Lächeln.

»Oh, Sie wissen«, sagte sie. »Ich mache mir nichts vor, daß es Ihnen etwas ausmachen könnte, ganz und gar nicht, aber Sie *wissen*. Ich mache mir nichts vor, es würde Ihnen nichts ausmachen, daß noch zwei Menschen sterben, wenn Sie sich etwas davon versprechen... aber es würde Ihnen nichts nützen, Paul. Denn wenn ich zwei umbringen muß, dann werde ich vier umbringen. Sie... und uns. Und wissen Sie was? Ich glaube, es liegt Ihnen noch etwas an Ihrer eigenen Haut.«

»Nicht viel«, sagte er. »Ich will Ihnen die Wahrheit sagen, Annie – mit jedem Tag, der vergeht, fühlt sich meine Haut mehr wie etwas an, das ich loswerden möchte.«

Sie lachte.

»Oh, *das* habe ich schon einmal gehört. Aber wenn sie nur sehen, wie man eine Hand auf ihre pupsigen alten Lungenmaschinen legt! Das ist etwas ganz anderes! Ja! Wenn sie *das* sehen, dann fangen sie an zu kreischen und werden zu richtigen *Bälgern!*«

Nicht, daß dich das jemals abgehalten hätte, was, Annie?

»Wie dem auch sei«, sagte sie, »ich wollte Sie nur wissen lassen, daß ich Sie für alles verantwortlich mache. Wenn Ihnen wirklich nichts daran liegt, dann können Sie sich den Kopf abschreien, wenn sie kommen. Das liegt bei Ihnen.«

Paul sagte nichts.

»Wenn sie kommen, dann stehe ich draußen in der Einfahrt und sage ja, ein Polizist war hier. Ich sage, er kam gerade, als ich nach Steamboat Heaven aufbrechen wollte, um mir die Keramiksachen anzusehen. Ich sage, daß er mir Ihr Bild gezeigt hat. Ich sagte, daß ich diesen Mann nicht gesehen habe. Dann wird mich einer von

Ihnen fragen: ›Das war letzten Winter, Miß Wilkes, wie können Sie so sicher sein?‹ Und ich werde sagen: ›Wenn Elvis Presley noch am Leben wäre und *Sie* ihn letzten Winter gesehen hätten, würden Sie sich dann noch daran erinnern?‹ Und er wird sagen, ja, wahrscheinlich, aber was hat das mit dem Kaffeepreis in Borneo zu tun, und ich werde sagen, Paul Sheldon ist mein Lieblingsschriftsteller, und daß ich Ihr Bild schon oft gesehen habe. Das muß ich sagen, Paul. Wissen Sie, warum?«

Er wußte es. Ihre Verschlagenheit setzte ihn immer mehr in Erstaunen. Er dachte, das sollte sie nicht, jetzt nicht mehr, aber dennoch war es so. Er erinnerte sich an die Bildunterschrift unter dem Bild, das Annie in der Untersuchungszelle zeigte, das Bild, das während der Zeit zwischen dem Ende der Verhandlung und der Rückkehr der Geschworenen aufgenommen worden war. Er erinnerte sich Wort für Wort daran: *IM ELEND? NICHT DIE DRACHENLADY. Annie liest gelassen, während sie auf das Urteil wartet.*

»Also dann«, fuhr sie fort. »Ich werde sagen, daß der Polizist alles in sein Buch geschrieben und sich bedankt hat. Ich sage ihnen, daß ich ihn auf eine Tasse Kaffee hereingebeten habe, obwohl ich in Eile war, und sie werden mich fragen, warum. Ich sage, möglicherweise wußte er von meinen früheren Problemen, und ich wollte ihm die Gewißheit geben, daß hier alles bestens ist. Aber er sagte nein, er müßte weiter. Daher fragte ich ihn, ob er ein kaltes Pepsi mit auf den Weg nehmen wollte, weil der Tag so heiß war, und er sagte ja, danke, das wäre sehr freundlich.«

Sie trank das zweite Pepsi und hielt die leere Pepsiflasche zwischen sich und ihn. Durch das Plastik gesehen, war ihr Auge riesig und verzerrt, das Auge eines Zyklopen. Die Seite ihres Kopfes nahm eine wellige, hydrozephalisch gewölbte Form an.

»Ich werde etwa zwei Meilen aufwärts halten und diese Flasche in den Straßengraben werfen«, sagte sie. »Aber zuvor werde ich selbstverständlich seine Finger darauf drücken.«

Sie lächelte ihn an – ein trockenes, speichelloses Lächeln.

»Fingerabdrücke«, sagte sie. »Dann werden sie wissen, daß er an meinem Haus vorbeigefahren ist. Jedenfalls werden sie es *glauben*, und das ist gut so, nicht, Paul?«

Sein Mißfallen wuchs.

»Sie fahren also weiter die Straße entlang, aber sie werden ihn nicht finden. Er wird vom Erdboden verschwunden sein. Wie diese Fakire, die auf ihren Flöten blasen, so daß ein Seil aus dem Korb aufsteigt, und dann klettern sie an diesem Seil hoch und sind verschwunden. Puff!«

»Puff«, sagte Paul.

»Natürlich werden sie nicht lange brauchen, bis sie zurückkommen. Ich weiß das. Wenn sie außer einer leeren Flasche keine Spur mehr finden, daß er hier vorbeigekommen ist, dann werden sie beschließen, sich doch noch einmal eingehender mit mir zu beschäftigen. Schließlich bin ich ja verrückt, nicht? Das stand in allen Zeitungen. Völlig plemplem!

Aber zuerst werden sie mir glauben. Ich glaube nicht, daß sie gleich hereinkommen und das Haus durchsuchen wollen – anfangs nicht. Sie werden anderswo suchen und andere Möglichkeiten durchdenken, bevor sie hierherkommen. Wir haben noch etwas Zeit. Vielleicht eine Woche.«

Sie sah ihn gelassen an.

»Sie werden schneller schreiben müssen, Paul«, sagte sie.

19

Es wurde dunkel, und es kam keine Polizei. Annie verbrachte jedoch nicht die ganze Zeit mit Paul; sie sagte, sie wolle die Scheibe in seinem Schlafzimmer ausbessern und die Papierschnipsel und Glasscherben vom Rasen aufheben. Wenn die Polizei morgen kommt und nach ihrem vermißten Schäfchen Ausschau hält, dann soll sie doch nichts Außergewöhnliches sehen, nicht, Paul?

Laß sie nur unter den Rasenmäher sehen, meine Gute. Laß sie nur darunter sehen, dort werden sie eine Menge *Außergewöhnliches finden.*

Aber so sehr er seine lebhafte Fantasie auch anstrengte, er konnte sich kein Szenario ausdenken, das dazu führen würde.

»Fragen Sie mich, warum ich Ihnen das alles gesagt habe, Paul?« fragte sie, bevor sie nach oben ging, um nachzusehen, wie sie das Fenster ausbessern konnte. »Warum ich Ihnen meine Pläne, mit dieser Situation fertig zu werden, in allen Einzelheiten dargelegt habe?«

»Nein«, sagte er vorsichtig.

»Teilweise deshalb, weil Sie genau wissen sollen, was diesesmal auf dem Spiel steht, und was Sie genau tun müssen, um am Leben zu bleiben. Sie sollen auch wissen, daß ich sofort ein Ende machen würde, wenn das Buch nicht wäre. Mir liegt immer noch viel an dem Buch.« Sie lächelte. Es war ein Lächeln, das strahlend und seltsam sehnsüchtig zugleich war. »Es ist wirklich die beste *Misery*-Geschichte von allen, und ich möchte unbedingt wissen, wie alles endet.«

»Ich auch, Annie«, sagte er.

Sie sah ihn verblüfft an. »Aber... *Sie* wissen es doch, oder nicht?«

»Wenn ich ein Buch anfange, dann *denke* ich immer, ich weiß, wie alles endet, aber ich hatte noch niemals eines, das dann auf *genau diese Weise* geendet hat. Das ist nicht einmal besonders überraschend, wenn man sich einmal Gedanken darüber macht. Ein Buch zu schreiben ist ein wenig so, als würde man eine Intercontinentalrakete abfeuern... nur reist es durch die Zeit und nicht durch den Raum. Die Buch-Zeit, die die handelnden Personen durchleben, und die Zeit, die der Verfasser braucht, alles niederzuschreiben. Wenn ein Roman exakt so aufhört, wie man dachte, als man ihn angefangen hat, wäre das, als würde man einen Titan-Marschflugkörper um die halbe Welt schicken und den Sprengkopf durch einen Basketballkorb abwerfen lassen. Auf dem Papier sieht das gut aus, und es gibt Menschen, die solche Raketen bauen, die sagen Ihnen, daß nichts leichter als das ist – sie sagen es sogar mit aufrichtigem Gesicht –, aber die Umstände sind immer gegen sie.«

»Ja«, sagte Annie. »Ich verstehe.«

»Ich scheine ein ziemlich gutes Navigationssystem eingebaut zu haben, denn ich komme immer ziemlich dicht in die Nähe, und wenn man genügend Sprengstoff in der Spitze hat, dann ist die Nähe meistens gut genug. Momentan sehe ich *zwei* Möglichkeiten, das Buch zu beenden. Eine ist sehr traurig. Die andere ist zwar nicht das Hollywood-Norm-Happy-End, aber es läßt doch immerhin ein wenig Hoffnung für die Zukunft.«

Annie sah ihn aufgeschreckt an... und plötzlich erbost. »Sie denken doch nicht daran, sie *noch einmal* sterben zu lassen, Paul?«

Er lächelte ein wenig. »Was würden Sie tun, wenn ich es täte, Annie? Mich umbringen? Das macht mir keine Angst. Ich weiß vielleicht nicht, was mit Misery geschieht, aber ich weiß, was mit mir geschehen wird... und Sie auch. Ich schreibe ENDE, Sie lesen es, und dann schreiben *Sie* ENDE, nicht? Das Ende von uns. Man muß kein Ratekünstler sein, um das zu wissen. Die Wirklichkeit ist gar nicht seltsamer als die Literatur, einerlei, was sie sagen. Meistens weiß man ganz genau, wie etwas enden wird.

Ich glaube, ich weiß, wie das Ende aussehen wird. Ich bin zu achtzig Prozent sicher. Wenn es so wird, dann wird es Ihnen gefallen. Aber selbst wenn es so endet, wie ich denke, wird keiner von uns beiden die genauen Einzelheiten kennen, bevor ich sie niedergeschrieben habe, nicht?«

»Nein – ich denke nicht.«

»Erinnern Sie sich noch, was in den alten Greyhound-Anzeigen stand? ›Ankommen macht nicht halb so viel Spaß.‹«

»Wie auch immer, es ist fast vorbei, nicht?«

»Ja«, sagte Paul, »fast vorbei.«

20

Bevor sie ging, brachte sie ihm noch eine Flasche Pepsi, eine Schachtel Ritz Craker, Sardinen, Käse... und die Bettpfanne.

»Wenn Sie mir das Manuskript und einen Schreibblock bringen, dann werde ich anfangen, mit der Hand weiterzuschreiben«, sagte er. »Das wird mir die Zeit vertreiben.«

Sie dachte darüber nach, schüttelte dann aber bedauernd den Kopf. »Ich wünschte, Sie könnten es, Paul. Aber das würde bedeuten, daß ich mindestens ein Licht anlassen muß, und das kann ich nicht riskieren.«

Er dachte daran, allein in diesem Keller gelassen zu werden und spürte, wie Panik seine Haut rötete, aber nur einen Augenblick. Dann wurde ihm kalt. Er spürte, wie er eine Gänsehaut bekam. Er dachte an die Ratten, die sich in ihren Löchern und den Laufwegen im Gemäuer versteckten. Dachte daran, wie sie herauskamen, wenn es im Keller dunkel wurde. Dachte daran, daß sie vielleicht seine Hilflosigkeit riechen konnten.

»Bitte lassen Sie mich nicht im Dunkeln hier, Annie. Bitte tun Sie das nicht.«

»Ich muß. Wenn jemand Licht in meinem Keller sieht, dann kommt er vielleicht näher, um nachzusehen, Kette am Eingang oder nicht, Zettel oder nicht. Wenn ich Ihnen eine Taschenlampe gebe, dann versuchen Sie vielleicht, Signale damit zu geben. Wenn ich Ihnen eine Kerze gebe, dann versuchen Sie vielleicht, das Haus damit niederzubrennen. Sehen Sie, wie gut ich Sie kenne?«

Er wagte kaum, seine Ausflüge aus seinem Zimmer zu erwähnen, weil sie das immer wild machte; aber jetzt trieb ihn die Angst, hier unten im Dunkeln gelassen zu werden, dazu. »Wenn ich das Haus niederbrennen wollte, Annie, dann hätte ich das schon vor langer Zeit tun können.«

»Damals war alles anders«, sagte sie knapp. »Es tut mir leid, daß Sie nicht gerne im Dunkeln bleiben. Es tut mir leid, daß es sein muß. Aber es ist Ihre eigene Schuld, also hören Sie auf, ein Balg zu sein. Ich muß jetzt gehen; wenn Sie meinen, daß Sie die Injektion brauchen, dann spritzen Sie sie sich in den Oberschenkel.«

Sie sah ihn an.

»Oder in den Arsch.«

Sie ging zur Treppe.

»Dann verhängen Sie die Fenster!« rief er hinter ihr her. »Nehmen Sie ein Leintuch... oder... oder... malen Sie sie schwarz an... oder... Himmel, Annie, die Ratten! Die *Ratten!*«

Sie war auf der dritten Stufe. Sie blieb stehen und sah ihn mit ihren Augen, die wie staubige Münzen waren, an. »Ich habe keine Zeit, so etwas zu tun«, sagte sie zu ihm. »Und die Ratten werden Sie nicht belästigen. Sie erkennen Sie vielleicht sogar als einen der ihren, Paul. Vielleicht adoptieren sie Sie.«

Annie lachte. Sie ging die Treppe hinauf und lachte immer heftiger. Es machte *klick*, als sie das Licht ausschaltete, und Annie
lachte immer weiter, und er sagte sich, daß er nicht schreien
würde, nicht flehen; daß er das alles hinter sich hatte. Aber die
klamme Wildheit der Schatten und ihr dröhnendes Lachen waren
zuviel für ihn, und er kreischte ihr nach, sie möchte ihm das nicht
antun, ihn nicht allein lassen, aber sie lachte nur immer weiter,
und es machte wieder *klick*, als die Tür ins Schloß fiel, und ihr Lachen wurde gedämpft, aber das Lachen war immer noch da, ihr
Lachen war auf der anderen Seite der Tür, wo Licht war, und dann
machte das Schloß *klick*, eine weitere Tür wurde geschlossen, ihr
Lachen klang noch gedämpfter (war aber immer noch da). Und
ein weiteres Schloß machte *klick*, ein Riegel wurde polternd vorgeschoben, und ihr Lachen ging weg, ihr Lachen war draußen, und
selbst nachdem sie das Auto angelassen hatte und zurückgesto-
ßen war, nachdem sie die Kette vor die Einfahrt gehängt hatte und
weggefahren war, glaubte er immer noch, sie lachen zu hören, lachen, lachen.

21

Der Ofen war ein wuchtiger Klotz in der Mitte des Raumes. Er sah
wie ein Oktopus aus. Er hatte geglaubt, das Schlagen der Kamin-
uhr hören zu können, wenn er still genug war, aber draußen hatte
ein heftiger Sommerwind angefangen zu wehen, wie so oft in letzter Zeit, und so blieb ihm nur die sich ewig dehnende Zeit. Als der
Wind nachließ, konnte er direkt vor dem Haus Grillen zirpen hören... und dann, eine gewisse Zeit später, die schrecklichen
Laute, auf die er gewartet hatte: das leise, huschende Krabbeln
der Ratten.

Aber es waren nicht die Ratten, vor denen er Angst hatte, nicht?
Es war der Polizist. Seine so verdammt lebhafte Fantasie verschaffte ihm selten das Entsetzen, aber wenn sie es doch einmal
tat, dann helfe ihm Gott. Gott helfe ihm, wenn sie sich zu erwär-

men begann. Und jetzt war sie nicht nur erwärmt, sie war heiß und brannte auf großer Flamme. In der Dunkelheit war es einerlei, daß das alles, was er dachte, völliger Unsinn war. In der Dunkelheit schien Vernunft ein dummer und logischer Traum zu sein. In der Dunkelheit dachte er mit der Haut. Er sah, wie der Polizist draußen im Stall wieder zum Leben – einer *Art* Leben – erwachte, sich aufrichtete, wobei das lose Heu, mit dem Annie ihn zugedeckt hatte, zu beiden Seiten herab und in seinen Schoß fiel, sein Gesicht war von der Schneide des Rasenmähers zu blutiger Unkenntlichkeit gepflügt worden. Er sah ihn aus dem Stall kriechen, über den Hof und zur Kellerluke kriechen, die zerrissenen Fetzen seiner Uniform flatterten im Wind. Er sah ihn auf magische Weise durch die Kellerluke fließen und unten im Keller wieder zu seiner Leichengestalt erstarren. Sah ihn über den Boden aus gestampfter Erde kriechen, und die leisen Geräusche, die Paul hörte, waren nicht die Ratten, sondern der Beweis seines Näherkommens, und im abkühlenden Lehm im Gehirn des Polizisten herrschte nur ein einziger Gedanke vor: *Du hast mich umgebracht. Du hast den Mund aufgemacht und mich getötet. Du hast einen Aschenbecher geworfen und mich umgebracht. Du utschibutschi Hurensohn, du hast mir mein Leben genommen.*

Einmal spürte Paul die Finger des toten Polizisten abrutschen und an seinen Wangen abgleiten, und er schrie laut und zuckte mit den Beinen zusammen, so daß sie zu heulen anfingen. Er strich sich panisch übers Gesicht, wischte aber keine Finger fort, sondern eine riesengroße Spinne.

Die hastige Bewegung beendete den trügerischen Waffenstillstand mit den Schmerzen in seinen Beinen und dem Verlangen nach der Droge in seinen Nerven, aber sie machte gleichzeitig sein Entsetzen ein wenig diffus. Seine Nachtsicht wurde besser, er konnte alles deutlich erkennen, und das half. Nicht, daß es viel zu sehen gegeben hätte – der Ofen, die Reste eines Kohlebergs, ein Tisch mit einer Reihe schemenhafter Dosen und Flaschen, die darauf standen... und rechts von ihm, ein Stück von der Stelle entfernt, wo er lag... war das eine Gestalt? Das neben dem Regal? Er *kannte* diese Gestalt. Etwas daran machte es zu einer *bösen* Gestalt. Es stand auf drei Beinen. Es war rund. Es sah wie eine von Welles'

Todesmaschinen aus *Kampf der Welten* aus, nur verkleinert. Paul rätselte darüber, döste ein, erwachte und sah wieder hin. Er dachte: *Natürlich. Ich hätte es von Anfang an wissen müssen. Es ist eine Todesmaschine. Und wenn jemand auf Erden ein Marsianer ist, dann Annie Scheiß Wilkes. Es ist ihr Grill. Es ist das Krematorium, wo sie mich zwang,* schnelle Autos *zu verbrennen.*

Er verlagerte seinen Körper ein wenig, weil ihm der Arsch einschlief, und stöhnte. Schmerzen in den Beinen – besonders in den zertrümmerten Überbleibseln des linken Knies –, aber auch Schmerzen im Becken. Das bedeutete wahrscheinlich, daß er sich auf eine ziemlich schlimme Nacht freuen durfte, denn in den zurückliegenden zwei Monaten war sein Becken ziemlich stumm gewesen.

Er tastete nach der Spritze, hob sie hoch, legte sie wieder weg. Eine leichte Dosis, hatte sie gesagt. Also besser für später aufbewahren.

Er hörte ein leises Raschel-Raschel und sah rasch in die Ecke. Er rechnete damit, daß der Polizist auf ihn zukriechen und ihn mit dem rechten Auge in dem verunstalteten Gesicht ansehen würde. *Wenn du nicht gewesen wärst, könnte ich jetzt daheim mit der Hand auf dem Schenkel meiner Frau fernsehen.*

Kein Polizist. Ein undeutlicher Schemen, den er sich wahrscheinlich ohnehin nur einbildete, und der, wenn nicht, eine Ratte war. Paul zwang sich dazu, sich zu entspannen. Oh, was für eine lange Nacht das sein würde.

22

Er döste ein wenig ein; als er erwachte, war er nach links gesunken, sein Kopf hing herab wie der eines Betrunkenen in der Gosse. Er richtete sich auf, und seine Beine verfluchten ihn grob. Er benützte die Bettpfanne zum Pissen; das tat weh, und ihm wurde mit Bestürzung klar, daß sich wahrscheinlich eine Harnleiterentzündung anbahnte. Er war jetzt so anfällig. So verdammt anfällig für *alles*. Er stellte die Bettpfanne beiseite und griff wieder nach der Spritze.

Eine leichte Dosis (Skalopomin) hatte sie gesagt – nun, vielleicht. Vielleicht hatte sie auch einen echt heißen Schuß aufgezogen. Mit dem Stoff, den sie Ernie Gonyar oder ›Queenie‹ Beaulifant gegeben hatte.

Dann lächelte er ein wenig. Wäre das wirklich so schlimm? Die Antwort darauf war ein schallendes NEIN, VERDAMMT! Es wäre gut. Die Pfähle würden für immer verschwinden. Keine Ebbe mehr. Niemals.

Mit diesem Gedanken suchte er die Pulsader im linken Schenkel, und wenngleich er sich noch nie eine Injektion verabreicht hatte, tat er es jetzt wirksam und eifrig.

23

Er starb nicht und er schlief nicht. Die Schmerzen ließen nach, und er schwebte. Er fühlte sich fast losgelöst von seinem Körper, ein Ballon voll Gedanken, der am Ende einer langen Schnur schwebte.

Weil du auch Scheherezade für dich selbst warst, dachte er und betrachtete den Grill. Er dachte an marsianische Todesstrahlen, die London in Schutt und Asche legten.

Und dann fiel ihm plötzlich ein Lied ein, ein Disco-Song von einer Gruppe, die sich The Trampps nannte: *Burn, baby, burn, burn the mother down* ...

Etwas flackerte.

Ein Einfall.

Burn the mother down.

Paul Sheldon schlief.

24

Als er erwachte, erfüllte das aschefarbene Licht der Dämmerung den Keller. Eine sehr große Ratte saß auf dem Fernsehwägelchen, das Annie ihm dagelassen hatte; die hatte den Schwanz ordentlich um den Körper gelegt und knabberte Käse.

Paul schrie, zuckte zusammen und schrie erneut, als unerträgliche Schmerzen durch seinen Körper rasten. Die Ratte floh.

Sie hatte ihm ein paar Kapseln dagelassen. Er wußte, das Novril würde mit den Schmerzen nicht fertig werden, aber es war besser als nichts.

Davon abgesehen, Schmerzen oder keine Schmerzen, es wird Zeit für den morgendlichen Schuß, richtig, Paul?

Er spülte zwei der Kapseln mit Pepsi hinunter und lehnte sich zurück. Er spürte das dumpfe Pochen in den Nieren. Dort unten bahnte sich schon etwas an. Großartig.

Marsianer, dachte er. Marsianische Todesmaschinen.

Er betrachtete den Grill und rechnete damit, daß er im Licht der Morgensonne wie ein *Grill* aussehen würde: ein Grill, und sonst gar nichts. Er stellte überrascht fest, daß er immer noch wie eine der Welles'schen Flugmaschinen der Vernichtung aussah.

Du hattest eine Idee – was für eine?

Das Lied fiel ihm wieder ein, das einzige der Trampps:

Burn, baby, burn, burn the sucker down!

Ja? Und um was für einen Gimpel handelte es sich? Sie hat dir nicht einmal eine Kerze dagelassen. Du könntest keinen Furz anzünden.

Die Jungs in der Denkfabrik schickten eine Botschaft herauf.

Du mußt jetzt nichts verbrennen. Oder hier.

Verdammt, worüber reden wir hier eigentlich, Jungs? Könntet ihr mir kurz erklären...

Dann fiel es ihm ein, ganz plötzlich, wie das mit allen guten Einfällen ist, rund und glatt und in seiner abscheulichen Perfektion vollkommen überzeugend.

Burn the sucker down...

Er betrachtete den Grill und rechnete damit, daß die Schmerzen über das, was er getan hatte – wozu sie ihn gezwungen hatte – zurückkehren würden. Sie kamen, aber dumpf und schwach; die Schmerzen in seinen Nieren waren schlimmer. Was hatte sie gestern gesagt? *Ich habe nichts weiter getan als... Ihnen ein schlechtes Buch auszureden, das Sie geschrieben hatten, um Sie dann dazu zu bringen, das beste zu schreiben, das Sie bisher verfaßt haben...*

Vielleicht enthielt das sogar ein verqueres Fünkchen Wahrheit. Vielleicht hatte er völlig überschätzt, wie gut *Schnelle Autos* wirklich gewesen war.

Dein Verstand versucht nur, sich selbst zu heilen, flüsterte ein Teil von ihm. *Wenn du jemals hier rauskommst, dann wirst du dir auf dieselbe Weise einreden, daß du deinen linken Fuß sowieso nicht gebraucht hast – verdammt, schon fünf Nägel weniger zu schneiden. Außerdem können sie heutzutage mit Prothesen wahre Wunder vollbringen. Nein, Paul, es war ein verdammt gutes Buch, und es war ein verdammt guter Fuß. Machen wir uns nichts vor.*

Aber ein tieferer Teil in ihm argwöhnte, daß er sich genau mit *diesen* Gedanken etwas vormachte.

Nicht sich etwas vormachen, Paul. Sag die gottverdammte Wahrheit. Sich selbst belügen. *Ein Mann, der Geschichten erfindet, so ein Mann lügt jeden an, er kann sich* niemals *selbst belügen. Es ist komisch, aber es ist auch die Wahrheit. Wenn du mit dieser Scheiße anfängst, dann kannst du gleich deine Schreibmaschine zudecken und anfangen, auf Makler umzusatteln, weil du dann nämlich im Arsch bist.*

Was also war die Wahrheit? Die *Wahrheit*, wenn man darauf bestand, war die Tatsache, daß sein Werk in der kritischen Presse in zunehmendem Maße als das eines ›populären Schriftstellers‹ abgetan wurde (und das war, wie er es sah, nur eine Stufe – eine kleine Stufe – über einem ›Schmierer‹), und das verletzte ihn zutiefst. Es paßte nicht zu seiner eigenen Vorstellung vom ernsthaften Schriftsteller, der sich diese beschissenen Abenteuerromane aus den Fingern saugte, um damit seine (Fanfarenstoß, bitte!) ERNSTEN WERKE zu ermöglichen! Hatte er Misery gehaßt? Wirklich? Wenn ja, warum war es ihm so leichtgefallen, in ihre Welt zurückzukehren? Nein, mehr als leicht; es war ihm ein Vergnügen gewesen, als würde man mit einem guten Buch in der einen und einem kalten Bier in der anderen Hand in der warmen Badewanne liegen. Vielleicht hatte er lediglich die Tatsache gehaßt, daß ihr Gesicht auf den Schutzumschlägen sein Porträtfoto stets überschattet hatte, so daß die Kritiker nicht sehen konnten, daß sie es hier mit einem jungem Mailer oder Cheever zu tun hatten – daß sie es hier mit einem *Schwergewicht* zu tun hatten. War als Folge davon seine ›ernste Literatur‹ nicht zunehmend selbstbewußter geworden, eine Art Schrei? *Seht mich an! Seht euch an, wie gut das ist! He, Jungs! Dieses Buch hat eine gleitende Perspektive! Dieses Buch zeigt die Zwischenspiele im ›Strom des Bewußtseins‹! Dies ist meine WAHRE LITERATUR, ihr Arschlöcher! Wagt es nicht, euch von mir abzuwenden! Wagt es nicht, ihr utschibutschi Bälger! WAGT es nicht, euch von meiner WAHREN LITERATUR abzuwenden! WAGT es nicht, sonst werde ich...*

Was? Was würde er tun? Ihnen die Füße abhacken? Ihnen die Daumen abschneiden?

Paul wurde von einem plötzlichen Zittern geschüttelt. Er mußte urinieren. Er griff nach der Bettpfanne, und schließlich gelang es ihm, auch wenn es noch schlimmer weh tat als vorher. Er stöhnte, während er pißte, und er stöhnte noch lange, nachdem er damit fertig war.

Allmählich begann gnädigerweise das Novril zu wirken – ein wenig –, und er döste ein.

Er betrachtete den Grill mit schweren Lidern.

Was würdest du tun, wenn sie dich zwingen würde, Miserys Rückkehr *zu verbrennen?* flüsterte seine innere Stimme, und er zuckte ein wenig zusammen. Als er wieder davonschwebte, wurde ihm klar, daß es schmerzen würde, ja, es würde schrecklich schmerzen, dagegen würden die Schmerzen, als er *Schnelle Autos* verbrennen mußte, im Vergleich so sein wie die Schmerzen seiner Nierenbeckenentzündung mit denen, die er verspürt hatte, als sie mit der Axt zugeschlagen und seinen Fuß abgehackt hatte, als sie editorische Gewalt über seinen Körper ausgeübt hatte.

Er spürte auch, daß das nicht die wahre Frage war.

Die wahre Frage war, was *Annie* dabei empfinden würde.

Neben dem Grill stand ein Tisch. Auf diesem Tisch standen vielleicht ein halbes Dutzend Flaschen und Gläser.

Eine davon war eine Flasche Kohleanzünder.

Was wäre, wenn Annie diejenige sein würde, die unter Schmerzen schrie? Bist du neugierig, wie sich das anhören würde? Bist du wirklich neugierig? Das Sprichwort sagt, Rache ist ein Gericht, das man am besten kalt genießt, aber als sie das erfanden, war Ronson Fast-Lite noch nicht auf dem Markt gewesen.

Paul dachte: *Burn the sucker down* und schlief ein. Ein kleines Lächeln erhellte sein bleiches, gezeichnetes Gesicht.

25

Als Annie schließlich um Viertel vor drei an diesem Nachmittag zurückkehrte, ihr normalerweise struppiges Haar in der Form des Helmes, den sie aufgehabt hatte, an ihrem Kopf klebend, war sie in einer schweigsamen Stimmung, die auf Müdigkeit und Nachdenklichkeit, aber nicht auf Depressionen hinzudeuten schien. Als Paul sie fragte, ob alles gutgegangen war, nickte sie.

»Ja, ich denke schon. Ich hatte etwas Mühe, das Moped anzuwerfen, sonst wäre ich schon eine Stunde früher hiergewesen. Die Zündkerzen waren schmutzig. Wie geht es Ihren Beinen, Paul? Möchten Sie noch einen Schuß, bevor ich Sie nach oben bringe?«

Nach fast zwanzig Stunden in dieser feuchten Kälte fühlten seine Beine sich an, als hätte sie jemand mit rostigen Nägeln gespickt. Er wollte mit aller Verzweiflung einen Schuß, aber nicht hier unten. Das würde nichts nützen.

»Ich denke, ich werde es schaffen.«

Sie drehte ihm den Rücken zu und kauerte sich nieder. »Also gut, halten Sie sich fest. Aber bedenken Sie, was ich Ihnen über Würgegriffe und dergleichen gesagt habe. Ich bin sehr müde, und ich glaube nicht, daß ich humorvoll auf irgendwelche Scherze reagieren würde.«

»Ich kann keine Scherze mehr machen.«

»Gut.«

Sie hob ihn mit einem Grunzen hoch, und Paul mußte einen Schmerzensschrei unterdrücken. Sie ging auf die Treppe zu, und dabei drehte sie den Kopf. Ihm wurde klar, daß sie – möglicherweise – zu dem Tisch mit den Dosen und Flaschen sah. Ihr Blick war kurz, fast beiläufig, aber Paul schien er sehr lange zu dauern, und er war sicher, sie würde bemerken, daß die Dose mit der Anzünderflüssigkeit nicht mehr da war. Sie steckte jetzt in seiner Unterhose. Lange Monate nach seinen ersten Ausflügen hatte er endlich wieder den Mut aufgebracht, etwas zu stehlen... und wenn ihre Hände an seinen Beinen hochtasteten, während sie die Treppe hinaufgingen, dann würde sie mehr in die Hand bekommen als nur seinen knochigen Arsch.

Dann wandte sie ohne deutliche Reaktion den Blick von dem Tisch ab, und seine Erleichterung war so groß, daß der schwankende, pochende Aufstieg die Treppe hinauf beinahe erträglich war. Wenn sie wollte, dann konnte sie ausgezeichnet eine undeutbare Miene aufsetzen, aber er dachte – *hoffte* –, daß er sie diesesmal getäuscht hatte.

Diesesmal hatte er sie wirklich getäuscht.

26

»Ich glaube, ich nehme jetzt doch den Schuß, Annie«, sagte er, als sie ihn ins Bett gelegt hatte.

Sie studierte sein weißes, schweißgebadetes Gesicht einen Augenblick, dann nickte sie und ging aus dem Zimmer.

Kaum war sie gegangen, zog er die Flasche aus der Hose und schob sie unter die Matratze. Seit dem Messer hatte er nichts mehr dort versteckt, und er hatte nicht die Absicht, die Flasche dort zu lassen, aber den Rest des Tages würde sie dort bleiben müssen. Heute nacht würde er sie an einen anderen, sichereren Ort bringen.

Sie kam zurück und gab ihm eine Injektion. Dann legte sie einen Stenoblock und ein paar frisch gespitzte Bleistifte auf den Fenstersims und schob ihm den Rollstuhl neben das Bett.

»Hier«, sagte sie. »Ich werde ein wenig schlafen. Wenn sich ein Auto nähert, werde ich es merken. Wenn wir in Ruhe gelassen werden, dann schlafe ich wahrscheinlich bis morgen früh durch. Wenn Sie derweil handschriftlich weitermachen wollen, hier ist Ihr Stuhl. Ihr Manuskript ist dort drüben auf dem Boden. Ich würde es Ihnen aber offen gesagt nicht raten, bevor Ihre Beine sich ein wenig erwärmt haben.«

»Momentan könnte ich gar nicht, aber ich denke, ich werde heute nacht eine Weile arbeiten. Ich habe begriffen, was Sie damit gemeint haben, als Sie sagten, die Zeit wird knapp.«

»Das freut mich, Paul. Wie lange werden Sie schätzungsweise noch brauchen?«

»Unter normalen Umständen würde ich sagen einen Monat. So, wie ich in letzter Zeit gearbeitet habe, zwei Wochen. Wenn ich wirklich alles gebe, dann vielleicht fünf Tage. Oder eine Woche. Es wird ein wenig flüchtig sein, aber vollständig.«

Sie seufzte und sah mit düsterer Konzentration auf ihre Hände. »Ich weiß, daß wir weniger als zwei Wochen haben.«

»Ich möchte, daß Sie mir etwas versprechen.«

Sie sah ihn weder wütend noch argwöhnisch an, nur ein wenig neugierig. »Was?«

»Nichts mehr zu lesen, bis ich fertig bin – oder bis ich . . . Sie wissen schon . . .«

»Aufhören muß?«

»Ja. Bis ich aufhören muß. So werden Sie das Finale ohne Unterbrechungen genießen können. Es wird viel mehr wirken.«

»Es wird gut werden, nicht?«

»Ja.« Paul lächelte. »Eine verdammt heiße Sache.«

27

Gegen acht Uhr am Abend zog er sich vorsichtig auf den Rollstuhl. Er lauschte, hörte aber nichts von oben. Dasselbe Nichts hatte er gehört, seit er gegen vier Uhr vernommen hatte, wie die quietschenden Bettfedern verkündet hatten, daß sie sich hingelegt hatte. Sie schien *wirklich* müde zu sein.

Paul nahm die Anzünderflüssigkeit und rollte dorthin, wo sich sein behelfsmäßiges Schriftstellerlager befand: Da war die Schreibmaschine mit den drei fehlenden Zähnen in ihrem unangenehmen Grinsen, da der Papierkorb, da der Block und die Bleistifte, das Schreibmaschinenpapier, die teilweise neu geschriebenen Blätter, von denen er einige verwenden würde und einige nicht; letztere wären in den Papierkorb gewandert.

Jedenfalls *vorher*.

Hier lag unsichtbar die Tür in eine andere Welt. Hier, dachte er, befand sich auch sein eigener Geist in einer Reihe von Überlappungen, gleich Einzelbildern, die, wenn man sie rasch durchblätterte, die Illusion von Bewegung erzeugten.

Er rollte den Stuhl mit der Mühelosigkeit langer Übung zwischen die Papierstapel und die achtlos aufgeschichteten Blocks, lauschte noch einmal, dann griff er nach unten und zog ein zwanzig Zentimeter langes Stück des Sockels heraus. Er hatte vor einem Monat herausgefunden, daß es lose war, und anhand der Staubschicht darauf (*Als nächstes wirst du auch anfangen, Haare darüber zu kleben, um ganz sicher zu sein*, dachte er bei sich) konnte er sehen, daß Annie nichts von diesem losen Stück wußte. Dahinter befand sich ein leerer Raum – abgesehen von Staub und einer ganzen Menge Mäusescheiße.

Er verstaute die Flasche Fast-Lite in diesem Freiraum und stieß das Brett wieder an Ort und Stelle. Er durchlebte einen schrecklichen Augenblick, als er dachte, es würde nicht mehr passen (mein Gott! Ihre Augen waren so *verflucht* scharf!), aber dann fügte es sich doch nahtlos zwischen die beiden anderen.

Paul betrachtete es einen Augenblick, dann nahm er einen Block, griff nach einem Bleistift und fand das Loch im Papier.

Er schrieb die nächsten vier Stunden ungestört – bis er die Spitzen aller drei Bleistifte, die sie für ihn gespitzt hatte, stumpf geschrieben hatte –, dann rollte er sich zum Bett, kletterte hinein und schlief mühelos ein.

KAPITEL 37

Geoffreys Arme fühlten sich allmählich wie weiß-
glühendes Eisen an. Seit fünf Minuten stand
er nun schon vor der Hütte, die M'Chibi "Dem
Schönen" gehörte. Mit der Truhe der Baroness, die
er über dem Kopf balancierte, sah er wie eine etwas mager geratene Version des Urkraftmannes im
Zirkus aus.

Als er schon anfing zu glauben, daß nichts
von dem, was Hezekiah sagen konnte, M'Chibi
dazu bewegen konnte, seine Hütte zu verlassen,
hörte er die Geräusche von ~~schneller~~ Bewegungen.
Geoffrey wich noch weiter zurück, seine Arme
zuckten nun wie verrückt. Häuptling M'Chibi
"Der Schöne" war der Bewahrer des Feuers, in
seiner Hütte befanden sich mehr als hundert
Fackeln, deren Enden sämtlich mit einem
zähen, gummiähnlichen Harz überzogen waren,
das die Bourkas Feuer-Öl oder ~~Feuer-Blut-~~
Öl nannten und das aus dem Stamm eines

Baumes dieser Gegend trotzt. Wie viele primitive Sprachen, konnte auch die der Bantus manchmal seltsam undefinierbar sein. Wie auch immer man das Platial jedoch nennen wollte, es waren genügend Fackeln da, um das gesamte Dorf in Brand zu stecken — es würde brennen wie die Puppe von Guy Fawkes, dachte Geoffrey... das heißt, <u>wenn</u> es ihnen gelang, M'Chibi aus dem Weg zu schaffen.

<u>Habt keine Angst zuzuschlagen, Boss Ge'ff'y, hatte Hezekiah gesagt</u>. M'Chibi, der kommt als <u>erster 'raus, weil er der Feuer-Mann ist. Hezekiah wird als zweiter 'rauskommen. Also nicht warten bis Boss mein' Foldza'n sieht! Schlagen dem Balg verdammt schnell den Schädel ein!</u>

Aber als er sie dann tatsächlich kommen hörte, da verspürte Geoffrey trotz der Schmerzen in den Armen einen Augenblick des Zweifelns. Einmal angenommen, nur dieses eine Mal kam der a

29

Als er den näher kommenden Motor hörte, verharrte sein Bleistift mitten im Wort. Er legte ihn weg. Er war überrascht, wie ruhig er sich fühlte – seine stärkste Empfindung im Augenblick war gelinder Zorn darüber, daß er ausgerechnet jetzt unterbrochen wurde, wo es anfing wie ein Schmetterling zu schweben und wie eine Biene zu stechen. Annies Absätze klapperten Stakkato den Flur entlang.

»Verschwinden Sie vom Fenster.« Ihr Gesicht war verkniffen und grimmig. Sie hatten den offenen Khakibeutel über der Schulter. »Verschwinden Sie vom F...«

Sie verstummte, als sie sah, daß er den Rollstuhl bereits vom Fenster wegrollte. Sie vergewisserte sich, daß nichts von seinen Sachen auf dem Fenstersims lag, dann nickte sie.

»Es ist die Staatspolizei«, sagte sie. Sie schien angespannt, aber beherrscht zu sein. Der Schulterbeutel befand sich in Reichweite ihrer rechten Hand. »Werden Sie gut sein, Paul?«

»Ja«, sagte er.

Ihr Blick erforschte sein Gesicht.

»Ich werde Ihnen vertrauen«, sagte sie schließlich und wandte sich ab. Sie machte die Tür zu, ersparte sich aber die Mühe, sie abzuschließen.

Das Auto bog in die Einfahrt, das glatte, schläfrige Pochen des großen Motors des Plymouth 442 war fast schon ein Markenzeichen. Er hörte, wie die Küchentür zugeschlagen wurde und rollte sich so ans Fenster, daß er in einem Schattenwinkel verborgen war, aber dennoch hinausspähen konnte. Das Fahrzeug fuhr bis dorthin, wo Annie stand; der Motor erstarb. Der Fahrer stand jetzt fast genau an derselben Stelle, wo der junge Polizist gestanden hatte, als er seine letzten vier Worte gesprochen hatte... aber da endete jede Ähnlichkeit.

Jener Polizist war ein junger Mann von gerade eben zwanzig Jahren gewesen, ein Grünschnabel mit einem Routineauftrag, die kalte Fährte eines doofen Schriftstellers zu verfolgen, der sein Auto in den Straßengraben gesetzt hatte und dann entweder tiefer in den Wald gekrochen war, um zu sterben, oder mit dem Daumen im Mund selbstvergessen von dem ganzen Schlamassel weggegangen war.

Der Polizist, der sich jetzt hinter dem Lenkrad des Autos hervorfaltete, war ungefähr vierzig, und seine Schultern schienen so breit wie ein Scheunentor zu sein. Sein Gesicht war eine rechteckige Fläche aus Granit, in die um die Augen und die Mundwinkel ein paar Linien gemeißelt waren. Annie war eine große Frau, aber neben diesem Burschen sah sie fast winzig aus.

Und da gab es noch einen Unterschied. Der Polizist, den Annie getötet hatte, war alleine gewesen. Vom Beifahrersitz des Wagens stieg nun ein kleiner Mann in Zivil mit hängenden Schultern und schütterem blonden Haar aus. *David und Goliath*, dachte Paul. *Mutt und Jeff. Jesus.*

Der Zivilbeamte ging nicht um das Auto herum, er schlurfte um das Auto herum. Sein Gesicht sah müde aus, das Gesicht eines Mannes, der sich im Halbschlaf befindet... abgesehen von seinen hellblauen Augen. Diese Augen waren hellwach und überall gleichzeitig. Paul glaubte, daß er sehr schnell sein konnte.

Sie begrüßten Annie, und Annie sagte etwas zu ihnen, zuerst sah sie nach oben, um mit Goliath zu reden, dann drehte sie sich ein wenig und senkte den Blick und antwortete David. Paul fragte sich, was geschehen würde, wenn er das Fenster wieder zertrümmern und wieder um Hilfe rufen würde. Er dachte, die Chancen standen etwa acht zu zehn, daß sie sie erwischen würden. Oh, sie war schnell, aber der große Polizist sah aus, als wäre er trotz seiner Größe noch schneller, und kräftig genug, mittelgroße Bäume mit den bloßen Händen auszureißen. Die schlurfende Gangart des Zivilen konnte ebenso bewußt täuschend sein wie sein schläfriges Aussehen. Er glaubte, daß sie sie erwischen konnten, aber was sie überraschen würde, das überraschte Annie nicht, und das verschaffte ihr einen kleinen Vorteil.

Der Mantel des Zivilen. Trotz der sengenden Hitze war er zugeknöpft. Wenn sie Goliath zuerst erschoß, dann konnte sie ihm vielleicht auch noch ein Loch ins Gesicht brennen, bevor er diesen gottverdammten pupsigen Mantel aufknöpfen und die Pistole herausholen konnte. Dieser zugeknöpfte Mantel sprach mehr als alles andere dafür, daß es sich vorläufig nur um eine Routine-untersuchung handelte. – Vorläufig.

Ich habe ihn nicht umgebracht, wissen Sie. Sie haben ihn umgebracht. Wenn Sie den Mund gehalten hätten, dann hätte ich ihn weggeschickt. Er wäre jetzt noch am Leben...

Glaubte er das? Nein, natürlich nicht. Aber dennoch war da dieser ausgeprägte, schmerzvolle Augenblick der Schuld – gleich einer schnellen, tiefen Stichwunde. Würde er den Mund halten, weil die Chance von zwanzig Prozent bestand, daß sie diese beiden auch abservieren würde, wenn er ihn aufmachte?

Die Schuld stach rasch wieder zu, und schon war sie wieder verschwunden. Die Antwort darauf lautete ebenfalls nein. Es wäre leicht, sich mit so selbstlosen Motiven zu schmeicheln, aber sie entsprachen nicht der Wahrheit. Der Sachverhalt war schlicht und einfach: Er wollte sich selbst um Annie Wilkes kümmern. *Sie könnten dich nur ins Gefängnis stecken, Miststück,* dachte er. *Aber ich weiß, wie ich dich fertigmachen kann.*

30

Selbstverständlich bestand durchaus die Möglichkeit, daß sie die Ratte riechen würden. Immerhin war es ihre Aufgabe, Ratten zu fangen, und sie kannten sicher Annies Vorgeschichte. Wenn es so kommen sollte, dann sei's drum... aber er hielt es für durchaus wahrscheinlich, daß Annie dem Gesetz diesesmal noch entwischen konnte.

Paul vermutete, daß er inzwischen soviel von der Geschichte wußte, wie er wissen mußte. Annie hatte, seit sie erwacht war, pausenlos Radio gehört; die Geschichte des verschwundenen Polizisten, dessen Name Duane Kushner war, sorgte allerorten für Schlagzeilen. Die Tatsache wurde gemeldet, daß er nach einem bekannten Schriftsteller namens Paul Sheldon gesucht hatte, aber niemand brachte sein Verschwinden auch nur spekulativ mit Pauls eigenem in Verbindung. Wenigstens noch nicht.

Die Schneeschmelze hatte seinen Camaro fünf Meilen das Bachbett hinabgespült. Wäre nicht ein Zufall zu Hilfe gekommen, dann hätte er noch einen Monat oder ein Jahr unbemerkt im Wald liegen können.

Ein paar Hubschrauberpiloten der Nationalgarde, die zu einer stichprobenartigen Drogenkontrolle ausgeschickt worden waren (die, mit anderen Worten, nach Farmern suchten, welche im Hinterland verbotenerweise Gras anbauten), hatten die Überreste der Windschutzscheibe des Camaros in der Sonne blitzen sehen und waren auf einer nahegelegenen Lichtung gelandet, um sich die Sache genauer anzusehen. Wie ernst der Unfall wirklich gewesen war, wurde durch die zahlreichen Schäden verdeckt, die die Karosserie während der Rutschpartie durch das Bachbett abbekommen hatte. Ob bei einer gerichtsmedizinischen Untersuchung (wenn es eine solche überhaupt gegeben hatte) Blut in dem Wagen gefunden worden war, wurde nicht gesagt. Paul wußte, daß selbst die gründlichste Untersuchung wahrscheinlich herzlich wenig Blutspuren zutage fördern würde – sein Auto hatte schließlich fast den ganzen Frühling im rasch fließenden Schmelzwasser verbracht, das durch das Wageninnere geströmt war.

Und in Colorado konzentrierte sich die allgemeine Aufmerksamkeit mehr auf den Polizisten Duane Kushner – wie diese beiden Besucher bewiesen, dachte er. Bislang konzentrierten sich alle Spekulationen auf drei illegale Substanzen: Moonshine, Marihuana und Kokain. Es schien möglich, daß Kushner durch Zufall über eine Anbau-, Verarbeitungs- oder Lagerstätte einer dieser Substanzen gestolpert war, als er nach dem Schriftsteller suchte. Je geringer die Hoffnungen wurden, Kushner noch lebend zu finden, desto lauter wurden die Fragen, warum er überhaupt alleine unterwegs gewesen war – Paul bezweifelte, daß der Staat Colorado genügend Geld hatte, um seine Polizeifahrzeuge immer mit zwei Beamten zu bemannen; jetzt wurde das Gebiet offensichtlich immer paarweise nach Kushner durchkämmt. Man ging kein Risiko ein.

Jetzt deutete Goliath zum Haus. Annie zuckte die Achseln und schüttelte den Kopf. David sagte etwas. Nach einem Augenblick nickte sie und führte sie zur Küchentür. Paul hörte die Angeln quietschen, dann waren sie im Haus. Die Laute so vieler Schritte draußen waren beängstigend, beinahe eine Entweihung.

»Wieviel Uhr war es, als er vorbeikam?« fragte Goliath – es *mußte* Goliath sein. Er hatte eine dröhnende Mittelwesten-Stimme, die von Zigaretten noch aufgerauht war.

Gegen vier, sagte Annie, ungefähr. Sie hatte gerade den Rasen gemäht und keine Uhr angehabt. Es war teuflisch heiß gewesen, daran erinnerte sie sich noch genau.

»Wie lange ist er geblieben, Mrs. Wilkes?« fragte David.

»*Miß* Wilkes, wenn es Ihnen nichts ausmacht.«

»Entschuldigen Sie.«

Annie sagte, sie könne nicht sicher sagen, wie lange, aber es sei nicht lange gewesen. Vielleicht fünf Minuten.

»Hat er Ihnen ein Bild gezeigt?«

Ja, sagte Annie, deshalb war er gekommen. Paul konnte nicht aufhören, sich zu wundern, wie gefaßt sie sich anhörte, wie freundlich.

»Und haben Sie den Mann auf dem Bild gesehen?«

Annie sagte selbstverständlich, das sei Paul Sheldon, das habe sie sofort gesehen.

»Ich habe alle seine Bücher«, sagte sie. »Ich mag sie sehr. Das schien den Polizisten zu enttäuschen. Er sagte, wenn ich behauptete, daß ich ihn nicht persönlich gesehen hätte, dann wüßte ich wahrscheinlich, wovon ich spreche. Er sah sehr entmutigt aus. Und schien unter der Hitze zu leiden.«

»Ja, es war wirklich ein heißer Tag«, sagte Goliath, und Paul erschrak, wie nahe sich seine Stimme anhörte. Im Wohnzimmer? Ja, wahrscheinlich im Wohnzimmer. Groß oder nicht, der Bursche bewegte sich wie ein gottverdammter Luchs. Als Annie antwortete, war ihre eigene Stimme noch näher. Die Polizisten waren ins Wohnzimmer gegangen, Annie folgte ihnen. Sie hatte sie nicht aufgefordert, aber sie gingen dennoch hinein. Sie sahen sich ein wenig um.

Wenngleich ihr Hausschriftsteller keine dreißig Schritte entfernt war, bewahrte Annie die Fassung. Sie hatte ihn gefragt, ob er auf einen Eiskaffee hereinkommen wolle; er sagte, das könne er nicht, und daher hatte sie ihn gefragt, ob er eine kalte Flasche ...

»Bitte, machen Sie das nicht kaputt!« unterbrach Annie sich selbst mit einer Spur Schärfe in der Stimme. »Ich mag diese Stücke sehr, und einige davon sind sehr zerbrechlich.«

»Tut mir leid, Ma'am.« Das mußte David sein, seine Stimme leise und flötend, verlegen und ein wenig verblüfft. Unter anderen Umständen wäre dieser Tonfall bei einem Bullen lustig gewesen, aber dies waren keine anderen Umstände, und Paul war nicht zum Spaßen aufgelegt. Er saß starr da und hörte, wie etwas mit einem leisen Klicken wieder hingestellt wurde (möglicherweise der Pinguin auf dem Eisblock), seine Hände umklammerten fest die Armlehnen des Rollstuhls. Er stellte sich vor, wie sie mit ihrem Schulterbeutel spielte. Er wartete darauf, daß einer der Polizisten – wahrscheinlich Goliath – sie fragen würde, was, zum Teufel, sie denn hier drinnen aufbewahrte.

Dann würde die Schießerei anfangen.

»Was haben Sie gesagt?« fragte David.

»Ich fragte ihn, ob er eine kalte Pepsi mit auf den Weg nehmen wolle, weil es so ein heißer Tag war. Ich bewahre sie im Kühlfach auf; dort bekommt man sie am kältesten, ohne sie einzufrieren. Er sagte, das wäre sehr freundlich. Ein sehr höflicher Junge. Warum wurde ein so junger Mann alleine losgeschickt, wissen Sie das?«

»Hat er die Limo hier getrunken?« fragte David, ohne auf die Frage zu achten. Seine Stimme klang noch näher. Er hatte das Wohnzimmer durchquert. Paul mußte nicht die Augen zumachen, um sich vorzustellen, wie er den kurzen Flur entlangsah, der am Bad vorbeiführte und vor dem verschlossenen Gästezimmer endete. Paul saß starr da, der Puls pochte in seinem hautigen Hals.

»Nein«, sagte Annie so beherrscht wie immer. »Er nahm sie mit. Er sagte, er wolle sich auf den Weg machen.«

»Was ist dort hinten?« fragte Goliath. Man hörte ein zweifaches Dröhnen, als seine Stiefel vom Wohnzimmerteppich auf den Flurboden stapften.

»Ein Bad und ein zweites Schlafzimmer. Ich schlafe manchmal dort, wenn es sehr heiß ist. Sie können gerne nachsehen, wenn Sie möchten, aber ich verspreche Ihnen, daß ich Ihren Polizisten nicht ans Bett gefesselt habe.«

»Nein, Ma'am, dessen bin ich sicher«, sagte David, dann entfernten ihre Schritte und Stimmen sich erstaunlicherweise wieder in Richtung Küche. »Schien er aufgeregt zu sein, als er hier war?«

»Überhaupt nicht«, sagte Annie. »Nur erschöpft und entmutigt.« Paul fing wieder an zu atmen.

»Mit irgend etwas beschäftigt?«

»Nein.«

»Hat er gesagt, wohin er als nächstes gehen wollte?«

Wenngleich es den beiden Polizisten sicher nicht auffiel, bemerkte Pauls geübtes Ohr doch ihr winziges Zögern – das konnte eine Falle sein, die sofort oder nach kurzer Verzögerung zuschnappte.

Nein, sagte sie schließlich, aber er sei nach Westen gefahren, daher vermute sie, er wollte zur Springer Road und den wenigen Farmen, die dort draußen lagen.

»Danke für Ihre Informationen, Ma'am«, sagte David. »Es könnte sein, daß wir Sie noch einmal belästigen müssen.«

»Schon gut«, sagte Annie. »Jederzeit. Ich habe heutzutage nur sehr wenige Besucher.«

»Würde es Ihnen etwas ausmachen, wenn wir in Ihren Stall sehen?« fragte Goliath unvermittelt.

»Überhaupt nicht. Vergessen Sie nur nicht, hallo zu sagen, wenn Sie hineinkommen.«

»Hallo zu wem, Ma'am?« fragte David.

»Nun, zu Misery«, sagte Annie. »Meinem Schwein.«

31

Sie stand unter der Tür und sah ihn starr an – so starr, daß sein Gesicht sich warm anfühlte und er vermutete, daß er errötete. Die beiden Polizisten waren vor fünfzehn Minuten gegangen.

»Sehen Sie etwas Grünes?« fragte er schließlich.

»Warum haben Sie nicht gebrüllt?« Die beiden Polizisten hatten an die Hüte getippt, als sie ins Auto einstiegen, aber keiner hatte gelächelt, und in ihren Augen war ein Ausdruck gewesen, den Paul sogar aus dem ungünstigen Winkel sehen konnte, den sein Aufenthalt am Fenster erforderte. Sie wußten bereits, wer sie war.

»Ich hatte damit gerechnet, daß Sie schreien würden. Sie wären über mich hergefallen wie ein Erdrutsch.«

»Vielleicht. Vielleicht nicht.«

»Aber warum haben Sie es nicht getan?«

»Annie, selbst wenn man sein ganzes Leben damit verbringt, zu denken, daß das Schlimmste geschehen wird, irrt man sich manchmal.«

»*Werden Sie nicht vorlaut!*« Er sah, daß sie unter ihrer aufgesetzten Gelassenheit zutiefst verwirrt war. Sein Schweigen paßte nicht in ihr Bild vom Leben als einem unablässigen Zweikampf: Die Ehrliche Annie gegen das unschlagbare doppelthäßliche Kampfteam der Utschibutschi-Bälger.

»Wer ist vorlaut? Ich habe Ihnen gesagt, daß ich den Mund halten würde, und das habe ich getan. Ich möchte mein Buch wenn möglich in Frieden vollenden. Ich möchte es für Sie vollenden.«

Sie sah ihn unsicher an, wollte ihm glauben, hatte Angst davor, ihm zu glauben... und glaubte ihm schließlich dennoch. Und es war richtig, daß sie ihm glaubte, denn er sagte die Wahrheit.

»Dann machen Sie sich an die Arbeit«, sagte sie leise. »Machen Sie sich sofort an die Arbeit. Sie haben ja gesehen, wie sie mich angesehen haben.«

32

In den beiden darauffolgenden Tagen ging das Leben weiter wie vor Duane Kushner; es wäre fast möglich gewesen zu glauben, daß es Duane Kushner nie gegeben hatte. Paul schrieb fast ununterbrochen. Er hatte die Schreibmaschine jetzt völlig aufgegeben. Annie stellte sie ohne Kommentar auf den Kaminsims unter den Triumphbogen. Er schrieb in diesen zwei Tagen zwei Blöcke voll, einer war noch übrig. Wenn er den vollgeschrieben hatte, wollte er sich den Stenoblöcken zuwenden, die sie ihm gebracht hatte. Sie spitzte sein halbes Dutzend Berol Black Warrior Bleistifte, er schrieb sie stumpf, Annie spitzte sie wieder. Sie wurden ständig kleiner, während er am Fenster in der Sonne saß, sich nach vorne beugte und manchmal abwesend mit der rechten großen Zehe die Luft kratzte, wo seine linke Fußsohle gewesen war. Er sah durch das Loch im Papier. Es hatte sich wieder klaffend geöffnet, und das Buch rauschte seinem Höhepunkt entgegen wie auf einer Rakete. Er sah alles vollkommen deutlich vor sich – drei Gruppen, die allesamt wie der Teufel hinter Misery her waren, zwei davon wollten sie töten, die dritte – bestehend aus Geoffrey, Ian und Hezekiah – wollte sie retten... während darunter das Dorf der Bourkas in Flammen stand und die Überlebenden sich an einer Stelle sammelten – dem linken Ohr der Göttin – um *jeden* umzubringen, dem es gelingen sollte, lebend herauszukommen.

Dieser hypnotische Zustand der Selbstvergessenheit wurde unvermittelt erschüttert, aber nicht gebrochen, als am dritten Tag nach dem Besuch von David und Goliath ein cremefarbener Ford Kombiwagen mit der Aufschrift KTKA/*Grand Junction* in Annies Einfahrt fuhr. Das Auto war vollgepackt mit Videoausrüstung.

»O Gott!« sagte Paul, der zwischen Belustigung, Erstaunen und Entsetzen hin und her gerissen war. »Was ist denn das für ein Fickfack?«

Der Wagen war kaum zum Stillstand gekommen, als die hintere Tür aufgerissen wurde und ein Bursche in Kampfanzughose und mit einem Deadhead-T-Shirt heraussprang. Er hielt etwas Großes und Schwarzes an einem Tragegriff, und einen entsetzlichen Augenblick glaubte Paul, es wäre ein Raketenwerfer. Dann hob er es auf die Schulter und richtete es auf das Haus, und Paul sah, daß es eine Kamera war. Eine ziemlich junge Frau stieg an der Beifahrerseite aus, tatschte das gefönte Haar zurecht, überprüfte im Rückspiegel noch einmal das Make-up und gesellte sich dann zu dem Kameramann.

Das Auge der Außenwelt, das sich in den letzten Jahren von der Drachenlady abgewendet hatte, kam nun mit aller Macht zurück.

Paul rollte rasch zurück und hoffte, daß es noch rechtzeitig gewesen war.

Wenn du es ganz sicher wissen willst, dann schau doch einfach die Sechs-Uhr-Nachrichten an, dachte er, und dann mußte er beide Hände auf den Mund drücken, um das Kichern zu unterdrücken.

Die Haustür wurde aufgerissen und **zugeschlagen**.

»Verschwinden Sie von hier!« kreischte **Annie**. »Verschwinden Sie auf der Stelle von meinem Land!«

Undeutlich: »Ms. Wilkes, **wenn** wir nur ein paar...«

»Sie können ein paar **Ladungen** Schrot in Ihr utschibutschi *Pupsloch* haben, wenn Sie **nicht von hier** verschwinden!«

»Ms. Wilkes, ich bin Glenna Roberts von KTKA...«

»Es ist mir einerlei, ob Sie John O. Jesus Johnnycake Christus vom Planeten Mars sind! Verschwinden Sie von hier, oder Sie sind TOT!«

»Aber...«

KAWUMM!

O Annie o gütiger Heiland Annie hat diese dumme Schlampe umgebracht...

Er rollte ans Fenster und spähte hinaus. Er hatte keine andere Wahl – er mußte es sehen. Erleichterung überkam ihn: Annie hatte in die Luft geschossen. Das schien aber ausgereicht zu haben. Glenna Roberts hechtete Kopf voraus ins KTKA-Auto. Der Kameramann richtete die Linse auf Annie; Annie richtete die Mündung auf den Kameramann; der Kameramann kam zu dem Ergebnis, daß er weiterleben wollte, um das nächste Konzert der Grateful Dead zu sehen, ließ es lieber sein, die Drachenlady zu filmen und warf sich unverzüglich wieder auf den Rücksitz. Der Wagen fuhr die Einfahrt hinab, noch ehe er die Tür richtig zugemacht hatte.

Annie stand da und sah ihnen nach, das Gewehr hielt sie in einer Hand, dann kam sie langsam zum Haus zurück. Er hörte ein Poltern, als sie das Gewehr auf den Tisch legte. Sie kam in Pauls Zimmer. Sie sah schlimmer aus, als er sie jemals gesehen hatte; ihr Gesicht war kantig und bleich, die Augen sahen unablässig hierhin und dorthin.

»Sie sind wieder da«, flüsterte sie.

»Nehmen Sie es nicht so schwer.«

»Ich wußte, daß diese Bälger zurückkommen würden. Und nun sind sie da.«

»Sie sind fortgegangen, Annie. Sie haben sie vertrieben.«

»Sie gehen *niemals* fort. Jemand hat ihnen gesagt, daß der Polizist im Haus der Drachenlady war, bevor er verschwunden ist. Und jetzt sind sie wieder da.«

»Annie...«

»Wissen Sie, was sie wollen?« fragte sie.

»Selbstverständlich. Ich hatte auch schon mit der Presse zu tun. Sie wollen dieselben beiden Dinge, die sie immer wollen – sie wollen jemanden bloßstellen, während das Band läuft, und wollen, daß jemand anders ihnen die Martinis bezahlt, wenn Happy Hour ist. Aber Annie, Sie müssen sich beruhi...«

»*Das* wollen sie«, sagte sie und hob eine zur Kralle geformte Hand an die Stirn. Sie kratzte plötzlich und unerwartet, vier rote Striemen wurden auf der Stirn sichtbar. Blut rann ihr in die Brauen, die Wangen hinab und neben der Nase herunter.

»Annie! Hören Sie auf!«

»Und *das!*« Sie schlug sich mit der linken Hand so heftig auf die linke Wange, daß man den Abdruck sehen konnte. »Und *das!*« Die rechte Wange, noch fester; so fest, daß die Fingernagelabdrücke zu bluten anfingen.

»AUFHÖREN!« kreischte er.

»*Das wollen sie!*« kreischte sie zurück. Sie preßte die Hände gegen die Stirn, drückte sie auf die Wunden, verbarg sie. Sie streckte ihm einen Augenblick die blutigen Handflächen entgegen, dann verließ sie das Zimmer.

Nach einer langen Zeit fing Paul wieder an zu schreiben. Anfangs ging es langsam – immer wieder drängte sich ihm das Bild auf, wie Annie sich die blutenden Striemen beibrachte –, und er dachte schon, es würde nicht gehen, er sollte besser für diesen Tag zusammenpacken, als ihn die Geschichte doch noch packte und er durch das Loch im Papier fiel.

Wie immer neuerdings geschah es mit einem Gefühl gesegneter Erleichterung.

33

Am nächsten Tag kamen weitere Polizisten, diesmal lokale Tölpel. Ein hagerer Mann mit einem Koffer, in dem sich nur eine Stenomaschine befinden konnte, war bei ihnen. Annie stand bei ihnen in der Einfahrt und hörte ihnen mit ausdrucksloser Miene zu. Dann führte sie sie in die Küche.

Paul saß schweigend da, einen Stenoblock auf dem Schoß (den letzten Schreibblock hatte er gestern abend vollgeschrieben) und hörte Annies Stimme, die eine Erklärung abgab, welche genau der entsprach, die sie vor vier Tagen David und Goliath gegeben hatte. Das, dachte Paul, war nichts weiter als reine Schikane. Amüsiert und abgestoßen stellte er fest, daß er Mitleid mit Annie Wilkes bekam.

Der Polizist aus Sidewinder, der die meisten Fragen stellte, begann damit, daß er Annie sagte, sie könnte auf der Anwesenheit eines Anwalts bestehen, wenn sie wollte. Annie lehnte ab und erzählte ihre Geschichte noch einmal. Paul konnte keine Abweichungen feststellen.

Sie waren eine halbe Stunde lang in der Küche. Am Ende fragte sie einer, wie sie zu den häßlichen Kratzern auf der Stirn gekommen war.

»Habe ich in der Nacht selbst gemacht«, sagte sie. »Ich hatte einen schlimmen Traum.«

»Und der war?« fragte der Polizist.

»Ich träumte, daß die Leute sich nach all den Jahren an mich erinnerten und anfingen, hier herauszukommen«, sagte Annie.

Als sie gegangen waren, kam Annie in sein Zimmer. Ihr Gesicht sah teigig und abwesend und krank aus.

»Ihr Haus wird allmählich zum Bahnhof«, sagte er.

Sie lächelte nicht. »Wie lange noch?«

Er zögerte, betrachtete den Stapel des Manuskripts mit den unregelmäßigen handgeschriebenen Seiten darauf, dann wieder Annie. »Zwei Tage«, sagte er. »Vielleicht drei.«

»Wenn sie das nächste Mal kommen, dann mit einem Durchsuchungsbefehl«, sagte sie und ging, bevor er antworten konnte.

34

Sie kam gegen Viertel nach zwölf in sein Zimmer und sagte: »Sie sollten schon seit einer Stunde im Bett sein, Paul.«

Er wurde aus dem tiefen Traum der Geschichte herausgerissen und sah auf. Geoffrey – der sich beinahe als alleiniger Held dieses Buches entpuppt hatte – stand gerade von Angesicht zu Angesicht der bösen Bienenkönigin gegenüber, mit der er auf Leben und Tod um Miserys Leben kämpfen mußte.

»Macht nichts«, sagte er. »Ich gehe demnächst schlafen. Manchmal muß man es gleich aufschreiben, sonst ist es weg.« Er schüttelte den Kopf, der schmerzte und pochte. An der Innenseite seines Zeigefingers, wo der Bleistift am festesten auflag, hatte sich ein hartes Gewächs entwickelt, halb Kaktus und halb Wasserblase. Er hatte Tabletten, die würden ihm die Schmerzen nehmen, aber sie würden auch sein Denken beeinflussen.

»Sie finden, daß es gut ist, nicht?« fragte sie leise. »Wirklich gut. Sie schreiben es nicht mehr nur für mich, oder?«

»O nein«, sagte er. Einen Augenblick stand er an der Schwelle, noch mehr zu sagen – zu sagen: *Es war niemals für Sie, Annie, oder all die anderen Leute, die ihre Briefe mit ›Ihr Fan Nummer eins‹ unterschrieben. In dem Augenblick, wo man zu schreiben anfängt, sind diese Menschen alle am anderen Ende der Milchstraße oder sonstwo. Es war niemals für meine Ex-Frauen oder meinen Bruder oder meinen Vater. Der Grund, warum Schriftsteller ihre meisten Bücher mit einer Widmung versehen, ist der, Annie, daß letztendlich sogar sie selbst wegen ihres Egoismus entsetzt sind.*

Aber es wäre unklug, so etwas zu ihr zu sagen.

Er schrieb, bis es im Osten dämmerte, dann legte er sich aufs Bett und schlief vier Stunden. Seine Träume waren wirr und unangenehm. In einem ging Annies Vater eine endlose Treppe hinauf. Er hatte einen Korb auf dem Arm, in dem sich Zeitungsausschnitte zu befinden schienen. Paul versuchte, ihm etwas zuzurufen, ihn zu warnen, aber jedesmal, wenn er den Mund aufmachte, kam nichts anderes als ein sauber ausformulierter Kapitelanfang heraus – dieser Abschnitt war jedesmal anders, wenn er schreien wollte, aber er fing stets mit denselben Worten an: ›Eines Tages, etwa eine Woche später...‹

Und dann kam Annie Wilkes kreischend und mit ausgestreckten Händen den Flur entlang gelaufen, um ihrem Vater den Todesstoß zu versetzen... aber aus ihren Schreien wurden unheimliche Summlaute, und ihr Körper verformte sich unter dem Strickpullover und dem Rock, weil Annie sich in eine Biene verwandelte.

35

Am nächsten Tag kam kein offizieller Abgesandter, aber eine ganze Menge neugieriger Leute zeigten sich. Designierte Gaffer. Ein Auto war voller Teenager. Als sie in die Einfahrt fuhren, um zu wenden, stürmte Annie hinaus und brüllte sie an, ihr Land zu verlassen, sonst würde sie sie erschießen, weil sie so ein dreckiges Pack seien.

»Verpiß dich, Drachenlady«, rief einer.

»Wo haben Sie ihn begraben?« fragte ein anderer, als das Auto in einer Staubwolke anfuhr.

Ein dritter warf eine Bierflasche. Als das Auto dröhnend davonfuhr, konnte Paul einen Aufkleber an der Heckscheibe sehen.

UNTERSTÜTZT DIE SIDEWINDER BLUE DEVILS lautete die Aufschrift.

Eine Stunde später sah er Annie grimmig am Fenster vorbeigehen; auf dem Weg zum Stall zog sie ein Paar Arbeitshandschuhe an. Einige Zeit später kam sie mit der Kette heraus. Sie hatte sich die Mühe gemacht, Stacheldraht zwischen den großen Kettengliedern durchzuziehen. Als sie die stachelige Schutzmaßnahme über die Einfahrt gespannt hatte, zog sie ein paar Stücke roten Stoffs aus der Brusttasche. Diese band sie an mehreren Gliedern fest, damit man die Kette deutlicher sehen konnte.

»Das wird die Polizei nicht fernhalten«, sagte sie, als sie endlich wieder hereinkam. »Aber es wird die anderen Bälger abschrecken.«

»Ja.«

»Ihre Hand... ist geschwollen.«

»Ja.«

»Ich bin nicht gerne eine utschibutschi Plage, Paul, aber...«

»Morgen«, sagte er.

»Morgen? Wirklich?« Sie strahlte sofort.

»Ja. Ich glaube schon. Wahrscheinlich gegen sechs.«

»Paul, das ist ja großartig. Soll ich schon anfangen zu lesen, oder...«

»Es wäre mir lieber, wenn Sie warten würden.«

»Dann werde ich es tun.« Ihre Augen hatten wieder diesen zärtlichen, schmelzenden Ausdruck angenommen. Er haßte sie am meisten, wenn sie ihn so ansah. »Ich liebe Sie, Paul. Das wissen Sie, nicht?«

»Ja«, sagte er, »das weiß ich.« Und beugte sich wieder über den Block.

An diesem Abend brachte sie ihm sein Keflex – seine Harnleiterentzündung wurde besser, aber nur allmählich –, und einen Kü-
bel voll Eis. Sie legte ein sauber gefaltetes Handtuch daneben und
ging ohne ein weiteres Wort hinaus.

Paul legte den Bleistift weg – er mußte die Finger der linken
Hand benützen, um die Finger der rechten Hand zu entkrampfen
– und steckte die Hand ins Eis. Dort ließ er sie, bis sie fast völlig ge-
fühllos war. Als er sie herauszog, schien die Schwellung ein wenig
nachgelassen zu haben. Er wickelte das Handtuch darum und sah
hinaus in die Dunkelheit, bis es zu kribbeln begann. Er legte das
Handtuch weg, spannte und entspannte die Hand eine Weile (die
ersten paar Male verzog er das Gesicht wegen der Schmerzen,
aber dann wurden die Muskeln lockerer), dann schrieb er weiter.

Als die Dämmerung kam, rollte er sich langsam auf das Bett und
schlief fast auf der Stelle ein. Er träumte, daß er sich in einem
Schneesturm verirrt hatte, aber es war kein Schnee; es waren flie-
gende Blätter, die die ganze Welt erfüllten, es unmöglich machten, eine Richtung zu finden, und jede Seite war vollgeschrieben,
aber überall fehlten die N und T und E, und er begriff, wenn er
noch am Leben war, wenn dieser Schneesturm vorüber war, dann
würde er sie alle selbst von Hand nachtragen und Wörter entziffern müssen, die fast gar nicht da waren.

Er wachte am anderen Morgen um elf Uhr auf, und kaum hörte
Annie ihn, kam sie mit Orangensaft, seinen Tabletten und einer
Tasse heißer Hühnerbrühe. Sie strahlte vor Aufregung. »Heute ist
ein ganz besonderer Tag, Paul, nicht?«

»Ja.« Er versuchte, mit der rechten Hand den Löffel zu halten, konnte es aber nicht. Sie war aufgedunsen und rot und so geschwollen, daß die Haut glänzte. Als er versuchte, sie zur Faust zu ballen, war ihm zumute, als wären ihm heiße Stahlspitzen hindurchgeschlagen worden. Die letzten Tage, dachte er, waren wie eine alptraumhafte Signierstunde gewesen, die niemals aufhörte.

»Oh, Ihre arme *Hand!*« rief sie. »Ich bringe Ihnen noch eine Tablette! Auf der Stelle!«

»Nein. Dies ist das Finale. Dafür möchte ich einen klaren Kopf haben.«

»Aber mit dieser Hand können Sie nicht schreiben!«

»Nein«, gab er zu. »Meine Hand ist unbrauchbar. Ich werde das Baby so vollenden, wie ich es angefangen habe – mit dieser Royal. Acht oder zehn Seiten dürfte sie noch durchhalten. Ich glaube, ich kann mich noch durch so viele N und T und E durchkämpfen.«

»Ich hätte Ihnen eine andere Maschine besorgen sollen«, sagte sie. Sie schien aufrichtig zerknirscht zu sein; Tränen standen ihr in den Augen. Paul fand, daß diese seltenen Augenblicke die abscheulichsten von allen waren, denn dann sah er in ihr die Frau, die sie hätte sein können, wenn ihre Erziehung richtig gewesen wäre oder wenn all die komischen kleinen Drüsen ihr nicht ständig die falschen Drogen produziert hätten. Oder beides. »Ich habe eine Dummheit gemacht. Es fällt mir schwer, das zuzugeben, aber es stimmt. Es liegt daran, daß ich nicht zugeben wollte, daß mich diese Dartmonger-Person übers Ohr gehauen hat. Tut mir leid, Paul. Ihre arme Hand.«

Sie hob sie hoch, so sanft wie Niobe am Teich, und küßte sie.

»Das macht nichts«, sagte er. »Wir werden zurechtkommen, Ducky Daddles und ich. Ich hasse *ihn*, aber ich habe das Gefühl, daß *er* mich auch haßt, und das gleicht es wieder aus.«

»Von wem reden Sie?«

»Von der Royal. Ich habe ihr als Spitznamen den Namen einer Trickfilmfigur gegeben.«

»Oh...« Sie entschwebte. Schaltete ab. Rastete aus. Er wartete geduldig darauf, daß sie zurückkehren würde, während er seine Suppe aß, wobei er den Löffel ungeschickt zwischen erstem und zweitem Finger der linken Hand hielt.

Schließlich kam sie wieder zurück und sah ihn an; sie lächelte so strahlend wie eine Frau, die gerade aufgewacht ist und festgestellt hat, daß es ein schöner Tag ist. »Haben Sie die Suppe gegessen? Ich habe nämlich etwas ganz Besonderes für Sie.«

Er zeigte ihr die Schüssel, die ganz leer war, abgesehen von ein paar Nudeln, die am Boden klebten. »Sehen Sie, was für eine fleißige Biene ich bin, Annie?« fragte er ohne eine Spur von einem Lächeln.

»Sie sind die allerbeste fleißige Biene, die es jemals gab, Paul, und Sie bekommen ein ganzes *Band* goldener Sterne! Sogar... warten Sie! Warten Sie, bis Sie es gesehen haben!«

Sie verließ Paul, der zuerst den Kalender betrachtete und dann den Triumphbogen. Er sah nach oben und erblickte die verschlungenen H, die trunken über die Decke torkelten. Zuletzt sah er zu der Schreibmaschine und dem riesigen Manuskriptstapel daneben. *Lebt wohl, beisammen,* dachte er abwesend, und dann war Annie wieder im Zimmer. Sie hatte ein anderes Tablett bei sich.

Vier Schüsseln standen darauf: in einer Zitronenscheiben, in einer zweiten zerhacktes Ei, in der dritten Toastscheiben. In der Mitte stand eine größere Schüssel, darin sah er eine große Menge glibberigen

(pupsigen)

Kaviars.

»Ich weiß nicht, ob Sie das mögen oder nicht«, sagte sie schüchtern. »Ich weiß nicht einmal, ob *ich* es mag. Ich habe es noch nie gegessen.«

Paul fing an zu lachen. Seine Körpermitte tat ihm weh, seine Beine taten ihm weh, sogar die Hand tat ihm weh; gleich würde ihm wahrscheinlich noch viel mehr weh tun, denn wenn jemand lachte, dann ging die paranoide Annie davon aus, daß über *sie* gelacht wurde. Aber er konnte nicht aufhören. Er lachte, bis er würgte und hustete, seine Wangen rot wurden und Tränen ihm aus den Augen quollen. Diese Frau hatte ihm den Fuß mit einer Axt abgehackt und den Daumen mit einem elektrischen Messer abgeschnitten, und nun saß sie mit einer Menge Kaviar da, die ausgereicht hätte, ein Warzenschwein zum Kotzen zu bringen. Es war fast ein Wunder, aber dieser schwarze Ausdruck der *Kluft* erschien nicht auf ihrem Gesicht. Statt dessen fing sie an, mit ihm zu lachen.

38

Kaviar gehörte angeblich zu den Sachen, die man entweder liebte oder haßte, aber bei Paul war das nicht so. Wenn er erster Klasse flog und eine Stewardeß einen Teller vor ihn hinstellte, dann aß er ihn und vergaß dann so lange, daß es so etwas wie Kaviar gab, bis wieder eine Stewardeß kam und ihm einen Teller hinstellte. Aber jetzt aß er ihn hungrig, mit allen Beilagen, als entdeckte er zum erstenmal in seinem Leben das große Prinzip des Essens.

Annie schien überhaupt nichts daran zu liegen. Sie knabberte an einem Teelöffel voll, den sie auf ein Eckchen Toast legte, verzog angewidert das Gesicht und legte es beiseite. Paul jedoch stopfte sich mit ungeschmälertem Enthusiasmus voll. Innerhalb von fünfzehn Minuten hatte er die Hälfte des Mount Beluga verspeist. Er rülpste, hielt die Hand vor den Mund und sah schuldbewußt zu Annie, die wieder in fröhliches Gelächter ausbrach.

Ich glaube, ich werde dich umbringen, Annie, dachte er und lächelte ihr voller Wärme zu. *Wirklich. Ich werde vielleicht mit dir gehen – sogar wahrscheinlich –, aber ich werde bei Gott mit einem Bauch voll Kaviar gehen. Es könnte schlimmer sein.*

»Das war großartig«, sagte er, »aber ich kann nichts mehr essen.«

»Dieses Zeug hat einen sehr eigentümlichen Geschmack.« Sie lächelte auch. »Und noch eine Überraschung. Ich habe eine Flasche Champagner. Für später... wenn Sie das Buch fertig haben. Er heißt Dom Pérignon. Kostet fünfundsiebzig Dollar. *Eine Flasche!* Aber Chuckie Yoder unten im Spirituosenladen sagte, es wäre der beste, den es gibt.«

»Chuckie Yoder hat recht«, sagte Paul und dachte darüber nach, daß es teilweise die Schuld des Dom war, daß er überhaupt in diese Lage geraten war. Er wartete einen Augenblick, dann sagte er: »Ich hätte gerne noch etwas, wenn ich damit fertig bin.«

»Oh? Und das wäre?«

»Sie haben einmal gesagt, Sie hätten alle meine Sachen.«

»Habe ich.«

»Nun, in meinem Koffer war eine Packung Zigaretten. Ich würde gerne eine rauchen, wenn ich fertig bin.«

Ihr Lächeln verblaßte langsam. »Sie wissen, daß das nicht gut für Sie ist, Paul. Sie sind krebserregend.«

»Annie, sind Sie der Meinung, daß Krebs zu den Dingen gehört, über die ich mir jetzt noch den Kopf zerbrechen müßte?«

Sie antwortete nicht.

»Ich möchte nur eine einzige Zigarette. Ich habe mich immer zurückgelehnt und eine geraucht, wenn ich fertig war. Das ist diejenige, die immer am besten schmeckt, glauben Sie mir – sogar noch besser als die nach einem wirklich guten Essen. So war es jedenfalls immer. Heute wird sie mich wahrscheinlich schwindlig machen und schlecht schmecken, aber ich hätte dennoch gern eine, um eine Verbindung zu der Vergangenheit herzustellen. Was sagen Sie, Annie? Seien Sie gnädig. *Ich* war es auch.«

»Also gut ... aber vor dem Champagner. Ich trinke keine fünfundsiebzig Dollar teure Flasche Blubberwasser in einem Zimmer, in das Sie dieses Gift geblasen haben.«

»Das ist gut. Wenn Sie sie mir am Nachmittag bringen, dann lege ich sie auf den Fenstersims, wo ich sie ab und zu ansehen kann. Wenn ich fertig bin, trage ich die Buchstaben nach, dann rauche ich, bis ich meine, bewußtlos zu werden, dann drücke ich sie aus. Und dann rufe ich Sie.«

»Also gut«, sagte sie. »Aber glücklich bin ich nicht darüber. Auch wenn Sie von dieser einen keinen Lungenkrebs bekommen, bin ich nicht glücklich darüber. Und wissen Sie warum, Paul?«

»Nein.«

»Weil nur faule Bienen rauchen«, sagte sie und räumte die Schüsseln weg.

39

"Mistah Boss Ian, ist sie --?"

"Pssssst!" zischte Ian wütend, und Hezekiah verstummte.
Geoffrey spürte, wie sein Puls im Hals schneller schlug. Von
draußen hörte man das unablässige Knirschen von
Takelage und Leinen, das leise Flattern der Segel in der
ersten leichten Brise des aufkommenden Windes, sowie das
gelegentliche Kreischen eines Vogels. Vom Achterdeck konnte Geoffrey leise eine Gruppe von Männern hören, die mit
bellenden, grölenden Stimmen ein Shanty sangen. Aber hier
drinnen herrschte Schweigen, während drei Männer, zwei
weiß und einer schwarz, darauf warteten, ob Misery leben
würde oder...

Ian stöhnte heiser, und Hezekiah hielt ihn am Arm.
Geoffrey versuchte lediglich, sich in seiner Hysterie zusammenzunehmen. Nach all dem, konnte Gott wirklich so grausam sein und sie sterben lassen? Einst hätte er eine solche Möglichkeit rundweg abgelehnt, humorvoll und keineswegs indigniert. Die Vorstellung, daß Gott grausam sein
konnte wäre ihm in jenen Tagen absurd erschienen.

Aber seine Vorstellung von Gott hatte sich, wie so
viele Vorstellungen, verändert. Sie hatte sich in Afrika
verändert. In Afrika hatte er herausgefunden, daß es nicht
nur einen Gott gab, sondern viele, und einige davon waren
mehr als grausam -- sie waren verrückt, und das veränderte alles. Schließlich konnte man Grausamkeit verstehen,
aber bei Wahnsinn gab es das nicht.

Wenn Misery wirklich tot war, wie er befürchtete, würde er auf das Vorderdeck gehen und sich über die Reling stürzen. Er hatte die Tatsache immer gewußt, daß die Götter hart waren; aber er verspürte nicht den Wunsch, in einer Welt zu leben, wo die Götter verrückt waren.

Diese verdrehten Gedanken wurden von einem halb abergläubischen Stöhnen Hezekiahs unterbrochen.

"Mist' Boss Ian! Mist' Boss Geoffrey! Sehen sie Augen! Sie Augen!"

Miserys Augen, diese überwältigenden kornblumenblauen Augen, hatten sich flatternd geöffnet. Sie sahen von Ian zu Geoffrey und dann wieder zu Ian. Einen Augenblick sah Geoffrey nur Verwirrung in diesen Augen... dann leuchtete Erkennen in ihnen auf -- er spürte wie das Glück durch seine Seele strömte.

"Wo bin ich?" fragte sie, gähnte und streckte sich. "Ian -- Geoffrey -- sind wir auf See? Warum bin ich so hungrig?"

Lachend und weinend beugte Ian sich über sie und nannte immer wieder ihren Namen.

Verwirrt aber erfreut erwiederte sie die Umarmung -- und weil er wußte, daß sie davongekommen war, stellte Geoffrey fest, daß er jetzt und für immerdar auf ihre Liebe verzichten konnte. Er wollte allein leben, konnte allein leben, und das in völligem Frieden.

Vielleicht waren die Götter doch nicht verrückt -- zumindest nicht alle.

Er berührte Hezekiah an der Schulter. "Ich finde, wir sollten sie alleine lassen, alter Knabe, du nicht auch?"

"Schätze, das wäre richtig, Mist' Boss Geoffrey", sagte Hezekiah. Er grinste breit und ließ seine sämtlichen sieben Goldzähne blitzen.

Geoffrey warf einen letzten Blick auf sie, und nur einen Augenblick sahen diese kornblumenblauen Augen in seine Richtung, wärmten ihn. Erfüllten ihn.

Ich liebe dich, Darling, dachte er. Hörst du mich?

Vielleicht war die Antwort, die er bekam, nur der sehnsüchtige Ruf seines eigenen Verstandes, aber das dachte er nicht -- es war zu sehr, zu deutlich ihre eigene Stimme.

Ich höre dich... und ich liebe dich auch!

Geoffrey machte die Tür zu und ging hinauf aufs Achterdeck. Anstatt sich über die Reling zu werfen, wie er es vorgehabt hatte, zündete er sich eine Pfeife an und rauchte den Tabak langsam, wobei er zusah, wie die Sonne hinter dieser fernen, am Horizont verschwindenden Wolke unterging -- der Wolke, die die Küste von Afrika war.

Dann zog Paul Sheldon, weil er nicht anders konnte, die letzte Seite aus der Schreibmaschine und kritzelte mit Bleistift das geliebteste und verhaßteste Wort im Vokabular eines Schriftstellers darauf:

ENDE

40

Seine geschwollene rechte Hand hatte die Buchstaben nicht nachtragen wollen, aber er hatte sie dennoch zur Arbeit gezwungen. Wenn es ihm nicht gelang, sie wenigstens ein bißchen gelenkiger zu machen, dann würde er seinen Plan nicht ausführen können.

Als er fertig war, legte er den Bleistift beiseite. Er betrachtete sein Werk einen Augenblick. Er fühlte sich so wie immer, wenn er ein Buch vollendet hatte – seltsam leer, abgeschlafft, sich bewußt, daß er für jeden kleinen Erfolg seinen Zoll an Absurditäten bezahlt hatte.

Es war immer dasselbe – immer dasselbe –, als würde man sich bergauf durch einen dichten Dschungel quälen und oben auf eine Lichtung stürzen, um keine größere Belohnung zu finden als den Anblick einer Autobahn – mit ein paar Tankstellen und Kegelbahnen, die für gutes Verhalten oder so etwas dort als Zugabe verteilt waren.

Aber es war gut, fertig zu sein; es war immer gut, fertig zu sein. Gut, etwas produziert, ein Ding ins Sein befördert zu haben. Auf eine betäubte Art und Weise begriff und bewunderte er die Tapferkeit dieser Tat, kleine Leben zu erfinden, die es nicht gab, den Anschein von Bewegung und die Illusion von Wärme zu erzeugen. Er wußte, daß ihm das nicht immer zufriedenstellend gelang – er war nicht unbedingt ein Meister dieses Tricks, aber mehr konnte er nicht geben; und selbst wenn es letztendlich immer unzureichend endete, so tat er es doch stets mit Liebe. Er berührte den Manuskriptstapel und lächelte ein wenig.

Seine Hand ließ den gewaltigen Papierstapel los und stahl sich zu der Marlboro, die sie für ihn auf den Fenstersims gelegt hatte. Daneben stand ein Keramikaschenbecher, auf dessen Unterseite ein Paddelboot aufgedruckt war, und darunter: SOUVENIR AUS HANNIBAL, MISSOURI. DIE HEIMAT VON AMERIKAS GESCHICHTENERZÄHLER!

Im Aschenbecher lag ein Streichholzbriefchen, aber es enthielt nur ein Streichholz... mehr hatte sie ihm nicht gegeben. Aber eines sollte genügen.

Er konnte hören, wie sie oben herumstapfte. Das war gut. Er hatte genügend Zeit, seine wenigen Vorbereitungen zu treffen, hinreichend frühzeitige Warnung, sollte sie beschließen herunterzukommen, bevor er bereit für sie war.

Jetzt kommt der echte Trick, Annie. Mal sehen, ob er uns gelingt. Mal sehen, oder?

Er beugte sich nach unten, ohne auf die Schmerzen in seinem Bein zu achten, und begann, den losen Teil des Sockels mit den Fingern herauszuziehen.

41

Fünf Minuten später rief er sie und hörte ihre schweren, irgendwie tonlosen Schritte auf der Treppe. Er hatte damit gerechnet, daß er Entsetzen empfinden würde, wenn sich die Dinge so weit entwickelt hatten, aber zu seiner Erleichterung stellte er fest, daß er ziemlich ruhig war. Der Geruch der Anzünderflüssigkeit erfüllte das Zimmer. Sie tropfte unablässig von dem Brett herab, das über den Armlehnen des Rollstuhls lag.

»Paul, sind Sie *wirklich* fertig?« rief sie schon draußen auf dem Flur.

Paul betrachtete den Stapel Papier, der auf dem Brett neben der verhaßten Royal Schreibmaschine lag. Anzünderflüssigkeit tränkte den Stapel. »Nun«, rief er zurück, »ich habe mein Bestes gegeben, Annie!«

»Puh! Großartig! Herrje, ich kann es kaum glauben! Nach der ganzen Zeit! Einen Augenblick! Ich hole den Champagner!«

»Prima!«

Er hörte, wie sie über das Linoleum in der Küche ging, wußte schon einen Augenblick vorher genau, wann welches Ächzen ertönen würde. *Alle diese Geräusche höre ich zum letztenmal*, dachte er, und das erfüllte ihn mit Verwunderung, und diese Verwunderung brach seine Ruhe auf wie ein Ei. Im Innern dieses Eis war seine Angst... aber da war noch etwas anderes. Er vermutete, daß es die verschwindende Küste von Afrika war.

Die Kühlschranktür wurde geöffnet, dann geschlossen. Sie kam wieder durch die Küche; sie kam.

Selbstverständlich hatte er die Zigarette nicht geraucht; sie lag immer noch auf dem Fenstersims. Das Streichholz hatte er gewollt. Das einzige Streichholz.

Was ist, wenn es nicht entflammt, wenn du es reibst?

Aber für solche Überlegungen war es jetzt zu spät.

Er griff zum Aschenbecher und holte das Streichholzbriefchen. Er riß das Streichholz heraus. Jetzt kam sie den Flur entlang. Paul rieb das Streichholz an der Reibfläche, und selbstverständlich entzündete es sich nicht.

Sachte! Behutsam wird es gehen!

Er rieb es erneut. Nichts.

Sachte... sachte...

Er strich es zum drittenmal über die rauhe dunkelbraune Fläche auf dem Rücken des Briefchens, und diesesmal erblühte eine blaßgelbe Flamme am Ende des Stäbchens.

42

»Ich hoffe nur, daß er hinreichend...«

Sie blieb stehen, das nächste Wort wurde in ihren Hals zurückgesogen, als sie keuchend einatmete. Paul saß hinter einer Barrikade aus Schreibmaschinenpapier und Stenopapier. Er hatte absichtlich die erste Seite herumgedreht, damit sie folgendes lesen konnte:

MISERYS RÜCKKEHR
Von Paul Sheldon

Über dem baufälligen Papierstapel schwebte Pauls geschwollene rechte Hand, zwischen Daumen und Zeigefinger hielt er das brennende Streichholz.

Sie stand unter der Tür und hielt eine in ein Handtuch gewikkelte Flasche Champagner in der Hand. Sie hatte den Mund geöffnet. Nun klappte sie ihn zu.

»Paul?« Vorsichtig. »Was machen Sie da?«

»Es ist fertig«, sagte er. »Und es ist gut, Annie. Sie hatten recht. Das beste *Misery*-Buch, wahrscheinlich sogar das beste, das ich überhaupt je geschrieben habe, Bastard oder nicht. Und jetzt werde ich einen kleinen Trick damit anstellen. Es ist ein guter Trick. Ich habe ihn von Ihnen gelernt.«

»*Paul, nein!*« schrie sie. Ihre Stimme war voller Schmerz und Verstehen. Sie riß die Hände in die Höhe, die Champagnerflasche fiel herunter. Sie prallte auf dem Boden auf und explodierte wie ein Torpedo. Schaumspritzer flogen überall hin.

»*Zu schade, daß Sie es niemals lesen werden*«, sagte Paul und lächelte sie an. Es war sein erstes richtiges Lachen seit Monaten, strahlend und aufrichtig. »*Falsche Bescheidenheit beiseite, ich kann wirklich sagen, es war besser als gut! Es war großartig, An-nie.*«

Das Streichholz brannte ab, er spürte bereits die Wärme an den Fingern. Er ließ es fallen. Einen schrecklichen Augenblick lang dachte er, es wäre ausgegangen, aber dann breitete sich blaugelbes Feuer mit einem vernehmlichen Laut über die Titelseite aus – *Fump!* Es leckte an den Seiten des Stapels hinab, kostete die Flüssigkeit, die um den Stapel eine Pfütze bildete, und loderte gelb in die Höhe.

»O GOTT NEIN!« schrie Annie. »NICHT MISERY! NICHT MISERY! NICHT SIE! NEIN! NEIN!«

Ihr Gesicht jenseits der Flammen begann zu glänzen. »Möchten Sie sich etwas wünschen, Annie? Möchten Sie sich etwas *wünschen*, angeschissener Troll?«

»O MEIN GOTT O PAUL WAS MACHEN SIE NUUUUUUR?« Sie taumelte mit ausgestreckten Armen nach vorne. Jetzt brannte der Stapel Papier nicht nur, er loderte. Die graue Seite der Royal wurde schwarz. Anzünderflüssigkeit war unter sie gelaufen, nun leckten Flammen zwischen den Typen empor. Paul konnte spüren, wie sein Gesicht kochte, wie die Haut spannte.

»NICHT MISERY!« wimmerte sie. »SIE KÖNNEN MISERY NICHT VERBRENNEN, SIE UTSCHIBUTSCHI BALG, SIE KÖNNEN MISERY NICHT VERBRENNEN!«

Und dann tat sie genau das, was sie, wie er genau gewußt hatte, tun würde. Sie schnappte den brennenden Stapel Papier und wirbelte herum, um damit ins Bad zu laufen, wahrscheinlich, um es in der Wanne zu löschen.

Als sie sich umdrehte, packte Paul die Royal; er achtete nicht auf die Brandblasen, die die heiße rechte Seite seiner bereits geschwollenen Hand zufügte. Er hob sie über den Kopf. Kleine blaue Feuertropfen fielen von der Unterseite herab. Er schenkte ihnen nicht mehr Aufmerksamkeit, als er den stechenden Schmerzen in seinem Rücken schenkte, wo er sich anscheinend etwas ausgerenkt hatte. Sein Gesicht war eine wahnsinnige Grimasse der Anstrengung und Konzentration. Er riß die Arme nach unten und nach vorne und ließ die Schreibmaschine los. Sie prallte ihr direkt in den breiten, soliden Rücken.

»AUUUUU-AAAA!« Es war kein Schrei, sondern ein langgezogenes erstauntes Grunzen. Annie wurde vorwärts auf den Boden geschleudert und begrub den lichterloh brennenden Papierstapel unter sich.

Winzige blaue Feuerchen überzogen die Oberfläche des Brettes, das als sein Schreibtisch gedient hatte. Keuchend schob Paul es weg, jeder Atemzug war ein glühendes Eisen in seiner Kehle. Paul schob das Brett beiseite. Er stieß sich ab und stellte sich unsicher auf das rechte Bein.

Annie wand sich und stöhnte. Eine Flamme leckte in der Lücke zwischen dem linken Arm und der Flanke ihres Körpers empor. *Jetzt* schrie sie. Paul konnte verkohlende Haut und brennendes Fett riechen.

Sie rollte sich herum und rappelte sich auf die Knie auf. Der größte Teil des Papiers lag jetzt auf dem Boden, entweder brannte es, oder es zischte sterbend in Champagnerpfützen, aber Annie hielt immer noch einen Teil davon fest, und ein Teil davon brannte immer noch. Auch ihr Strickpullover brannte. Er sah grüne Haken aus Glas in ihren Unterarmen. Eine größere Scherbe ragte aus ihrer rechten Wange wie die Schneide eines Tomahawks.

»Ich werde dich umbringen, verlogener Schwanzlutscher«, sagte sie und kroch auf ihn zu. Sie kam auf den Knien näher, dann fiel sie über die Schreibmaschine. Sie wand sich und schaffte es, sich halb umzudrehen. Dann ließ sich Paul auf sie fallen. Er spürte sogar durch ihren Körper hindurch die scharfen Kanten der Schreibmaschine. Sie kreischte wie eine Katze, wand sich wie eine Katze und versuchte ihn mit den Händen zu kratzen wie eine Katze.

Rings um sie herum erloschen die Flammen, aber er konnte immer noch die starke Hitze spüren, die von dem zuckenden Bündel unter ihm ausging, und er wußte, wenigstens ein Teil des Pullovers und ihrer Unterwäsche mußte sich in ihren Körper hineingebrannt haben. Er empfand keinerlei Mitleid mit ihr.

Sie versuchte ihn abzuwerfen. Er hielt sich fest, und nun lag er ausgestreckt auf ihr wie ein Mann, der eine Vergewaltigung begehen will, sein Gesicht war fast auf ihrem; seine rechte Hand tastete, sie wußte genau, wonach sie suchte.

»Runter von mir!«

Er fand eine Handvoll heißes, verkohltes Papier.

»Runter von mir!«

Er zerknüllte das Papier und drückte die Flammen zwischen den Fingern aus. Er konnte sie riechen – verbranntes Fleisch, Schweiß, Haß, Irrsinn.

»RUNTER VON MIR!« schrie sie und riß den Mund weit auf, und plötzlich sah er in die feuchte rote Grube der Göttin.

»RUNTER VON MIR, UTSCHIBUTSCHI BAL...«

Er stopfte ihr Papier, weißes und verkohltes, in den klaffenden, schreienden Mund. Sah, wie die aufgerissenen Augen noch weiter aufgerissen wurden, jetzt voll Überraschung und Entsetzen.

»Hier ist dein Buch, Annie«, keuchte er, und seine Hand schloß sich um mehr Papier. Diese Handvoll war erloschen und feucht, sie roch sauer nach verschüttetem Wein. Sie bäumte sich auf und wand sich unter ihm. Die Salzkuppel seines linken Knies wurde gegen den Boden gehämmert, er verspürte unerträgliche Schmerzen, aber er blieb auf ihr. *Ich vergewaltige dich tatsächlich, Annie. Ich vergewaltige dich, denn was ich dir antue, ist das schlimmste für dich. Also, saug mein Buch. Lutsch mein Buch. Lutsch daran, bis du verdammt noch mal daran ERSTICKST!* Er knüllte das feuchte Papier mit einer konvulsivischen Bewegung zusammen und rammte es ihr in den Mund, wobei er die halb verkohlte erste Ladung noch weiter hineinschob.

»Hier ist es, Annie, wie gefällt es dir? Es ist eine echte Erstausgabe, die Annie Wilkes-Edition, wie schmeckt sie dir? Essen, Annie, lutschen, immer schön essen, wie eine fleißige Biene, das Buch *ganz* aufessen!«

Er stopfte ihr eine dritte Handvoll in den Mund, eine vierte. Die fünfte brannte noch; er drückte das Feuer mit dem bereits versengten rechten Handballen aus, als er es ihr hineinschob.

Sie gab ein paar unheimliche gedämpfte Laute von sich. Sie bäumte sich gewaltig auf, und diesesmal wurde Paul abgeworfen. Sie mühte sich ab und kam auf die Knie. Ihre Hände krallten sich in den geschwärzten Hals, der ein schrecklich angeschwollenes Aussehen angenommen hatte. Abgesehen vom verkohlten Halsbündchen war von ihrem Pullover nichts mehr übrig. Das Fleisch ihres Bauches und Unterleibs war schwarz verkohlt und voller Brandblasen. Champagner tropfte von dem Papier, das ihr aus dem Mund ragte.

»*Mmmmpft. Mark! Mark!*« krächzte Annie. Irgendwie gelang es ihr, auf die Beine zu kommen; sie hatte immer noch den Hals umklammert. Paul wich zurück, seine Beine hingen wie nutzlos an ihm, und betrachtete sie aufmerksam. »*Haarkoo? Dorg? Mumpf!*«

Sie kam einen Schritt auf ihn zu. Dann fiel sie wieder über die Schreibmaschine.

Als sie diesesmal fiel, drehte sie den Kopf, und ihre Augen sahen ihn mit einem Ausdruck an, der fragend und irgendwie schrecklich war: *Was ist denn nur passiert, Paul? Ich habe Ihnen doch Champagner gebracht, oder nicht?*

Die linke Seite ihres Kopfes schlug auf dem Kaminsims auf, sie fiel wie ein Sack Kohlen zu Boden und prallte mit einem Donnerschlag auf, der das ganze Haus erzittern ließ.

43

Annie war auf den Haufen brennenden Papiers gefallen, und ihr Körper hatte es gelöscht. Es war ein rauchender Klumpen auf dem Fußboden. Die Champagnerpfützen hatten die meisten einzelnen Blätter gelöscht. Aber zwei oder drei waren noch brennend gegen die Wand links von der Tür geweht worden; dort brannte stellenweise die Tapete... aber ohne rechten Enthusiasmus.

Paul kroch zum Bett, stemmte sich auf die Ellbogen und ergriff die Bettdecke. Dann arbeitete er sich zur Tür vor, dabei wischte er mit den Händen die Scherben beiseite. Er hatte sich den Rücken ausgerenkt. Er hatte schlimme Verbrennungen an der rechten Hand. Sein Kopf schmerzte. Der süßliche Geruch des verbrannten Fleisches drehte ihm den Magen um. Aber er war frei. Die Göttin war tot, und er war frei.

Er brachte irgendwie das rechte Knie unter sich, griff mit der Decke (sie war feucht vom Champagner und mit grauschwarzer Asche verschmiert) nach oben und begann, die Flammen zu ersticken. Als er die Decke zu einem rauchenden Bündel am Boden zusammenfallen ließ, war ein großer rauchender Fleck an der Tapete, aber die Tapete war gelöscht. Die unterste Seite des Kalenders hatte sich gewellt, das war alles.

Er kroch zum Rollstuhl zurück. Er hatte die halbe Strecke zurückgelegt, als Annie die Augen öffnete.

Paul sah sie ungläubig an, als sie sich langsam auf die Knie aufrichtete. Paul selbst stützte sich auf die Hände und zog die Beine
hinter sich her. Er erinnerte an eine seltsam erwachsene Version
von Popeyes Neffen, Swee' Pea.

Nein... du bist tot.

*Du irrst dich, Paul. Die Göttin kann man nicht töten. Die Göttin ist
unsterblich. Jetzt muß ich nachwischen.*

Ihre Augen starrten gräßlich um sich. Eine riesige rosarote
Wunde klaffte an der Seite des Kopfs im Haar. Blut rann an ihrem
Gesicht herab.

»*Schmudds!*« rief Annie aus einem Hals voll Papier. Sie kam mit
ausgestreckten Händen, deren Finger sie spannte und entspannte, auf ihn zugekrochen. »*Puuu Schmudds!*«

Paul drehte sich im Halbkreis herum und begann auf die Tür zuzukriechen. Er konnte sie hinter sich hören. Dann, als er die Zone
der Glasscherben erreichte, spürte er, wie sich ihre Hand um seinen linken Knöchel schloß und den Stumpf fest zusammen-
drückte. Er schrie.

»SCHMUTZ!« schrie Annie triumphierend.

Er sah über die Schulter. Ihr Gesicht wurde langsam purpurn
und schien sich aufzublähen. Er stellte fest, daß sie sich *tatsächlich*
in das Götzenbild der Bourkas verwandelte.

Er zog mit aller Macht, und sein Bein glitt fußlos aus ihrem Griff,
ihr blieb nichts weiter als der Lederring, mit dem sie den Stumpf
umhüllt hatte.

Er begann, hektisch zu kriechen, weinte, Schweiß lief ihm über
die Wangen. Er schleppte sich auf den Ellbogen voran wie ein Sol-
dat unter schwerem Maschinengewehrbeschuß. Hinter sich hörte
er zuerst ein Knie pochend aufsetzen, dann das andere, dann wieder das erste. Sie verfolgte ihn immer noch. Sie war so solide, wie
er immer befürchtet hatte. Er hatte sie verbrannt, ihren Rücken gebrochen, ihr Papier in die Luftröhre gestopft, und dennoch hörte
sie nicht auf ihn zu verfolgen.

»FINK!« schrie Annie jetzt. »SCHMUTZ... FINK!«

Einer seiner Ellbogen setzte auf einer Glasscherbe auf, die sich ins Fleisch bohrte. Er kroch dennoch weiter, die Scherbe ragte aus ihm heraus wie eine Stecknadel.

Ihre Hand schloß sich um seine linke Wade.

»AU! Gaa... UUU UA... AU!«

Er drehte sich wieder um, und ja, ihr Gesicht war schwarz geworden, ein düsteres Schwarz wie verfaulte Pflaumen, aus dem ihre blutenden Augen wild hervorquollen. Ihre pulsierende Kehle war aufgeschwollen wie ein Abwasserrohr, ihr Mund zuckte. Ihm wurde klar, daß sie zu grinsen versuchte.

Die Tür war gerade innerhalb seiner Reichweite. Paul streckte sich und umklammerte den Rahmen mit der Verzweiflung eines Sterbenden.

»GAA... UUU... AU!«

Ihre rechte Hand auf seinem rechten Oberschenkel.

Poch. Ein Knie. *Poch.* Das andere.

Näher. Ihr Schatten. Ihr Schatten fiel über ihn.

»Nein«, wimmerte er. Er spürte sie zupfen, ziehen. Er hielt sich verzweifelt am Türrahmen fest; die Augen hatte er fest zugekniffen.

»GAA... UUU... AU!«

Über ihm. Donnern. Donnern der Göttin.

Jetzt krabbelten ihre Hände wie Spinnen über seinen Rücken und legten sich auf die Kehle.

»GAA... UUU... SCHMUTZ... FINK!«

Er bekam keine Luft mehr. Er hielt sich am Türrahmen fest. Er hielt den Türrahmen fest und spürte sie über sich und spürte ihre Hände sich in seinen Hals graben, und er schrie *Stirb kannst du denn nicht sterben kannst du niemals sterben*...

»GAA... G...«

Der Druck erschlaffte. Einen Augenblick lang konnte er wieder atmen. Dann brach Annie über ihm zusammen, ein Berg aus schlaffem Fleisch, und er konnte überhaupt nicht mehr atmen.

Er arbeitete sich unter ihr vor wie ein Mann, der sich mit letzter Kraft aus einer Schneelawine freigräbt.

Er kroch zur Tür hinaus, wobei er jeden Augenblick damit rechnete, daß sie die Hand wieder um seinen Knöchel schließen würde, aber das geschah nicht. Annie lag stumm und mit dem Gesicht nach unten in Blut und verschüttetem Champagner und Glasscherben. War sie tot? Sie *mußte* tot sein. Paul glaubte nicht, daß sie tot war.

Er schlug die Tür zu. Der Riegel, den sie angebracht hatte, sah aus, als befände er sich auf halbem Weg an einer steilen Klippe, aber er streckte dennoch die Hand danach aus, schob ihn vor und brach dann vor der Tür zu einem zuckenden Bündel zusammen.

Eine unbekannte Zeitspanne lang lag er wie betäubt da. Schließlich weckte ihn ein leises, kontinuierliches kratzendes Geräusch. *Die Ratten*, dachte er. *Es sind die R...*

Dann schoben sich Annies dicke blutverschmierte Finger unter der Tür durch und zogen vergeblich an seinem Hemd.

Er kreischte und zog sich von ihnen zurück, in seinem linken Bein tobten die Schmerzen. Er hämmerte mit der Faust auf die Finger ein. Anstatt sich zurückzuziehen, zuckten sie ein wenig und waren dann reglos.

Laß das ihr Ende sein. Bitte, lieber Gott, laß das ihr Ende sein.

Unter mittlerweile schrecklichen Schmerzen kroch Paul auf das Bad zu. Auf halbem Weg drehte er sich um. Ihre Finger ragten immer noch unter der Tür vor. So schlimm seine Schmerzen waren, er brachte es nicht fertig, das mit anzusehen, daher kroch er zurück und schob sie nach drinnen. Er mußte alle Disziplin zusammennehmen, um das zu tun; er war sicher, in dem Augenblick, da er sie berührte, würde sie ihn packen.

Schließich kam er doch zum Badezimmer, jedes Körperteil an ihm pulsierte. Er schleppte sich hinein und machte die Tür zu.

Großer Gott, was ist, wenn sie die Drogen woanders verstaut hat?

Aber das hatte sie nicht. Die unordentlich aufgeräumten Schachteln waren noch da, einschließlich der mit den Probepakkungen Novril. Er schluckte drei trocken hinunter, dann kroch er zur Tür zurück, legte sich dagegen und blockierte sie mit seinem Körpergewicht.

Paul schlief.

46

Als er erwachte, war es dunkel, und er wußte zuerst gar nicht, wo er sich befand – wie kam es, daß sein Schlafzimmer *so klein* geworden war? Dann erinnerte er sich an alles, und mit den Erinnerungen kam eine unheimliche Gewißheit: Sie war nicht tot, nicht einmal jetzt war sie tot. Sie stand direkt vor dieser Tür, hatte die Axt in der Hand, und wenn er hinauskroch, würde sie seinen Kopf amputieren. Er würde wie eine Bowlingkugel den Flur entlangrollen, und sie würde lachen.

Das ist verrückt, sagte er zu sich, und dann hörte er – oder glaubte zu hören –, wie etwas leise raschelte, das Rascheln eines gestärkten Frauenrocks, der draußen an der Wand streifte.

Das hast du dir eingebildet. Deine Fantasie... sie ist so lebhaft.

Habe ich nicht. Ich habe es gehört.

Hatte er nicht, das wußte er. Seine Hand griff nach dem Türknopf, dann ließ er sie unsicher sinken. Ja, er wußte, daß er nichts gehört hatte, aber wenn er nun *doch* etwas gehört hatte?

Sie hätte zum Fenster hinausklettern können.

Paul, sie ist TOT!

Die in ihrer Logik unwiderlegbare Antwort: *Die Göttin stirbt niemals.*

Er merkte, daß er sich heftig auf die Lippe biß, um sich zu zwingen, damit aufzuhören. War es so, wenn man verrückt wurde? Ja. Er war nahe daran, und wer hatte dazu ein größeres Recht als er? Aber wenn er sich ergab, wenn die Polizisten morgen oder übermorgen wiederkamen und Annie tot im Gästezimmer fanden, und im Bad einen brabbelnden Protoplasmaklumpen, einen brabbelnden Protoplasmaklumpen, der einst ein Schriftsteller namens Paul Sheldon gewesen war, wäre das nicht ein Sieg für Annie?

Eindeutig. Und jetzt, Paulie, wirst du ein gutes fleißiges Bienlein sein und dem Szenario folgen. Richtig?

Okay.

Seine Hand griff wieder nach dem Türknopf – und sank erneut zurück. Er *konnte* dem ursprünglichen Szenario nicht folgen. Darin hatte er gesehen, wie er das Papier anzündete und sie es aufhob, und das war geschehen. Aber er hatte ihr mit dem verfluchten Ding den *Schädel* einschlagen wollen, und nicht den Rükken. Danach hatte er sich vorsichtig hinausbegeben wollen. Sein entworfenes Szenario hatte vorgesehen, daß er durch eines der Wohnzimmerfenster floh. Wenn er sich hinunterfallen ließ, würde er höllische Schmerzen haben, aber er hatte bereits gesehen, wie pingelig Annie war, wenn es darum ging, die Türen abzuschließen. Besser zu Tode stürzen als gebraten zu werden, sollte Johannes der Täufer einmal gesagt haben.

In einem Buch wäre alles genau nach Plan verlaufen... aber das Leben war so verdammt unordentlich – was sollte man zu einer Existenz sagen, wo einige der wichtigsten Unterhaltungen im Leben stattfanden, während man scheißen mußte oder so etwas? Einer Existenz, die nicht einmal *Kapitel* hatte.

»Sehr unordentlich«, krächzte Paul. »Ein Glück, daß es Leute wie mich gibt, die zum Nachwischen da sind.« Er gackerte vor sich hin.

Die Champagnerflasche hatte nicht zu dem Szenario gehört, aber verglichen mit dem unerbittlichen und zähen Lebenswillen und der Unsicherheit seiner momentanen Situation war das gar nichts.

Und bevor er nicht wußte, ob sie tot war, konnte er auch das Haus nicht anzünden und ein Fanal schaffen, das Hilfe herbeiholen würde. Nicht, weil Annie möglicherweise noch am Leben war; er hätte sie ohne jeglichen Skrupel bei lebendigem Leibe grillen können.

Nicht *Annie* hielt ihn zurück, sondern das Manuskript. Das *echte* Manuskript. Was er verbrannt hatte, war nichts weiter als eine Illusion gewesen, ein Titelblatt, unbeschriebene Seiten, dazwischen Seiten, die er nochmals abgetippt oder verworfen gehabt hatte. Das echte Manuskript von *Miserys Rückkehr* hatte er unter dem Bett versteckt, und dort befand es sich immer noch.

Wenn sie nicht noch am Leben ist. Wenn sie noch lebt, dann liest sie es vielleicht gerade.

Was also wirst du tun?

Hier warten, riet ein Teil von ihm. *Hier drinnen warten, wo es schön und sicher ist.*

Aber ein anderer Teil – der tapfere Teil – riet ihm, mit dem Szenario weiterzumachen wie geplant – jedenfalls so weit er konnte. Ins Wohnzimmer, das Fenster aufbrechen, aus diesem gräßlichen Haus hinaus. Sich bis zum Straßenrand schleppen und ein Auto anhalten. Früher hätte das tagelanges Warten bedeuten können, aber jetzt nicht mehr. Annies Haus war zum Magneten geworden.

Er nahm allen Mut zusammen, griff nach dem Türknopf und drehte ihn. Die Tür öffnete sich langsam in der Dunkelheit, und tatsächlich, da stand Annie, da war die Göttin, da stand sie im Schatten, ein weißer Schemen in Schwesterntracht...

Er kniff die Augen fest zu, dann machte er sie wieder auf. Schatten, ja. Annie, nein. Abgesehen von den Zeitungsausschnitten hatte er sie niemals in Schwesternkleidung gesehen. Nur Schatten. Schatten und

(so lebhaft)

Fantasie.

Er kroch langsam auf den Flur und sah in Richtung des Gästezimmers. Die Tür war geschlossen, und er kroch zum Wohnzimmer.

Es war eine Grube der Schatten. Annie konnte sich hinter jedem verstecken; Annie konnte jeder davon *sein.* Und sie konnte die Axt haben.

Er kroch.

Dort war das Polstersofa, und Annie war dahinter. Dort stand die Küchentür offen, und Annie war *dahinter.* Hinter ihm knirschten die Dielen... natürlich! Annie war *hinter* ihm!

Er drehte sich um, sein Herz pochte, das Gehirn drückte gegen die Schläfen, und Annie stand tatsächlich mit erhobener Axt da, aber nur eine Sekunde lang. Sie löste sich in Schatten auf. Er kroch ins Wohnzimmer hinein, da hörte er das Geräusch eines näher kommenden Motors. Scheinwerferlicht strahlte durch das Fenster, wurde heller. Er hörte die Reifen im Sand rutschen und begriff, daß sie die Kette gesehen hatten, die sie vor die Einfahrt gehängt hatte.

Eine Autotür wurde aufgemacht und zugeschlagen.

»Scheiße! Sehen Sie sich das an!«

Er kroch schneller, richtete sich auf und sah eine Silhouette auf das Haus zukommen. Die Form der Silhouette war unmißverständlich. Es handelte sich um einen Polizisten der Staatspolizei.

Paul stützte sich auf den Nippestisch und warf die Figürchen um. Ein paar fielen zu Boden und zerschellten. Er schloß die Hand um eine, und wenigstens das war wie in einem Buch; es hatte eine romanhafte Glätte, wie sie Büchern eigen ist, dem Leben aber niemals.

Es war der Pinguin, der auf dem Eisblock saß.

JETZT IST MEINE GESCHICHTE ERZÄHLT, stand auf dem Block, und Paul dachte: *Ja, Gott sei Dank!*

Er stützte sich auf die linke Hand und ließ die rechte sich um den Pinguin krallen. Blasen brachen auf, Eiter quoll heraus. Er zog den Arm zurück und warf den Pinguin durch das Wohnzimmerfenster, genau so, wie er vor nicht allzu langer Zeit einen Aschenbecher durch das Gästezimmerfenster geworfen hatte.

»*Hier!*« schrie Paul Sheldon wie im Delirium. »*Hier, hier drinnen, bitte, ich bin hier drinnen!*«

47

Dieser Ausgang hatte noch eine weitere romanhafte Glätte an sich: Es waren dieselben Polizisten, die gekommen waren, um Annie wegen Kushner zu verhören, David und Goliath. Aber heute abend hatte David nicht nur den Mantel aufgeknöpft, er hatte sogar die Waffe gezogen. Wie sich herausstellte, war David Wicks. Goliath war McKnight. Sie waren mit einem Durchsuchungsbefehl gekommen.

Als sie schließlich ins Haus eindrangen, nachdem sie die verzweifelten Schreie aus dem Wohnzimmer gehört hatten, fanden sie einen Mann, der wie ein zum Leben erwachter Alptraum aussah.

»Als ich noch in der High School war, habe ich einmal ein Buch gelesen«, sagte Wicks am nächsten Morgen zu seiner Frau. »*Der Graf von Monte Christo*, glaube ich, oder *Der Gefangene von Zenda*. Jedenfalls ging es in diesem Buch um jemanden, der vierzig Jahre in Einzelhaft verbracht hatte. Er hatte vierzig Jahre keinen Menschen gesehen. *Genauso* sah dieser Bursche aus.« Wicks schwieg einen Augenblick, er wollte besser zum Ausdruck bringen, wie es gewesen war, die widerstreitenden Gefühle, die er empfunden hatte – Entsetzen und Mitleid und Traurigkeit und Ekel –, am meisten jedoch Verwunderung darüber, daß ein Mann, der so aussah, noch am Leben sein konnte. Er fand keine Worte. »Als er uns sah, fing er an zu weinen«, sagte er und fügte schließlich noch hinzu: »Er nannte mich immerzu David. Ich weiß auch nicht warum.«

»Vielleicht siehst du jemandem ähnlich, den er gekannt hat«, sagte sie.

»Vielleicht.«

48

Pauls Haut war grau, sein Körper spindeldürr. Er kauerte neben dem Kaffeetisch, schlotterte am ganzen Leib und sah sie mit rollenden Augen an.

»Wer...«, begann McKnight.

»Göttin«, unterbrach ihn der ausgemergelte Mann auf dem Boden. Er leckte sich die Lippen. »Sie müssen sich vor ihr hüten.

Schlafzimmer. Dort hat sie mich gehalten. Hausschriftsteller. Schlafzimmer. Dort ist sie.«

»Anne Wilkes?« Wicks. »In diesem Schlafzimmer?« Er nickte in Richtung des Flurs.

»Ja. Ja. Eingesperrt. Aber natürlich. Ein Fenster.«

»Wer...«, begann McKnight zum zweiten Mal.

»Herrgott, sehen Sie das denn nicht?« fragte Wicks. »Das ist der Mann, nach dem Kushner gesucht hat. Der Schriftsteller. Ich kann mich nicht an seinen Namen erinnern, aber er ist es.«

»Gott sei Dank«, sagte der ausgemergelte Mann.

»Was?« Wicks beugte sich stirnrunzelnd zu ihm hinab.

»Gott sei Dank, daß Sie sich nicht an meinen Namen erinnern.«

»Wir sind nicht hinter Ihnen her, Kumpel.«

»Schon gut. Vergessen Sie's. Sie müssen nur... müssen nur vorsichtig sein. Ich glaube, sie ist tot. Aber seien Sie vorsichtig. Wenn sie noch lebt... gefährlich... wie eine Klapperschlange.« Mit unglaublicher Anstrengung schleppte er sein krummes Bein direkt in den Strahl von McKnights Taschenlampe. »Hat mir den Fuß abgehackt. Axt.«

Sie sahen die Stelle, wo sein Fuß nicht war, lange Zeit an, dann flüsterte McKnight:

»Gütiger Himmel.«

»Kommen Sie«, sagte Wicks. Er zog die Waffe, und die beiden gingen langsam den Flur entlang zu Pauls Schlafzimmer.

»*Hütet euch vor ihr!*« schrie Paul mit seiner rissigen und krächzenden Stimme. »*Vorsichtig!*«

Sie entriegelten die Tür und gingen hinein. Paul zog sich an der Wand hoch und lehnte sich mit geschlossenen Augen an sie. Ihm war kalt. Er konnte nicht aufhören zu zittern. Die beiden würden schreien, oder sie würde schreien. Es konnte ein Handgemenge geben. Vielleicht wurde geschossen. Er versuchte, sich in Gedanken auf beides vorzubereiten. Zeit verging, und es schien wirklich eine lange Zeit zu sein.

Schließlich hörte er Stiefelschritte den Flur entlangkommen. Er öffnete die Augen. Es war Wicks.

»Sie *war* tot«, sagte Paul. »Ich wußte es – der *wirkliche* Teil meines Verstandes wußte es – aber es kann dennoch kaum sein...«

Wicks sagte: »Es sind Blut und Scherben und verkohltes Papier da drinnen... aber in dem Zimmer ist kein Mensch.«

Paul Sheldon sah Wicks an, dann fing er an zu schreien. Er schrie immer noch, als er das Bewußtsein verlor.

IV

GÖTTIN

»Eine große, dunkelhäutige Fremde wird dich besuchen«, sagte die Zigeunerin zu Misery, und Misery stellte erstaunt zwei Dinge gleichzeitig fest: Dies war keine Zigeunerin, und sie waren nicht mehr allein in dem Zelt. Sie roch Gwendolyn Chastains Parfum in dem Augenblick, als sich die Hand der Verrückten um ihre Kehle schloß.

»Ich glaube«, bemerkte die Zigeunerin, die gar keine war, »sie ist sogar schon da.«

Misery versuchte zu schreien, aber sie konnte nicht einmal mehr atmen.

MISERYS KIND

»Sieht immer so aus, Boss Ian«, sagte Hezekia. »Einerlei, wie man sie ansieht, sie scheint einen auch immer anzusehn. Weiß nicht, ob es stimmt, aber die Bourkas, die sagen, selbst wenn man hinter sie geht, scheint die Göttin einen anzusehn.«

»Aber sie ist doch nur ein Stück Fels«, gab Ian zurück.

»Ja, Boss Ian«, stimmte Hezekia zu. »Das gibt ihr ihre Macht.«

MISERYS RÜCKKEHR

1

ummmr nnnnss
rrfnn ummr nnnnss
fnnn
Diese Laute: trotz der Benommenheit.

2

Jetzt muß ich nachwischen, sagte sie, und dies ist das große Nachwischen:

3

Neun Monate, nachdem Wicks und McKnight ihn auf einer behelfsmäßigen Bahre aus Annies Haus getragen hatten, verbrachte Paul Sheldon seine Zeit entweder im Doctors Hospital in Queens oder in seinem neuen Apartment an der East Side von Manhattan. Seine Beine waren nochmals gebrochen worden. Sein linkes war immer noch vom Knie abwärts geschient. Den Rest seines Lebens würde er hinkend gehen, hatten ihm die Ärzte gesagt, aber er *würde* wieder gehen, und mit der Zeit würde er auch ohne Schmerzen gehen können. Das Hinken wäre stärker gewesen, wenn er mit seinem eigenen linken Fuß gehen würde und nicht mit einer Prothese. Auf eine ironische Art und Weise hatte Annie ihm einen Gefallen getan.

Er trank zuviel und schrieb keine neue Zeile. Er hatte schlimme Alpträume.

Als er eines Nachmittags im neunten Stock aus dem Fahrstuhl trat, dachte er zur Abwechslung einmal nicht an Annie, sondern an das umfangreiche Paket, das er ungeschickt unter dem Arm hatte – es enthielt zwei gebundene Fahnenabzüge von *Miserys Rückkehr*. Sein Verlag hatte das Buch in aller Eile produziert; bedachte man die weltweiten Schlagzeilen, die die bizarren Umstände machten, unter denen der Roman entstanden war, war das auch kein Wunder. Hastings House hatte eine noch nie dagewesene Erstauflage von einer Million Exemplaren drucken lassen. »Und das ist erst der Anfang«, hatte Charlie Merrill, sein Lektor, zu ihm gesagt, als sie an diesem Tag zu Mittag aßen – das Mittagessen, von dem Paul gerade mit den Fahnenabzügen zurückkam. »Dieses Buch wird sich besser verkaufen als alles andere auf der Welt, mein Freund. Wir sollten alle auf die Knie niedersinken und Gott dafür danken, daß die Geschichte *in* dem Buch fast so gut ist wie die *hinter* dem Buch.«

Paul wußte nicht, ob das stimmte, und es interessierte ihn auch nicht mehr. Er wollte es nur hinter sich bringen und das *nächste* Buch finden... aber aus trockenen Tagen wurden trockene Wochen und trockene Monate, und er hatte angefangen, sich zu fragen, ob es *überhaupt* jemals ein nächstes Buch geben würde.

Charlie bat ihn um einen authentischen Bericht seiner schweren Erlebnisse. Dieses Buch, sagte er, würde sich sogar noch besser verkaufen als *Miserys Rückkehr*. Es würde sich sogar besser verkaufen als *Iacocca*. Als Paul ihn aus müßiger Neugier fragte, was seiner Meinung nach die Taschenbuchrechte für so ein Buch einbringen würden, strich sich Charlie das lange Haar aus der Stirn, zündete sich eine Camel an und sagte: »Ich glaube, wir könnten ein Mindestgebot von zehn Millionen Dollar festsetzen und dann eine *höllische* Steigerung anfangen.« Er zuckte mit keiner Wimper, als er es sagte; nach einigen Augenblicken wurde Paul klar, daß es sein Ernst war.

Aber dieses Buch konnte er nicht schreiben, noch nicht, wahrscheinlich niemals. Sein Job war es, Romane zu schreiben. Er *konnte* den Bericht schreiben, den Charlie wollte, aber das würde für ihn einem Eingeständnis gleichkommen, daß er nie wieder einen Roman schreiben würde.

Und der Witz ist, es wäre ein Roman, hätte er fast zu Charlie Merrill gesagt... aber dann hielt er es im letzten Augenblick zurück. Der Witz war, Charlie wäre das egal.

Ich würde es als Bericht anfangen, und dann anfangen auszuschmük-ken... anfangs nur ein wenig... dann etwas mehr... dann noch etwas mehr. Nicht etwa, damit ich besser aussehe (wenngleich ich das wahrscheinlich tun würde), oder damit Annie schlechter aussieht (das war unmöglich). Einfach nur, um die Glätte zu erreichen. Ich möchte mich aber nicht selbst zu Literatur machen. Das Schreiben mochte Masturbation sein, aber Gott sollte verhüten, daß es zu einem Akt der Selbstzerfleischung wurde.

Sein Apartment war 9-E, das am weitesten vom Fahrstuhl entfernte, und heute schien der Flur neun Meilen lang zu sein. Er machte sich verbissen auf den Weg dorthin, in jeder Hand einen T-förmigen Stock. *Klack... klack... klack... klack.* Großer Gott, wie er diesen Ton haßte.

Seine Beine taten übelkeiterregend weh, und er sehnte sich nach Novril. Manchmal dachte er, es könnte sich lohnen, wieder bei Annie zu sein, nur um an die Droge heranzukommen. Die Ärzte hatten ihn entwöhnt. Alkohol war sein Ersatz, und wenn er drinnen war, würde er sich einen doppelten Bourbon einschenken.

Dann würde er eine Weile den leeren Bildschirm seines Textcomputers anstarren. Was für ein Spaß. Paul Sheldons Fünfzehntausend-Dollar-Briefbeschwerer.

Klack... klack... klack... klack.

Jetzt mußte er den Türschlüssel aus der Tasche holen, ohne das Paket mit den Fahnen oder die beiden Stöcke fallen zu lassen. Er stellte die Stöcke gegen die Wand. Während er das tat, rutschte ihm das Paket unter dem Arm heraus und fiel auf den Teppich, der Umschlag platzte auf.

»Scheiße!« sagte er, und dann fielen die beiden Stöcke um, damit der Spaß noch größer wurde.

Paul schloß die Augen und schwankte unsicher auf seinen verschobenen, schmerzenden Beinen. Er wartete darauf, ob er wütend werden oder weinen würde. Er hoffte, er würde wütend werden. Hier draußen auf dem Flur wollte er nicht weinen, aber er würde es vielleicht tun. Er tat es. Seine Beine schmerzten ununterbrochen, und er wollte seine Droge, nicht das Aspirin, das sie ihm in der Krankenhausapotheke gaben. Er wollte den *guten* Stoff, den Annie-Stoff. Und, oh, er war die ganze Zeit so müde. Was er brauchte, um sich aufzurichten, waren nicht diese beschissenen Stöcke, sondern seine So-tun-als-ob-Spiele und Geschichten. Sie waren der gute Stoff, der Schuß, der immer wirkte, aber sie waren alle fort. Es sah so aus, als wäre das Spiel endlich vorbei.

So also ist es nach dem Ende, dachte er, öffnete die Tür und hinkte ins Apartment. *Das ist der Grund, warum niemand je darüber schreibt. Weil es verdammt zu schrecklich ist. Sie hätte sterben sollen, nachdem ich ihr den Kopf mit unbeschriebenem Papier und verkohlten Seiten vollgestopft hatte, und ich hätte auch sterben sollen. In diesem Augenblick waren wir mehr denn je wie Darsteller aus einem von Annies Serials – keine Grautöne, nur schwarz und weiß, gut und böse. Ich war Geoffrey und sie war die Bienengöttin der Bourkas. Dies ... nun, ich habe von Auflösungen gehört, aber diese ist lächerlich. Achte nicht auf die Scheiße am Boden. Trink-Scheiße zuerst, Aufheb-Scheiße danach. Sei erst eine faule Biene und dann sei eine ...*

Er blieb stehen. Ihm wurde bewußt, daß es in der Wohnung zu dunkel war. Und dann der Geruch. Er kannte diesen Geruch, eine tödliche Mischung aus Schmutz und Gesichtspuder.

Annie erhob sich wie ein weißes Gespenst hinter dem Sofa, sie hatte Schwesterntracht an und eine Haube auf. Sie hatte die Axt in der Hand und sie schrie: *Zeit zum Nachwischen, Paul! Zeit zum Nachwischen!*

Er kreischte und versuchte, sich auf seinen kranken Beinen umzudrehen. Sie sprang mit ungeschickter Kraft vom Sofa hoch, und sie sah wie ein Albinofrosch aus. Ihre gestärkte Tracht knisterte steif. Der erste Axthieb raubte ihm lediglich den Atem – jedenfalls dachte er das, bis er auf dem Teppich aufschlug und sein eigenes Blut schmeckte. Er sah an sich hinab und stellte fest, daß sie ihn fast in der Mitte gespalten hatte.

»*Nachwischen!*« kreischte sie, und seine rechte Hand war ab.

»*Nachwischen!*« kreischte sie erneut, und seine linke war ab; auf den blutenden Armstümpfen schleppte er sich zur Tür, und es war unglaublich, aber die Fahnen waren noch da, die gebundenen Fahnen, die Charlie ihm beim Essen im Mr. Lee's gegeben hatte –

er hatte ihm das Paket über den Tisch zugeschoben, während aus den Lautsprechern über ihnen Musik plätscherte.

»*Annie, jetzt können Sie es lesen!*« versuchte er zu schreien, aber er bekam nur *Annie, jetzt* heraus, bevor sein Kopf abgeschlagen wurde und zur Wand rollte. Sein letzter brechender Blick in dieser Welt zeigte ihm seinen gestürzten Körper und Annies weiße Schuhe, die neben ihm standen:

Göttin, dachte er und starb.

4

Szenario: Eine Skizze oder Synopsis. Eine Handlungsskizze.
– *Webster's New Collegiate*
Schriftsteller: Jemand, der schreibt, bes. als Beruf.
– *Webster's New Collegiate*
So-tun-als-ob: Etwas vorgeben, erfinden.
– *Webster's New Collegiate*

5

Paulie, kannst du?

6

Ja; selbstverständlich konnte er: »Das *Schriftsteller-Szenario* war, daß Annie noch lebte, wenngleich er wußte, daß das nur *so-tun-als-ob* war.«

7

Er ging wirklich mit Charlie Merrill zum Essen. Alle Gespräche waren dieselben. Aber als er sein Apartment betrat, da wußte er, daß es die Putzfrau gewesen war, die die Vorhänge zugezogen hatte, und er fiel tatsächlich hin und mußte einen Angstschrei unterdrücken, als Annie wie Kain hinter dem Sofa aufstand, aber es war nur die Katze, eine schielende Siamkatze namens Dumpster, die er sich letzten Monat zugelegt hatte.

Es war keine Annie da, weil Annie letztendlich doch keine Göttin gewesen war, nur eine verrückte Dame, die Paul aus nur ihr bekannten Gründen gequält hatte. Annie war es gelungen, sich das meiste Papier aus Hals und Mund herauszuholen, und sie war durch Pauls Fenster geflohen, während Paul den Schlaf der Drogen geschlafen hatte. Sie war bis zum Stall gekommen, und dort war sie zusammengebrochen. Als Wicks und McKnight sie gefunden hatten, war sie tot, aber nicht erstickt. Sie war an den Folgen des Schädelbruchs gestorben, den sie sich geholt hatte, als sie mit dem Kopf gegen den Kaminsims gefallen war, und sie war gegen den Kaminsims gefallen, weil sie gestolpert war. In gewisser Weise war sie also von der Schreibmaschine getötet worden, die Paul so sehr gehaßt hatte.

Aber sie hatte durchaus Pläne mit ihm gehabt. Diesmal hätte ihr nicht einmal die Axt genügt.

Sie hatten sie vor dem Stall von Misery, dem Schwein, gefunden, eine Hand um den Griff einer Motorsäge.

Aber das alles gehörte der Vergangenheit an. Annie Wilkes lag in ihrem Grab. Aber wie Misery Chastain, fand auch sie dort keine Ruhe. In seinen Träumen und Tagträumen grub er sie immer wieder aus. Die Göttin konnte man nicht töten. Man konnte sie vielleicht vorübergehend mit Bourbon benebeln, aber das war alles.

Er ging zur Bar, sah die Flasche an, dann sah er zum Flur, wo die Fahnen und die Stöcke lagen. Er winkte der Flasche zum Abschied zu, dann machte er sich wieder auf den Weg dorthin, wo seine Sachen lagen.

8

Nachwischen.

9

Eine halbe Stunde später saß er wieder vor dem leeren Bildschirm und dachte, er mußte ein Vielfraß sein, was Bestrafungen anbelangte. Er hatte statt des Drinks ein Aspirin genommen, aber das änderte selbstverständlich nichts daran, was nun geschehen würde; er würde fünfzehn Minuten, vielleicht eine halbe Stunde hier sitzen und nichts anderes tun, als den Cursor betrachten, der im Dunkeln blinkte; dann würde er die Maschine abschalten und sich doch den Drink genehmigen.

Aber...

Aber als er vom Essen mit Charlie nach Hause ging, hatte er etwas Komisches gesehen, und er hatte einen Einfall gehabt. Nichts Besonderes. Nur einen kleinen Einfall. Schließlich war es nur ein unbedeutender Zwischenfall gewesen. Nur ein Kind, das einen Einkaufswagen die 48ste Straße entlangschob, das war alles, aber in dem Wagen war ein Käfig gewesen, und in dem Käfig ein großes Pelztier, das Paul zuerst für eine Katze gehalten hatte. Ein zweiter Blick hatte ihm den weißen Streifen auf dem Rücken der Katze gezeigt.

»Sonny«, hatte er gesagt. »Ist das ein Skunk?«

»Ja«, hatte der Junge geantwortet und den Einkaufswagen ein wenig schneller geschoben. In der Stadt blieb man nicht zu langen Gesprächen mit Fremden stehen, besonders dann nicht, wenn es sich um unheimlich aussehende Typen mit Tränensäcken so groß wie Samsonite-Koffer unter den Augen handelte, die auf Stahlstöcken daherhinkten. Der Junge bog um die Ecke, und weg war er.

Paul ging weiter, er hatte ein Taxi nehmen wollen, aber er sollte jeden Tag mindestens eine Meile zu Fuß gehen, und das war seine Meile, und seine Füße taten höllisch weh, und um sich von den Schmerzen abzulenken, fragte er sich, woher der Junge gekommen war, woher der Einkaufswagen gekommen war, besonders aber, woher der Skunk gekommen war.

Er hörte ein Geräusch hinter sich und wandte sich von dem leeren Bildschirm ab und sah Annie in Jeans und ein rotes Flanellhemd gekleidet aus der Küche kommen, die Motorsäge in der Hand.

Er machte die Augen zu, machte sie wieder auf und sah das altbekannte Nichts, und er war plötzlich wütend. Er drehte sich wieder zu dem Textcomputer um und schrieb so schnell, daß er fast die Tasten niederknüppelte:

- 1 -

Der Junge hörte ein Geräusch im hinteren Teil des Gebäudes, und wenngleich er zunächst an Ratten dachte, bog er dennoch um die Ecke -- es war zu früh, um nach Hause zu gehen, denn die Schule hörte erst in einer Stunde auf, aber er hatte nach dem Mittagessen geschwänzt.

Es war denn auch keine Ratte, was er in einem Schaft aus Sonnenlicht an einer Wand kauern sah, sondern eine große schwarze Katze mit dem buschigsten Schwanz, den er je gesehen hatte.

10

Plötzlich hielt er mit klopfendem Herzen inne.

Paulie, kannst du?

Das war eine Frage, die er nicht zu beantworten wagte. Er beugte sich wieder über die Tastatur, und nach einem Augenblick fing er wieder an zu tippen... aber diesesmal sanfter.

11

Es war auch keine <u>Katze</u>. Eddie Desmond hatte sein ganzes Leben in New York verbracht, aber er war schon im Zoo der Bronx gewesen, und, Herrgott, es gab schließlich Bilderbücher, nicht? Er wußte genau, was das für ein Tier war, auch wenn er nicht die gerinsgte Ahnung hatte, wie dieses Tier in einen verlassenen Keller der 105ten Straße gelangt sein konnte, *aber*

Der lange weiße Streifen auf seinem Rücken war ein unübersehbares Zeichen. Es war ein Skunk.

Eddie ging langsam darauf zu, seine Füße knirschten auf dem staubigen Boden

12

Er konnte. Er *konnte.*

Und daher *fing er an*, voll Dankbarkeit und Entsetzen. Das Loch tat sich auf, und Paul sah hindurch auf das, was da war, er merkte nicht, wie seine Finger schneller tippten, er merkte nicht, daß seine schmerzenden Beine fünfzig Blocks entfernt in derselben Stadt waren, er merkte nicht, daß er weinte, während er schrieb.

Lovell, Maine: 23. September 1984 / Bangor, Maine: 7. Oktober 1986: *Jetzt ist meine Geschichte erzählt.*

INHALT

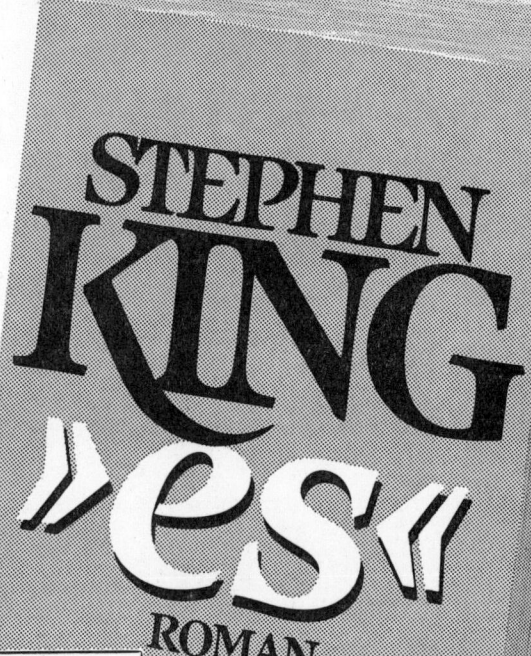

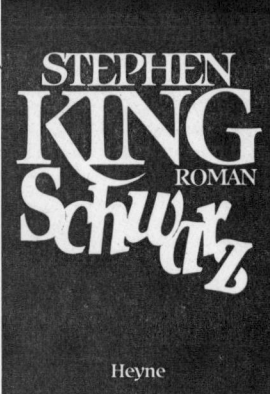

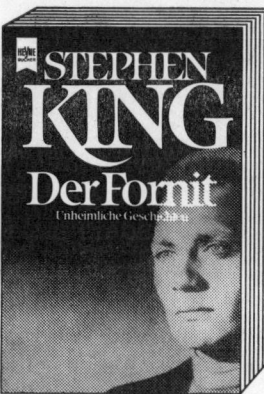